Peter Przybylski

Tatort Politbüro

Band 2:
Honecker, Mittag und
Schalck-Golodkowski

Rowohlt · Berlin

Umschlaggestaltung Walter Hellmann
(Foto: dpa)

1.–15. Tausend August 1992
16.–23. Tausend September 1992
Copyright © 1992 by
Rowohlt · Berlin Verlag GmbH, Berlin
Alle Rechte vorbehalten
Satz Garamond (Linotronic 500)
Gesamtherstellung Clausen & Bosse, Leck
Printed in Germany
ISBN 3 87134 037 5

Inhalt

Vorwort	9

1
Erich Honecker – Aufstieg und Fall — 13

Der Sturz	15
Die letzten Tage	15
Die Entmachtung Walter Ulbrichts	20
Honeckers Komplize	20
Die Palastrevolution	26
Das «Problem Ulbricht» vor dem Politbüro	36
Der Generalsekretär	45
Honeckers Füllhorn	45
Die Schuldenfalle	49
Kontrahenten im Politbüro	68
Die wirtschaftliche Talfahrt	74
Die Demontage des Politbüros	78
Das Ende des Kommandosystems	87
Die Verhaftung der «Chefetage»	90
Die Wahlfälschung	102
Die Ausreisewelle	109
Der Kampf gegen die innere Opposition	116
Risse in der Partei	121
Das Ende	131

2
Günter Mittag – der Stratege des Untergangs 137

Der Bankrott 139

Der Überläufer 141
Vom Eisenbahner zum Parteibürokraten 141
Konflikte mit dem großen Bruder 147
Warum erschoß sich Erich Apel? 150
Der Tod des NÖS 161
Die Ausschaltung von Regierung und Parlament 172
Gescheiterte Programme 187
Der ökologische Raubbau 198

Der Untergang 206

Mittag und die Staatssicherheit 216

3
Alexander Schalck-Golodkowski – Geschäftsmann und Geheimagent 227

Die Doppelrolle 229

Die Karriere 231
Offizier im besonderen Einsatz 238
Die Gründung von KoKo 242
Spionage bei KoKo 251

Der Außenhändler 259
Der Millionenbeschaffer 260
Schalck und die HVA 267
Die Bavaria-Connection 278

Schalcks Sondergeschäfte 291

Der Handel mit Menschen 293

Der Handel mit Waffen 303

Der Handel mit Kunst und Antiquitäten 312

Die Vermarktung des DDR-Sports 321

Der sozialistische Kapitalist 326

Dokumente 337

Abkürzungsverzeichnis 396

Anmerkungen 398

Namenregister 411

Vorwort

Als ich seinerzeit das Manuskript zu «Tatort Politbüro. Die Akte Honecker» im Verlag ablieferte, war mir wohl bewußt, daß das Buch nicht völlig ohne Resonanz bleiben würde. Die Wirklichkeit übertraf meine Vorstellungskraft dann aber doch bei weitem. Am allerwenigsten hätte ich mir auszumalen vermocht, daß ausgerechnet die PDS vor Gericht gehen könnte, um die Auslieferung des Buches zu unterbinden. Und auch daß gerade die diplomatische Vertretung jenes Landes ihren Unwillen bekunden würde, das seit Jahren schon Glasnost und Perestroika als sein Credo ausgab, hätte ich mir nie träumen lassen. Aber ich hätte vorher auch nicht zu hoffen gewagt, daß der Band sich über Monate auf der Bestsellerliste behaupten und Bundeskanzler Kohl ihn seiner Urlaubslektüre zugesellen würde.

Die Freude über ein solches Echo, das sich doch jeder Buchautor wünscht, wurde dadurch getrübt, daß sich die Kritik auf die Person des Autors konzentrierte, der Inhalt des Buches in den Hintergrund geriet. Der Vorwurf, ich hätte im Band enthaltene Dokumente im Widerspruch zu rechtlichen Vorschriften veröffentlicht, zielte gleichwohl an der Sache vorbei. Die Rolle, die Honecker, Mittag, Mielke und andere in der früheren DDR, aber auch für die deutsche Geschichte insgesamt gespielt haben, muß Gegenstand einer öffentlichen Debatte sein, an der teilzuhaben jedermann offensteht. Der Rückgriff auf die entsprechenden zeitgeschichtlichen Dokumente ist dabei unerläßlich. Im Gerichtssaal ist eine angemessene Aufarbeitung der Geschichte jedenfalls nicht zu leisten. Sie ist nicht denkbar ohne die Beteiligung derer, die sie gemacht und an entscheidender Stelle zu verantworten haben, aber auch nicht ohne jene, die sie erlitten oder geduldet haben. Und sie ist eine von Ost *und* West zu leistende Aufgabe. Es war kein Geringerer als Richard von Weizsäcker, der hierfür den gewichtigsten Grund benannt hat: «Unsere gemeinsamen historischen Wurzeln haben wir im 30. Januar 1933 mitsamt seiner Vorgeschichte und seinen Folgen.»

Bei der jetzigen Form der Auseinandersetzung mit unserer Vergangenheit neigen wir allerdings dazu, alles, aber auch alles in den Orkus schicken zu wollen. Vieles, was in der DDR geschehen ist, ist schlimm genug, und niemand, der kritisch zur eigenen Vergangenheit steht, wird das leugnen. Doch sollte man sich vor den Klischees hüten. Wer meint, daß sich in der einstigen DDR der Gebrauch der Macht in Unrecht erschöpfte, ihre Träger durchweg Übeltäter oder gar Kriminelle waren, läßt Geschichte nicht nur zum Zerrspiegel der Vergangenheit werden, zum Alptraum von 17 Millionen Menschen, denen das Schicksal es auferlegt hatte, im Osten Deutschlands zu leben. Er personifiziert auch in unzulässiger Weise und projiziert auf einige wenige, was sehr viele mitgemacht haben. Und er unterschlägt, daß es bis in die Spitze der Machtpyramide hinein Menschen gegeben hat, die immerhin den Versuch gewagt haben, sich gegen die Arroganz, Willkür und Inkompetenz selbst der zentralen Figuren im Politbüro, Honecker und Mittag, aufzulehnen.

Der zweite Band von «Tatort Politbüro» ist dem Wechselspiel von Ökonomie und Politik im Realsozialismus der DDR gewidmet. An seiner Gestaltung läßt sich der seit Jahren schon angelegte ökonomische Niedergang der DDR ablesen. Erich Honecker wollte mit seinem Programm der «Einheit von Wirtschafts- und Sozialpolitik» den Primat der Politik – und ist an dem unerbittlichen Primat der Ökonomie gescheitert.

Bei der Arbeit an dem vorliegenden Buch konnte ich mich nicht nur auf zahlreiche bislang unveröffentlichte Dokumente stützen, sondern hatte auch ausgiebig Gelegenheit, die zwei wichtigsten Exponenten der DDR-Wirtschaftspolitik, den ehemaligen ZK-Sekretär Günter Mittag sowie den langjährigen Chef der Staatlichen Plankommission, Gerhard Schürer, zu befragen. Beiden sei dafür gedankt. Mein Dank gilt auch dem Wirtschaftsexperten Professor Helmut Koziolek, der mir viele Fakten erschließen und Zusammenhänge erkennen half.

Berlin, im Juli 1992   Peter Przybylski

1
Erich Honecker —
Aufstieg und Fall

Der Sturz

Die letzten Tage

Instinktiv spürte Elli Kelm, die Honecker schon zur FDJ-Zeit als Vorzimmerlöwe gedient hatte, daß etwas Besonderes vorgefallen sein mußte. Als der SED-Chef am 17. Oktober 1989 von der turnusmäßigen Sitzung des Politbüros zurückkehrte, erschien er ihr anders als sonst. Sein Blick war introvertiert, seine ohnehin starren Gesichtszüge wirkten wie versteinert. Zwar hatte sich Honecker in seinem Umfeld nie durch besondere Redseligkeit oder gar Offenheit ausgezeichnet. Doch daß er ohne ein Wort zu verlieren in seinem Arbeitsraum verschwand, war schon außergewöhnlich. Elli Kelm mutmaßte, daß ihr auch im Hause des Zentralkomitees seit Wochen umstrittener Chef im Kreise der Gralshüter wohl in das für ihn ungewohnte Wildwasser der Kritik geraten war. Noch ahnte sie nicht, daß Erich Honecker von den eigenen Genossen gerade gestürzt worden war.

Daß ausgerechnet Willi Stoph, dessen Spielraum als Regierungschef Honecker arg beschnitten hatte, sich zum Wortführer derer erhoben hatte, die seinen Abtritt forderten, dürfte den Generalsekretär zwar getroffen, nicht aber sonderlich verwundert haben. Die größere Enttäuschung dürfte ihm der Wirtschaftschef der Partei, sein Intimfreund und langjähriger Waidgenosse Günter Mittag bereitet haben, der wider Erwarten in der entscheidenden Politbürositzung ins Horn der Verschwörer geblasen hatte: «Ich bin auch dafür ... Eine solche Entscheidung war schon lange fällig.» [1]

Gewiß, Honecker hatte sich mit dem Gedanken, irgendwann von der Bühne der Politik abzutreten, schon hin und wieder befaßt. Als er mit Hilfe Breschnews den Thron der ostdeutschen Staatspartei erklomm, schwor er, seine Amtszeit zu begrenzen. In einem Gespräch mit der Szenaristin Wera Küchenmeister hatte er sich damals festgelegt: «Ich mache diese Arbeit bis zu meinem 65. Lebensjahr – denn ich will nicht die Riege der alten Männer in der Politik fortsetzen.»[2] Je näher aber dieses Datum rückte, desto heftiger verdrängte der inzwischen unangefochten herrschende Parteichef jeden Gedanken an einen Rücktritt. Das Hochgefühl der Macht hatte ihn wie eine Droge heimgesucht, und ein Dasein fern von den Schalthebeln der Politik schien ihm nicht mehr vorstellbar.

Als Erich Honecker an jenem 18. Oktober die Utensilien seiner Arbeitsstätte ordnete, war er psychisch am Rande der totalen Erschöpfung. Die diversen Unterschriftsmappen, die seine Sekretärin ihm noch vorgelegt hatte, ließ er unerledigt liegen. Nur Wera Küchenmeister, die am gleichen Tage ihren 60. Geburtstag feierte, ließ er noch eine persönliche Widmung zukommen: «Als letzten Gruß.»[3]

Für Honecker schien das Leben mit dem Verlust der Macht vorüber zu sein. Deshalb hatte er bis zum Schluß verbissen und mit dem ganzen Starrsinn eines alten Mannes um seine Position und seine Politik gerungen. Zu genau wußte er, daß das eine vom anderen nicht zu trennen war: Änderte er seinen Kurs, würde er selbst früher oder später weichen müssen. Deshalb war er auch dann noch nicht zu Konsequenzen bereit, als im September die Zahl der Ausreisewilligen spektakulär emporschnellte.

Den amtlichen Kommentar, den Agitationschef Joachim Herrmann zu dem peinlichen Vorgang abgab, hatte Honecker noch eigenhändig verschärft. Er war es, der den makabren Satz eingefügt hatte: «Sie alle haben durch ihr Verhalten die moralischen Werte mit Füßen getreten und sich selbst aus der Gesellschaft ausgegrenzt. Man sollte ihnen keine Träne nachweinen.»[4]

Der 40. Jahrestag der DDR markierte den Höhepunkt an Realitätsverlust bei Erich Honecker. Die Sprechchöre «Gorbi, hilf! Gorbi, hilf!», die aus dem gespenstischen Fackelzug der FDJ heraustönten, waren nur verzerrt an sein Ohr gedrungen und von ihm als Zeichen spontaner Zustimmung gedeutet worden. Die Euphorie, die ihn am letzten Staatsfeiertag der DDR noch einmal mit aller Macht erfaßt hatte, reflektierte sich dann auch in seiner abendlichen

Festrede. Wie die Sowjetunion, China und die anderen sozialistischen Länder, so prophezeite Honecker emphatisch, «wird die DDR die Schwelle zum Jahr 2000 mit der Gewißheit überschreiten, daß dem Sozialismus die Zukunft gehört»[5].

Während Honecker solche voluntaristischen Parolen in ein betretenes Publikum schleuderte, knüppelten in unmittelbarer Nähe Stasibüttel und Volkspolizisten Demonstranten nieder, die Reisefreiheit und Reformen in der DDR verlangten. Um so heftiger fiel der Katzenjammer aus, der in den folgenden Tagen auch einzelne Mitglieder des Politbüros erfaßte. Namentlich Krenz und Schabowski hatten begriffen, daß jetzt nur noch die Flucht nach vorn blieb. Am Sonntag, den 8. Oktober konfrontierte Krenz den Generalsekretär mit dem Entwurf einer Erklärung des Politbüros, auf die Honecker mehr als ungehalten reagierte. Die Ursachen der Massenflucht sollten danach auch in der DDR und nicht mehr allein beim Klassenfeind gesucht werden.

Was Wunder, daß Honecker dies vor allem als Angriff auf seine Person verstand. Um keinen Preis wollte er die Erklärung auf der Tagesordnung der bevorstehenden Politbürositzung sehen. Aber Krenz blieb angesichts des Drucks von außen hart, selbst dann noch, als Honecker ihm bedeutete, ihn aus der Rolle des Kronprinzen zu verstoßen. Am Ende des Disputs resignierte der angeschlagene Generalsekretär schließlich: «Mach, was du willst. Du wirst schon sehen, was du davon hast.»[6]

Honecker vermochte die halbherzige Erklärung, um die das Politbüro am 10. und 11. Oktober stritt, nicht mehr zu verhindern – seine erste deutliche Niederlage und die erste sichtbare Korrektur der jahrzehntelangen zweckoptimistischen Selbstdarstellung der DDR. Aber nicht allein dieses Papier ließ ihm bewußt werden, daß ihm noch härtere Schicksalsschläge bevorstehen dürften. Schließlich hatte Planungschef Gerhard Schürer in derselben Tagung dem Politbüro auch das wirtschaftliche Fiasko der DDR ungeschminkt vor Augen geführt: Die Verschuldung sei von 2 Milliarden Valutamark 1970, also dem Jahr vor Honeckers Machtantritt, auf 40 Milliarden im Jahre 1989 gestiegen. In Wirklichkeit lag sie noch höher. Wolle man den Schuldenberg nicht weiter auftürmen, müsse der

Lebensstandard der Menschen zwangsläufig um 20 bis 30 Prozent gesenkt werden. Man müsse, so hatte der Generalsekretär ohne jede Überzeugungskraft dagegengehalten, zwar einen realen angespannten Plan ausarbeiten, aber beim Abbau von Subventionen und mit Preiserhöhungen zurückhaltend sein. Zu Recht hatte Planungschef Gerhard Schürer dies «die Quadratur des Kreises» genannt.

Während dieser Politbürositzung war Honecker erstmals bewußt geworden, daß sich sein politisches Ende abzuzeichnen begann. Doch daß dies schon eine Woche später eintreten würde, damit hatte er allerdings nicht gerechnet. Aus seinem Blickfeld war das alles «das Ergebnis eines großangelegten Manövers»[7], wie er später grollend kommentierte.

Die Widersacher im Politbüro hatten ihm nur noch das Trostpflaster gelassen, seinen Sturz als Rücktritt auszugeben, der auf eigenem Entschluß basiere. So weit hatte der Respekt des Politbüros vor Honecker noch hingereicht, daß sein Abtritt aus der Geschichte nicht als Absetzung erscheinen sollte. Das war zwar gute stalinistische Tradition, zugleich aber ein schwerer Fehler seiner Nachfolger in spe. Der Verdacht, daß der neue Mann nur alten Wein in neue Schläuche gießen würde, war so nicht zu umgehen. Honeckers Rücktrittserklärung, die er am Nachmittag des 18. Oktober vor den ZK-Genossen abgab, klang dann auch alles andere als glaubwürdig: «Infolge meiner Erkrankung und nach überstandener Operation erlaubt mir mein Gesundheitszustand nicht mehr den Einsatz an Kraft und Energie, den die Geschicke unserer Partei und des Volkes heute und künftig verlangen.»

Worte, die auf fatale Weise an jene erinnern, die sein Vorgänger Walter Ulbricht im Mai 1971 unter Nötigung des Politbüros gesprochen hatte. Ungeachtet dessen, daß Honecker die Hauptrolle bei Ulbrichts Sturz gespielt hatte, war der einstige FDJ-Vorsitzende von Ulbricht selbst zu seinem Nachfolger vorgeschlagen worden. Und nun wiederholte sich der Vorgang mit vertauschten Rollen. Dabei besaß Krenz längst nicht mehr das Vertrauen Honeckers. Bei dessen Abwesenheit pflegte inzwischen Günter Mittag das Politbüro zu leiten. Zudem gehörte Krenz wie auch Günter

Schabowski zu den Drahtziehern des Komplotts, was Honecker am Tage seines Rücktritts freilich noch nicht wissen konnte.

Und doch lagen zwischen Ulbrichts und Honeckers Abtritt gravierende Unterschiede. Ulbricht behielt nicht nur das Amt des Staatsratsvorsitzenden, er wurde zum Trost auch noch zum Vorsitzenden der SED gewählt. Honecker indessen schied aus sämtlichen Ämtern gleichzeitig aus. Sein Versprechen, er werde seiner Partei «auch in Zukunft mit meinen Erfahrungen und mit meinem Rat zur Verfügung stehen», war nicht mehr als ein frommer Wunsch. In der Euphorie des Augenblicks sicherte Krenz dem gestürzten Generalsekretär den herzlichen Dank der Partei zu, «die bleibende Hochachtung (...) vor dem unbeugsamen Widerstandskämpfer und aufrechten Antifaschisten, vor dem international geachteten Staatsmann und Friedensförderer, vor dem Politiker und Kampfgefährten»[8].

Die «bleibende Hochachtung» währte nur ein paar Tage. Am 23. November rollte auf Honecker bereits ein Parteiausschlußverfahren zu, zehn Tage später wurde er aus der SED entfernt.

Honecker hat nicht nur strafrechtliche Vorwürfe weit von sich gewiesen. Auch die politische Schuld für das Scheitern und den Untergang der DDR sah und sieht er bis heute am wenigsten bei sich, dafür um so mehr bei anderen. Den schwersten Vorwurf richtete er inzwischen gegen seinen Nachfolger Egon Krenz, dem er anlastet: «Er fuhr das Volk der DDR in den Abgrund.»[9] Daß die Weichen für das klägliche Ende der DDR schon Jahrzehnte früher, unter seiner maßgeblichen Mitwirkung, gestellt wurden, ist ihm nie aufgegangen.

Die Entmachtung Walter Ulbrichts

Als Honecker Ende der sechziger Jahre unauffällig, aber energisch an Ulbrichts Stuhl zu sägen begann, standen ihm zwei unentbehrliche Gehilfen zur Seite: der sowjetische Parteichef Leonid Breschnew und eine aus dem Ruder geratene und erschöpfte Volkswirtschaft. Honeckers gemeinsame Ränke mit dem KPdSU-Chef gegen Ulbricht sind schon an anderer Stelle ausführlich dargestellt worden.[10] Ulbricht hatte zwar gespürt, daß hinter seinem Rücken getuschelt und gekungelt wurde, beweisen aber konnte er dem von ihm selber auserwählten Kronprinzen nichts. Möglicherweiser hätte er genauer hinhören sollen, wenn sein mächtiger Bruder ihm in jener Zeit kluge Ratschläge von Angesicht zu Angesicht erteilte.

Honeckers Komplize

Schon 1969 hatte es zwischen Breschnew und Ulbricht geknistert, als der Kremlherr die SED-Spitze über seine Einschätzung des neuen Bundeskanzlers Willy Brandt aufklärte. Laut parteiinternem Protokoll hatte Breschnew erklärt: «Brandt hat uns gebeten, ihm zu helfen, seine Politik durchzuführen.» Darauf Walter Ulbricht: «Was heißt ihm helfen? Sollen wir unsere richtige Politik zu seinen Gunsten aufgeben?» – Breschnew: «Es gibt bei Ihnen (DDR) eine Tendenz der wirtschaftlichen Beziehungen mit Westdeutschland. 1969 ist ein hohes Wachstum vorhanden – des Handels. Dies ist ein Sprung, es kann ein Vorwand sein, um auf die DDR zu drükken.»[11]

Auch Regierungschef Kossygin hatte Ulbricht vor Brandt gewarnt: dessen Politik wie die der NATO sei «gegen das ganze sozialistische Lager gerichtet» [12].

Als beide Seiten Mitte Mai 1970 das Konzept für Stophs Treffen mit Brandt in Kassel absteckten, polemisierte Breschnew erneut gegen die wirtschaftlichen Verzahnungen zwischen der DDR und der BRD. Breschnew: «Sie müssen sehr aufmerksam verfolgen die Frage des wirtschaftlichen Eindringens – könnte führen zu schweren Schäden.» [13]

Doch Ulbricht, die eigene Wirtschaftsmisere vor Augen, sah die Dinge anders. Seiner Meinung nach begriff die sowjetische Führung überhaupt nicht, von welcher Tragweite die wissenschaftlich-technische Revolution, von der Militärtechnik abgesehen, war. Folgte man Ulbrichts engstem Mitarbeiter Rolf Berger, so sei das Denken, des ostdeutschen Parteichefs dahin gegangen, «politische Wege zu einer Konföderation zwischen beiden deutschen Staaten» zu erkunden, «die zu ökonomischer und wissenschaftlich-technischer Kooperation mit beiderseitigem Vorteil führen könnte, d. h. sowohl mit nützlichen Folgen für die Wirtschaft der DDR und damit für ein höheres Lebensniveau der Bevölkerung als auch mit günstigen Chancen für die BRD-Industrie, im Zusammenwirken mit der DDR den Markt der UdSSR zu erschließen.» [14]

Zweifellos verklärt Rolf Berger hier Ulbrichts Position zur Wiedervereinigung der Deutschen. Zwar hatte ihn dieses Thema bis an sein Lebensende immer wieder beschäftigt, doch konnte er sie sich, wie es in der von ihm umgemodelten Verfassung hieß, nur «auf der Grundlage der Demokratie und des Sozialismus» vorstellen (Artikel 8). Aber das war bestenfalls Zukunftsmusik, denn er war Realist genug, um zu begreifen, daß eine Konföderation niemals den Segen Moskaus erhalten würde. Was er aber anstrebte, war der Ausbau der wirtschaftlichen Kooperation mit der Bundesrepublik, von der er sich insbesondere Nutzen für den technologischen Fortschritt der DDR erhoffte.

Breschnew war indessen keineswegs geneigt, diesen Weg mitzugehen. Im Gegenteil. Im August 1970, am Rande einer Konferenz der Spitzen der Warschauer Vertragsstaaten hatte er der DDR-Seite, allerdings in Abwesenheit Ulbrichts, noch einmal unmißverständlich auf den Weg gegeben: «Die DDR ist... unsere Errungenschaft, die mit dem Opfer des Sowjetvolkes, mit dem Blut der Sowjetsoldaten erzielt wurde. Die DDR ist nicht nur eure, sie ist unsere gemeinsame Sache... Die Politik der Regierung Brandt ist darauf gerichtet, die DDR zu erschüttern... es kann und darf zu keinem Prozeß der Annäherung zwischen der DDR und der BRD kommen.»[15]

Ein Ausweg in Richtung Konföderation blieb Ulbricht versperrt, seine Absicht, den kranken Wirtschaftskörper der DDR zu sanieren, war gescheitert. Das Neue Ökonomische System (NÖS), das er Anfang der sechziger Jahre zusammen mit Apel, Mittag, Halbritter, Koziolek, Berger u. a. angekurbelt hatte, war längst auf der Strecke geblieben.

Am Anfang des NÖS hatte wirklich der Versuch gestanden, die zentrale Kommandowirtschaft zu mildern, die Eigenverantwortung und Rentabilität der Betriebe anzuheben, ihnen genügend Mittel für Reproduktion und erweiterte Reproduktion zu belassen sowie dem Markt – bei zunehmender Planung durch den Betrieb – größeren Spielraum einzuräumen. Die Aufbruchstimmung, von der Ulbricht und seine Vordenker damals beseelt waren, schien sich in ersten Resultaten auch zu bestätigen: die Versorgung der Menschen mit Verbrauchsgütern konnte verbessert, ein effektiveres Prämiensystem eingeführt, die Fünftagearbeitswoche ermöglicht werden. Doch die Beschwörungsformeln der Reformer änderten nichts daran, daß das «Volkseigentum» ein Eigentum ohne Eigentümer blieb, der einzelne Betrieb vom Fiskus weit mehr zur Ader gelassen wurde, als es seine gedeihliche Existenz gestattete, und die zentrale Planung letztendlich doch unangetastet blieb. Im Jahre 1966 gefaßte Beschlüsse, in den Betrieben schrittweise zur Eigenerwirtschaftung der Mittel zu kommen, waren schon «in der experimentellen Phase steckengeblieben»[16].

Als Ulbricht sich Ende 1965, nach Chruschtschows Sturz, vor die Situation gestellt sah, vom großen Bruder weniger Rohstoffe und Getreide zu bekommen, potenzierten sich die Probleme. Ohne Rücksicht auf die Bilanzen des Fünfjahrplanes 1966–1970, drückte er seine ehrgeizige, auf ein ostdeutsches Wirtschaftswunder abzielende Strukturpolitik durch. Mehr als 240 sogenannte strukturbestimmende Investitionsvorhaben, darunter das Milliardenprojekt der Automatisierung der Leuna-Werke, ließen die Zuwachsrate der produktiven Investitionen schneller steigen als die des produzierten Nationaleinkommens. Besonders seit 1967 kurbelte Ulbricht die Wirtschaft der DDR in einem solchen Maße an, «daß der Dampf dann bald nicht mehr ausreichte zum Tuten für die beabsichtigte Einfahrt in den Hafen des ‹entwickelten Sozialismus›»[17].

Im Jahre 1970, gegen Ende des Fünfjahrplanes, schlugen sich die Folgen der Ulbrichtschen Strukturpolitik in kaum noch beherrschbaren Disproportionen und einer grassierenden Versorgungskrise nieder. Für Honecker war es das Signal, gegen Ulbricht anzutreten, wenn auch vorerst nur hinter den Kulissen. Hatte er sich bisher aus ökonomischen Dingen meist herausgehalten, so kniete er sich jetzt plötzlich mit aller Energie in die Formulierung eines Wirtschaftskonzeptes hinein. Hinter Ulbrichts Reformversuchen der sechziger Jahre hatten er, aber auch Stoph, Alfred Neumann und andere von Anbeginn an gefährliche marktwirtschaftliche Tendenzen gesehen. Das deckte sich mit der Sicht Moskaus, jedenfalls seit der Wachablösung im Kreml. Breschnew hatte ihm im Juli auf der Krim noch einmal seine Entrüstung über Ulbrichts Sonderweg deutlich werden lassen, schien dieser doch die Führungsrolle der KPdSU in Zweifel zu ziehen. Breschnew am 28. Juli 1970: «Man spricht davon, daß in der DDR bestes Modell des Sozialismus entwickelt wurde oder wird… DDR-Sozialismus strahle aus auf andere Länder – sie macht alles richtig.»[18]

Bis ins Detail hatte sich Honecker mit seinem heimlichen Protektor in Moskau abgestimmt, als er am 8. September 1970 das Politbüro zusammenrief, um Ulbrichts Wirtschaftskonzept auszuheben. Da Ulbricht, gesundheitlich angeschlagen, schon monatelang abwesend war und am Döllnsee vor sich hin brütete, hatte Honecker seinen Coup gründlich vorbereiten können. Damit aber war für den Parteichef die Fallgrube geschaufelt, in die er noch vor dem Parteitag stürzen sollte. Denn Ulbricht war nicht der Mann, der geneigt war, in Reue zurückzublicken und sich von einmal gefaßten Vorsätzen einfach abbringen zu lassen. Längst spukten Pläne in seinem Kopf, die bis zur Jahrtausendwende reichten.

Der Paukenschlag, mit dem das Politbüro Walter Ulbricht aus seinen Träumen riß, blieb nicht der einzige. Auch aus Moskau tönte Ende Oktober schrille Ablehnung herüber. Ulbricht hatte die Moskowiter in mehreren Briefen gedrängt, der DDR wirtschaftlich stärker unter die Arme zu greifen und den Segen zu seinem Konzept für den anstehenden Parteitag zu erteilen. Breschnews Antwort fiel dann aber ganz anders aus, als Ulbricht sie sich erhofft hatte. Am 21. Oktober ließ der KPdSU-Chef seinen «teuren Genossen Walter Ulbricht» in einem Schreiben wissen: «Die vorhandenen Produktionskapazitäten gestatten uns nicht, bis Ende 1974 zusätzliche Verpflichtungen zur Vergrößerung des Volumens der technischen Mithilfe für die Deutsche Demokratische Republik beim Bau von Atomkraftwerken zu übernehmen. ... Im Auftrag des ZK der KPdSU haben die zuständigen sowjetischen Organisationen die in Ihrem Brief geäußerten Wünsche hinsichtlich der Erhöhung der Lieferungen einer Reihe von Rohstoffen und Nahrungsgütern behandelt. Das Politbüro des ZK der KPdSU hat diese Fragen eingehend erörtert, getragen von dem Wunsch, ein Höchstmaß des Möglichen zu tun. Wir meinen, daß es möglich wäre, eine gegenseitig annehmbare Lösung zur Erhöhung der Lieferungen einiger Rohstoffarten an die DDR zu finden, wie z. B. Kupfer, Zellulose und Asbest, und zwar auf dem Wege der Organisierung der Zusammenarbeit zwischen unseren Ländern bei der Vergrößerung der Produktion dieser Waren in der UdSSR. Wenn die deutschen Genossen einverstanden sind, sich mit ihren materiellen Mitteln am Ausbau der entsprechenden Produktionskapazitäten der UdSSR zu beteiligen, dann könnten die Planungsorgane der UdSSR und der DDR konkrete Vorschläge und Vereinbarungen zu dieser Frage ausarbeiten... Über andere Möglichkeiten verfügt die sowjetische Seite zur Zeit leider nicht. Das betrifft auch die Lieferungen von Getreide an die DDR über die vorgesehenen Mengen hinaus, obwohl wir nicht ausschließen, daß unter günstigen Bedingungen gewisse zusätzliche Ressourcen erschlossen werden können...»

Aber auch um Ulbrichts Vorstellungen über den VIII. Parteitag schlich Breschnew wie die Katze um den heißen Brei herum. Breschnew: «...Wenn wir richtig verstanden haben, beabsichtigt das ZK der SED, auf dem VIII. Parteitag Antwort auf jene aktuellen Fragen zu geben, die das Leben stellt, und damit das gültige Programm detaillierter zu gestalten... In diesem Zusammenhang ergeben sich nicht wenige große und wichtige Probleme. Zu ihnen kann erst Stellung genommen werden nach dem Studium der umfassenden Dokumente, die natürlich in Vorbereitung des Parteitages ausgearbeitet werden.»

Der Mann im Kreml dachte gar nicht daran, Ulbricht irgendwelche Trümpfe in die Hand zu geben, die dieser gegen den sicheren Kandidaten Moskaus, Honecker, hätte ausspielen können. Statt dessen warnte Breschnew den nach mehr Unabhängigkeit strebenden Ulbricht vor Alleingängen in Richtung Bonn. Die Position der Regierung Brandt, so wurde Ulbricht belehrt, sei «mit ihrer Spitze nach wie vor darauf gerichtet, die gesellschaftlichen und ökonomischen Grundfesten der DDR zu erschüttern». Auch künftig müsse man sich in bezug auf alle mit der Bundesrepublik zusammenhängenden Fragen kurzschließen, «um die erforderlichen Aktionen abzustimmen». Nicht vom Westen, vom Osten hänge das Gedeihen und die Zukunft der realsozialistischen Wirtschaft ab, vom Wachsen der wirtschaftlichen Integration der RGW-Länder.

Breschnews Brief nahm Honecker zwar als «Vertrauliche Verschlußsache» zu den Akten, machte im Politbüro aber um so mehr Gebrauch davon. Mit dieser Schützenhilfe aus Moskau ließ sich das nächste Plenum des Zentralkomitees getrost vorbereiten, um dort, vor versammelter Mannschaft, endlich Klartext zum Tief der DDR-Wirtschaft reden zu können, für das nur ein einziger verantwortlich sein konnte: Walter Ulbricht.

Die Palastrevolution

Man hatte schon gewußt, warum man zu dieser 14. Tagung des Zentralkomitees im Dezember keine Gäste eingeladen hatte. Dieses Mal sollten Wahrheiten gesagt werden, die sonst selbst ZK-Mitglieder höchstens hinter vorgehaltener Hand erfuhren. So kamen die meisten von ihnen aus dem Staunen nicht mehr heraus, als sie hörten, daß es zu einer «hohen außerplanmäßigen Verschuldung der DDR gegenüber den Ländern des RGW... und gegenüber der BRD/ Westberlin» gekommen sei und «die materiellen Ressourcen der Volkswirtschaft vollständig beansprucht wurden»[19].

Zweifellos wurden die betrüblichen Tatbestände, die Ulbricht unter tatkräftiger Mitwirkung seines Wirtschaftssekretärs Günter Mittag geschaffen hatte, beträchtlich aufgebauscht. Die gegenüber dem Westen aufgelaufenen Schulden von 2,2 Milliarden Valutamark wurden nahezu als Tragödie hingestellt. Dabei war dies, im Verhältnis zum Schuldenberg, den Honecker am Ende seiner Ära hinterlassen sollte, beileibe keine spektakuläre Summe.

Honecker selbst hielt sich mit offenen Querschüssen gegen Ulbricht weitgehend zurück. Noch heuchelte er Wohlwollen gegenüber seinem Ziehvater, erklärte gar, das Parteivolk sei «fest geschart um das Zentralkomitee und seinen Ersten Sekretär, Genossen Walter Ulbricht»[20]. Nur gegen Schluß seiner Rede leistete er sich einen Seitenhieb, ohne allerdings den Namen des Parteichefs in den Mund zu nehmen. Angesichts der Vielfalt der Aufgaben und Probleme, so Honecker, sei «nur das Kollektiv in der Lage..., auf der Grundlage der von der Partei ausgearbeiteten und beschlossenen Linie die Gesamtheit der Faktoren zu erfassen, die zu richtigen Entscheidungen und zu richtigem Handeln führen»[21]. Die ZK-Genossen mußten keine Hellseher sein, um zu ahnen, daß Honecker mit dem Kollektiv wohl in erster Linie das Politbüro im Auge hatte, in dem Ulbricht jahrelang nach Herzenslust geschaltet und gewaltet hatte.

Wie recht der Kronprinz mit seiner impliziten Kritik an der Selbstherrlichkeit Ulbrichts hatte, bestätigte dieser auch jetzt noch, als sein Stern längst am Verlöschen war. Das Schlußwort, das er auf diesem Plenum hielt, zeigte seinen Mangel an Sensibilität gegenüber dem Zeitgeist, der inzwischen ins Politbüro einzuziehen begann. Ulbricht nahm weder den Politbürobeschluß vom September ernst noch die interne geharnischte Kritik an der Wirtschaftspolitik der Vergangenheit. Hartnäckig hielt er daran fest, daß die Meisterung der wissenschaftlich-technischen Revolution und ein modernes Planungs- und Leitungssystem Dreh- und Angelpunkt effizienteren Wirtschaftens seien. Der Mangel an Arbeitskräften, so Ulbricht vor dem ZK-Plenum, erfordere «eine systematische Rationalisierung und Automatisierung auf allen Gebieten»[22].

Mehr als andere SED-Führer quälte Ulbricht, daß der technologische Vorsprung der Bundesrepublik immer größer wurde. Daß der Versuch, technisch an die Weltspitze anzuschließen, sowohl das Nationaleinkommen als auch die Geduld der Bürger überforderte, deren Lebensniveau sank, statt – wie versprochen – kontinuierlich zu steigen, wollte er nicht sehen. Zudem kollidierten Ulbrichts Vorstellungen mit dem hoffnungslos veralteten Niveau zahlreicher Staatsbetriebe. Hier standen schon genügend kostspielige Roboter und Computer herum, die nur wenig Nutzen erbrachten oder sich in den Produktionsprozeß überhaupt nicht integrieren ließen – und das in einer Zeit, in der die Leute in den Läden vergeblich nach so banalen Alltagsdingen wie Zahnbürsten oder Scheuerlappen fragten.

Hatte Honecker sich auf der Bühne des ZK-Plenums noch zurückgehalten, machte er nun im Politbüro um so mehr Stimmung gegen Ulbrichts Schlußbemerkungen. Die wichtigsten Mitglieder des Spitzengremiums waren dann auch schnell bereit, Ulbricht fallenzulassen. Kurt Hager beispielsweise belehrte Ulbricht, daß die wirtschaftlichen Widersprüche «ihre Wurzeln primär nicht in Mängeln der Planung (haben)». Aus Ulbrichts Rede, so der Chefideologe, könnte «die Schlußfolgerung gezogen werden, als ob an den Schwierigkeiten die Plankommission oder die Regierung schuld wäre»[23].

Die härteste Lektion jedoch erteilte Honecker seinem einstigen Meister. Er, dem schon der Begriff «wissenschaftlich-technische Revolution» Unbehagen bereitete, schrieb: «Überhaupt scheint es mir *nicht* richtig zu sein, alle neu anstehenden Probleme aus der

Dynamik der wissenschaftlich-technischen Revolution, wie es oftmals heißt, zu entwickeln.»

Aber auch in den großen Fragen der Politik warf er Ulbricht Schwäche und Schlimmeres vor. Weil die DDR klein und rohstoffarm sei, so hatte Ulbricht auf dem Plenum erläutert, «(hängt) die erfolgreiche Entwicklung unseres Staates und unserer Wirtschaft entscheidend ab von der Kooperation mit der Sowjetunion und von der Integration der Staaten des RGW».

Im Stile des SED-Parteilehrjahres hielt Honecker dem vor Wut schäumenden Ulbricht vor:

«Die Zusammenarbeit mit der Sowjetunion führen wir doch nicht deshalb durch, weil wir nur über geringe Rohstoffe verfügen oder weil wir ein kleines Land sind. Wir würden diese Zusammenarbeit auch durchführen, wenn wir ein großes Land wären und über ausreichende Rohstoffe verfügten. Die Hauptfrage ist doch, der Partei und der ganzen Bevölkerung klar zu sagen, daß unsere Zusammenarbeit mit der Sowjetunion auf der Grundlage des Marxismus-Leninismus, des proletarischen Internationalismus durchgeführt wird und daß sie den Klasseninteressen aller im RGW vereinten sozialistischen Länder entspricht... Von dieser Position ausgehend ist es auch erforderlich, den Kampf gegen Erscheinungen des Westdralls, gegen die Auffassungen von den besonderen Beziehungen zwischen der DDR und der BRD usw. zu führen.»[24]

Die Veröffentlichung von Ulbrichts Schlußwort fiel ins Wasser, der erste Akt der Palastrevolution gegen den Landesvater war geglückt. Aber noch steckte der alte Recke der deutschen Kommunisten nicht auf.

Wie schon bei der Vorbereitung des VII. Parteitages, als er noch im Vollbesitz der Macht war, hatte er auch dieses Mal versucht, neue Konzepte im Alleingang mit Experten und Wissenschaftlern zu entwickeln. Zudem hatte er auf die Arbeitsgruppen des Zentralkomitees massiven Einfluß genommen, die sich mit Strategie und Prognose, seinem Steckenpferd, befaßten.

Nach Ulbrichts kontradiktorischem Schlußwort auf dem 14. Plenum sorgte Honecker unverzüglich dafür, daß diese Arbeitsgruppen ihre Tätigkeit einstellten. Ulbricht ließ sich dennoch nicht beirren, weiter an seiner Rede für den bevorstehenden Parteitag zu feilen. Sein persönlicher Mitarbeiter Rolf Berger, der Vizechef der Staatlichen Plankommission Herbert Wolf u. a. gingen ihm dabei tatkräftig zur Hand. «Von diesen Ausarbeitungen», so klagte Honecker später in seinem Bericht «Zur Korrektur der Wirtschaftspolitik Walter Ulbrichts», «waren weder das Politbüro noch das Sekretariat des ZK informiert. Er gab direkt die Anweisung, das Politbüro nicht zu informieren.» [25]

Doch Ulbrichts Konspiration wurde ruchbar. Daraufhin geriet Herbert Wolf in die Mühle des Parteiapparates und mußte sein Material als «falsch und unbrauchbar» zurücknehmen.

Aber Ulbricht steckte nicht auf. Noch am 25. März 1971 verwarf er die Konzeption des ZK-Apparates für den Fünfjahrplan 1971–1975. Ulbricht: «Aus der vorliegenden Konzeption ist nicht ersichtlich, welche Strukturpolitik vorgesehen ist. Zweck des Parteitages ist, den Kampf um das entwickelte gesellschaftliche System zu führen. Es geht um die komplexe Darstellung des gesellschaftlichen Systems, die ich selbst ausarbeiten werde... Das wird ein Parteitag der großen Linie, aber kein Parteitag der tausend Kleinigkeiten.»

In Ulbrichts Augen war namentlich die Vorlage des Parteiapparates zum Wirtschaftsplan der nächsten fünf Jahre «Mittelmaß». Er wollte das Entwicklungstempo strukturbestimmender Branchen wie der chemischen oder optischen Industrie um jeden Preis weiter forcieren. Nach wie vor beharrte er darauf, dem großen Bruder im Osten mehr Rohstoffe abzuverlangen. Zudem war er fest entschlossen, dem Volk weitere Opfer zuzumuten, Mieten, Preise und Verkehrstarife zu erhöhen. Das ganze wollte er von propagandistischen Kampagnen gegen die sogenannte Konsumideologie flankiert sehen.

Für seinen Start als Parteichef aber konnte Honecker alles andere als das gebrauchen. Schon im Korrekturbeschluß des Politbüros vom September hatte man neben der Beseitigung unerträglicher Disproportionen im Wirtschaftsgefüge auch die «Verbesserung der Lage der Werktätigen» programmiert, deren Murren längst bis in die Hallen des Zentralkomitees drang.

Hätte man Ulbricht gewähren lassen, wäre der Parteitag sehr

29

wahrscheinlich mit verschiedenen Konzepten und einem zerstritte-
nen Politbüro konfrontiert worden. Aber das hätte die Traditions-
linie der SED-Führung verlassen, die es, wenn irgend möglich, allemal vorgezogen hatte, Konflikte unter den Teppich der «Einheit
der Partei» zu kehren, statt Widersprüche zuzuspitzen, auszutra-
gen und dadurch zu wirklichen Lösungen zu gelangen.

Folgerichtig geriet auch Honeckers Vorbereitung auf das Amt als
Parteichef zu einem von Intrigen begleiteten faulen Kompromiß.

Noch im März, bevor er mit Ulbricht zum XXIV. Parteitag der
KPdSU reiste, stellte er im Politbüro die Weichen für den Rücktritt
seines Widersachers, ohne daß dieser davon erfuhr. In einem nach
der Wende im SED-Politbüroarchiv aufgefundenen Papier war fest-
gehalten: «Wir haben festgelegt, sofort nach Rückkehr vom XXIV.
Parteitag

1. Diese Fragen im PB, in Anwesenheit von W. (Walter Ulbricht –
   d. Verf.) zu behandeln und zu entscheiden.
2. Die 16. Tagung des ZK noch im April durchzuführen.» [26]

Als diese Zeilen notiert wurden, hatte Honecker längst Breschn-
news Zusage in der Tasche, Ulbricht in Moskau den politischen
Todesstoß zu versetzen, was dann auch am dritten Tag nach dem
Politrummel der KPdSU geschah.

Als Ulbricht dieses Mal die Wiege der Revolution verließ, wußte
er zwar, daß es um sein Amt als Erster Sekretär geschehen war, doch
als graue Eminenz gedachte er schon noch, ein gewichtiges Wort
mitzureden. Es gelang ihm dann auch, dem Politbüro abzutrotzen,
ihn auf dem bevorstehenden ZK-Plenum zum Vorsitzenden der
SED – ein Amt, das ohne Einfluß und extra für Ulbricht geschaffen
worden war – zu wählen. Diesen Preis war Honecker bereit zu zahlen, weil sich dahinter, wie sich bald erweisen sollte, ohnehin keine
wirkliche Macht verbarg. Und er genügte, um Ulbricht zu veranlassen, in einem Drama mitzuwirken, in dem eine Palastrevolution
zum Akt einer unspektakulären Thronfolge geriet. Ulbricht vor
dem 16. Plenum des Zentralkomitees am 3. Mai 1971: «Mein Entschluß ist mir, ehrlich gesagt, nicht leichtgefallen, nachdem ich diese
Funktion seit zwei Jahrzehnten innehatte. Aber leider ist gegen die
Jahre noch kein Kraut gewachsen. Wenn ich Euch daher bitte, mich

von meiner Funktion als Erster Sekretär des Zentralkomitees zu entbinden, so aus dem tiefen Gefühl meiner Verantwortung gegenüber dem Zentralkomitee, gegenüber der ganzen Partei und auch gegenüber unserem Volk... Ich denke, es ist keine Übertreibung, wenn ich feststelle, daß es in den Jahrzehnten meines Wirkens gelungen ist, eine feste, einheitlich geschlossene und wirklich kollektive Führung der Partei zu schaffen. Das gilt für das Zentralkomitee wie für das Politbüro.» [27]

In seiner Abschiedsrede hatte Ulbricht sich selbst bereitgefunden, seinen Nachfolger als einen zu lobpreisen, den «die ganze Partei kennt und schätzt» [28]. Und Honecker hatte den Dank für seine Wahl zum neuen Parteichef «in besonderem Maße Genossen Walter Ulbricht» ausgesprochen und ihm «weiterhin beste Gesundheit und Schaffenskraft in seinen Funktionen als Vorsitzender unserer Partei und als Vorsitzender des Staatsrates der DDR» ausgesprochen. [29]

Daß Honeckers Verbeugung vor seinem gestürzten Ziehvater nur noch pure Heuchelei war, wußten die gewöhnlichen ZK-Mitglieder freilich nicht. Sie kannten weder die heißen Debatten noch die Beschlüsse des Politbüros, durch die es mehrfach versucht hatte, Ulbrichts «Schaffenskraft» zu dämpfen. Unter Berufung auf Informationen der Ärztekommission im Regierungskrankenhaus hatte der Gehirntrust der Partei festgelegt, Ulbricht dürfe nur noch tage- bzw. stundenweise arbeiten. Doch der hatte sich darum nicht geschert und sich besonders in der Vorbereitungsphase des Parteitages ohne Rücksicht auf seine zweifellos angegriffene Gesundheit in alles und jedes eingemischt.

Wie sehr Ulbricht Honecker im Wege stand, hatte dieser dann am Vorabend des Parteitages sogar physisch demonstriert. Als die Aeroflot-Maschine mit KPdSU-Chef Leonid Breschnew an Bord in Berlin-Schönefeld ausrollte, war im Protokoll immer noch offen, wer den prominenten Gast als erster zum Bruderkuß an die Brust drücken durfte. Der jovial lächelnde Kremlherr war gerade im Begriff, die letzten Stufen der Gangway zu verlassen, als Honecker – trotz laufender Kameras – Ulbricht rüde zur Seite schob, um als erster in Breschnews Arme zu fallen.

Stasichef Mielke hatte in jenen Tagen alle Hände voll zu tun, um herauszuspitzeln, was Ulbricht mit Blick auf den Parteitag im Schilde führte. Fest stand, daß er entschlossen war, eine Rede zu halten, sich aber weigerte, sie der Zensur des Politbüros zu unterwerfen. Doch Honecker, der Regisseur des Parteitages, wünschte keine Szenen, die nicht im Drehbuch standen. Überschwenglicher als je zuvor sollte auf seinem Parteitag die «Einheit und Geschlossenheit» der SED demonstriert werden. Da schien es am günstigsten zu sein, den alten Haudegen der Partei vom Ort des Geschehens einfach fernzuhalten.

Nicht auszuschließen ist, daß Ulbrichts Ärzte den Hinweis erhielten, dabei nach Möglichkeit ein bißchen nachzuhelfen. Der Alte war dem ungewollt entgegengekommen, indem er am Tage vor dem großen Ereignis bis tief in die Nacht hinein noch an seiner Rede gewerkelt hatte. Als sich das Herz des Achtundsiebzigjährigen dagegen aufgebäumt und er zeitweilig die Orientierung verloren hatte, war es Lotte Ulbricht selbst, die die Ärzte ins Haus rief. Professor Dr. Baumann und Dr. Linke stellten bei ihrem Patienten akute Kreislaufstörungen fest. Die beiden Mediziner sahen sich, wie sie in einem ärztlichen Bulletin festschrieben, am Morgen des 15. Juni «veranlaßt», Ulbricht strenge Bettruhe zu verordnen.

Es mutet schon merkwürdig an, daß die Ärzte in ihrem Bericht auch gleich die Gründe für Ulbrichts Kreislaufstörungen fixierten, die sich präzise mit den Vorwürfen deckten, die man ihm schon wiederholt im Politbüro gemacht hatte. Die Ursache der neuen Kreislaufstörungen sei darin zu suchen, daß die arbeitsmäßige Belastung des Patienten während der letzten Zeit, insbesondere aber am Tage vor Beginn des Parteitages zu groß war und nicht in Übereinstimmung mit den ärztlichen Auflagen stand.

Es spricht manches dafür, daß die strenge Bettruhe, die man Ulbricht ausgerechnet an dem Tage verordnete, da das Parteikonzil begann, ihm aufgezwungen worden war. Der Zustand des vor wenigen Wochen gestürzten SED-Chefs mag gewiß nicht der beste gewesen sein. Aber er war auch nicht so bedrohlich, daß er Ulbrichts Erscheinen auf dem Parteitag und dem Vortrag seiner Rede unerbittlich im Wege gestanden hätte. Davon zeugte zum einen der «Ärztliche Bericht über den Gesundheitszustand Walter Ulbrichts», der am 17. Juni, am dritten Tag der Parteiberatungen, abgegeben wurde: Der Krankheitsverlauf habe bisher keine sicheren Hinweise für weitere Komplikationen ergeben, so daß mit einem normalen Genesungsprozeß gerechnet werden könne. Zum anderen zeugte davon auch die Tatsache, daß Lotte Ulbricht keine Veranlassung sah, an der Seite ihres Mannes zu bleiben, sondern pünktlich in die Werner-Seelenbinder-Halle eilte, wo das Politspektakel stattfand. Den Delegierten und Gästen war allerdings nicht entgangen, daß sie nach der Rede von Leonid Breschnew am zweiten Tage, als der Kremlchef minutenlangen Beifall und Hochrufe auf das Bündnis der beiden Parteien erntete, keinen Finger rührte. Das Protokoll des VIII. Parteitages vermerkte zudem: «Die Delegierten und Gäste stimmen die Internationale an; Drushba-Rufe, herzlicher, rhythmischer Beifall.» [30]

Lotte Ulbricht war während des Parteitages alles andere als zum Singen zumute. Die Art, in der Honecker sich in seiner neu gewonnenen Macht sonnte, war der eigentliche Grund, weshalb sie den Parteitag vorzeitig verließ. Besonders ausländische Delegierte witzelten angesichts solcher Vorgänge denn auch bald darüber, ob Ulbricht an einer medizinischen oder nicht eher an politischer Krankheit leide.

Die Spekulationen wurden durch ein von Honecker vorbereitetes Schreiben, das die Delegierten des Parteitages am vierten Beratungstag an Ulbricht sandten, eher genährt denn ausgeräumt. Zufall war es gewiß nicht, daß der Parteitagsbrief nicht an den Vorsitzenden der SED, sondern «An den Vorsitzenden des Staatsrates der Deutschen Demokratischen Republik» gerichtet war. «Wir wünschen Dir baldige Genesung, damit Du im Kollektiv der Parteiführung und als Vorsitzender des Staatsrates mit ganzer Schaffenskraft an der Verwirklichung dieser Beschlüsse (des VIII. Parteitages – d. Verf.) mitwirken kannst.» [31]

Wie ernst dieser Text gemeint war, sollte sich spätestens im Herbst erweisen. Ulbrichts Fernhalten vom Parteitag hatte weiter bedrohlich an seiner Gesundheit gezehrt. Der medizinische Bericht, den die Regierungsärzte einen Monat später als «Streng vertraulich!» an Honecker übermittelten, war besorgniserregend. Das

Gefäßleiden, an dem Ulbricht krankte, hatte inzwischen auch zu mangelnder Hirndurchblutung geführt. Am 19. Juli 1971 befanden die beiden Ärzte Linke und Baumann, daß der Zustand des Genossen Ulbricht als sehr ernst zu betrachten sei. Schon bei Wetterwechsel könnten weitere Kreislaufkomplikationen – auch mit tödlichem Ausgang – auftreten.

Jetzt hatte man Ulbricht soweit, um ihn für längere Zeit ins Regierungskrankenhaus zu verfrachten, wogegen er sich wochenlang energisch gesträubt hatte. Angesichts der akut bedrohlichen Situation, so der streng vertrauliche Report der Mediziner, habe der Genosse Ulbricht der Krankenhausaufnahme schließlich zugestimmt.

Ulbricht war keinesfalls so krank, wie die Ärzte des Regierungskrankenhauses erklärten. Seine Abneigung gegen den behandelnden Arzt Dr. Linke wuchs in dem Maße, wie er sich durch dessen Anordnungen von den Staatsgeschäften abgedrängt fühlte. Dafür faßte er mehr und mehr zu Professor Baumann Vertrauen, dem Chef des Herz- und Kreislaufinstituts der Akademie der Wissenschaften, den die Chefin des Regierungskrankenhauses, Helga Wittbrodt, in wichtigen Fällen zu Rate zu ziehen pflegte. Ulbricht erkor Baumann zu seinem Leibarzt, ohne das Politbüro zu fragen, was gröblich gegen die Gesetze der oberen Nomenklatura verstieß. Baumann gegenüber redete Ulbricht denn auch Klartext, weil er ihn für einen seriösen Experten hielt, der sich von den nach politischen Gesichtspunkten ausgesuchten Ärzten des Regierungskrankenhauses zu unterscheiden schien.

Doch so geschärft Ulbrichts Menschenkenntnis auch war, in diesem Mann hatte er sich gründlich geirrt. Alles, was sich Ulbricht in seiner Gegenwart von der Leber redete, landete umgehend bei der Parteispitze. Honecker selbst gab die Informationen des Mediziners gegenüber Breschnew so wieder: «Prof. Dr. Baumann sagte, er hätte sich nie vorstellen können, daß sich ein Staatsmann so unbeherrscht äußert. In der dreistündigen Auseinandersetzung mit Prof. Dr. Baumann erklärte Genosse Ulbricht, die Durchführung eines ärztlichen Konzils sei Unsinn, er werde entgegen der Anweisung der Ärzte am 1. 11. 1971 zu arbeiten beginnen, er ließe sich nicht ausschalten, das sei ein abgekartetes Spiel mit Genossen

Honecker. Die beiden Ärzte, Genossin Prof. Dr. Wittbrodt und Genosse Prof. Dr. Baumann, kamen aufgrund dieser Vorfälle zu der Schlußfolgerung, daß der Zustand des Genossen Ulbricht schon pathologisch sei.»

Solche Schlußfolgerung lag ganz im Sinne Honeckers und der konzertierten Aktion, durch die Ulbricht von der Bühne der Politik verbannt werden sollte. In Wahrheit wußten die Beteiligten aus früherer Zeit sehr genau, wie spontan Ulbricht sein konnte, daß er im Politbüro einem Genossen manchmal an den Kragen gegangen war, wenn ihn die Erregung gepackt hatte. Was Ulbricht vor dem Arzt seiner Wahl herausgeschrien hatte, war nichts anderes als die unbändige Wut eines Ohnmächtigen.

Etwas verhaltener, aber politisch noch zugespitzter hatte er sich Hans Rodenberg gegenüber geäußert. Rodenberg, der aus der Theaterbranche kam, bei Max Reinhardt gelernt und Anfang der sechziger Jahre als stellvertretender Kulturminister der DDR fungiert hatte, gehörte seit 1954 dem Zentralkomitee der SED an. Ulbricht, der sich – im Gegensatz zu Honecker – für Kunst und Literatur durchaus begeistern konnte, war mit Rodenberg seit Jahren befreundet. Lotte Ulbricht hatte das Gespräch zwischen ihrem verbitterten Mann und dem feinfühligen Rodenberg arrangiert, weil sie hoffte, daß er in ihm einen Tröster, vielleicht sogar einen Helfer finden könnte. Doch in diesem Falle hatten sich beide Ulbrichts getäuscht. Rodenberg war bestürzt über Ulbrichts Weltsicht, eilte umgehend zu Honecker und erzählte ihm, was Ulbricht sich in seiner Gegenwart von der Seele geredet hatte.

Honecker berichtete über Rodenbergs Mitteilung, daß dieser sich verpflichtet gefühlt habe, «dem Politbüro davon Mitteilung zu machen. Er faßte seine Eindrücke in folgender Feststellung zusammen:

- er (Gen. WU) lasse sich nicht behandeln wie man Chruschtschow behandelt habe;
- er bezeichnete ein Mitglied des Politbüros, der früher eng mit ihm zusammengearbeitet hat, als Verräter;
- er würde die Genossin Prof. Dr. Wittbrodt wegen Verletzung des Ärztegeheimnisses vor Gericht stellen;

– sein früherer Arzt Genosse Prof. Dr. Linke sei an seinem Krankheitszustand schuld.

Genosse Prof. Rodenberg erklärte, er befürchte eine Gruppierung Ulbricht gegen das Politbüro und seinen Ersten Sekretär und bat das Politbüro, dagegen Maßnahmen zu ergreifen. Er schlug vor, auf den behandelnden Arzt Genossen Prof. Dr. Baumann einzuwirken, Genossen Ulbricht zu beruhigen.» [32]

Bis dahin hatte Honecker seinen Vorgänger ganz bewußt in der ärztlichen Isolierung schmoren lassen und durch Nichtbeachtung von seiten des Politbüros gestraft. Er hatte zudem durchgesetzt, daß alle Versuche Ulbrichts, vom Krankenbett aus auf einzelne Minister, mithin auf die Regierung einzuwirken, vereitelt wurden. Unnachgiebig hielt Honecker an seiner Vorgabe vom März fest, «daß das Politbüro alle Maßnahmen trifft, die gewährleisten, daß der Staatsrat in Übereinstimmung mit der Verfassung *alle Aktivitäten* einstellt, die voll in den Verantwortungsbereich der Regierung gehören» [33].

Das «Problem Ulbricht» vor dem Politbüro

Inzwischen schien der SED-Chef den Zeitpunkt für gekommen zu halten, zum letzten Gefecht mit Ulbricht vor dem Politbüro zu blasen. Das Urteil der Auguren fiel einstimmig gegen Ulbricht aus. Honecker und zwei weitere Genossen des Politbüros sollten nun mit dem verprellten Genossen eine «kameradschaftliche Aussprache» führen, um das Klima zu bereinigen. Aber auch dieser Schritt entbehrte nicht der Arglist. Honecker, der sich von dem Unternehmen rechtzeitig abseilte, wollte erreichen, daß die Öffentlichkeit über den angeschlagenen Gesundheitszustand Ulbrichts informiert würde, um dessen Verschwinden aus der politischen Arena plausibel zu machen. Dazu brauchte man Ulbrichts Zustimmung, und die sollten Paul Verner und Werner Jarowinsky einholen. Daß Honecker ausgerechnet Paul Verner zum Wortführer gemacht hatte, war kein Zufall. Die Rivalitäten aus der FDJ-Zeit waren vergessen, und der listige Sekretär für Westarbeit zählte inzwischen zu den intimsten Freunden des neuen Parteichefs, der mit Verner nicht nur Skat spielte, sondern auch allwöchentlich die Saunabank teilte.

Das geplante Gespräch zu führen war dann aber insofern kompliziert, als Ulbricht in seinem Groll die Telefonstrippe in seinem Krankenzimmer herausgerissen und strikte Anweisung gegeben hatte, keinen Besuch zu ihm vorzulassen. Erst durch Vermittlung von Lotte Ulbricht gelang es den Botschaftern des Politbüros am 21. Oktober dann, an Ulbrichts Krankenlager zu gelangen.

Als Verner Ulbricht den Entwurf der Pressemitteilung unter die Nase hielt, traf er prompt den empfindlichsten Nerv des gestürzten Parteichefs. Der hatte sich schon aufs äußerste erbost, als er davon erfuhr, daß die Mitglieder des Zentralkomitees hinter seinem Rükken über den Gesundheitszustand des Genossen Staatsratsvorsizenden informiert worden waren. Ein Akt, der in doppelter Hinsicht perfide war. Denn erstens basierte er auf der Verletzung der ärztlichen Schweigepflicht, und zweitens hatten die ZK-Genossen bei der Gelegenheit – sehr wahrscheinlich aufgebauschte – medizinische Tatbestände über Ulbricht erfahren, die dieser nicht einmal selbst kannte. Erst in der Politbürositzung vom 26. Oktober 1971 erfuhr Ulbricht zum ersten Mal aus jenem streng vertraulichen Ärztebericht vom 19. Juli, daß bei ihm «bereits dreimal eine derartige coronare Mangeldurchblutung (Coronarinfarkt) aufgetreten (ist)».[34].

Verners Einstieg an jenem 21. Oktober war also denkbar ungünstig. Ulbricht wehrte sich gegen eine Pressemitteilung, aus der hervorging, daß er ernstlich erkrankt sei und sich die Behandlung auf ärztlichen Rat hin noch Wochen hinziehen würde. Ulbrichts Stimmung stieg auch keineswegs, als Verner ihm die Ausbrüche und Äußerungen vorhielt, die ihm in Gegenwart von Professor Baumann unterlaufen waren. Ulbricht versuchte zwar, sie abzuschwächen, nicht aber zu bestreiten. Nur auf die Mitteilung Hans Rodenbergs, er, Ulbricht, solle behauptet haben, man plane, ihn wie Chruschtschow aus dem politischen Leben auszuschalten, reagierte er mit heftigster Empörung. Da nannte er seinen Freund Hans plötzlich einen Lügner, der nichts als Unfrieden stiften wolle. Tatsache ist, daß Ulbricht und Rodenberg während ihres Plausches mehr als nur ein Gläschen sowjetischen Wodka getrunken hatten. Es wäre denkbar, daß der angeschlagene Ulbricht sich an jede Einzelheit des Dialogs gar nicht mehr erinnern konnte. Wahrscheinlicher aber ist, daß ihm klar war, wie sehr man ihm gerade diesen Satz hätte politisch ankreiden können. Wer sich, wie auch immer, mit Chruschtschow identifizierte, der zog allemal auch den Zorn Breschnews und der Kremlführung auf sich. Dabei konnte Ulbricht jetzt alles andere als einen Zweifrontenkrieg gebrauchen.

Im Grunde hatte Verner den Kandidaten des Politbüros Werner Jarowinsky nur als Zeugen für das Gespräch gebraucht. Der hatte zudem jedes Wort protokolliert, was für Verner beim Bericht an Honecker von größtem Nutzen war. Verner hatte erreicht, daß Ulbricht in manchem klein beigab und sich bereit fand, fünf Tage später vor dem versammelten Politbüro zu erscheinen, um die Schelte des Kollektivs über sich ergehen zu lassen.

Zuvor jedoch setzte Ulbricht sich an seinen Schreibtisch, um mit polemischen Zeilen Rodenberg zum Widerruf jenes Satzes zu bewegen, den Ulbricht unbedingt aus der Welt schaffen wollte. «Wer diese Lüge ausgedacht hat», so Ulbricht an den Theatermann, «das kann ich nicht wissen. Diejenigen haben jedenfalls keine Ahnung von meinem Verhältnis zu Chruschtschow.» In sechs Punkten faßte Ulbricht dann die Spannungen zusammen, die zwischen ihm und Chruschtschow bestanden hätten. Ulbricht: «Warum Genosse Chruschtschow in meinem Denken keine Rolle gespielt hat, können vielleicht die sowjetischen Genossen besser erklären. Ich kann nicht glauben, daß Du eine solche aus den Fingern gesogene Erklärung abgegeben haben sollst. Ich ersuche Dich, die anfangs genannte Behauptung des Genossen Honecker zu berichtigen.»[35]

Wie tief sich Ulbricht durch Rodenbergs Denunziation getroffen fühlte, zeigte sich schon daran, daß er dem langjährigen Weggefährten entgegen sonstiger Gewohnheit jede Anrede versagte. Das Schreiben, das Ulbricht am 23. Oktober per Boten zu Rodenberg befördern ließ, blieb ohne Wirkung. Allerdings lag es schon einen Tag später auf Honeckers Tisch, der seine Paraphe darauf kritzelte.

Noch bevor sich das Politbüro am 26. Oktober mit Ulbricht befaßte, charakterisierte Honecker gegenüber Breschnew die Situation, in der sich beide Seiten befanden: «Das Politbüro des Zentralkomitees unserer Partei ist einstimmig der Meinung, daß Genosse Ulbricht ohne jeden Grund jetzt, nachdem er sich subjektiv etwas besser fühlt, eine Situation herbeiführen will, die unserer Sache nicht nützlich ist. Aus diesem Grunde werden das Politbüro des Zentralkomitees und sein Erster Sekretär Genosse Erich Honecker auch weiterhin versuchen, Genossen Ulbricht zur Einsicht zu veranlassen, sich entsprechend den Beschlüssen des Zentralkomitees unserer Partei zu verhalten.»[36]

Ulbricht durfte also im Politbüro Erich Honeckers mit keinerlei Sympathie oder gar Unterstützung rechnen. Gleichwohl war er noch immer nicht frei von Illusionen über den Einfluß, den er in seiner Funktion des Parteivorsitzenden noch ausüben konnte. In der Debatte des 26. Oktober allerdings welkten auch die letzten illusionären Reste dahin. Ulbricht stieg mit ziemlichem Selbstbewußtsein in den Ring: «Nach der Analyse der Professoren kann ich meine Pflicht als Vorsitzender des Staatsrates bis in die 80er Jahre erfüllen... Ich kann wieder arbeiten, und damit wird sich alles wieder beruhigen... Daß Professor Baumann besorgt ist über den Zustand meiner Nerven, da hat er recht. Das ist das einzige, was mich auch besorgt macht.»

Schon Minuten später zeigte sich, wie berechtigt diese Sorge war. Ulbricht empörte sich erneut über die Pressemeldung, mit der die Öffentlichkeit über seinen angeblich ernsten Zustand ins Bild gesetzt werden sollte. Ulbricht: «Da kommt Verner, um die Öffentlichkeit zu informieren, daß Ulbricht noch wochenlang krank bleibt... Genosse Verner erklärte, eine Erklärung wäre notwendig, weil ständig Anfragen aus der Bevölkerung kämen.» Woraufhin der Mann, den Ulbricht nach Rodenbergs Mitteilung «Verräter» genannt hatte, Günter Mittag, gezielt kränkend einwarf: «Das ist heute nicht mehr der Fall.» – Ulbricht erregt: «Du freust dich wohl darüber, wenn man sagt, der Ulbricht ist lange krank, und wenn sie nicht danach fragen. Aber wenn sie erfahren, daß das nicht so ist, wie man das darstellt, was werden sie sagen, wenn ich dies in der Volkskammer und im ZK sage?... Ich habe genügend Charakter, um nicht alles hinzunehmen... Das ist die sachliche Antwort. Die politische Antwort ist folgende... Ich bin bereit einzugehen auf den Vorschlag des Genossen Honecker, diese Sache als nicht existierend zu betrachten und die Arbeit aufzunehmen aufgrund der von ihm vorgetragenen Ausführungen der Ärzte.»

Ulbricht versuchte das Gesicht zu wahren, ohne gleichzeitig den Bogen zu überspannen und seinen Ausschluß aus dem Ensemble der Spitzenfunktionäre zu riskieren. Doch diese Taktik ging nicht auf. Willi Stoph, damals noch in festem Schulterschluß mit Honecker, hielt Ulbrichts Stellungnahme für absolut unbefriedigend und verlangte «ernste Konsequenzen». Stoph: «Wir müssen Genossen Ulbricht ersuchen, die Äußerungen, die das Politbüro betreffen, zurückzunehmen und außerhalb des Politbüros alle Angriffe, Verdächtigungen usw. zu unterlassen...»

Günter Mittag, in dem Ulbricht während der letzten Jahre seinen Nachfolger gesehen hatte, ging noch einen Schritt weiter: «Ist es überhaupt richtig und zweckmäßig, daß du wieder als Vorsitzender des Staatsrates vorgeschlagen wirst? Dein Verhalten rechtfertigt das nicht...» – Horst Sindermann, damals stellvertretender Regierungschef, schlug in die gleiche Kerbe: «Ich finde es unverständlich, daß bei dieser konträren Einstellung gegenüber dem Politbüro, gegenüber Genossen Honecker, gegenüber der Staatssicherheit... es Genosse Ulbricht für selbstverständlich hält, Vorsitzender des Staatsrates zu bleiben... Das ist unparteimäßig. Das ist eine Mißachtung des Politbüros.»

Das Spitzengremium der Partei ließ Ulbricht in jener denkwürdigen Debatte endgültig gewahr werden, daß sein Verbleiben im Amt des Staatsoberhauptes von seiner unbedingten Loyalität gegenüber Honecker und dem Politbüro abhing, die allein den Handlungsspielraum des Staatsratsvorsitzenden absteckten. Für letzteres wurde zwar Ulbrichts Gesundheitszustand zum Vorwand genommen, doch jeder im Raum wußte, wie es wirklich gemeint war. «Sein Gesundheitszustand», so dozierte Alfred Neumann während der Politbürositzung, «ist eine Partei- und Staatsangelegenheit». Und Werner Krolikowski, der sich bei Ulbrichts Sturz besonders engagiert hatte und den Honecker dafür auf Anhieb als Vollmitglied ins Politbüro einschleuste, formulierte es noch deutlicher.

Krolikowski: «Was die Tätigkeit des Genossen Ulbricht anbetrifft, so muß sie entsprechend den Anweisungen der Ärzte erfolgen. Ich unterstreiche, daß es richtig war, das ZK über den gesundheitlichen Zustand des Genossen Ulbricht zu informieren. Du sagst, du willst dazu vor dem ZK Stellung nehmen.»

Ulbricht: «Nur zu dieser Akte.»

Krolikowski: «Soll das eine Drohung sein? Du solltest dir keine Illusionen machen. Wir würden dann die Frage deines Verhaltens vor dem ZK stellen müssen... In unserer Partei gibt es keine Heiligen und Päpste, Genosse Ulbricht.»

Ulbricht begriff, was die Stunde geschlagen hatte, und verzichtete auf weitere Gegenwehr. Das letzte Wort aber hatte, wie immer, der Parteichef, und das ließ nichts zu deuten übrig.

Honecker: «Ich möchte den Genossen danken für die einheitliche Meinung, die wir als Kollektiv haben. Bevor Genosse Ulbricht spricht, möchte ich drei kurze Bemerkungen machen und einen Beschluß vorschlagen:

1. daß alle Genossen im Politbüro die Meinung vertreten, daß dies die letzte Sitzung war, auf der wir uns mit solchen Fragen beschäftigen.»

Ulbricht: «Einverstanden.»

«2. ... Früher haben wir uns mit dem Gesundheitszustand des Genossen Ulbricht beschäftigt, heute beschäftigen wir uns mit politischen Fragen. Deswegen haben wir heute auch die Empfehlung der Ärzte mißachtet und eine so lange Sitzung durchgeführt.

3. Die Einheit der Partei, des Politbüros und des ZK ist unser höchstes Gut... Ich glaube, alle Genossen sind damit einverstanden, daß wir die heutige Diskussion nicht vor das ZK stellen.

4. Die personelle Zusammensetzung der staatlichen Organe, über die wir keinen Zweifel haben, wird festgelegt in der Sitzung des Politbüros am 16.11. ... In dieser Sitzung wird über die personellen Fragen entschieden und dann dem ZK vorgelegt.

Mein Vorschlag für die Beschlußfassung...:

1. Dem Bericht des Genossen E. Honecker über die Unterredung

mit Genossen Ulbricht am 21. 10. 1971 wird einstimmig zuge-stimmt. Die Ausführungen des Genossen Ulbricht, die sich im Inhalt gegen das Politbüro und den Ersten Sekretär sowie gegen die behandelnden Ärzte richten, werden zurückgewiesen.

2. Das Politbüro nimmt die Erklärung des Genossen Ulbricht zur Kenntnis, daß er seine Haltung zum Politbüro und zum Ersten Sekretär des ZK aufgrund der Aussprache, die im Politbüro statt-fand, revidiert und die Anschuldigungen zurücknimmt...»

Ulbricht: «Das Politbüro nimmt zur Kenntnis, daß Genosse Ulbricht voll und ganz einverstanden ist.»

Honecker: «...daß er die Disziplin im Politbüro einhält, den Be-schlüssen des Politbüros zustimmt und den Weisungen des Ersten Sekretärs Folge leisten wird.

3. Entsprechend der Empfehlung des Ärztekollegiums wird festge-legt:

a) die Arbeitsaufnahme des Genossen Ulbricht ist frühestens ab 15. November 1971 gestattet;

b) die Arbeitszeit des Genossen Ulbricht soll in der Woche nicht mehr als drei bis vier Stunden an drei Tagen betragen;

c) Reisen sind vorerst zu vermeiden. Die Teilnahme an Sitzungen darf nicht länger als zwei Stunden betragen. Reden dürfen die Dauer von 15 Minuten nicht überschreiten;

d) aufgrund der ärztlichen Empfehlungen sind entsprechend dem Befinden des Genossen W. Ulbricht Erholungspausen einzu-legen.»

Ulbricht: «Ich bin einverstanden mit dem Beschluß.» [37]

Nach dieser Demontage stellte Honecker Ulbrichts Amt als Staatsoberhaupt nicht weiter in Frage, zumal auch die Moskowiter es so wünschten. Einen Monat später wurde Ulbricht erneut und wie stets einstimmig zum Vorsitzenden des Staatsrates gewählt. Was ihm an Kompetenzen verblieb, waren protokollarische Akte, wie etwa die Vereidigung von Ministern oder die Verleihung von Orden, was ohnehin ohne Einfluß auf den Gang der Politik war. Öffentliche Reden Ulbrichts wußte Honecker weitgehend zu ver-hindern.

Ab und an aber flackerten die Lebensgeister des Machtmenschen

Ulbricht wieder auf. So «ersuchte» er beispielsweise in einem Schreiben vom 7. November 1972 «das Politbüro, den 1. Punkt der Tagesordnung der heutigen Politbürositzung abzusetzen, da ich an dieser Sitzung nicht teilnehmen kann». Gegenstand der Politbürodebatte sollten u. a. Fragen der Außenpolitik und der Beziehung der DDR zu westlichen Staaten sein. Ulbricht: «Ich bin aus prinzipiellen Gründen gegen die Behandlung dieses Konglomerats von Material im Politbüro, weil es nicht der Einigung der Parteiführung dient und in der jetzigen Situation für die Politik der Partei nur schädlich sein kann.» – Alles, was Honecker auf dem Ulbricht-Brief vermerkte, war: «Erledigt – E. H.» [38]

Erledigt war bald auch der Brief, den Ulbricht gut einen Monat später an den KPdSU-Chef, seinen «lieben Freund Leonid», richtete. Bitter beklagte er sich darin, daß «die Diskreditierung nicht nur meiner Person, sondern auch der unter meiner Leitung durchgeführten Politik immer offener betrieben wird». Auf einer eben beendeten Tagung des ZK, die sich mit dem Wirtschaftsplan 1973 befaßte, hatte Ulbricht das Wort nehmen und seine prinzipielle Sicht der ökonomischen Schwierigkeiten der DDR und ihrer Ursachen erläutern wollen. Sah er sie vornehmlich in objektiven Faktoren wie der Spaltung Deutschlands, im Fehlen einer Grundstoffindustrie usw., lagen sie für Honecker im subjektiven Versagen Ulbrichts in der Vergangenheit. Seit dem 14. ZK-Plenum im Dezember 1970 geisterte die These durch die SED, daß die wirtschaftlichen Rückschläge, namentlich die Verschuldung der DDR, mehr oder weniger auf Ulbrichts Konto gingen. Und diesen Eindruck, der keineswegs der Wahrheit entsprach, gedachte Honecker bestehen zu lassen. Deshalb hatte er eine halbe Stunde vor Beginn des zweiten Beratungstages urplötzlich eine Politbürositzung einberufen, um Ulbricht von seinem Vorhaben abzubringen.

Ulbricht mußte ein weiteres Mal erfahren, wie perfekt es Honecker verstanden hatte, das Politbüro gegen ihn zu formieren. In seinem Brief an Breschnew klagte er: «Obwohl die Politbüromitglieder den Entwurf meiner Diskussionsrede (siehe Anlage Nr. 1) gar nicht kannten und auch nicht danach fragten, lehnten sie es ab, daß ich vor dem ZK auftrete.» Auch empörte er sich darüber, daß er «in der Öffentlichkeit fast nicht mehr auftreten durfte», was «der Gegner zu einer großen Diskriminierungskampagne gegen mich ausgenutzt (hat)».

Noch immer erhoffte sich Ulbricht vom Zuchtmeister des realsozialistischen Blocks so viel Hilfe, um wenigstens seinen begrenzten Machtanspruch noch geltend machen zu können. Ulbricht: «Ich möchte, daß das Politbüro meine Kenntnisse und Erfahrungen besser ausnutzt. Gleichzeitig hoffe ich, daß der erste Sekretär und das Sekretariat des ZK mich vor kleinlichen Schikanen verschonen und daß alle Fragen, die meine Partei- oder Staatsarbeit betreffen, mit mir persönlich erörtert werden.» [39]

Die Auseinandersetzungen der letzten Monate, so bedeutete Ulbricht dem Kremlchef, hätten ihn einige Jahre seines Lebens gekostet. Er konnte nicht ahnen, daß er das folgende Jahr nicht überleben würde. Am 24. Juli 1973 erlitt Ulbricht einen Schlaganfall, von dem er sich nicht mehr erholen sollte. «Erich Honecker», so wußte sein Hofliterat zu berichten, «besuchte ihn sofort am Krankenbett und übermittelte ihm die Grüße des Politbüros und dessen Wünsche auf baldige Genesung.» [40] Über Honeckers Besuch am Krankenbett seines Vorgängers gibt es leider kein Protokoll. Doch dürfte der Dialog, sollte er stattgefunden haben, sich vom Tenor der Totenrede deutlich abgehoben haben, die Honecker am 7. August an Ulbrichts Sarg hielt: «Das Leben unseres Genossen Walter Ulbricht war das eines großen proletarischen Revolutionärs, eines bedeutenden Führers unserer Partei und der Arbeiterklasse.» [41]

Der Generalsekretär

Wäre es nach Ulbricht gegangen, hätte Erich Honecker seine Karriere als Parteichef verpaßt. Zwar hatte er den einstigen FDJ-Chef selbst zu seinem Nachfolger auserkoren. Honecker mußte die Sitzungen des Politbüros leiten, wenn Ulbricht abwesend war, und er durfte schon jahrelang neben ihm an der Stirnseite der Tische sitzen, an denen die Politbürokraten Platz nahmen. Die wirtschaftlichen Sachzwänge jedoch, in die Ulbricht und seine DDR besonders in der zweiten Hälfte der sechziger Jahre gerieten, ließen in Ulbricht Zweifel an der programmierten Thronfolge aufkommen. Immer häufiger entdeckte der SED-Chef Honeckers Oberflächlichkeit in puncto Ökonomie. «Du siehst nie Probleme», hatte er seinem Kronprinzen wiederholt an den Kopf geworfen, und der hatte, tief getroffen, einfach geschwiegen.

Honeckers Füllhorn

Ein anderer Mann im Politbüro war Ulbricht in dieser Hinsicht um so angenehmer ins Auge gefallen: Günter Mittag. Der gegenüber Honecker um 14 Jahre Jüngere hatte Dynamik und Verstand bewiesen, als das NÖS aufs Reißbrett gebracht wurde, und nach Erich Apels Selbstmord auch keine schlechte Figur als Chef der Wirtschaftskommission gemacht. Je öfter Ulbricht über sein mögliches Ende als Parteichef nachzudenken begann, um so mehr neigte er dazu, Mittag dank seines Engagements in Wirtschaftsfragen gegenüber Honecker den Vorzug zu geben.

Mittag selbst bestreitet, daß Ulbricht mit ihm darüber gesprochen habe.[42] Zeitzeugen berichten hingegen, er «habe sich damit gebrüstet, daß Walter Ulbricht in einem persönlichen Gespräch seine Absicht bekundet hatte, ihn als seinen Nachfolger vorzuschlagen»[43]. Auf jeden Fall konnte sich Mittag ausrechnen, daß er als Nachfolger Ulbrichts keine Chancen haben würde, weil er im Politbüro kaum über Verbündete verfügte. Wenn Ulbricht, was nicht selten geschah, in wirtschaftlichen Dingen Parteispitze und Regierung überging, war Mittag meist daran beteiligt. Das trug ihm den heimlichen Groll von Regierungschef Stoph, aber auch von Alfred Neumann, Chef des Volkswirtschaftsrates und späterer Vizepremier, Honeckers und anderer ein. Mit Argwohn hatte Honecker registriert, daß Mittag sich für Ulbricht immer unentbehrlicher zu machen wußte. Mit Breschnew im Rücken brauchte ihm vor Ulbrichts Wirtschaftssekretär allerdings nicht bange zu sein. Er hatte Mittag dann auch, wie Werner Krolikowski notierte, «zuerst auf seiner Abschußliste. Und vor dem VIII. Parteitag haben viele Genossen des PB (Stoph, Verner, Axen, Lamberz, Hager, Grüneberg usw.) zu EH (Erich Honecker – d. Verf.) gesagt, daß GM (Günter Mittag – d. Verf.) nicht in das PB gehört.»

Honecker habe seinen Genossen zwar recht gegeben, sich aber doch entschieden, Günter Mittag auf seine Seite zu ziehen. Krolikowski: «In Anwesenheit von W. Stoph stellte EH auf seiner Jagdhütte GM zur Rede und stellte ihn vor die Alternative: entweder mit W. Ulbricht zu brechen und ihm zu dienen oder er fliege aus dem PB. GM hatte sich danach für EH entschieden, aber noch scheinheilig in der letzten Periode, wo W. Ulbricht 1. Sekretär des ZK war, demselben weiter zur Seite gestanden.»[44]

So leicht, wie Krolikowski es ihm unterstellte, hatte Honecker sich die Entscheidung in bezug auf Mittag allerdings nicht gemacht. Die Überzeugung, daß Mittag langfristig ohnehin sein «skrupelloser Diener»[45] werden würde, mag bei Honecker eine Rolle gespielt haben. Von größerem Gewicht war aber, daß Mittag wie kein zweiter im Politbüro Tatkraft, Wendigkeit und – in Honeckers Augen – auch Sachverstand auf dem so schwierigen Terrain der Wirtschaft bewiesen hatte. Deshalb blieb der Einäugige Wirtschaftskönig unter den Blinden des Politbüros. Honecker wußte zwar, *was* er nach dem Parteitag wollte, nicht aber, *wie* es erreicht werden könnte. Um so mehr war er davon überzeugt, daß nur Mittag die Wege zu einer blühenden, vom Volk getragenen DDR ergründen konnte, in der er sich bald als Wundertäter gefeiert sehen wollte.

Schon im Sommer 1970, als das Politbüro am Korrekturbeschluß zu Ulbrichts Wirtschaftskonzept bastelte, erwies sich, daß Mittag dabei am kräftigsten in die Speichen griff. Er hatte längst begriffen, daß Ulbrichts hemmungsloser Ehrgeiz, die strukturbestimmenden Branchen der Wirtschaft um jeden Preis hochzusteuern, im Fiasko enden mußte. Aber noch konnte er die Signale seines Herrn und Meisters öffentlich nicht einfach ignorieren.

Honeckers Votum für Mittag war auch der Tatsache geschuldet, daß Mittag sich ohne Vorbehalt an Ulbrichts Sturz beteiligte. Auch Mittag unterschrieb den Bittbrief an Breschnew, in dem im Januar 1971 die Absetzung Ulbrichts vehement gefordert wurde. Mit aller Energie kniete er sich zudem in die Ausarbeitung des Wirtschaftskonzepts Erich Honeckers hinein, das dem Parteitag feierlich verkündet werden sollte. Honecker brauchte einen rauschenden Parteitag, der auch nicht durch Spekulationen um personelle Querelen getrübt werden sollte. Unter seiner Führung sollte die Einheit der Partei heller strahlen denn je zuvor. Deshalb blieb im Politbüro, wer schon drin war.

Die Delegierten des Parteitages wurden dann auch von Euphorie erfaßt. Die Rede, die Honecker an das riesige Forum richtete, wirkte aufwühlend und war dennoch sachlich gehalten. Es fiel auf, daß sie nahezu frei war von theoretischen Schnörkeln, von denen es in Ulbrichts Reden meistens gewimmelt hatte. Das war das Verdienst des Agitpropkanoniers Werner Lamberz, der damals schon als neuer Kronprinz gehandelt wurde und das ungeteilte Vertrauen Honeckers besaß.

Angesichts des Tiefpunktes, auf dem die Stimmung des Volkes inzwischen angekommen war, erschien Honecker nicht nur den Delegierten in der Werner-Seelenbinder-Halle, sondern auch vielen Normalverbrauchern als eine Art Messias. Was er versprach, ließ sich hören: das Realeinkommen der Bevölkerung werde bis 1975 um 21 bis 23 Prozent steigen, die Geldeinnahmen jährlich um vier Prozent, auch wolle man die Löhne bestimmter Beschäftigungsgruppen anheben, wesentlich mehr Wohnungen bauen etc. Der Beifall, der Honecker auf der Tribüne erreichte, war stürmisch und erreichte seinen Höhepunkt, als er nach Schluß seiner Rede jenen Mann umarmte, dem er seinen Höhenflug im Grunde zu verdanken hatte: Leonid Breschnew.

Honeckers populistisches Programm und die ungestüme Zuwendung des großen Bruders schien die Creme der Partei vergessen zu machen, daß der neue Parteichef einen Mann zu ersetzen hatte, der zweifellos die kreativste Figur der deutschen Kommunisten gewesen war und den Sebastian Haffner nicht ganz zu Unrecht den erfolgreichsten deutschen Staatsmann seit Bismarck genannt hatte. Honecker verkniff es sich, Ulbricht auf dem Parteitag namentlich anzugreifen. Aber jeder im Saal wußte, wer gemeint war, als der SED-Chef seine Lektion über das Prinzip der Kollektivität hielt: «Es gibt einzelne Genossen, die verlernt haben, den Wert der Kritik und Selbstkritik zu schätzen. Sie wähnen sich klüger als das Kollektiv. Sie lieben keinen konstruktiven Widerspruch. Sie halten sich für unfehlbar und unantastbar.»[46]

Erst die Kollektivität, die persönliche Verantwortung einschließe, so hatte Honecker dem Parteitag mit großem Ernst bedeutet, «ermöglicht richtige und wissenschaftlich exakte Entscheidungen»[47]. Aber gerade daran sollte es ihm selbst schon bald mangeln. Das übergroße Sozialpaket, das er fest entschlossen war, nach dem Parteitag zu schnüren, brachte alle guten Vorsätze ins Wanken. Schon am 1. September 1972 sollten u. a. die Renten spürbar erhöht, für berufstätige Mütter mit drei und mehr Kindern die 40-Stunden-Woche eingeführt, bezahlte Freistellung bei der Geburt eines Kindes auf 18 Wochen erweitert, Geburtengelder gezahlt, die ohnehin niedrigen Mieten auf knapp eine Mark pro Quadratmeter gesenkt werden. So hochtrabende sozialpolitische Maßnahmen zehrten schon damals an der Substanz der DDR.

Das «sozial-politische Programm», das Honecker im Teamwork vor allem mit Mittag, Stoph und Sindermann ausgetüftelt hatte, stand im Februar 1972 im Politbüro auf der Tagesordnung. Zur Debatte lud man auch den Planungschef und stellvertretenden Ministerratsvorsitzenden Gerhard Schürer ein. Der hatte sich schon vorher die Haare gerauft, als er von den Dimensionen dieses abenteuerlichen Programms erfuhr. Schließlich mußte er die nötigen Mittel dafür kalkulieren und bilanzieren, ohne zu wissen, woher er sie nehmen sollte. Also wagte er den zaghaften Einwand, daß man die Vorhaben nicht in voller Höhe durch eigene Leistungen abdecken könne. Honecker reagierte darauf scharf wie selten: «Wir haben nicht die Absicht, die Schulden der DDR in zwei Jahren zurückzuzahlen. Wenn die Regierung und die Staatliche Plankommission so arbeiten, dann torpedieren sie die Beschlüsse des VIII. Parteitages.» [48]

Schon damals, so bemerkte Schürer im November 1989 rückblickend, sei die Weiche, wenn auch nur um Zentimeter, in die falsche Richtung gestellt worden. Die neue Richtung bedeutete zum einen, die Akkumulation in den produktiven Bereichen zu reduzieren oder gar auf den Nullpunkt herunterzudrücken, zum anderen und vor allem aber, den Schuldenberg gegenüber dem westlichen Ausland weiter anzuhäufen. Für Honecker war das letztere von besonderer Faszination: den Klassenfeind mit dessen Geld zu besiegen.

Die Schuldenfalle

Noch im September 1972, im selben Monat, da das Sozialpaket wirksam wurde, veranlaßte Honecker Stoph, den obersten Finanzverwaltern der DDR Order zu erteilen, «die politischen und ökonomischen Möglichkeiten der erweiterten Kreditaufnahme zu prüfen und Vorschläge für aufzunehmende Kreditlinien im November vorzulegen.» Die hitzige Debatte, die darüber zwischen Außenhandelsminister Sölle, Planungschef Schürer sowie dem Präsidenten der Außenhandelsbank und der Staatsbank ausgetragen wurde, endete mit massiven Einwänden der Banker. Grete Wittkowski, damals Präsidentin der Staatsbank, faßte den Frust der Kreditbeschaffer am 7. November in einem «streng vertraulichen» Papier «zu den Problemen der Zahlungsbilanz der DDR» zusammen, das auch auf Honeckers Tisch landete. Eigentlich hätte es ihn erschüttern müssen. Denn allein schon 1971, im Jahr seiner Machtübernahme, hatten sich die Schulden der DDR in konvertierbarer Währung um mehr als eine Milliarde vermehrt. Und nun wollte Außenhandelschef Sölle, der natürlich unter Honeckers Erfolgsdruck stand, das Negativsaldo bis Ende 1973 gar auf 5,9 Milliarden hochtreiben. «Das ist», so mahnte Grete Wittkowski, «das 3,6fache des Exportvolumens... Das verwendete Nationaleinkommen ist höher als das erwirtschaftete.»

Solche Praxis war freilich schon weit entfernt von dem Konzept, das Honecker gerade vor knapp eineinhalb Jahren entwickelt hatte. Von der Kanzel des Parteitages herab hatte er es noch «eine wichtige Lebenserfahrung unseres Volkes» genannt, «daß unsere Gesellschaft niemals mehr verbrauchen kann, als produziert worden ist»[49]. Gewiß, er hatte dabei auf die Prognosen seiner Wirtschaftsexperten vertraut, wonach die Intensivierung der Wirtschaft und die Wunderwaffe des wissenschaftlich-technischen Fortschritts den Weg zu größerem Wohlstand einfach bahnen müsse. Doch bald schon zeigte sich, daß die Arbeitsproduktivität langsamer stieg als geplant und das Füllhorn des Staates immer neue Löcher bekam. Wollte Honecker sich nicht zur Korrektur seiner Sozial- und Konsumpolitik, die gut gemeint, aber schlecht fundiert war, bekennen, mußte er weitere, größere Risiken eingehen.

Da die Exportpläne meist nicht erfüllt wurden, die Importüberschüsse aber um so schneller wuchsen, lag der scheinbare Ausweg in der Aufnahme neuer Kredite. Sie zu besorgen, war damals keine besondere Hürde, da die westlichen Finanzmärkte sich noch in Überfluß an Kapital präsentierten. Gleichwohl hätte Honecker bedenken müssen, daß jeder Pump Grenzen und ein Ende hat. Grete Wittkowski hat es in dieser Hinsicht schon damals an Deutlichkeit nicht fehlen lassen. Es könne, so notierte sie in dem geheimen Papier, «nicht verhindert werden, daß bei den kapitalistischen Banken bzw. auch bei Regierungsinstitutionen kapitalistischer Länder erkannt wird, daß die Kreditrückzahlung seitens der Deutschen Außenhandelsbank letztlich nicht durch Exportüberschüsse, sondern nur durch die Aufnahme neuer Kredite gewährleistet werden kann.» Weitere Kredite, wie geplant, aufzunehmen, halte man, so die Bankchefin, «vom Standpunkt des politischen Spielraums für die Durchführung der Außenpolitik als auch hinsichtlich der wirtschaftlichen Kraft *nur* für vertretbar, wenn... durch die Staatliche Plankommission und das Ministerium der Finanzen Berechnungen vorgelegt werden, die sichern, daß in den nächsten Jahren eine ausgeglichene Handels- und Zahlungsbilanz im Währungsgebiet KD (Konvertierbare Devisen – d. Verf.) erreicht wird und darüber hinaus ein Exportüberschuß erzielt wird, der eine sukzessive Tilgung eines Teiles der aufgenommenen Kreditverpflichtungen ermöglicht.»

Obgleich der Kassandraruf der Grete Wittkowski im Politbüro gehört wurde, verhallte er wirkungslos. Niemand, am allerwenigsten Erich Honecker, war zur Umkehr bereit. Er war angetreten, die Rolle des Wundertäters zu spielen, und nun wollte er sie um jeden Preis zu Ende führen. Allerdings verlangte er, künftig in die Verwaltung der Schulden einbezogen zu werden. Planungschef Schürer hatte fortan dem Politbüro periodisch über die Zahlungsbilanz gegenüber dem Klassenfeind zu berichten.

In der Sache aber focht es Honecker wenig an, daß der produktive Teil der Wirtschaft sich bestenfalls auf Klumpfüßen weiterbewegte. Die außenpolitischen Erfolge und Glücksfälle, wie das vierseitige Abkommen über Berlin, in dem die großen Vier die DDR erstmalig als souveränen Staat akzeptierten, stärkten Honeckers Selbstbewußtsein beträchtlich. Und nun stand der lang erträumte Grundlagenvertrag vor der Tür, der wirtschaftliche Erleichterung von der bundesrepublikanischen Seite versprach. Honecker kalkulierte richtig, daß sich Bonn weitere menschliche Erleichterungen, die man von seiten der DDR in Aussicht stellte, etwas kosten lassen würde.

Gleichwohl entwickelten sich die Valutaschulden der DDR noch rasanter, als es Grete Wittkowski prophezeit hatte. Die versierte Expertin, die finanzökonomisch um Lichtjahre weiter blickte als Honecker, wagte im Herbst 1973 noch einmal einen Vorstoß. Sie schrieb einen knallharten Brief an Werner Krolikowski, den Honecker zeitweilig an Mittags Stelle als Wirtschaftssekretär etablieren mußte. Erneut warnte die Bankpräsidentin vor dem rücksichtslosen Verzehr von Nationaleinkommen und der wachsenden Auslandsverschuldung. Krolikowski reagierte darauf insofern, als er die wahrscheinliche Auslandsverschuldung bis 1977/1978 vorausberechnen ließ. Das Resultat war erschütternd. Krolikowski will Honecker damals schon den Bankrott der DDR in Aussicht gestellt haben, falls er in puncto Westverschuldung so weitermache. Diese Heldentat ist keineswegs verbürgt. Indessen steht fest, daß Günter Ehrensperger, ZK-Abteilungsleiter für Planung und Finanzen, die Berechnungen wegen ihrer «Explosivität» einziehen ließ.

Überliefert ist ebenso, daß in der betreffenden ZK-Abteilung, die damals Krolikowski unterstand, eine Debatte über den Wittkowski-Brief geführt wurde. Für die erkrankte Bankpräsidentin hatte daran ihr Stellvertreter, Dr. Friedmar John, teilgenommen. Er wiederholte die Bedenken seiner Chefin, was auf alles andere denn auf Zustimmung stieß. Die massivste Reaktion auf seinen Vortrag aber kam ausgerechnet von Schürer, der als Chef der Planungskommission anwesend war. In einem Gedächtnisprotokoll, das John am 8. Februar 1990 zu Papier brachte, notierte er: «G. Schürer hat mir schließlich die Frage gestellt, ob die Bank bereit ist, die Beschlüsse des VIII. Parteitages durchzuführen oder nicht. Damit wurde die Beratung beendet.» [50]

Als Ende 1973 der Wirtschaftsplan für das kommende Jahr im Politbüro zur Diskussion stand, hatte John erneut die Position der Staatsbank zu vertreten. Auch hier war von den Bedenken oder gar düsteren Prognosen Krolikowskis nichts zu spüren. John erinnert sich: «W. Krolikowski führte u. a. aus, daß von den Banken eine konstruktive Haltung notwendig ist, um den Plan zu untersetzen.» Und Honecker beschloß das leidige Thema der Westverschuldung mit dem sinnigen Satz: «Wo ein Wille ist, ist auch ein Weg.» [51]

Als Krolikowski sechzehn Jahre später in der bedrückenden Einsamkeit seiner Gefängniszelle die Vorgänge von damals beschrieb, kam ihm plötzlich eine dramatische Szene zwischen ihm und Honecker in den Sinn, die wohl mehr der Phantasie als der Realität entsprang. Krolikowski am 16. Januar 1990: «Ich setzte mich mit ihm auseinander, daß dieser Weg der Verschuldung im Westen für die DDR nicht geht, daß es ein Weg ins Unglück ist, daß er die Westverschuldung nicht zu einem Standbein seiner Politik machen darf, daß wir zu einem Ausbeutungsobjekt des Imperialismus werden (wegen der großen Höhe der Zinsen und Gebühren), daß uns früher oder später die Zahlungsunfähigkeit (Bankrott) droht, so daß es unverantwortlich ist, auf dieser wachsenden Westverschuldung seine Wirtschafts- und Sozialpolitik aufzubauen. Auch habe der VIII. PT dazu kein Mandat erteilt. Honecker stand auf und setzte mir auseinander, daß es seine Sache sei, daß es zur Panikmache keinen Grund gebe und daß ich ein Panikmacher sei. Er verlangte von mir und beauftragte mich, daß dieses Papier (die Hochrechnung über die Westverschuldung) sofort vernichtet wird und niemand etwas davon erfährt.»[52]

Ganz so ignorant, wie Krolikowski den SED-Chef schilderte, schien Honecker allerdings nicht gewesen zu sein. Schließlich würde der nächste Parteitag ihm nicht nur die Bilanz der letzten Jahre, sondern auch einen verbindlichen Blick in die Zukunft abverlangen. Den wagte Honecker freilich schon, als er sich im September 1974 die neue Verfassung auf den Leib schneidern ließ. Das Grundgesetz der DDR, so bedeutete er dem ergriffenen Plenum der Volkskammer, müsse «zugleich dem gesetzmäßigen Vormarsch der DDR in die kommunistische Zukunft Rechnung tragen». Felsenfest war Honecker davon überzeugt, daß «der Sieg der sozialistischen Gesellschaftsordnung in der Deutschen Demokratischen Republik unwiderruflich und endgültig (ist)»[53]. Und doch rumorte in seinem Kopf die Rechnung herum, die Grete Wittkowski und – noch schlimmer – die Genossen der Außenhandelsbank über die Eskalation der Westschulden und das Hinterherhinken des Nationaleinkommens aufgemacht hatten.

Im Frühjahr 1975 beauftragte Honecker schließlich einige seiner wenigen Querdenker, die Zukunftsaussichten seiner vielgerühmten Wirtschafts- und Sozialpolitik zu erkunden. Helmut Koziolek, der Akademiechef für sozialistische Wirtschaftsführung, der Akademiechef für Gesellschaftswissenschaften beim ZK der SED, Otto Reinhold, und zwei weitere Analytiker begutachteten die Aussichten der realsozialistischen Planwirtschaft dann auch nach bestem Wissen und Gewissen, ohne auf Honeckers Zukunftsrausch Rücksichten zu nehmen. Die Preisexplosion für Roh- und Brennstoffe auf den westlichen Märkten, insbesondere aber im RGW, prophezeiten die Experten, werde zu «weiteren enormen Mehrbelastungen für die Volkswirtschaft der DDR in einer bisher errechneten Größenordnung von 25 bis 30 Mrd. Mark führen». Das aber war genau die Summe, die Honecker im kommenden Fünfjahrplan für das «Kernstück» seines sozialpolitischen Programms, den Wohnungsbau, auszugeben gedachte. «Es wird nicht an Versuchen fehlen», so das Orakel, «einen Teil der entstehenden Mehrbelastungen durch die Senkung der Akkumulationsrate, vor allem des Anteils der produktiven Investitionen, abzufangen. Das hätte unweigerlich zur Folge, daß die erweiterte Reproduktion (und zum Teil sogar die einfache Reproduktion) in wichtigen Bereichen der Volkswirtschaft nicht mehr gesichert werden kann... Eine kontinuierliche Fortsetzung der vom VIII. Parteitag beschlossenen Wirtschafts- und Sozialpolitik wäre auf dieser Grundlage nicht mehr möglich.»[54]

Damit legten Koziolek und seine Genossen den Finger auf die schlimmste Wunde der DDR-Wirtschaft. Denn der ostdeutsche Staat zählte schon zu der Zeit, da die Rohstoffpreise sich noch günstig gestalteten, zu jenen Ländern, deren Akkumulationsrate beängstigend niedrig war. Hinzu kam, daß die geldlichen Mittel der Akkumulation zu beträchtlichen Teilen aus den Spargroschen der Bürger sowie aus Auslandskrediten geschöpft wurden. Da war guter Rat teuer. Dennoch überraschte das Gelehrtenteam mit einem Bündel von Ideen, um die kranke, unrentable DDR-Wirtschaft endlich auf Gewinn zu polen. Doch die meisten Positionen von Koziolek und Reinhold rüttelten nicht nur an der sozialen Mentalität der DDR-Bürger, sondern mehr noch an der Selbstgefälligkeit ihrer Führer.

Auf dem letzten Parteitag hatte Honecker u. a. «Stabilität der Verbraucherpreise» versprochen. Sie war des SED-Chefs heiligste Kuh, und ausgerechnet die wollten die Professoren alsbald geschlachtet sehen. Freilich nicht voraussetzungslos, sondern in Verknüpfung mit einer gerechten Reform der Löhne und Gehälter bei endlicher Durchsetzung des Leistungsprinzips. Die enormen Subventionen für Braunkohlenbriketts beispielsweise sollten weichen, die Benzinpreise verteuert, ein höherer Tarif für Gas- und Elektroenergie ab einer bestimmten Menge eingeführt, die Mieten nach dem Einkommen gestaffelt werden usw.

Honecker war nicht geneigt, sich mit den unbequemen Wahrheiten seiner Experten auseinanderzusetzen. Er überließ diese lästige Aufgabe Paul Verner, seinem faktischen Stellvertreter. Verner zog Wirtschaftssekretär Werner Krolikowski und natürlich Günter Mittag hinzu, der nach wie vor Honeckers Favorit in Wirtschaftsfragen war.

Von seiten Verners und seiner Nebenmänner schlug den Befragten weitgehende Ablehnung, zum Teil auch Empörung entgegen. Besonderer Eifer der Politbürokraten galt dem Vorschlag, Eigentumswohnungen zu schaffen, aber auch staatliche Ein- und Zweifamilienhäuser an Privatpersonen zu verkaufen. Das widersprach gründlich Honeckers primitiver Vorstellung von den Vorzügen des Sozialismus, der das «Recht auf Wohnraum» so gut wie umsonst abzuwerfen hatte. Er übersah dabei, daß die gigantische Summe, die im unersättlichen Kernstück seines Wundertäterprogramms versickerte, neue Disproportionen im Wirtschaftsgefüge der DDR provozierte. Im Spiegel seiner Reminiszenzen ist Krolikowskis Haltung in dieser Runde heute um so aufschlußreicher. Honecker soll ihn einen «Panikmacher» genannt haben, als er sich gegen die wachsende Verschuldung aufgebäumt habe. Krolikowskis Resümee in bezug auf das kritische Papier von Koziolek, Reinhold, Kunz und Stiemerling lautete: Kapitulantentum. Der Unterschied zwischen Honeckers Haltung und der eigenen wird sein Geheimnis bleiben.

Symptomatisch für die Atmosphäre, die die SED-Spitze um sich herum verbreitete, waren zwei Bemerkungen, die Verner gegen Ende der kaum noch kontroversen Runde machte: Die Beteiligten seien zur strengsten Verschwiegenheit über die vorgelegten Befunde verpflichtet. Und vom Genossen Honecker solle er den Experten übermitteln: «Es passiert euch nichts.»[55]

Honeckers Arroganz, die sich, wie meistens, mit Ignoranz paarte, ließ ihn zur Tagesordnung übergehen. Sie wurde durch außenpolitische Pluspunkte noch verstärkt, die er besonders nach dem Grundlagenvertrag verbuchen konnte. Gleich einer Schneeballreaktion hatten die meisten Staaten die DDR inzwischen diplomatisch anerkannt. Der SED-Chef gab solchen Erfolg nur allzugern als persönliches Verdienst aus. Wo es Lorbeeren zu ernten gab, griff er bedenkenlos selbst in verfassungsrechtliche Kompetenzen ein. Im Sommer 1975, da in Helsinki die Unterzeichnung der KSZE-Schlußakte anstand, reiste er und nicht Willi Stoph als Staatsratsvorsitzender in die finnische Metropole, um sich dort zwischen US-Präsident Ford und Bundeskanzler Schmidt spreizen zu können. Ein Umstand, den die westlichen Staaten damals allerdings auch im Falle osteuropäischer KP-Führer duldeten.

Helsinki, so reflektiert es Krenz im Rückblick, sei «ein Höhepunkt im souveränen Selbstverständnis der DDR und im Leben Erich Honeckers» gewesen.[56] Doch der blaue Himmel von Helsinki muß den SED-Chef für die graue Prosa seines Landes noch blinder gemacht haben. Das Jahr, das im Zeichen von Helsinki stand, hatte der DDR weitere Defizite auf dem Felde der Wirtschaft eingebracht. Seit Honeckers Machtantritt war die Akkumulationsrate im produzierenden Bereich um 2,3 Prozent gesunken, die Verschuldung gegenüber dem Westen auf 11 Milliarden Valutamark angestiegen. Dennoch blies der Mann an der Spitze der Partei zum Marsch in neue Illusionen.

Auf dem IX. Parteitag, der im Mai 1976 über die Bühne gehen sollte, hätte Honecker am liebsten den schrittweisen Übergang zum Kommunismus verkündet. Das hätte im Marxschen Sinne die Annäherung an die angeblich höchste Stufe der menschlichen Gesellschaft bedeutet, in der die absolute soziale Gleichheit herrschen und das Prinzip gelten sollte: «Jeder nach seinen Fähigkeiten, jedem nach seinen Bedürfnissen.» Von beidem war die DDR weit entfernt.

Es waren Leute wie Helmut Koziolek, Otto Reinhold und Jürgen Kuczynski u. a., denen es gelang, Honecker davon abzubringen, die DDR der lächerlichen Behauptung preiszugeben, sie sei auf dem Wege zum Kommunismus. Honecker hatte sich allerdings nicht daran hindern lassen, im neuen Programm der SED «für die kommende Periode das Ziel» zu stellen, «in der Deutschen Demokratischen Republik weiterhin die entwickelte sozialistische Gesellschaft zu gestalten und so grundlegende Voraussetzungen für den allmählichen Übergang zum Kommunismus zu schaffen».[57]

Im neu errichteten Palast der Republik, wo der Parteitag im Mai 1976 erstmals stattfand, griff er dann wieder einmal tief in die Taschen, was wenigstens für den Augenblick einen Schimmer von Kommunismus zu verbreiten schien. Sein Überraschungspaket umfaßte die Anhebung der Mindestlöhne von 350 auf 400 Mark, die Erhöhung der Renten für 3,4 Millionen Menschen, die Verlängerung des Schwangerschafts- und Wochenurlaubs sowie des Urlaubs für alle Arbeitenden, den schrittweisen Übergang zur 40-Stunden-Woche. Margot Honecker, ihres Zeichens Minister für Volksbildung, hatte ihren Ehemann zudem überreden können, für ihre Lehrer ein dreizehntes Monatsgehalt zu zahlen, was für zusätzlichen Sozialneid sorgte. Hauptbelastung des DDR-Fiskus aber blieben der Neubau und die Modernisierung von Wohnungen zu gleichbleibenden Mieten, was Milliarden verschlang.

So überfällig und begrüßenswert das «Geschenk der Partei» auch war, so sehr vertuschte es die wirtschaftliche Misere, in der die DDR zu der Zeit bereits steckte. Was die Schulden im Westen anbetraf, so waren sie inzwischen auch dem Planungschef Gerhard Schürer über die Hutschnur gegangen, der drei Jahre zuvor seine Genossen von der Staatsbank noch zurückgepfiffen hatte. Auf dem IX. Parteitag zum Kandidaten des Politbüros aufgerückt, war sein Selbstbewußtsein gegenüber Honecker gewachsen. Als er zur Audienz beim Generalsekretär der SED, so nannte Honecker sich seit dem letzten Parteitag, erschien, saß nicht Werner Krolikowski, der Wirtschaftssekretär, sondern Günter Mittag an Honeckers Seite. Das Material, das Schürer vor beiden ausbreitete, enthielt mögliche Schritte zur Sicherung der Zahlungsfähigkeit gegenüber kapitalistischen Ländern sowie restriktive Änderungen der Wirtschaftspolitik. Schürer im Rückblick: «Wir haben damals nichts beschlossen bekommen, es wurde abgelehnt. Und wir wurden beauftragt, Reserven zu mobilisieren, um diese Fragen zu lösen.»[58] Honecker kokettierte, wie übrigens auch sein damaliger Ministerpräsident Horst Sindermann, geradezu mit der sogenannten Kreditpolitik nach dem Motto: «Wer Schulden im Westen hat, der hat auch Ansehen.»

Dabei war Honecker in dieser Hinsicht nicht nur durch Stimmen aus der eigenen Umgebung gewarnt worden. Bereits 1974 oder 1975, so erinnert sich Krolikowski, habe der sowjetische Regierungschef Kossygin Willi Stoph in Moskau ins Gewissen geredet, daß die DDR mit ihren Möglichkeiten «im Westen höchstens Kredite in Höhe von 6 Milliarden VM aufnehmen kann und sollte, und alles, was darüber hinausgeht, sehr von Übel sei». Als Stoph im Politbüro darüber berichtete, hätten Honecker und Mittag darüber geschwiegen. Krolikowski: «...sie wiesen diese wichtige Ermahnung unserer besten Freunde eindeutig zurück, das Politbüro ließ dies leider geschehen, so sehr hatte Honecker damals schon das Politbüro beherrscht.»[59]

Mit hoher Wahrscheinlichkeit hatte sich auch Stoph in jener Sitzung auf die Seite Honeckers und Mittags geschlagen, was Krolikowski wohlweislich verschweigt. So jedenfalls verhielt sich Stoph selbst noch im Mai 1978, als die Erdölpreise zu explodieren begannen, die Zinsen stiegen und zusätzliches Kapital aus dem Ausland immer teurer wurde. Damals hatte Schürer wiederum einen Vorstoß bei Honecker gewagt, ihn auf die drohende Zahlungsunfähigkeit aufmerksam gemacht und für einschneidende Maßnahmen plädiert. Dieses Mal wischte Honecker die Befürchtungen des Planungschefs nicht spontan vom Tisch, sondern suchte Rückendeckung bei Stoph, der inzwischen wieder Regierungschef war. Stoph konterte Schürers Bedenken und Vorschläge mit dem bemerkenswerten Satz: «Die Staatliche Plankommission macht die Zahlungsbilanz zum Maßstab der Wirtschaftspolitik. Der Maßstab der Wirtschaftspolitik muß aber die Einheit von Wirtschafts- und Sozialpolitik sein.» Nach Schürers Darstellung bestätigte Honecker das Stoph-Papier damals «als die richtige Linie». Schürer: «Ich wurde in diesem Zusammenhang persönlich scharf kritisiert und verwarnt, daß ich die Parteibeschlüsse durchzuführen habe.»[60]

Was Honecker und auch Stoph zur damaligen Zeit nicht wahrhaben wollten, war die simple Tatsache, daß Wirtschafts- und Sozialpolitik längst zueinander in Widerspruch geraten waren und weder die eine noch die andere aufging. Obgleich die Importüberschüsse der DDR zwischen 1971 und 1980 mehr als 200 Milliarden Valutamark betragen hatten, stagnierte seit Mitte der siebziger Jahre die Bereitstellung wichtiger Erzeugnisse, beispielsweise von Obst, Südfrüchten und Fisch und selbst von Autos. Unter Honecker war die Wirtschaft längst zur Talfahrt geworden, deren Ende freilich noch nicht abzusehen war, die zu stoppen aber schon keine Chance mehr bestand. Sichere Indizien dafür waren neben dem unaufhaltsamen Anstieg der Schulden im Westen das Sinken der Akkumulationsrate im produzierenden Bereich von 29 Prozent im Jahre 1970 auf 26,2 Prozent 1980 und zwei Jahre später schon auf 21,5 Prozent.

An der Schwelle der achtziger Jahre rückten selbst jene Politbürokraten von Honecker ab, die bei und nach Ulbrichts Sturz noch zu seinen engsten Verbündeten gezählt hatten. Männer wie Stoph und Stasichef Erich Mielke beispielsweise wußten zwar keine Alternative zum abenteuerlichen Kurs des Generalsekretärs, doch dessen unzuverlässige Haltung gegenüber der Sowjetunion gerade in wirtschaftlichen Dingen schürte zunehmend ihr politisches Mißtrauen, aber auch ihre Furcht vor dem Westen. Das erhellt jenes Gespräch, das Regierungschef Stoph und Erich Mielke am 13. November 1980 führten und in welchem sie Honeckers Doppelgesichtigkeit beklagten. In der Notiz, die Werner Krolikowski über die Unterredung gemacht hat, liest man: «E. Mielke betonte mit großem Nachdruck, daß sich EH seit dem Krimtreffen mit L. I. Breschnew im positiven Sinne überhaupt nicht verändert hat. Im Gegenteil – seine ganze Rolle sei noch gefährlicher geworden. *Besonders im Verhältnis zur BRD sei sichtbar, daß er öffentlich provokativ auftritt, während er intern gegenüber der BRD für sein öffentliches Verhalten Entschuldigungen abgibt.* Im Gespräch von EH mit G. Gaus sei dies ganz eindeutig erfolgt. Die Niederschrift, die EH über dieses Gespräch im PB verteilt hat, enthält nicht die ganze Wahrheit. Das stehe eindeutig fest. Er habe weitere Äußerungen zu G. Gaus getan, die gegen die Interessen der Sowjetunion und der DDR sind und Bonn begünstigen. EH hat sich nur mit GM [Günter Mittag] zuvor über das unterhalten, was er mit G. Gaus besprechen will. EH hat G. Gaus gesagt, daß er hoffe, daß es mit den deutsch-deutschen Beziehungen bald wieder so weitergehen kann wie zuvor! Mielke sagte zu W. Stoph: EH verschaukelt uns und die sowjetischen Freunde.»[61]

Offenbar hat Mielke Honecker damals bereits abgehört. Der Stasichef war aber auch bestens darüber informiert, wie es in Honeckers Apparat ausschaut. Krolikowski: «Mielke informierte W. Stoph, daß es in den wirtschaftspolitischen Abteilungen des ZK gegenüber der gesamten Weststrategie von EH und GM sehr gärt, es viele Widersprüche gibt. Die Genossen sehen offensichtlich die Gefährlichkeit der Erhöhung der Abhängigkeit der DDR von kapitalistischen Staaten sowie ihren Konzernen und Banken und sehen die gesicherte Perspektive der DDR nur in höchsten eigenen Leistungen und in der Zusammenarbeit mit der Sowjetunion und den anderen sozialistischen Bruderländern.»[62]

Die heimliche Fraktion um Stoph, zu der neben Krolikowski auch Armeegeneral Heinz Hoffmann gehörte, hegte damals noch die Hoffnung, Honecker auf dem nächsten Parteitag wieder auf Vordermann Richtung Osten zu bringen. Das folgt beispielsweise aus einem Papier, das Krolikowski einen Tag vor der Begegnung zwischen Stoph und Mielke offenbar für Breschnew angefertigt hatte. Unter dem Titel «Die Lehren für den X. Parteitag» notierte Stophs Stellvertreter: «Der Parteitag muß eine Grundkonzeption entscheiden, wie die DDR-Wirtschaft wieder stabil auf eigene Füße gestellt und von imperialistischer Abhängigkeit befreit wird; wie die DDR ein zuverlässiger Partner der Sowjetunion wird und aufhört, auf Kosten der Sowjetunion zu leben.»[63]

Die Gruppe um Stoph monierte allerdings nicht allein das Verschaukeln des großen Bruders auf dem Felde der Außenwirtschaft. In der Deutschlandfrage wie auch beim ideologischen Schlagabtausch mit dem Westen erschien Honecker ihnen längst opportunistisch und korrupt. In seinen Überlegungen für den X. Parteitag, die er wahrscheinlich auch Moskau wissen ließ, forderte Krolikowski ausdrücklich: «Allseitige Abgrenzung zur BRD. Verurteilung des BRD-Revanchismus gegenüber der DDR, des gesamten Konzepts der imperialistischen Vormundschaftspolitik der BRD gegenüber der DDR; Auseinandersetzung mit der fluchwürdigen Praxis der ideologischen Koexistenz der EH-und-GM-Politik gegenüber der imperialistischen BRD. (Sie betrieben eine Politik des ideologischen Burgfriedens gegenüber der BRD und den USA für stinkendes Geld.)»[64]

Im Dezember 1980 sandte Krolikowski weitere Signale nach Moskau. Dieses Mal zerpflückte er den bereits vorliegenden Bericht des Politbüros an die 13. ZK-Tagung, den Günter Mittag am 11. Dezember zu halten hatte. Empört rügte Krolikowski, daß Honeckers harte Position zum Verhältnis DDR–BRD, die er am 13. Oktober in Gera vorgetragen hatte, sich im Mittag-Bericht nicht mehr widerspiegele. Krolikowski: «Man muß dieses ‹Zurückdrehen› unserer berechtigten Forderungen im Bericht unbedingt im Zusammenhang mit dem Gespräch zwischen EH und G. Gaus sehen. Dort hat EH bereits gegenüber der BRD signalisiert – wie bereits berichtet –, daß diese Forderungen so ernst nicht aufzufassen sind und neue Verhandlungen und Abkommen auch ohne die Akzeptierung dieser Forderungen durch die BRD in Aussicht gestellt werden können. Es ist ein erneuter Fingerzeig für H. Schmidt, daß EH und GM an der Fortsetzung der deutsch-deutschen Sonderbeziehungen interessiert sind.»[65]

In Gera hatte Honecker ziemlich unrealistische Maximalforderungen gegenüber Bonn erhoben, wie etwa die Anerkennung der DDR-Staatsbürgerschaft, die Einrichtung von Botschaften, das Abschaffen provisorischer Reisepapiere der BRD für Bürger der DDR, die Auflösung der Zentralen Erfassungsstelle in Salzgitter und ähnliches. Daß Honecker so weit ausholte, hatte mehrere Gründe. Zum einen hatte Breschnew ihn dazu gedrängt, zum anderen saß ihm der Schock, den der Zusammenprall zwischen Arbeitern und Partei in Polen ausgelöst hatte, in den Gliedern. Zudem war er sichtlich darüber verärgert, daß Kanzler Helmut Schmidt das geplante Treffen mit ihm ein zweites Mal abgesagt hatte. Freilich war sich der SED-Chef darüber im klaren, daß sich das Ansinnen von Gera nicht aufrechterhalten ließ, wenn man die bitter nötigen Geschäfte mit Bonn fortsetzen und möglichst ausdehnen wollte.

Das 13. ZK-Plenum reflektierte dann deutlich, wie sehr Honecker aufgrund der wirtschaftlichen Misere nach außen wie nach innen zu lavieren genötigt war. Gegenstand der Tagung war schließlich auch der Wirtschaftsplan für das kommende Jahr, und der stand auf tönernen Füßen. Krolikowski wußte den Moskauer Genossen zu berichten: «Vor dem ZK wird gesagt, daß der Volkswirtschaftsplan 1981 bilanziert. Das ist jedoch nicht die Wahrheit. Es werden Leistungs- und Exportziele unterstellt, die nicht realisierbar sind. Es wird verschwiegen, daß auch 1981 selbst bei Erfüllung des NSW-Exportplanes und bei Einhaltung des NSW-Importplanes für 1,5 Mrd. VM Bargeldkredite aufgenommen werden müssen, um die Zahlungsfähigkeit der DDR zu sichern.»[65a]

Die Schönfärberei der Situation in der Wirtschaft, die Honecker auf dem ZK-Plenum durch Mittag und Schürer hatte besorgen lassen, wurde anschließend auch in der Volkskammer geübt, die den manipulierten Finanz- und Wirtschaftsplan formell zu beschließen hatte. Dies veranlaßte Krolikowski am 16. Dezember 1980, sich noch einmal an den Kreml zu wenden: «EH betont immer stärker, daß seine Wirtschafts- und Sozialpolitik, die Politik des Lebens über die Verhältnisse ‹unbeirrt›, also ohne Rücksicht auf herangereifte Realitäten und neue internationale Bedingungen, ‹erfolgreich› in den achtziger Jahren weiter fortgesetzt werden muß. Daran läßt er keinen Zweifel aufkommen, obwohl der Planansatz 1981–1985 die schlimmste Ungereimtheit ist, die bisher im PB bestätigt wurde. Dieser Planansatz, der so offen ist wie eine Feldscheune, ist schlimmstes Abenteurertum.»[66]

Es wäre gut, wenn Genosse L. I. Breschnew mit EH spricht, um ihn zur Vernunft zu bringen. Mit diesem Planansatz kann man nicht zum X. Parteitag gehen. Das wäre ein Unglück für uns.»[67]

Die Streikwelle und eine unübersehbare Opposition in Polen hatten Honeckers Position gegenüber Moskau aber eher gestärkt. Im Verhältnis zum polnischen Nachbarn war der SED-Staat geradezu die Verkörperung eines sozialistischen Sonnenstaates. Breschnew, der momentan weit dringendere Sorgen hatte, fiel Honecker nicht in den Arm. Um so weniger brachten das die Leute um Stoph zuwege, die zwar innerlich murrten, aber es doch geschehen ließen, daß der Generalsekretär den Parteitag wie das Volk erneut betrog. Der Wirtschaftspolitik, so Honecker vor dem X. Parteitag im April

62

1981, liege «ein ausgewogenes Verhältnis von Leistung und Verbrauch, von Akkumulation und Konsumtion zugrunde»[68].

In Wirklichkeit waren die Schulden in konvertierbarer Währung bereits im Vorjahr auf die bestürzende Summe von 25,3 Milliarden Mark angestiegen. Honecker wußte sehr genau, daß längst mehr verzehrt wurde, als man zu produzieren imstande war und künftig sein würde. Aber wie sollte er aus dieser Situation wieder herausfinden? Durch solide wirtschaftliche Leistung allein schien das so gut wie ausgeschlossen, trotz aller möglichen Beschlüsse, die der Parteitag gefaßt hatte. Also mußte er sich auf neue finanzielle Abenteuer und Transaktionen einlassen, die leicht zum Bumerang werden und auf die Stimmung im Lande durchschlagen konnten. Die Ereignisse in Polen hatten auch für den SED-Chef das Gespenst des Bürgerkriegs wieder aufleben lassen. So war es keineswegs nur Schalcks eigenem Antrieb geschuldet, daß er noch vor dem Parteitag ein Konzept «Zur Vorbereitung des Bereiches Kommerzielle Koordinierung auf den Verteidigungszustand» vorlegte. Das Valutavermögen von KoKo in Höhe von 1,2 Milliarden, Honeckers eiserne Reserve, sollte nach Schalcks Vorschlag auch im Ernstfall in der exklusiven Verfügbarkeit von Honecker, Mittag und Schalck bleiben, ganz im Gegensatz zum vorbereiteten Gesetzentwurf für den Verteidigungszustand.

Noch vor dem Parteitag hatte Schalck sich in Honeckers Auftrag auch über neue Devisenquellen fieberhaft Gedanken machen müssen. Schalck war dabei u. a. der Waffenhandel eingefallen, von dem er sich allerdings nicht sicher sein konnte, bei Honecker damit auf Gegenliebe zu stoßen, der mit Friedensbeteuerungen allzeit um sich zu werfen pflegte. Deshalb ließ Schalck Günter Mittag beim Generalsekretär vorfühlen, der dann schließlich auch zustimmte. Das brachte mit Blick auf die Löcher im Fiskus zwar keine Rettung, warf aber im Jahre 1982, da das Waffengeschäft anlief, immerhin knapp 300 Millionen Valutamark ab, weit mehr als der Freikauf von Häftlingen bis dahin jährlich abgeworfen hatte.

Im Jahr nach dem X. Parteitag konnte Honecker in bezug auf die Quellen, aus denen harte Währung floß, freilich auch nicht mehr wählerisch sein. Im Sommer 1982 ließen die westlichen Banken die

Schuldenfalle zuschnappen und trieben die DDR wie auch andere
RGW-Länder durch einen internationalen Kreditboykott weiter in
die Enge. Zu jener Zeit raffte sich endlich auch einmal Regierungschef Willi Stoph auf, im Politbüro «einschneidende Maßnahmen»
zur Änderung der Wirtschaftspolitik einzufordern. Aber selbst in
dieser zugespitzten Situation hielt Honecker hartnäckig an seinem
Programm fest, das er ein Jahr zuvor auf dem X. Parteitag erneut
bekräftigt hatte. «Die Worte über einschneidende Maßnahmen», so
konterte er Stoph apodiktisch, «wollen wir hier nie wieder hören.» [69]
Keiner war Stoph bei dieser Kontroverse ernsthaft zur Seite getreten. Die mächtigsten Männer der DDR ließen lieber ihren Staat an
den Abgrund der Zahlungsunfähigkeit geraten, als sich dem ersten
Mann der Partei entgegenzustellen. Inzwischen ging es jetzt mitunter um Stunden, das nötige Geld für die Rückzahlung des nächstfälli-
gen Kredits zu ergattern, um den Offenbarungseid des Großschuld-
ners DDR noch einmal abzuwenden. «Selbst der geheiligte Plan
wurde bedingungslos umgestoßen», berichtet Mittags engster Mitarbeiter Janson, «wenn bestimmte Fälligkeitstermine heranrückten
und das Geld beschafft werden mußte... Es wurde alles verkauft, was
sich absetzen ließ, selbst wenn für eine Mark Aufwand nur zehn
Pfennige zurückflossen.» [70] Die Zahlungsbilanz in harter Währung
wurde nicht mehr monatlich oder wöchentlich, sie wurde täglich
überwacht. Mitunter schickte Schalck seine Agenten mit Unsummen
von DDR-Mark in die Westberliner Wechselstuben, um sie in Westmark umzurubeln. Sie hatten vorher ihre Uhren zu vergleichen, um
auf die Sekunde zeitgleich in mehreren Wechselstuben einzurücken.
So wußte man dem vorzubeugen, daß die Changebesitzer sich gegenseitig verständigten und den Wechselkurs höher setzten.
   Für Honecker und seinen Wirtschaftslenker Günter Mittag gab es
Anfang der achtziger Jahre allerdings auch einen Lichtblick. Nachdem Ende der siebziger Jahre die Erdölpreise rapide in die Höhe
geschossen waren, hatte man sich dazu durchgerungen, das Heizöl
durch andere Energieträger, speziell durch Braunkohle und Erdgas,
zu ersetzen. Das hatte zwar den Riesenaufwand von 12 Milliarden
Investitionen zur Folge. Es ermöglichte jedoch bis in die Mitte der
achtziger Jahre beachtliche Exportüberschüsse, die besonders mit

veredelten Produkten des Erdöls erzielt werden konnten. Dieser Lichtblick hatte jedoch eine Schattenseite, die die Menschen in der DDR zunehmend belastete. Da die Rohbraunkohle ohne ausreichende Vorkehrungen mit einem Anteil von bis zu 70 Prozent als Primärenergie eingesetzt wurde, vermehrten sich die Umweltschäden, vor allem die Verschmutzung der Luft, beträchtlich.

Der Raubbau an der Natur kümmerte Honecker und Mittag ebenso wenig wie die schleichenden Preiserhöhungen, die längst um sich gegriffen hatten und die entweder schweigend geduldet oder gar ausdrücklich sanktioniert wurden. Es war jetzt alles willkommen, was den Staatshaushalt auffüllen und das Platzen der Zahlungsbilanz verhindern half. Gleichwohl wurde die Gratwanderung, die nun zu bestehen war, immer waghalsiger. Inzwischen mußten schon neue Kredite aufgenommen werden, um die Zinsen laufender Schuldverschreibungen zurückzahlen zu können. Ende März 1983 sah sich Werner Krolikowski ein weiteres Mal veranlaßt, SOS-Signale nach Moskau zu senden. Nachdem Breschnew im November 1982 das Zeitliche gesegnet hatte und der zu Reformen entschlossene Juri Andropow an dessen Stelle getreten war, suchte Honecker mehr denn je im Westen sein Heil. Krolikowski wußte den Kreml dieses Mal nicht nur darüber zu unterrichten, «daß die Zahlungsfähigkeit der DDR in Gefahr ist»[71], sondern auch über Details von Honeckers Abtrünnigkeit gegenüber den Bruderparteien. Krolikowski am 30. März 1983:

«Der Exportplan gegenüber der Sowjetunion ist immer noch nicht zu 100% ausspezifiziert. Es fehlen noch Erzeugnisse in Höhe von 1,3 Mrd. Mark (VGM). Dieser Zustand entlarvt, daß von Anfang an die Politik der Sicherung des vollständigen Warenangebotes gegenüber der Sowjetunion gar nicht durchgeführt wurde, sondern die wichtigste Aufgabe die Bilanzierung des NSW-Exports war. In diesem Fakt bestätigt sich ferner, daß beabsichtigt ist, Waren, die im NSW nicht absetzbar sind, der Sowjetunion anzubieten und zu verkaufen, um den Exportplan in die Sowjetunion zu erfüllen. Die gleiche Methode wird gegenüber den anderen sozialistischen Bruderländern angewandt.»[72]

Aber selbst der Exportplan für das NSW stand nach Krolikowskis Meinung auf wackligen Füßen, was sich am Jahresende dann auch bestätigen sollte. Weit wichtiger für Andropow mögen aber die Informationen des Ostberliner Genossen über Honeckers politische Taktik gewesen sein. Krolikowski: «Die Haltung von EH zur Sowjetunion und zum RGW ist seit dem Amtsantritt von J. W. Andropow durch größere Schläue gekennzeichnet. Damit bringt er J. W. Andropow mehr Respekt als seinem Vorgänger entgegen. EH ist bemüht, das Vertrauen des Genossen Andropow zu erlangen… Im PB hat EH bisher auf kritische Worte gegenüber Genossen Andropow verzichtet; alles was er über ihn sagte und berichtete, hat er mit kühler Sachlichkeit getan, ohne engagierte Würdigung, schon gar nicht ein Wort des Lobes. In offiziellen Reden zitiert EH ein- oder zweimal Genossen Andropow, als wäre es eine Pflicht. Im übrigen hat er eine abwartende Position zu den Vorgängen, die sich in Moskau vollziehen. Was die Haltung von EH zum RGW betrifft, so hält er die ‹Europäische Gemeinschaft› dem RGW für überlegen.»[73]

Wie richtig Moskaus Spannemann mit seinem Urteil lag, sollte sich schon wenige Wochen später erweisen. Mehrfach hatte Honecker über Schalck bereits seine Fühler in Bonn ausstrecken lassen, um die Chancen für einen größeren Kredit seitens der Bundesrepublik auszuloten. Doch am Rhein war Schalck zunächst auf Ablehnung gestoßen. Als Schalck eines Tages seinen besten Geschäftspartnern im Westen, Simon Goldenberg sowie dem bayrischen Fleischmillionär Josef März, sein Herz ausschüttete, machte letzterer den Vorschlag, Schalck möge doch einmal mit Franz Josef Strauß über Honeckers Wunsch reden. Die Idee riß selbst den Tausendsassa der Geschäftetreiberei aus der Berliner Wallstraße vom Sessel. Schalck konnte sich nur schwer vorstellen, daß ein Mann, der für die DDR seit Jahrzehnten *die* Symbolfigur des Klassenfeindes war und als Kriegstreiber galt, sich gegen die drohende Pleite der DDR stemmen würde. Und doch erhielt der KoKo-Chef plötzlich von allen Seiten grünes Licht. Josef März arrangierte einen Gesprächstermin bei Strauß, und Honecker war Feuer und Flamme ohne Rücksicht auf den Frust, den er im inneren Zirkel der Macht damit auslösen würde.

Als sich Schalck mit Strauß Anfang Juni 1983 im Gästehaus von

Josef März ein zweites Mal traf, konnte er dem CSU-Chef bereits eine elfseitige Botschaft des Generalsekretärs vortragen. Dieses Mal glaubte Strauß seinen Ohren nicht trauen zu dürfen angesichts der Offenheit, mit der Honecker ihn über Dinge ins Bild setzte, die bislang weder das Zentralkomitee der SED noch die Regierung der DDR oder gar die Öffentlichkeit wissen durften. Des guten Tons wegen zielte Honecker auf Straußens Humanitätsnerv, wohl wissend, daß eher dessen Profilierungsdrang als Kanzlerkandidat den Ausschlag für gute Dienste geben würde. Man suche einen Ausweg, so ließ Honecker durch Schalck übermitteln, «wobei eine Einschränkung des Lebensstandards der Bevölkerung nicht in Frage käme». Strauß im Rückblick: «Er, Honecker, so hieß es in dem Brief, könne um Hilfe beim COMECON, also praktisch bei Moskau, nachsuchen, aber eine Alternative wäre auch Hilfe vom Westen, mit dem er ja wirtschaftlich immer stärker zusammenarbeiten wolle. Fazit des Schreibens: Wenn ich ihm helfen würde, in Bonn die Barriere zu durchbrechen, die solchen Wünschen bisher entgegengestanden habe, dann wäre ihm der Weg nach Westen lieber.»[74]

Natürlich war Schalck nicht mit leeren Händen nach Bayern gereist. Als Gegenleistung wurden Schritte in Aussicht gestellt, die den Menschen in beiden Teilen Deutschlands Hoffnung machten: Die Selbstschußanlagen an der Grenze sollten vom Herbst an beseitigt, die Familienzusammenführung erleichtert, der Reiseverkehr verbessert werden.

Neben Honecker und Schalck wußte nur Wirtschaftssekretär Günter Mittag von der heimlichen Kungelei mit Strauß. Die Sache mußte geheim bleiben, bis sie unter Dach und Fach war. Andernfalls hätten die Genossen im Politbüro zwar nicht gewagt, Honecker ein Bein zu stellen, jedoch umgehend die Moskowiter unterrichtet. Eine Intervention aus dem Kreml aber hätte den Milliardenkredit, für den die Bundesregierung schon Ende Juni die Bürgschaft übernahm, durchaus zu Fall bringen können. Deshalb packte Schalck den Honecker-Brief beim Abschied von Strauß wieder in seinen Aktenkoffer, nachdem er ihn nicht oft genug hatte lesen können. Man wollte den ungestümen Bajuwaren nicht in die Versuchung der Indiskretion führen.

Eine Milliarde DM bedeutete in jener brenzligen Situation viel für die DDR und war doch nur ein Tropfen auf den heißen Stein ihres Negativsaldos. Allein gegenüber Bonn stand der ostdeutsche Staat damals mit ca. 4 Milliarden Valutamark in der Kreide. Dennoch hat der Milliardenkredit manche Last von Honecker, mehr noch aber von Mittag, genommen, der dem SED-Chef gegenüber mit seinem Kopf für die Liquidität des Landes haftete. Denn das Kreditwunder, das Strauß vollbracht hatte, zeigte auch bei ausländischen Banken Wirkung und machte sie wieder geneigter, etwas mehr nach Ost-Berlin herüberzuschieben.

Gleichwohl stieg der DDR in wirtschaftlicher Hinsicht das Wasser weiter zum Halse. Im Jahre 1985 betrugen ihre Valutaschulden bereits 30 Milliarden Mark. Und nun kam noch das Pech hinzu, daß die Preise für Erdölprodukte, denen man vor allem in der ersten Hälfte der 80er Jahre beträchtliche Exportüberschüsse zu verdanken hatte, im Preis beträchtlich verfielen. Honecker und Mittag zeterten im Politbüro über die galoppierende Verschuldung. Von gravierenden Maßnahmen jedoch, die freilich das Scheitern ihrer Wirtschaftspolitik bloßgelegt hätten, wollten beide nichts wissen. Noch immer setzten sie voluntaristisch auf das Wunder von Beschlüssen oder die geniale Idee eines einzelnen. Beschlüsse, den «Sockel», so das Codewort der Politbürokratie für die Nettoauslandsverschuldung im Westen, wesentlich zu reduzieren, hatte es seit 1980 gegeben. Wie inkonsequent aber solche Festlegungen waren, zeigte sich darin, daß mitunter in derselben Sitzung des Politbüros ein Beschluß über die Erhöhung bestimmter Westimporte gefaßt wurde.

Kontrahenten im Politbüro

Im Mai 1986 bekam Planungschef Schürer den Auftrag, Vorschläge zu unterbreiten, wie man den «Sockel» halbieren könne. Das Ergebnis war, einige Investitionen, namentlich im produktiven Bereich, zu streichen, was die Schere zwischen Akkumulation und Verbrauch nur noch weiter auseinanderklaffen ließ. Der blinde

Glaube Honeckers und seines Wirtschaftslenkers dauerte fort, daß es doch gelingen müsse, «zusätzliche Reserven» zu erschließen. Doch war das ebensowenig möglich, wie man dem nackten Mann in die Taschen greifen kann.

Im Frühjahr 1988 war Planungschef Gerhard Schürer noch davon überzeugt, die DDR vor dem Armengrabe bewahren zu können. Der Mann, der auf Staatsebene für die Bilanzen der DDR geradezustehen hatte und immer wieder Nackenschläge hinnehmen mußte, war längst um den Schlaf gebracht. Wenngleich Kandidat des Politbüros, hieß es auch für ihn, allen Mut zusammenzuraffen, wenn man Honecker wenigstens einmal die halbe Wahrheit über den tatsächlichen Kurs der DDR sagen wollte. Schürer hatte oft genug um seine Position, letztlich um die soziale Existenz bangen müssen. Sein psychischer Rückhalt bestand darin, daß er mit den sowjetischen Wirtschaftslenkern allzeit engste Tuchfühlung hielt und von dort aus allemal mit Unterstützung rechnen konnte. Der Plankommissar war, im Gegensatz zu manch anderem SED-Führer, ohne nennenswertes Vermögen, ohne Rücklagen und zudem kinderreich. Die Privilegien, die er, wie die anderen Politbürokraten auch, genießen durfte, waren die einzige Entschädigung für ein Amt, um das ihn niemand beneiden konnte.

Schürer schickte dem SED-Generalsekretär am 26. April 1988 die Vorlage für den Volkswirtschafts- und Staatshaushaltsplan 1989 «mit der Bitte um Zustimmung zur Einreichung an das Politbüro». Das gehörte sich so und entsprach der internen Routine des Zusammenspiels von SED-Spitze und Staat. Dieses Mal aber wollte Schürer damit aufhören, sich mit dem jährlichen Wirtschaftsplan ein weiteres Stück dem absehbaren Chaos zu nähern. Er wagte es jetzt, Honecker mit der Nase auf die unerhörte Zuspitzung zu stoßen, die sich in der Ökonomie des Arbeiter-und-Bauern-Staates abspielte. Schürer: «Da dieses Material offene Fragen zur materiell-technischen Bilanzierung, zur Versorgung der Bevölkerung und zur Zahlungsbilanz, insbesondere mit dem nichtsozialistischen Wirtschaftsgebiet, enthält, habe ich persönlich das beiliegende Material ‹Überlegungen zur weiteren Arbeit am Volkswirtschaftsplan 1989 und darüber hinaus› ausgearbeitet. Ich wäre Dir dankbar, wenn Du über dieses Material mit mir einmal sprechen könntest. Ich kann schwer einschätzen, inwieweit Du den Überlegungen Unterstützung geben kannst und habe deshalb das Material mit niemandem abgestimmt und außer Dir auch niemandem übersandt.

In Sorge um die Lösung der Fragen des Planentwurfs bitte ich um Rücksprache.»[75]

Schürer bangte nicht allein um jene 8 Milliarden Mark, die noch immer fehlten, damit sich im kommenden Jahr produziertes und zu verbrauchendes Nationaleinkommen wenigstens die Waage hielten. Er hatte die Stirn, sich gegen die Überkonzentration von Mitteln in der Mikroelektronik zu wenden, die inzwischen, dank Mittag, zu Honeckers Steckenpferd geworden war. Erst im Februar hatte der SED-Chef vor den Ersten Kreissekretären der Partei apodiktisch betont, daß «niemand mehr daran zweifeln (kann), wie richtig, ja lebensnotwendig die konsequente Entscheidung unserer Partei für die Mikroelektronik war»[76].

Schürer war nicht so vermessen, gegen die Mikroelektronik, die allein im laufenden Fünfjahrplan etwa 15 Milliarden Mark verschlang, als solche anzurennen. Wonach er trachtete, war, endlich die Ehe zwischen Elektronik und Maschinenbau zu stiften, die Kosten zu senken und die Rentabilität des Exports zu erhöhen. Schürer in der «Persönlichen Verschlußsache ZK 02, Tgb.-Nr. 246» an Honecker: «Zunächst sollten aber keine neuen Betriebe gebaut, sondern mehr Akkumulationskraft auf die Kombinate des Verarbeitungsmaschinenbaus gerichtet werden, die große und effektive Absatzchancen haben und mit Ausnahme des Werkzeugmaschinenbaus zur Zeit kaum die einfache Reproduktion realisieren.»

Das war deutlich gegen die hoffnungslose Selbstüberschätzung gerichtet, die dem Mikroelektronikkonzept Mittags und damit Honeckers zugrunde lag, das auf die gleichzeitige Anwendung der Hochtechnologie in möglichst allen Bereichen der Wirtschaft abzielte. Aber auch andere Vorschläge der Schürer-Vorlage gingen dem Genossen Generalsekretär gegen den Strich. Etwa Schürers Votum, die Ausgaben für Armee, Staatssicherheit, Polizei und Zoll im kommenden Jahr nicht, wie gefordert, weiter aufzustocken.

Schürer: «Das würde eine Erhöhung von rd. 800 Mio. M mit

einer Steigerung von 5,4 % gegenüber 1988 erfordern. Insbesondere sollten die Neubeginne bei Bauinvestitionen überprüft und 1989 nicht durchgeführt werden.»

An den Haushaltsmitteln für die «Sicherheitskräfte» war Honecker sicherlich am wenigsten bereit zu sparen. Nicht die Wirtschaft, die Macht war und blieb für ihn die Kernfrage der «Revolution». Wer am Gedeihen oder auch nur am Wohlbefinden der Sicherheitsleute rüttelte, stellte das Ganze und aus Honeckers Sicht zudem seine persönliche Macht in Frage.

Am meisten aber mag es den SED-Chef gekränkt haben, daß Schürer ihm, wenn auch indirekt, das Scheitern der vielgerühmten Einheit von Wirtschafts- und Sozialpolitik mit erbarmungslosen Fakten bewußtmachte. Mit der Erfüllung der sogenannten Hauptaufgabe, Synonym Honeckerscher Wirtschaftspolitik, hatte der SED-Chef in die Geschichte eingehen wollen. Und nun schrieb ihm sein Planungschef ungeschminkt: «Die Zuwendungen für die Bevölkerung aus dem Staatshaushalt für das Wohnungswesen, Preisstützungen, Tarife, Bildungswesen, Gesundheitswesen, Kultur, Sport und Erholung haben zur Zeit ein Entwicklungstempo von 5,4 % jährlich und liegen deutlich über dem Entwicklungstempo des Nationaleinkommens, des Warenfonds und des Lohnfonds.

Hinzu kommt, daß sich auch beim Arbeitseinkommen das Verhältnis von Produktivitätssteigerung zu Lohnerhöhung rückläufig entwickelt hat von 2.05 : 1 im Jahre 1985, 1.38 : 1 1986 bis zu 0.80 : 1 im Jahre 1987.»

Als Ausweg sah Schürer nur noch, den Lebensstandard zu senken, was auf schleichenden Wegen ohnehin längst im Gange war. Für «unterbelegten Wohnraum» (zwei Zimmer mehr als Personen im Haushalt) sollten die Mieten erhöht, die Energiepreise von einer bestimmten Verbrauchsmenge ab nicht mehr gestützt werden, ebensowenig die Preise für Artikel, «die nicht mit der Gewährleistung der Grundbedürfnisse der Bevölkerung verbunden sind, wie z. B. für Bungalows, Fertigteilhäuser, Pkw-Anhänger, Ruder- und Faltboote, Fest- und Scherzartikel, Blumen und Zierpflanzen, Wildfleisch und Pilze sowie für Baumaterialien wie Zement, Dachbeläge, kleinformatige Baustoffe und Fliesen, Holzfenster, Bauholzerzeugnisse und Baukalk. Überprüft werden sollten auch die Preise bei Kleineisenwaren, die zu einem Hemmnis geworden sind für die Entwicklung der Produktion der ‹1000 kleinen Dinge›.»[77]

Wie berechtigt Schürers Forderungen waren, bewies der unerträgliche Anstieg der staatlichen Zuschüsse für alles mögliche. Hatten die Subventionen vor Honeckers Machtantritt jährlich 8 Milliarden betragen, so waren sie inzwischen auf ca. 50 Milliarden im Jahr angestiegen. Dennoch war Honecker nicht geneigt, sich mit Schürer persönlich auseinanderzusetzen. Am 27. April 1988 verfügte er auf dem Schürer-Papier: «Vorlage für das PB 4. 5. 88.» Er schickte eine Fotokopie an Mittag mit der Maßgabe, dazu Stellung zu nehmen, eine zweite an Willi Stoph. Mittag zeigte sich empört und plädierte dafür, zur Tagesordnung überzugehen. «Für diesen war Schürers Alleingang ein Alarmsignal.»[78] Der Regierungschef indessen bestand darauf, die Vorlage sowohl den Mitgliedern des Politbüros als auch den Ministern mit Wirtschaftskompetenz in die Hand zu geben. Obgleich Mittag zu der Zeit im Regierungskrankenhaus kampieren mußte, griff er in die Vorbereitung der Politbürositzung ein. Er beauftragte den ZK-Abteilungsleiter für Planung und Finanzen, Günter Ehrensperger, damit, die Vorlage des Plankommissars im Kern zu widerlegen. Ehrensperger, inzwischen mehr zu Schürers als zu Mittags Haltung neigend, ersparte dem Wirtschaftssekretär dieses Mal eigene Arbeit nicht. Mittag wirtschaftete im Positionspapier von Ehrensperger so lange herum, bis Schürer als Defätist sowie als Dilettant am Pranger stand. Mittags Gegenvorlage für das Politbüro, fast doppelt so lang wie das Schürer-Papier, gipfelte in dem Satz: «Diesen Überlegungen des Genossen Schürer zu folgen, würde bedeuten, in einem umfassenden Maße Beschlüsse des VIII. Parteitages und des XI. Parteitages der SED in Frage zu stellen und somit die Einheit von Wirtschafts- und Sozialpolitik.»[79]

Als die einander ausschließenden Vorlagen am 18. Mai 1988 auf der Tagesordnung des Politbüros standen, vertraute Erich Honecker wieder einmal blind seinem Wirtschaftssekretär, der ihm immer noch eine Sicht auf die angeschlagene DDR zu vermitteln wußte, die dem Seelenheil des Generalsekretärs Rechnung trug.

Waren Honecker und Mittag gegen eine solche Vorlage, hatten es auch die anderen zu sein, unabhängig von ihrer Überzeugung. So war der «Staub», den das Exposé des Plankommissars nach Egon Krenz' Schilderung «im Mai 1988 aufgewirbelt hatte», jedenfalls nicht im Politbüro zu spüren. Schürers Papier wurde ohne Grundsatzdebatte vom Tisch gewischt.

Es war nicht der Groll über die ungerechte Niederlage, der Schürer – alles andere als der Typ eines Usurpators – ein dreiviertel Jahr später Honeckers Sturz ins Auge fassen ließ. Er glaubte noch immer an die mögliche Rettung des Realsozialismus der DDR, wenn nur Günter Mittag die Geschicke der Wirtschaft nicht mehr bestimmen würde. Das aber wäre gegen Honecker nicht durchsetzbar gewesen. Deshalb faßte Schürer sich im Februar 1989 ein Herz und sprach mit Egon Krenz über die katastrophale Situation und einen möglichen Ausweg. Obgleich der einstige FDJ-Chef wenig Sachverstand in ökonomischen Belangen mitbrachte, erwies er sich in mancher Hinsicht doch aufgeschlossener und flexibler als andere Inhaber von Politbürosesseln. Hinzu kam, daß Krenz als Sicherheitssekretär einen heißen Draht sowohl zu Armeechef Heinz Keßler als auch zu Stasichef Mielke besaß.

In einem mehrstündigen Gespräch, das der Planungschef und Krenz vorsorglich auf dem Wochenendgrundstück von Schürer in Dierhagen führten, entwickelte Schürer ohne Umschweife seinen Plan, Honecker, Mittag und den Propagandachef Joachim Herrmann so bald als möglich aus der Parteiführung zu entfernen. Schürer im Rückblick:

«Egon Krenz erwies sich in einer solch heiklen Frage wirklich als ansprechbar, wozu immerhin damals viel Mut gehörte... Ich schlug dabei vor, daß Egon Krenz für die Funktion des Generalsekretärs zur Verfügung stehen sollte. Ich selbst konnte einen solchen Vorschlag machen, weil ich für mich keine Funktion erwartete, sondern nur das Interesse unseres Landes im Auge hatte. Zugleich bat ich Egon Krenz, abzusichern, daß die Minister für Nationale Verteidigung und für Staatssicherheit von ihm zumindest zum Stillhalten veranlaßt werden.»

Krenz teilte Schürers Sorge und auch dessen Urteil zu Mittag und

Herrmann. Sein Respekt und die Dankbarkeit gegenüber Honecker aber waren stärker als das Gebot der Stunde. Allerdings hatte Krenz noch einen anderen Grund, der ihn zögern ließ und den er seinem Gegenüber damals verschwieg. Noch ging nämlich die sowjetische Seite davon aus, daß man Reformen in der DDR auch mit Honecker erreichen könne. Das hatte Sowjetbotschafter Kotschemassow Honeckers potentiellem Nachfolger gegenüber mehrfach bedeutet. Auch deshalb resignierte Krenz und meinte: «Wir müssen auf eine biologische Lösung warten.» Man ging auseinander, «Egon Krenz», so erinnert sich Gerhard Schürer, «war sehr nachdenklich und ich mit düsteren Ahnungen, aber wir hatten keine Entscheidung getroffen.»[80]

Die wirtschaftliche Talfahrt

Indessen nahmen die Dinge ihren Lauf. Bereits im November des Vorjahres hatte Außenhandelsminister Gerhard Beil bei der Verteidigung des Planes 1989 eingestehen müssen, daß der Export in westliche Länder in Höhe von 1,2 bis 1,5 Milliarden Valutamark in der Luft hängt. Und Außenhandelsbankpräsident Professor Polze hatte in derselben Runde festgestellt, «daß die Kreditwürdigkeit der DDR sinkt»[81].

Diese Einschätzung hätte der SED-Chef um so ernster nehmen müssen, als der designierte US-Präsident Bush im «Le Figaro» soeben erklärt hatte, man wolle «die Sowjetunion nicht von zu großzügig bemessenen Krediten profitieren lassen»[82]. Es war damit zu rechnen, daß Bush darauf abzielte, die Kreditpolitik gegenüber dem Ostblock weltweit auf einen Nenner zu bringen, was auch für die DDR zusätzliche Risiken bedeutete.

Fünf Monate später schockte Polze vor der staatlichen Plankommission mit weiteren bestürzenden Fakten, die keine Zweifel mehr aufkommen ließen, daß Honeckers Einheit von Wirtschafts- und Sozialpolitik endgültig gescheitert war. Das Anwachsen des «Sokkels», das nicht mehr zu vermeiden war, bringe eine weiter ansteigende Abhängigkeit von kapitalistischen Banken mit sich, was bedeute, «daß diese Banken zwei Dinge in der Hand haben: 1. unsere Zahlungsfähigkeit und 2. die Höhe unseres Imports.» Durch die Baseler Bank für internationalen Zahlungsausgleich über die Gesamtverschuldung der DDR bestens informiert, lag es jetzt im Belieben der DDR-Gläubiger, wann sie den Tropf für die ostdeutsche Republik abstellten. Und zu jener Zeit wurde die drohende Zahlungsunfähigkeit der DDR auf den internationalen Finanzmärkten schon als offenes Geheimnis gehandelt. Das bekräftigte Polze jetzt auch vor der zentralen Plankommission. Mit Blick auf das Verhältnis von Zins- und Tilgungszahlungen zum Export, so der Bankpräsident resignierend, werde die DDR bereits «mit den am meisten verschuldeten lateinamerikanischen Ländern sowie mit Ländern wie Ungarn und Bulgarien in eine Reihe gestellt»[83].

Solche Urteile seiner Finanzexperten hinderten Honecker nicht, seine Flucht in die Illusion fort zusetzen. Im 40. Jahr der Existenz der DDR hatte er vor allem die politische Legitimation seines Staates im Kopf. Das geplante Jubelfest zum 7. Oktober und der vorgezogene XII. Parteitag, der für Frühjahr 1990 geplant war, nahmen seine ganze Konzentration in Anspruch. Noch auf dem 8. ZK-Plenum im Juli 1989 ließ er im Bericht des Politbüros erklären, «daß auf diesem XII. Parteitag die Fortsetzung des Kurses der Einheit von Wirtschafts- und Sozialpolitik bekräftigt wird»[84]. Zu diesem Zeitpunkt hätte der SED-Chef längst den wirtschaftlichen Notstand verkünden haben müssen, statt in bodenlosen Zukunftsträumen zu schwelgen. Vor allem die Signale aus dem Fernen Osten hätten ihm die Ohren klingeln lassen müssen, weil sie das Ende des Lebens auf Pump ankündigten, schließlich stammten mehr als 75 Prozent der DDR-Finanzkredite von japanischen Banken. Deren Vertreter aber schauten zunehmend argwöhnischer auf die verwirrenden Vorgänge, die sich im ostdeutschen Staat abspielten. Der Generaldirektor der Bank of Tokyo beispielsweise verlangte Mitte September 1989 von Bankpräsident Polze eine Beurteilung darüber, wie sich die Flucht so vieler Jugendlicher aus der DDR auf die Wirtschaftskraft der DDR auswirken werde. Ähnliche Fragen hatte auch der Präsident des Crédit Commercial de France aufgeworfen.

Im Gegensatz zu Honecker wußte Wirtschaftssekretär Günter Mittag in jenen Tagen schon nicht mehr, wo ihm der Kopf stand. Die düstere Ahnung, die DDR werde auf Dauer keine Überlebenschance haben, hatte ihn schon vor Jahren befallen, doch daß sie sich so schnell bestätigen sollte, überraschte auch ihn. Tag und Nacht traktierte er jetzt einen ausgewählten Kreis von Wirtschafts- und Finanzexperten, eine verläßliche Kalkulation der Schulden und ihrer Beherrschung für die kommenden fünf Jahre aufzustellen. Neben Schürer, der die Gruppe leitete, waren Außenhandelsminister Gerhard Beil, Schalck, die stellvertretende Finanzministerin Herta König sowie Bankpräsident Werner Polze mit von der Partie. Ende September war die Prognose schließlich auf dem Papier. Sie atmete deutlichen Zweckoptimismus und war mit so vielen Unbekannten gespickt, daß die Ungewißheit über das wirtschaftliche Schicksal der DDR nicht um ein Jota geringer wurde. Mit höchstem Geheimhaltungsgrad, als «Geheime Kommandosache b 5-1111/89», übergab Schürer sie Günter Mittag am 29. September mit der Bitte «um Einverständnis, daß ich dieses Material auch an Genossen Stoph und Genossen Kleiber übermitteln kann». Die Zahlungssituation gegenüber dem Westen, so die fünf, sei gegenwärtig schon so, «daß wir zur Einhaltung unserer Zahlungsverpflichtungen aus Krediten und Zinsen sowie zur Durchführung jährlicher Importe bereits jetzt *weitestgehend von kapitalistischen Kreditgebern abhängig* sind». Mit einem Trick müsse man versuchen, die Anlagen der DDR bei ausländischen Banken als Guthaben erscheinen zu lassen, «auch wenn es sich um Depositen und bereits mobilisierte, noch nicht eingesetzte Kredite handelt. Bei Wahrung der Geheimhaltung über den tatsächlichen Charakter dieser ‹Guthaben› tragen sie ganz wesentlich zum Ansehen der DDR als solider und zuverlässiger Partner bei.» Schien ein solcher Coup mit Hilfe des cleveren Schalck noch möglich zu sein, gehörten die «unabdingbar notwendigen Exporte bis 1995» in westliche Länder ins Reich der Träume. Im letzten Jahrzehnt war die Exportquote der DDR in keinem Jahr über 13,2 Milliarden Valutamark hinausgekommen. Und nun sollte sie plötzlich von 14,1 Milliarden im kommenden Jahr auf 24 Milliarden im Jahre 1995 steigen: «Die Nichtbereitstellung der geforderten

NSW-Exporte», so die Geheime Kommandosache, «würde zur Zahlungsunfähigkeit führen... Eine Nichteinhaltung eingegangener Rückzahlungsverpflichtungen aus Krediten oder eine nicht terminmäße Bezahlung von Zinsen würde zur Einstellung der gesamten Kreditgewährung kapitalistischer Banken führen. Damit würden auch keine Kredite mehr für den Import der DDR zur Verfügung stehen. Das beweist das Beispiel von Polen.»[85]

Das waren, eine Woche vor dem 40. Jubiläum der DDR, triste Aussichten. Gleichwohl war Honeckers Euphorie über Vergangenheit und Zukunft der DDR durch nichts zu dämpfen. Als das Politbüro sich am Nachmittag des Staatsfeiertages im Schloß Niederschönhausen mit Gorbatschow traf, hob Honecker als Chef der SED ein letztes Mal von der Wirklichkeit ab: «In der Tat ist uns gelungen, was manche nicht für möglich gehalten hatten: Wir haben in der DDR eine starke mikroelektronische Basis auf höchstem Niveau geschaffen und dafür 15 Milliarden Mark an Investitionen eingesetzt... Indem wir den Schritt auf die Fabrik der Zukunft gehen, erreichen wir in den meisten Betrieben eine Steigerung der Arbeitsproduktivität zwischen 300 und 700 Prozent.»[86]

In Wahrheit war die Talfahrt der DDR-Wirtschaft nicht mehr aufzuhalten. Die Akkumulationsrate hatte den Tiefpunkt von knapp 18 Prozent erreicht, und wichtige Branchen der Wirtschaft, wie die Landwirtschaft, das Bauwesen oder die Zulieferindustrie, zehrten längst von der Substanz und bekamen nicht einmal mehr die Mittel für die einfache Reproduktion... In manchen Betrieben standen die Räder bereits still, weil die Zulieferbetriebe die sogenannten Finalproduzenten im Stich lassen mußten. Angesichts der Feier des Tages verkniff Gorbatschow es sich, Honeckers Hochstapelei zu kommentieren. Was er der SED-Führung zu sagen hatte, war schon gesagt: «Wer zu spät kommt, den bestraft das Leben.»

Als Honecker elf Tage nach dem letzten Staatsfeiertag der ostdeutschen Republik sich vom Zentralkomitee für immer verabschiedete, hinterließ er dem Land einen Schuldenberg in Höhe von 49 Milliarden Valutamark. Das kam, in Mark der DDR umgerechnet, dem Nationaleinkommen eines ganzen Jahres nahe. Die Konstruktion der Einheit von Wirtschafts- und Sozialpolitik, mit der

Honecker gehofft hatte, ein zweites deutsches Wirtschaftswunder zu schaffen, hatte sich als fragiles Kartenhaus erwiesen. Die Frage bleibt, wie es möglich war, daß eine Partei- und Staatsführung, in der nicht nur Dummköpfe saßen, fast zwei Jahrzehnte lang mit diesem Trugbild leben und sich dem irrationalen Willen eines einzigen Mannes beugen konnte.

Die Demontage des Politbüros

Als Honecker im Mai 1971 den Thron des Parteichefs bestieg, war er fest entschlossen, die Fehler seines Vorgängers zu vermeiden. Nicht von ungefähr hatte er in der Entschließung des VIII. Parteitages festschreiben lassen, daß «der Grundsatz der *Kollektivität* als das höchste Prinzip in der Arbeit aller leitenden Parteiorgane auch weiterhin strikt zu beachten (ist)»[87]. Im Politbüro hatte er mehrfach beteuert, er wolle nicht mehr als ein Gleicher unter Gleichen sein. Aber die Gewöhnung der Politbüromitglieder an eine autoritäre Führung, so wie sie sie unter Ulbricht kennengelernt hatten, schlug schon bald auch auf ihr Verhalten dem neuen Parteichef gegenüber durch und vermittelte dem gegen Eitelkeit nicht gerade gefeiten Honecker zunehmend das Bewußtsein, doch über den anderen zu stehen. Sein engster Mitarbeiter, Siegfried Otto, befand nach der Wende, daß es schon vom VIII. Parteitag an «seitens der Politbüromitglieder und Minister das Bestreben (gab), alle anstehenden Fragen möglichst mit ihm persönlich zu besprechen. Das führte zu einer Verstärkung des Personenkults»[88].

Begünstigt wurde diese Fixierung auf Honecker noch dadurch, daß Beschlüsse des Politbüros einstimmig gefaßt wurden. «Das war ein Prinzip», wie Horst Sindermann nach dem Fall der Mauer enthüllte, «das Ulbricht eingebracht hatte. Damit sich die Partei unter keinen Umständen spaltet.»[89] Es versteht sich, daß bei Meinungsverschiedenheiten, die im Braintrust der SED allerdings von Jahr zu Jahr seltener wurden, die Position des Generalsekretärs den Ausschlag gab. Dabei hatte Honecker in den ersten Jahren seiner Regentschaft kein Hehl daraus gemacht, daß er von wirtschaftlichen Fragen wenig verstand.

Honeckers mangelnde Beziehung zur Ökonomie mag dazu beigetragen haben, daß er, im Gegensatz zu Ulbricht, der Beschäftigung mit der Außenpolitik den Vorzug gab. Der Umstand, daß er Günter Mittag weitgehend das Feld der Wirtschaft überließ, resultierte nicht zuletzt aus seinem Hang zum Autokratischen. Um sein voluntaristisches Wirtschaftskonzept durchzudrücken, brauchte er sich faktisch nur mit einem einzelnen und nicht mit dem ganzen Politbüro auseinanderzusetzen. Solches Vorgehen entsprach aber auch seinem Naturell. «Er scheute offene Auseinandersetzungen», so bezeugte Politbüromitglied Werner Jarowinsky über Honecker, «und zog Gespräche unter vier Augen vor, wobei man ihm dann mitunter einiges sagen konnte.»[90]

Krolikowskis Urteil, 1980 schriftlich fixiert, wonach Günter Mittag aufgrund seines skrupellosen Charakters der einzige sei, der dazu tauge und bereit wäre, «EH bei jeder Schweinerei zu Dienste zu stehen»,[91] war selbstgefällig und, wie wir sehen werden, auch von Neid diktiert. Daß sich Honecker für Mittag entschieden hatte, war auch der Tatsache geschuldet, daß er zu ihm mehr Vertrauen, aber auch mehr Zutrauen in dessen Sachverstand hatte als zu anderen Spitzenleuten der Partei. Abgesehen davon, daß unter den Politbürokraten ohnehin strenges Ressortdenken verbreitet war, haben sich diese über viele Jahre hinweg auch kaum den Kopf über die unlösbaren Widersprüche der DDR-Wirtschaft zerbrochen. Edwin Schwerdtner, der Mann, der seit 1986 im Politbüro das Protokoll führte, sieht die Ursachen des schrittweisen Niedergangs der DDR «in der Überheblichkeit der Führung, in der Tatsache, daß kaum exakte Analysen über den tatsächlichen Zustand beraten wurden, und in der Tatsache, daß alle von der Richtigkeit der Beschlüsse der letzten Parteitage überzeugt waren»[92].

Die permanente Bestätigung von Honeckers Politik im Politbüro und der grenzenlose Respekt seiner Mitglieder ihm gegenüber hatten bei ihm immer stärker den Dünkel der Unfehlbarkeit entstehen lassen. Gleichwohl wirkte er allzeit ausgeglichen, hat, wie der Bürochef des Politbüros, Schwerdtner, aussagte, «nie getobt, hat aber immer mit Verweis auf die Grundlinie der Partei seine Meinung durchgesetzt, wobei er immer davon ausging, daß seine Meinung die Meinung der Partei ist»[93].

Schon in den siebziger Jahren hatte Honecker seine Position im Politbüro derart unangreifbar gemacht, daß er Widerspruch nicht mehr zu befürchten brauchte. «Wer nicht mitzieht», so hatte er seinem wirklich einzigen Vertrauten, Günter Mittag, damals unter vier Augen schon bedeutet, «dem stelle ich ein Bein.»[94] Im Politbüro selbst hatte er solche Worte nie gebraucht, doch die eisige Atmosphäre im Machtzentrum ließ Widerstand auch ohne verbale Androhung von Konsequenzen erst gar nicht aufkommen. Längere Zeit hatte Stoph mit dem Gedanken gespielt, wider den Stachel zu löcken, doch fehlte es ihm schließlich doch am nötigen Quäntchen Mut. Er hatte dabei besonders auf Mielke gesetzt, dem gegenüber er im November 1980 geäußert hatte: «Wir müssen das Gewissen der Genossen schärfen. Sonst folgen ihm (EH) noch alle Genossen des PB blind.» Aber Mielke hatte nur resignativ erwidert, daß «alle Angst haben vor E. H.»[95].

Auch Planungschef Schürer bestätigt, daß die Furcht vor Honecker, aber auch vor Mittag immer mit am Tisch des Politbüros gesessen habe. Schürer: «Bei entsprechenden Gegenmeinungen wurde nicht versucht bzw. nicht konsequent darauf bestanden, die als richtig erkannte Meinung gegenüber Honecker und Mittag durchzusetzen. Als Hauptursache dafür sehe ich nicht nur die geringe Chance, gegenüber Honecker und Mittag etwas anderes durchzusetzen, sondern auch opportunistisches Verhalten und die Sorge vor möglichen Konsequenzen hinsichtlich der weiteren Tätigkeit bis hin zu Fragen des persönlichen Lebens und des Lebens der Familie.»[96]

In dem Maße, in dem Honecker das Politbüro beherrschte und sein Machtmonopol ausbaute, bezog er auch in wirtschaftlichen Fragen unnachgiebig Position, selbst wenn sie mit Günter Mittags Meinung kollidierte. Es gab die oft behauptete blinde Identifikation des SED-Chefs mit seinem Wirtschaftssekretär nicht. Das galt, wie Schürer bestätigte, beispielsweise für die gigantischen Subventionen, mit denen die Preise aller möglichen Dinge jährlich gestützt wurden, es galt für Honeckers Beharren auf eine jährliche Steigerungsrate der Geldeinnahmen der Bevölkerung von 4 Prozent, ohne Rücksicht auf die volkswirtschaftliche Effizienz usw.

Schon jahrelang zeigte Honecker auch keine Neigung mehr, besonders brisante Fragen der Wirtschaftspolitik im Kreis des gesamten Politbüros zu erörtern. Schon Mitte der siebziger Jahre traf er zum Teil, in der Regel im Duo mit Günter Mittag, wirtschaftliche Entscheidungen außerhalb des Politbüros, die von diesem nur noch bestätigt wurden. Zum anderen schaltete er die Mannschaft dadurch aus, daß er den «Kleinen Kreis» einführte, d. h. den «Kreis der für die Wirtschaft verantwortlichen Genossen des Politbüros». Hier ließ Honecker besonders heikle Fragen debattieren, wie etwa die Verschuldung gegenüber dem Westen, aber auch die vorzugebenden Größen für die zunehmend unrealer werdenden Volkswirtschaftspläne. Zum «Kleinen Kreis» wurden neben Mittag vorzugsweise Stoph und Schürer, Kleiber und Jarowinsky, von Fall zu Fall auch weitere Genossen des Politbüros hinzugezogen. Aber auch die Entscheidungen, die im «Kleinen Kreis» fielen, waren Einmannentscheidungen. Als Schürer und der für die Preispolitik der Regierung verantwortliche Walter Halbritter im April 1989 den Mitgliedern des Politbüros Vorschläge unterbreiten wollten, wie die Schere zwischen Angebot und Nachfrage durch Preiserhöhungen für eine Reihe von Konsumgütern und Dienstleistungen wieder enger gestellt werden könnte – «Geheime Verschlußsache b 132 - 47 / 89» –, gelangten diese Vorlagen gar nicht erst bis ins Politbüro. «Sie wurden», wie ZK-Abteilungsleiter Günter Ehrensperger aussagte, «am 16. 5. 1989 in der Beratung im kleinen Kreis von E. Honecker als allgemeine Preiserhöhung abgelehnt.»[97]

Von Heiner Müller stammt der Satz, daß Honecker die Tragik der Inkompetenz verkörpere. Darin liegt nur ein Teilstück der Wahrheit, das, für sich genommen, den SED-Führer eher verharmlost als charakterisiert. Seine Arroganz und sein Abenteurertum im Umgang mit der Macht übertrafen seine Inkompetenz bei weitem. Mangelnden Sachverstand hätte er kompensieren können, indem er auf den Rat von Experten gehört und in seinem Umfeld Kritik gefördert hätte. Beides aber hat er nicht getan. Statt dessen ist er mit dem Fiskus in der Art eines Usurpators umgegangen. Zu keinem Zeitpunkt durfte Planungschef Schürer der Regierung oder der Volkskammer die Verschuldung gegenüber bürgerlichen Ländern, erst recht nicht die Zahlungsbilanz insgesamt vorlegen. Nur wer von den Ministern gleichzeitig im Politbüro saß, durfte einen Blick auf das morsche Fundament Honeckerscher Wirtschaftspolitik werfen. Die Abgeordneten des Parlaments, laut Verfassung auch in der DDR das höchste Machtorgan, tappten allemal im dunkeln, wenn sie über Staatshaushalts- und Volkswirtschaftsplan abstimmten. Wie sehr sich Honecker der Abenteuerlichkeit gerade seiner Wirtschaftspolitik zum Westen hin bewußt war, beweist die mehrmalige Verschärfung des Geheimhaltungsgrades in bezug auf die Schulden in konvertierbarer Währung. Bereits im zweiten Jahr nach seinem Machtantritt wurde das Negativsaldo in harter Mark «Vertrauliche Verschlußsache», später «Geheime Verschlußsache» und schließlich, als stünde ein Krieg vor der Tür, «Geheime Kommandosache». Das gleiche traf bald auch auf die Devisenreserve der DDR zu, die Stoph monatlich dem Politbüro vorzutragen hatte.

Wie wenig sicher Honecker sich der Synchronisation von realsozialistischer Wirtschafts- und Sozialpolitik war, wird auch durch den Ausbau von Schalcks KoKo zu einem faktischen Privatfiskus des SED-Chefs belegt. Auf seinem sogenannten Generalsekretärskonto 0628 mußt Schalck ständig mindestens 100 Millionen Valutamark flüssig halten, damit Honecker Feuerwehr spielen konnte, wenn es bei der Versorgung der Menschen hier oder dort brannte. Seit Beginn der achtziger Jahre entschied Honecker, meist im Verein mit Günter Mittag, selbst über den Import von Industrieausrüstungen, in der Regel über die Köpfe der zuständigen Minister hinweg. Aus seinem KoKo-Konto schöpfte Honecker ohne Rücksicht auf die Defizite des eigenen Landes, auch, wenn er seinen weltrevolutionären Ehrgeiz befriedigte und Millionen in den Schoß beispielsweise der westdeutschen DKP oder den der nicaraguanischen Sandinisten warf. In der Selbstherrlichkeit, mit der er über KoKo-Gelder verfügte, lag wohl auch einer der Gründe, warum selbst Planungschef Schürer der Blick in die geheimen Devisenreserven des Alexander Schalck versperrt blieb.

Von Honeckers schlechtem Gewissen zeugte auch seine pedantische Einmischung in den Text des «Statistischen Jahrbuches der DDR» und andere Veröffentlichungen der Staatlichen Zentralverwaltung für Statistik (SZS). Schon bald nach seinem Aufstieg zum Parteichef verfügte er, daß die zur Veröffentlichung bestimmten Halbjahresberichte über die Erfüllung des Volkswirtschaftsplanes vom Politbüro vorher zu beschließen sind.

Bevor die Berichte auf Mittags und dann auf Honeckers Tisch landeten, wurden sie schon von Günter Ehrensperger, dem ZK-Abteilungsleiter für Planung und Finanzen, von unliebsamen Fakten weitgehend gesäubert. Aber selbst in der gefilterten Vorlage redigierte der Generalsekretär nicht selten höchstpersönlich herum, bevor das Politbüro sie abzunicken hatte. Der Vizechef der SZS, Dr. Günter Hartig, belegte nach dem Fall der Mauer, «daß nicht die SZS ihre Mitteilungen veröffentlichte, sondern Dr. Günter Mittag und Erich Honecker bestimmten, was veröffentlicht wird».

Ende der siebziger Jahre ließ der SED-Chef die Angaben im Statistischen Jahrbuch generell vor Veröffentlichung kontrollieren und, soweit nach seiner Ansicht nötig, frisieren. Eine entsprechende Vorlage für das Politbüro hatte jeweils anzuzeigen, welche Fakten im Entwurf des Jahrbuchs neu waren und in welchen Eckkennziffern sich Rückgänge widerspiegelten. Ergebnis dieser Übungen war, daß entscheidende Kennziffern im Jahrbuch nicht mehr enthalten waren. Dr. Hartig: «Der Druck auf die SZS wurde aus der Grundposition heraus ausgeübt, daß die Schwierigkeiten der Volkswirtschaft der DDR nicht in vollem Umfang erkennbar sein sollten, da – so wurden wir orientiert – die DDR unbedingt auf weitere Kredite angewiesen war. An diesen Fakt sollte die SZS immer denken.»[98]

Honecker ließ sich immer wieder zu spontanen Entscheidungen hinreißen, die die Bilanzen zusätzlich zum Plan belasteten. So setzte er sich beispielsweise an die Spitze einer Arbeitsgruppe, die ein neues Modell der Berliner Friedrichstraße zu entwerfen hatte. Planungschef Schürer hatte er bei dieser Runde außen vor gelassen, um sich die Diskussion über die Kosten zu ersparen. Der Entwurf, für den Bauminister Junker Honecker zu begeistern wußte, war dann

auch entsprechend kostspielig. Danach hätte allein der Bau des Ein-
kaufzentrums mit seinen Passagen mehr als 700 Millionen Mark gekostet. In diesem Fall hatte Schürers Intervention ausnahmsweise
einmal Erfolg. Der Konsumtempel sollte schließlich etwa eine vier-
tel Milliarde weniger kosten.

Während eines Staatsbesuches in Österreich entschied sich
Honecker ohne vorherige Konsultation mit Wirtschafts- und
Finanzexperten für den Bau eines Konverterstahlwerkes durch die
Wiener. Kostenpunkt: ca. 4 Milliarden Valutamark. Besonders an-
fällig aber war Honecker gegenüber Geschäftsleuten aus der Bundesrepublik. Wenn sie noch dazu aus seiner saarländischen Heimat
stammten, konnte selbst der vorbildlichste aller SED-Genossen einmal schwach werden. Als Vertreter der Saarstahl AG ihm 1983 auf
der Leipziger Frühjahrsmesse Heimatbücher sowie großformatige
Farbbilder von seinem Geburtshaus und anderen Sehenswürdigkei-
ten von Wiebelskirchen schenkten, meinte Honecker, das sei ja ein
Großangriff auf seine Gefühlswelt.

Prompt berichtete Krolikowski nach Moskau, Honecker habe
«auf den Messeständen der BRD keine klassenmäßige Position be-
zogen». Daß der Stahlkonzern von der Saar wenig später auf
Honeckers Fingerzeig einen Vertrag über 100 Millionen Valutamark bekam, war im Außenhandelsplan der DDR jedenfalls nicht
vorgesehen. Es veranlaßte Krolikowski zu der bissigen Bemerkung:
«Es ist eben ein Paradoxon, daß ein eingefleischter Westdeutscher
an der Spitze der DDR steht.»[99]

Nach seinem Staatsempfang in Bonn empfand Honecker den
Konkurrenzdruck, dem er der westdeutschen Seite gegenüber aus-
gesetzt war, noch heftiger als zuvor. Darin lag auch der Grund, daß
er auf der dem Besuch folgenden ZK-Tagung die Trommel des
Wirtschaftserfolges besonders laut rührte und die zweitklassigen
Kilobitchips aus Jena der europäischen Spitze zuordnete.

«Im Gegensatz zu früheren Unkenrufen unserer Gegner», so
Honecker am 16. Dezember 1987, «können wir in überzeugender
Weise feststellen, daß unter unseren Bedingungen auf deutschem
Boden der Beweis erbracht wurde, daß die Kommunisten in der
Lage sind, eine moderne Volkswirtschaft zu leiten.»[100]

Während der SED-Chef auf der Bühne des Zentralkomitees im Brustton der Überzeugung ein Erfolgsszenario entwarf, errechneten seine Finanzexperten hinter den Kulissen Valutaschulden von fast 35 Milliarden Mark. Man fragt sich, warum Honecker sein ökonomisches Vabanquespiel so hartnäckig weiterbetrieben hat. War er ein politischer Traumtänzer oder ein skrupelloser Konkursbetrüger? Hätte er nicht wissen müssen, daß man die stetig wachsenden Schulden schon in naher Zukunft nicht mehr würde begleichen können und so in den Fängen des Internationalen Währungsfonds landen mußte? Das aber hätte das absolute Ende nicht nur jener künstlichen Einheit von Wirtschafts- und Sozialpolitik Honeckerscher Prägung, sondern das Aus realsozialistischer Planwirtschaft überhaupt bedeutet.

Schon während der ersten Jahre seiner Amtszeit als Parteichef hatte er die deutliche Neigung entwickelt, Erfolge aufzubauschen und Fehlschläge zu verdrängen, nach Möglichkeit auch zu verschweigen. Das schöne Bild, das er sich von der DDR seiner Ära gemalt hatte, wollte er sich von niemandem und durch nichts zerstören lassen. Diese Haltung verfestigte sich noch in dem Maße, wie seine unbestreitbaren Erfolge in der Außenpolitik ihm den Blick für die inneren Widersprüche und Probleme trübten, die er ohnehin höchst selten in der Wirklichkeit, sondern meist nur am Schreibtisch oder in der sterilen Runde des Politbüros zur Kenntnis nahm.

Was die Staatsfinanzen anbetraf, so verhielt er sich wie einer, dem es längst zur Gewohnheit geworden ist, mehr auszugeben als zu verdienen. Man pumpt, wo es geht, und wenn einer sein Geld zurückverlangt, muß ein anderer das Loch wieder stopfen. Von Natur aus optimistisch, gab es in seinen Augen immer einen Ausweg. Im Praktischen hat er dabei besonders auf zwei Dinge vertraut: zum einen, wie er nie müde wurde zu betonen, «auf die schöpferischen Fähigkeiten und die Tatkraft der Werktätigen, dieses wichtigste Kapital unseres Landes»[101], zum anderen auf die Entwicklung und Anwendung der sogenannten Hochtechnologien, namentlich auf das Paradepferd der Mikroelektronik. Für ihn war es unvorstellbar, daß sich das berühmte Rad der Geschichte je würde zurückdrehen lassen. Der 17. Juni 1953, Ungarn 1956 und der Prager Frühling hatten dafür hinlängliche Beweise geliefert. Die Geschichtsspirale, auf der er die DDR weit fortgeschrittener als den Kapitalismus wähnte, konnte sich in seiner schablonenhaften Weltsicht nur weiter «aufwärts», niemals «abwärts», zum bürgerlichen System hin, bewegen. Honecker hatte, wie die meisten, die sich in der DDR für Marxisten hielten (der Autor eingeschlossen), ein Scheitern des Realsozialismus dank zwingender historischer Gesetzmäßigkeit absolut ausgeschlossen. Diese Überzeugung hatte er kurze Zeit vor dem Fall der Mauer noch auf den simplen Reim gebracht: «Den Sozialismus in seinem Lauf, hält weder Ochs noch Esel auf.»

Honeckers blinder Glaube an den Realsozialismus machte ihm auch die Wahl der Mittel leicht. In seiner Vorstellung heiligten sie allemal den Zweck, der für ihn eben in einer guten und sozial gerechten Sache bestand. Die Simplizität seines Sozialismusmodells, für jedermann Arbeit, Brot und ein Dach über den Kopf zu schaffen, ist ihm nie aufgegangen. Subjektiv wollte Honecker etwas Positives für die Menschen schaffen, in Wahrheit hat er damit einen sozialen Trümmerhaufen hinterlassen.

Das Ende
des Kommandosystems

So wie es Honeckers Phantasie überforderte, sich vorzustellen, die Wirtschaft der DDR könnte eines Tages im Konkurs enden, so wenig anfechtbar schien ihm auch die politische Stabilität seines Regimes. Man erinnere sich nur an seine Festrede am 7. Oktober 1989, in der er die DDR noch immer «zu den zehn leistungsfähigsten Industrienationen der Welt» zählte und zudem prophezeite, sie werde «die Schwelle zum Jahr 2000 mit der Gewißheit überschreiten, daß dem Sozialismus die Zukunft gehört»[102]. Zu diesem Zeitpunkt stand das Ende der DDR unmittelbar bevor.

Die Zeitzünderbombe, die im Sommer und Herbst 1989 eine Kettenreaktion in der DDR auslöste, hatte freilich weit früher zu ticken begonnen. Als Honecker seine Unterschrift unter die Schlußakte von Helsinki setzte, unterschrieb er einen Wechsel auf die Zukunft, den er gar nicht einlösen konnte. Zwar prahlten seine Vertreter in der KSZE mit Statistiken, was die Garantie der wirtschaftlichen und sozialen Rechte der Menschen, wie etwa auf Arbeitsplätze, Erholung oder medizinische Betreuung, anging. Doch die Garantie von Gedanken-, Gewissens-, Religions- oder Informationsfreiheit scheiterte am Ausschließlichkeitsanspruch der marxistischen Ideologie. Vor allem aber der Ausbau menschlicher Kontakte auch zwischen den Bürgern der DDR und des westlichen Auslands hätte, besonders angesichts des reichen Nachbarn Bundesrepublik, die DDR destabilisiert.

So wie Honecker bereit war, sich vom Westen immer neues Kapital zu leihen, so bedenkenlos war er auch entschlossen, das Papier von Helsinki zu signieren, ohne es im humanitären Bereich wirklich realisieren zu wollen oder auch nur zu können. Über viele Jahre hinweg schien seine politische Rechnung auch aufzugehen. Die außenpolitisch propagierte Friedensliebe des Honecker-Staates, seine Abrüstungsbereitschaft ließen das Ungetüm Mauer allmählich vergessen, das den Handel und Wandel mit dem Westen ohnehin kaum noch störte. Die wirtschaftlichen Zwänge, in die der DDR-Staat geraten war, trieben ihn mehr und mehr zu einer Annäherung an den Westen und zu einer Intensivierung der deutsch-deutschen Beziehungen, die langfristig zu seinem Untergang beitrugen. «Die Gefahr einer zumindest vorübergehenden Stabilisierung der DDR-Staatsmacht», so erinnerte sich Richard von Weizsäcker unlängst, «mußte gesehen und in Kauf genommen werden, mit dem Ziel, die Menschen an ihre Rechte und Freiheiten Schritt für Schritt heranzuführen.»[103]

Freilich waren sich weder Brandt noch Schmidt oder Kohl ihres Sieges über Honecker sicher. Als Bonn den SED-Chef im September 1987 mit allem Pomp empfing und mit ihm den Ausbau der Kooperation vereinbarte, hatte man noch immer die naive Hoffnung auf Reformen von oben. Honecker indessen dachte gar nicht daran, die bundesdeutschen Erwartungen auf innenpolitische Liberalisierung zu erfüllen, vielmehr wollte er «seine Aufwertung in Bonn wie ein Zechpreller mitnehmen, ohne im Innern die geringsten Konzessionen zu machen»[104].

Auch in bezug auf die Wiener Runde der KSZE versuchte Honecker zu mauern. Als er am 5. Januar 1989 den Chef der sowjetischen KSZE-Delegation, Juri Kaschlew, empfing, bedeutete Honecker ihm unter vier Augen, daß er zwei Punkte des Entwurfs der Wiener Schlußakte um keinen Preis zu akzeptieren bereit sei. Der erste betreffe die Respektierung der Beobachtergruppen der KSZE, denen Kontakte zu Bürgern des zu observierenden Staates gestattet sein sollten. Honecker laut Aktennotiz vom 5. Januar 1989: «Wir alle wissen, was sich hinter sogenannten Helsinki-Beobachtergruppen verbirgt. Dies würde eine Legalisierung konterrevolutionärer Aktivitäten bedeuten. Das können wir nicht wollen... eine Unterbindung derartiger staatsfeindlicher Aktivitäten wäre nur mit Repressivmaßnahmen zu erreichen. Ein solches Vorgehen der Schutz- und Sicherheitsorgane und selbst die Anwendung der geltenden Rechtsnormen bei der strafrechtlichen Verfolgung dieser Kräfte würde wiederum zu massiven DDR-feindlichen Kampagnen seitens der NATO, der BRD führen.»

Der zweite Punkt, der bei Honecker Anstoß erregte, war die von der Bundesregierung geforderte Herabsetzung bzw. Abschaffung des Zwangsumtausches, dem Westdeutsche und Westberliner bei der Einreise in die DDR unterlagen. «Es ist mir», so Honecker, «und den anderen Mitgliedern des Politbüros unklar, was das mit der europäischen Sicherheit zu tun hat.»

Honecker drängte den sowjetischen Diplomaten, «Anstrengungen zur Veränderung der Formulierungen zu unternehmen», sonst werde der Wiener Abschluß zwar nicht am Veto der DDR scheitern, wohl aber, so bat der SED-Chef, dem «Genossen Gorbatschow zu übermitteln, daß die DDR die beiden genannten Punkte nicht erfüllen» wolle. Sie werde «nach den Formulierungen des Abschlußdokuments diese Fragen prüfen und danach feststellen, daß eine Realisierung nicht möglich ist. Die gesetzlichen Bestimmungen der DDR würden weiter angewandt. Sie befinden sich in Übereinstimmung mit dem Völkerrecht.»

Honecker ließ den sowjetischen KSZE-Chef und dessen Stellvertreter Jewstafjew nicht nur seine Souveränität, sondern auch seine Selbstgefälligkeit spüren. Er verwies nicht nur auf die Situation in Polen, Ungarn und in der ČSSR, sondern auch auf die «unruhige Situation in Estland, Litauen, Aserbeidschan, Armenien und Georgien. Im Vergleich dazu sei die DDR eine ruhige Insel.»[105]

Noch ahnte Honecker nicht, daß die relative Windstille in der DDR nur die Ruhe vor dem Sturm war. Dabei hatte es im Vorjahr genügend Anzeichen dafür gegeben, daß der politische «Untergrund», in der DDR-Sprachregelung die «innere Opposition», sich inzwischen anschickte, auch öffentlich aufzubegehren.

Die Verhaftung der «Chefetage»

Am 17. Januar 1988, auf der alljährlichen Demonstration zu den Gedenkfeiern für Karl Liebknecht und Rosa Luxemburg, waren eine Reihe Mitglieder von Friedens-, Menschenrechts- und Umweltgruppen mit eigenen Forderungen aufgetreten. Einige hatten Rosa Luxemburgs Ausspruch auf ihrem Transparent: «Freiheit ist immer die Freiheit der Andersdenkenden», ein Satz, der von der Honecker-Gilde als lästiger Spiegel empfunden wurde. Vera Wollenberger wiederum wollte mit einem Plakat zur Demo, auf dem nichts weiter als nur ein Satz aus Art. 27 der DDR-Verfassung stand: «Jeder Bürger der DDR hat das Recht, seine Meinung frei und öffentlich zu äußern.» Frau Wollenberger wurde schon auf dem Wege zum Treffpunkt verhaftet. Sie war schon jahrelang – hautnah durch den eigenen IM-Ehemann Knud – im Visier der Stasi gewesen, so wie die meisten ihrer Gesinnungsfreunde auch.

Mielkes Apparat hatte seinen großen Tag, verhaftete etwa 120 der Gegendemonstranten von der Straße weg und zettelte Strafverfahren gegen die Prominentesten unter ihnen an. Es gelang dem Stasichef, den Genossen Generalsekretär davon zu überzeugen, daß hinter der «feindlichen Aktion» die «Chefetage» der inneren Opposition stecke. Zur «Chefetage» zählte die Stasi insbesondere Bärbel Bohley und Werner Fischer, Ralf Hirsch sowie das Ehepaar Regine und Wolfgang Templin. Diesen lästigen Kreis von Dissidenten wollte die Stasiführung nur zu gern als «Agenten» abstempeln.

Durch die Telefonschnüffelei bei Bärbel Bohley, den Templins und Ralf Hirsch hatte die Horch- und Guckgesellschaft alle Kontakte sorgfältig ausgelotet, die die Beschuldigten mit dem im Westen Berlins lebenden ehemaligen DDR-Bürger Roland Jahn gepflegt hatten. Im Fall von Stefan Krawczyk und Freya Kliev hatten die Häscher Briefe von Jahn aufstöbern und beschlagnahmen können. Von Jahn wußte die Stasi, daß zu ihm «im Juli 1983 durch einen eindeutig identifizierten Mitarbeiter des Bundesamtes für Verfassungsschutz der BRD Kontakt aufgenommen wurde». Damit galt Roland Jahn wie auch der aus der DDR getriebene Schriftsteller Jürgen Fuchs für das MfS als «geheimdienstlich gesteuert». Die Verbindung zu solchen Zeitgenossen ließ sich mit dem Kautschuk des politischen Strafrechts der DDR bequem zu einer kapitalen Straftat dehnen, was dann bald auch geschah: Die «Chefetage» der Aufmüpfigen wurde der «landesverräterischen Agententätigkeit», Stefan Krawczyk der «landesverräterischen Nachrichtenübermittlung» verdächtigt, worauf Freiheitsstrafen bis zu zehn bzw. zwölf Jahren standen.

Die Verhaftung der «Chefetage» erfolgte acht Tage nach der Liebknecht-Luxemburg-Demonstration. Sie wirbelte so viel Staub auf, daß Honecker sich genötigt sah, das Politbüro damit zu befassen. Das Konzept der SED- und Stasispitze bestand darin, den «Sumpf» des sogenannten Untergrundes trockenzulegen, indem man seine Vertreter so weit einschüchterte, daß sie «freiwillig» das Land verließen.

Zu dieser Einschüchterung hat ein Presseinterview beigetragen, zu dem ich eine persönliche Bemerkung machen muß. Der Text des «Interviews» war am Mittwoch, dem 27. Januar, von einem «Kollektiv» der Partei- und Staatsführung ausgeheckt worden, zu dem neben Egon Krenz, damals Sicherheitssekretär der SED, die ZK-Abteilungsleiter Wolfgang Herger und Klaus Sorgenicht sowie mein Chef, Generalstaatsanwalt Günter Wendland, gehörten. Der Text wurde vom ZK der SED, wo man das Papier formuliert hatte, direkt an die staatliche Nachrichtenagentur gegeben und von dieser gegen Mittag als «Interview» gesendet, das «ADN mit Staatsanwalt Dr. Peter Przybylski, Leiter der Pressestelle beim Generalstaatsanwalt der DDR, führte.»

Als mein Chef vom lieben Gott der Justiz, Egon Krenz, zurückkehrte, rief er mich zu sich, um mir zu zeigen, was ich gerade gegenüber ADN erklärt hätte. Ich fühlte mich nicht nur übergangen, sondern empfand den Text auch noch als sprachliche Fehlleistung. Zum Inhalt konnte ich mich nicht mehr äußern, weil ich bis dahin kein einziges Blatt der Akten über die «Chefetage» zu Gesicht bekommen hatte. Um so heftiger monierte ich einzelne Formulierungen, die einfach peinlich waren. Da hieß es beispielsweise: «Der Umfang der Untersuchungen wird durch den schon veröffentlichten Verdacht landesverräterischer Beziehungen bestimmt. Es wird alles getan, um diesen Verdacht so schnell wie möglich und umfassend aufzuklären.»[106]

Wie könne man nur, fragte ich verärgert, einen Verdacht veröffentlichen oder gar aufklären. Man könne einen Verdacht öffentlich äußern und ihm nachgehen. Und aufklären könne man einen Sachverhalt oder eine Handlung, aber keinen Verdacht, den hat man oder man hat ihn nicht. Ich bemerkte, wie sich Wendlands Gesicht verfinsterte, bis er mir schließlich die Frage an den Kopf warf: «Willst du klüger sein als die Parteiführung?» Im ersten Moment begriff ich seine Frage überhaupt nicht. Erst jetzt nämlich klärte er mich über die Verfasser «meines» Interviews auf.

Wochen später durfte ich dann einen Blick in die Akten der «Chefetage» werfen, weil ich Politbüromitglied Günter Schabowski bei einem Gespräch im Deutschen Theater zur Seite stehen sollte, das er mit der empörten Belegschaft des berühmten Hauses zu den Vorgängen vom Januar führte. Bei der Einsicht in die Akte, die bar jeglicher Beweise selbst im Sinne jener dehnbaren Tatbestände war, wurde ich mit dem bewußten Interview ein zweites Mal auf bedrückende Weise konfrontiert. In der Akte stieß ich auf eine Erklärung, die Freya Klier einen Tag nach der Veröffentlichung des getürkten Interviews in ihrer Zelle geschrieben hatte: «Aufgrund des für mich nicht verkraftbaren, in der Zeitung veröffentlichten Vorwurfs der ‹landesverräterischen Agententätigkeit› und durch die Berichterstattung über die Vorfälle am 17. Januar, habe ich die Hoffnung verloren auf eine Veränderung unserer Gesellschaft im Sinne Gorbatschows und fühle mich zu Unrecht diffamiert. Daher trage ich mich mit dem Gedanken, die Staatsbürgerschaft der DDR abzulegen und auszureisen.»[107]

Ehemann Stefan Krawczyk schloß sich ihrer Überlegung schließlich an, wofür baldige Ausreise und das Ersparen weiterer Strafverfolgung in Aussicht gestellt wurde. Auch Ralf Hirsch war über den Vorwurf «landesverräterischer Agententätigkeit» tief erschüttert, resignierte und entschied sich ebenfalls, für immer in den Westen zu gehen.

Komplizierter stellten sich die Dinge bei den übrigen dar. Bärbel Bohley und Werner Fischer, Wolfgang Templin und seine Frau sowie Vera Wollenberger fanden sich letzten Endes zwar bereit, die DDR zeitweilig zu verlassen, stellten aber die Bedingung, Bürger der ostdeutschen Republik zu bleiben. «Ich stelle diesen Antrag», so Bärbel Bohley am 5. Februar 1988, «unter der Bedingung, daß einer Wiedereinreise in die DDR nach spätestens sechs Monaten nichts im Wege steht. Dieser Antrag ist gegenstandslos, wenn mir die Möglichkeit einer Rückkehr in die DDR nicht garantiert ist.»[108]

Den Anträgen wurde so und so stattgegeben. Daß sie überhaupt gestellt wurden, war in erster Linie ein «Verdienst» der Anwälte Wolfgang Schnur und Lothar de Maizière. Unter dem geharnischten Protest, der angesichts der Verhaftungen aus der Bundesrepublik herüberschallte, hatte man das Konzept inzwischen modifiziert. An Stelle spektakulärer Strafprozesse zog man es inzwischen vor, die «Chefetage» der Dissidenten schnellstmöglich außer Landes zu befördern. Und wer hätte dies besser besorgen können als die Herren Anwälte, die natürlich das Vertrauen ihrer Mandanten besaßen. So brauchten weder Staatsanwälte noch offizielle Stasileute auf die Beschuldigten einzuwirken, um ihnen plausibel zu machen, daß die wenigstens zeitweilige Verabschiedung von der DDR wohl die «vernünftigste Lösung» sei. Im übrigen hatte sich auch Bischof Gottfried Forck in die Haftanstalt begeben und in gleichem Sinne wie die Anwälte auf die Beschuldigten eingewirkt. Tatsächlich gab es eine knallharte Direktive Honeckers, daß die «Delinquenten» die DDR spätestens bis Freitag, den 5. Februar, zu verlassen hätten. Im dunkeln tappte in dieser Hinsicht Rechtsanwalt Gregor Gysi, der mit dem Fall Bärbel Bohley betraut war. Als er seine Mandantin erstmalig in der Untersuchungshaft aufsuchte, riet er ihr dringend, in bezug auf ihre Ausreise nichts zu unterschreiben, bevor er nicht die Garantie für ihre Rückkehr in der Hand habe. Als er sie wenig später ein zweites Mal zu sprechen wünschte, deuteten die Stasiermittler schadenfroh mit dem Daumen nach draußen: Bärbel Bohley war längst ausgereist, wie auch die übrigen Mitglieder der «Chefetage», bis auf Vera Wollenberger. Ihr Abgang verzögerte sich bis Montag, den 8. Februar, weil Ehemann Knud die gemeinsamen Kinder versteckt und sich geweigert hatte, sie mit auf die Reise zu geben.

Um den vom SED-Generalsekretär gesetzten Termin auch im Fall Wollenberger wenigstens annähernd einzuhalten, mußte sich Richter Wetzenstein-Ollenschläger noch eine besondere Finesse einfallen lassen. Schließlich hatte Vera Wollenberger gegen das Urteil des Lichtenberger Chefrichters Berufung beim Berliner Stadtgericht eingelegt, das noch nicht darüber befunden hatte, so daß das Verfahren noch in der Schwebe war. Obgleich das Urteil also nicht rechtskräftig war, setzte Wetzenstein-Ollenschläger die verhängte Freiheitsstrafe «zur Bewährung» aus, was, wie er meinte, «zugunsten» eines Angeklagten vertretbar sei – ein Paradoxon, das in der Geschichte des Strafprozesses seinesgleichen sucht.

Mit dem verdeckten Rausschmiß der «Chefetage» glaubten Honecker und Mielke, den wichtigsten Infektionsherd der Dissidentenbewegung ausgemerzt zu haben. Indessen war der «Bazillus Gorbatschow» längst im Begriff, zur Epidemie zu werden. Zudem wehte auch der Wind von Helsinki und Wien immer stürmischer in die DDR herüber. Daß das Hinausdrängen von Bohley, Hirsch, Templin und anderen aus der DDR den inneren Konflikt, in dem der Honecker-Staat lebte, noch würde lösen können, war eine blanke Illusion.

Weder Honecker noch seine nächste Umgebung waren gewillt oder auch nur fähig, aus den öffentlichen Reaktionen auf die Geschehnisse von Januar/Februar angemessene Konsequenzen zu ziehen. Im Gegenteil. Im Bewußtsein ungebrochener Macht ging man im Politbüro jetzt daran, die Dinge weiter zuzuspitzen: Der gesellschaftliche Spielraum der Kirche sollte eingeengt und der Wirkungsradius des politischen Strafrechts weiter ausgedehnt werden.

Das Vorgehen gegen die Kirche kam nicht von ungefähr. Sie war die einzige staatsfreie Institution im Maßstab der DDR, nur sie konnte Bürgerrechtsbewegung und innerer Opposition ein schützendes Dach bieten. Die Stasi rackerte sich ab, Niederungen wie Hochburgen der Kirche zu unterminieren und politisch zu lähmen, stand dabei aber vor einer schier unlösbaren Aufgabe. Weder waren die Kirchen identisch mit der Opposition, noch konnte man ihre Verantwortlichen einfach als Komplizen der Bürgerrechtler an den Pranger stellen. Und doch führten die Spuren der Dissidenten immer wieder unter das Dach der Kirche. Dieses Dilemma hatte sich für die Stasi beispielsweise schon Ende 1987 aufgetan, als sie die Räume der evangelischen Zionsgemeinde in Ost-Berlin stürmte und u. a. Unterlagen der «Umweltbibliothek» beschlagnahmte. Zu den erbeuteten «Beweisstücken» hatten auch mehrere Ausgaben des nichtlizenzierten Informationsblattes «Grenzfall» gehört, das vor allem für den innerkirchlichen Gebrauch gedruckt worden war. Im Kontext mit Strafverfahren, die gegen die Macher von «Grenzfall» sowie der «Umweltblätter» angestrengt wurden, hatten Gesellschaftswissenschaftler der Humboldt-Universität ein Gutachten zu erstellen, in dem sich die Schwierigkeit, Kirche und innere Opposition voneinander zu trennen, deutlich reflektierte. Am 15. Januar 1988, zwei Tage vor jener spektakulären Liebknecht-Luxemburg-Demo, befanden die Professoren Horst Luther, Anni Seidl und Günter Söder: «Wenngleich ‹Grenzfall› nichts mit der Verkündung des Evangeliums zu tun hat und folglich im Grunde auch nichts mit den evangelischen Kirchen in der DDR, so gilt doch die Umkehrung dieser Feststellung: Die evangelischen Kirchen in der DDR haben es mit ‹Grenzfall› zu tun. Da es sich bei ‹Grenzfall› um Propagierung von antisozialistischer Politik handelt, die sich gegen die Verfassung der DDR und gegen andere Gesetze unseres Staates richtet, da die Kirchenleitungen wiederholt auf diesen Sachverhalt aufmerksam gemacht und vor Folgen gewarnt wurden, kommen die Gutachter nicht umhin festzustellen, daß das erreichte gute Verhältnis von Staat und Kirche in der DDR durch ‹Grenzfall› einer ernsten Belastung ausgesetzt ist.»[109]

Was Staatssicherheit und Justiz nicht vermocht hatten, suchte Honecker nun in einer konzertierten Aktion zwischen Parteiapparat und staatlicher Administration in den Griff zu kriegen. Am 16. Februar, einen Monat nach den Zwischenfällen am Rande der Liebknecht-Luxemburg-Demo, befaßte sich das Politbüro eingehend mit den «feindlich gesteuerten konterrevolutionären Aktionen gegen die DDR». Im Beschluß vom selben Tage hieß es u. a.:

«1. Die Genossen W. Jarowinsky, K. Gysi und R. Bellmann werden beauftragt, ein Konzept über das Verhältnis von Staat und

Kirche in der DDR für eine prinzipielle Aussprache mit dem Vorsitzenden der Konferenz der Evangelischen Kirchenleitungen in der DDR, Landesbischof Dr. Leich, auszuarbeiten und nach Bestätigung durch den Generalsekretär des ZK der SED, Genossen E. Honecker, diesem zu erläutern…

2. Das gleiche Konzept erhalten die 1. Sekretäre der Bezirks- und Kreisleitungen der Partei und die Vorsitzenden der Räte der Bezirke und Kreise zur Aussprache mit den Vertretern der Kirchen im Territorium…

4. Über kirchliche Veranstaltungen und Aktivitäten im Jahre 1988 und darüber hinaus ist eine exakte Übersicht anzufertigen. Dem Sekretariat des ZK sind Maßnahmen zur Absicherung und für das politische Reagieren zur Entscheidung vorzulegen.

5. Zu Veranstaltungen der Kirchen werden künftig keine Pressevertreter aus der BRD zugelassen.»[110]

Schon am Konzept, das Jarowinsky und Staatssekretär Klaus Gysi über die Beziehung von Staat und Kirche vorlegten, entzündete sich Widerspruch. Während Gysi für mehr Flexibilität und Sensibilität gegenüber den Kirchenverantwortlichen plädierte, setzten Honecker und vor allem Mielke auf einen härteren Kurs. Als Honecker wenig später, am 3. März, den Vorsitzenden der Evangelischen Kirchenleitungen in der DDR, Landesbischof Dr. Werner Leich, empfing, klafften die Positionen der SED-Spitze und der Kirchenleitung weiter denn je auseinander. Während Honecker den evangelischen Würdenträger ermahnte, die Kirchen sollten nicht zu Gehilfen von Unruhestiftern und feindlichen Elementen werden, forderte Leich den SED-Chef auf, endlich für Rechtssicherheit in puncto Entlassung aus der Staatsbürgerschaft der DDR zu sorgen und Ausreisewilligen einen Rechtsanspruch zu verschaffen. Der SED-Chef jedoch beharrte auf der Position, daß solche Fragen im Ermessen des Staates lägen.

Gleichwohl ließ Honecker über Propagandachef Joachim Herrmann verkünden, daß das Gespräch mit Leich ein konstruktiver und freimütiger Gedankenaustausch gewesen sei. Wie konstruktiv das Gespräch von seiten des SED-Chefs wirklich gemeint war, zeigte die Welle von Verhaftungen Ausreisewilliger, die in den

Tagen danach einsetzte. Das entsprach ganz der Linie, die schon in der Politbürositzung am 16. Februar als neue Gangart gegenüber der Kirche festgemacht worden war. Unter Punkt 6 hatte der Rat der Parteigötter damals beschlossen: «Antragsteller auf Entlassung aus der Staatsbürgerschaft der DDR sind von den zuständigen Organen sofort darüber zu informieren, ob der Antrag berechtigt ist. Bei provokatorischem Verhalten gegenüber den Organen sind die gesetzlichen Bestimmungen in Anwendung zu bringen. Antragsteller im wehrpflichtigen Alter sind sofort zur Ableistung des Wehrdienstes einzuberufen, falls sie ihre Wehrpflicht noch nicht erfüllt haben.»[111]

Um als Ausreisewilliger in die Rolle des strafbaren Provokateurs zu geraten, genügten schon eine unbedachte Äußerung, der verbale Protest gegen die Ablehnung des Antrages, das Zerreißen des DDR-Personalausweises oder gar die Ankündigung, sich hilfesuchend an westliche Medien wenden zu wollen. Auf die neuerliche Treibjagd von Stasihütern gegen Ausreisewillige im März reagierte Landesbischof Forck am 7. März prompt während eines Gottesdienstes in der Berliner Gethsemane-Kirche. Er sei enttäuscht darüber, «daß derzeit offenbar die Möglichkeiten zum Gespräch und zur Veränderung der Gesellschaft zu mehr Menschlichkeit und Gerechtigkeit blockiert seien». Zugleich warnte er vor Aktionen, durch die die «Unruhe in unserem Staat nur größer» werden würde. Jene, die einen Antrag auf Ausbürgerung gestellt hätten, sollten «ruhig und besonnen bleiben, damit sie nicht auch zugeführt und verhaftet werden»[112].

Zu jener Zeit hielt sich die Fluchtbewegung Richtung Westen noch in Grenzen. Vom 1. Januar bis zum 31. Juli 1988 sagten lediglich 3596 Bürger der DDR ihrem Staat für immer Adieu, indem sie überwiegend von genehmigten Privatreisen in kapitalistische Staaten nicht mehr zurückkehrten oder über das Gebiet anderer sozialistischer Länder türmten. Hätte Honecker damals durchgesetzt, daß jedem DDR-Bürger endlich ein Reisepaß in die Hand gedrückt wird, hätte er sich die blamable Art des Scheiterns seines Staates ersparen können. Zwar hatte er Stasichef Mielke längst beauftragt, sich Gedanken über einen allgemeinen Reisepaß zu machen, doch der hatte die Sache unter dem Vorwand auf die lange Bank geschoben, wer erst einmal einen Reisepaß besitze, der werde es auch wissen wollen. Erst am 10. bzw. 11. Oktober 1989, als dem SED-Staat längst alle Felle davongeschwommen waren, erhielten die Genossen Krenz, Mielke, Innenminister Friedrich Dickel und Außenminister Oskar Fischer den Auftrag, «eine Vorlage für die Schaffung eines neuen Reisepasses für alle Bürger der DDR auszuarbeiten und dem Politbüro zur Bestätigung vorzulegen»[113]. Der Entwurf des Reisegesetzes, den die genannten Herren dann vorlegten, war von solcher Engherzigkeit geprägt, daß kaum noch jemand an wirkliche Reisefreiheit glauben mochte.

Im Jahr vor der Wende jedenfalls waren Honecker und seine engste Umgebung noch fest entschlossen, Andersdenkenden, namentlich Bürgerrechtlern, keinen Millimeter Boden zu überlassen. Auf der politischen Tagesordnung stand daher zunächst auch die Verschärfung des politischen Strafrechts, das in den einschlägigen Bestimmungen ohnehin schon überaus dehnbar war. Gerade mit Hilfe des Falls Vera Wollenberger war man bestrebt, die juristischen Konsequenzen für die Dissidenten noch härter und unausweichlicher zu machen. Die 1983 aus der SED verstoßene, mit Berufsverbot belegte Philosophin war am 17. Januar, kaum daß sie die Straße betreten hatte, mit ihrem Plakat festgenommen worden. Da ihr, wie den meisten Bürgerrechtlern, Westkontakte nicht nachgewiesen werden konnten, schied der Vorwurf landesverräterischer Agententätigkeit aus. Vera Wollenbergers Verurteilung durch Richter Wetzenstein-Ollenschläger erfolgte dann auch verlegenheitshalber wegen «versuchter Zusammenrottung». Aber selbst wenn man unterstellte, ihr Ziel habe in einer «Zusammenrottung» nach § 217 DDR-Strafgesetzbuch bestanden, hatte die Sache den Haken, daß die Beschuldigte zum Versuch gar nicht gekommen war, sondern ihr Handeln im straflosen Stadium der Vorbereitung steckengeblieben war. Das hatte viele peinliche Fragen provoziert, auf die niemand, das verurteilende Gericht eingeschlossen, eine überzeugende Antwort wußte.

Vor diesem Hintergrund schlug Sicherheitssekretär Egon Krenz am 2. November 1988 an Erich Honecker u. a. vor: «Die Aufnahme

der Strafbarkeit des Ve r s u c h s (Sperrung von mir – d. Verf.) bei der
Anfertigung und Verbreitung von staatsverleumderischen Schriften, Symbolen usw. erlaubt es, in einem möglichst frühen Stadium
gegen die Straftäter vorzugehen. Dem flexiblen Vorgehen dient
auch eine Änderung des Tatbestandes der Zusammenrottung.»

Honecker, juristischen Problematisierungen von Natur aus ab-
hold, schien Krenz' Anliegen überflüssig und zudem unklug zu
sein. Er strich die beiden Vorschläge des Kronprinzen durch und
vermerkte handschriftlich am Rand des Schreibens: «Das muß jetzt
schon möglich sein.» Wahrscheinlich hatte ihn zu solcher Anmer-
kung auch Krenz' Prophezeiung motiviert, «daß westliche Medien
diese Strafrechtserneuerungen böswillig gegen uns kommentieren
werden»[114]. Gleichwohl empfahl Honecker seinem Sicherheitssekretär, sich zum Problem der «Zusammenrottung» und der
«Herstellung staatsverleumderischer Schriften und Symbole» noch
einmal mit Fachleuten zu konsultieren.

Schon am folgenden Tag hakte Krenz nach. Die Experten, besonders die zuständigen Stasifahnder der Hauptabteilung IX (Untersuchung), aber auch der Generalstaatsanwalt, bestärkten Krenz in seinem Vorhaben. Noch am selben Tage schrieb er unter Berufung auf
die «Fachleute» erneut an den Parteichef: «Der gegenwärtige § 217
‹Zusammenrottung› läßt strafrechtliche Verfolgung erst zu, wenn
jemand an einer Zusammenrottung bereits teilgenommen hat.»

Damit hatte Krenz indirekt eingestanden, daß Vera Wollenberger, die die Zusammenkunft von Dissidenten am 17. Januar gar
nicht erreicht hatte, zu Unrecht verurteilt worden war. Um sich
künftig solche Situationen und den damit verbundenen Vorwurf
der Willkür zu ersparen, plädierte der SED-Sicherheitschef weiter:
«Mit der Präzisierung soll erreicht werden, daß nach dem Buchsta-
ben des Gesetzes auch jene strafrechtlich zur Verantwortung gezogen werden können, die eine solche Zusammenrottung vorbereiten
bzw. sich auf dem Wege dorthin befinden. Das ermöglicht, durch
das Strafrecht und nicht nur durch polizeiliche Maßnahmen Zusammenrottungen zu verhindern, bevor sie stattfinden. Insofern ist die
Ergänzung des § 217 im Sinne der Ausgestaltung unserer Rechts-
staatlichkeit.»

In einem grotesken Feindbild wollte der Mann, der sich nach der Wende als überzeugter Anhänger von Glasnost und Perestroika darstellte, den Genossen Generalsekretär mit Blick auf die Kriminalisierung sogenannter staatsverleumderischer Schriften und Symbole noch übertrumpfen. Krenz: «Der jetzige § 220 ‹Öffentliche Herabwürdigung› ermöglicht die strafrechtliche Verfolgung, wenn Schriften, Gegenstände oder Symbole, die geeignet sind, die staatliche und öffentliche Ordnung zu beeinträchtigen, ...*verbreitet* werden. Das gilt auch für Symbole faschistischen, rassistischen, militaristischen und revanchistischen Charakters.

Die Präzisierung des § 220 schafft die gesetzliche Voraussetzung, daß nunmehr auch *die Herstellung* solcher Symbole strafrechtlich verfolgt werden kann. Das dient der Vorbeugung solcher Straftaten.»[115]

Dieses Mal ließ sich Honecker vom inquisitorischen Eifer seines Kronprinzen nicht anstecken. Vom politischen Nutzen einer allzu klassenkämpferischen Justiz war er mit Rücksicht auf Helsinki und das sensible Klima in puncto Menschenrechte ohnehin immer weniger überzeugt. Deshalb hatte er auch der Ausreise der «Chefetage» vor ihrer Bestrafung den Vorzug gegeben und inzwischen wohl auch begriffen, daß die Verurteilung Vera Wollenbergers nicht nur pure juristische Willkür, sondern mehr noch eine politische Dummheit war. Im Sommer, auf dem 6. ZK-Plenum, hatte er durch Wissenschaftssekretär Kurt Hager zudem den «sozialistischen Rechtsstaat» verkünden lassen, «der seinen Bürgern die grundlegenden Menschenrechte gewährt»[116], was zumindest begrifflich eine Revolution im rechtspolitischen Verständnis der SED-Führung bedeutete. Honeckers politischer Instinkt mag im November 1988 den Ausschlag dafür gegeben haben, daß die nochmalige Verschärfung des politischen Strafrechts ausfiel, die ausgerechnet im Sommer 1989 in Kraft getreten wäre.

Weit mehr als auf die Justiz vertraute Honecker auf «seine» Sicherheitsorgane, namentlich das MfS und die Volkspolizei, die ihm auch emotional weit näher standen als die, alles in allem, doch umständlichen Paragraphenritter der Justiz. Das Wirken von Stasi und Polizei gegen die innere Opposition geschah zudem mehr im

Verborgenen, war dem Blick westlicher Medienvertreter weniger zugänglich und konnte, soweit es ruchbar wurde, notfalls als Entgleisung eines einzelnen Beamten hingestellt werden. Gleichwohl sollte sich im Schicksalsjahr der DDR erweisen, was jener perfektionierte Apparat wirklich wert war, der rund 10 Prozent des Nationaleinkommens verschlang und der, notfalls im Verbund mit der Armee, in Honeckers Bewußtsein als unüberwindlich galt.

Das neue Jahr war gerade angebrochen, als die Ehrung von Rosa Luxemburg und Karl Liebknecht für die SED-Spitze erneut zum Alptraum wurde. In Leipzig tauchten Flugblätter auf, die in Gestalt eines «Aufrufs an alle Bürger der Stadt Leipzig» zum Schweigemarsch am 15. Januar aufforderten. Weder Verfasser noch heimliche Zusteller des Aufrufs ließen verfassungsfeindliche oder gar antisozialistische Ambitionen erkennen. Sie erklärten, «für eine Demokratisierung unseres sozialistischen Staates einzutreten». Der Schweigemarsch mit Kerzen sollte dem Recht auf freie Meinungsäußerung, der Versammlungs- und Vereinigungsfreiheit, der Pressefreiheit sowie der Auflehnung gegen das Verbot der sowjetischen Zeitschrift «Der Sputnik» sowie kritischer Filme aus dem Land des großen Bruders dienen. Ungeachtet der Motive, die die Inspiratoren des Schweigemarsches bewegte, schlug die Stasi schon im Vorfeld erbarmungslos zu. Sie verhaftete elf von ihnen und leitete Ermittlungsverfahren wegen «Beeinträchtigung staatlicher und gesellschaftlicher Tätigkeit» ein. «Alle elf Personen», so berichtete Stasichef Mielke am 16. Januar Honecker und anderen Politbüromitgliedern, «gehören unterschiedlichen Gruppierungen an, die von dem Pfarrer der Lukas-Gemeinde Leipzig, Wonneberger, betreut werden.» Am Tage der Demonstration selbst wurden dann noch einmal 53 Personen «zugeführt». «Die erfolgten Befragungen der Zugeführten ergaben», so der MfS-Chef, «daß 24 in Kenntnis des Inhaltes des Hetzflugblattes und weitere 23 entsprechend der Aufforderung der männlichen Person an dieser provokatorisch-demonstrativen Aktion teilnahmen.»[117]

Am 13. März erscholl in Leipzig, wahrscheinlich zum ersten Mal überhaupt, der Ruf «Stasi raus!» und «Stasischweine». Dieses Mal hatten Mielkes Leute ca. 300 Menschen bedrängt, die im Anschluß an das übliche Friedensgebot in der Nikolaikirche vergeblich versuchten, sich zum Markt zu begeben. Um das Vorhaben zu verhindern, hatte die Stasi «850 Angehörige der Sicherheitsorgane und gesellschaftlichen Kräfte im Einsatz».[118]

So jedenfalls berichtete es SED-Bezirkschef Horst Schumann in der Nacht vom 13. zum 14. März an Egon Krenz, der die Information Honecker gewissermaßen zum Frühstück servierte. Dem Generalsekretär wiederum muß die Leipziger Botschaft derart auf den Magen geschlagen sein, daß er sie allen Mitgliedern und Kandidaten auf den Tisch befördern ließ. Der wachsende Widerstand gegen den Kurs der SED-Führung war ohnehin nicht mehr zu verheimlichen.

Die Wahlfälschung

Als die Bürgerrechtler im Mai 1989 in mehreren Städten feststellen mußten, daß das Stimmenergebnis der Kommunalwahl offenbar gefälscht worden war, mochte das zunächst kaum jemand glauben, weil das Abstimmungsritual die Wahlergebnisse gewissermaßen ohnehin schon präjudizierte. Da der Wahlzettel offen, d. h. vor den Augen des Wahlvorstandes gefaltet wurde, konnte die Herkunft jeder Gegenstimme peinlich genau registriert werden. Wer es wagte, die Wahlkabine zu benutzen, wurde gleichfalls notiert in der Annahme, daß eine der Gegenstimmen von ihm stamme. Derjenige aber, der gegen die Einheitsliste des sogenannten Demokratischen Blocks stimmte, galt, je nach den Umständen, als Feind der DDR oder zumindest als Querulant und wurde dementsprechend behandelt und ausgegrenzt.

Die unglaublich hohe Majorität der Ja-Stimmen, die selbst unter uns Genossen jedesmal angezweifelt wurde, war nichts anderes als ein Resultat dessen, daß die Wahlen in der DDR weder frei noch geheim waren und damit im juristischen Sinne als Wahlen überhaupt nicht gelten konnten.

Daß die Zahl der Gegenstimmen am 7. Mai 1989 höher war als bei allen vorangegangenen Wahlen, war Ausdruck der Frustration der Menschen über das sinkende Realeinkommen und die ungelösten Alltagsprobleme, aber auch Ausdruck der Verzweiflung über die anhaltende Bevormundung durch den angeblichen Arbeiter-und-Bauern-Staat. Daß es so kommen würde, hatten die Leute um Honecker gewußt oder zumindest geahnt und den Genossen Generalsekretär auch entsprechend vorgewarnt. Am 14. April hatte Egon Krenz als Chef der Zentralen Wahlkommission an Honecker geschrieben: «Das Ergebnis früherer Wahlen wird in einer Reihe von Landgemeinden wiederholbar sein. In den größeren und Großstädten jedoch muß mit einer niedrigeren Wahlbeteiligung gerechnet werden. Es ist nicht auszuschließen, daß auch mehr Gegenstimmen als zu früheren Wahlen abgegeben werden.»[119]

Und ZK-Sekretär Horst Dohlus, verantwortlich für die Wahlorientierung der SED-Leitungen in den Bezirken und Kreisen, teilte Ende April dem Genossen Generalsekretär u. a. mit, daß 1,2 Prozent aller Wahlberechtigten des Bezirkes Gera bereits die Verweigerung der Wahl angekündigt hätten. Dohlus weiter: «Von den in Berlin bisher angedrohten 5100 Wahlverweigerungen sind etwa ein Fünftel Antragsteller, ein Fünftel lehnt jede Begründung ab, ein Fünftel gibt nicht genehmigte Reisen in die BRD und die übrigen nicht gelöste kommunale Fragen an... Auf der Beratung wurde nochmals darauf hingewiesen, alle wahlrechtlichen Bestimmungen einzuhalten.»[120]

Auch Egon Krenz hatte gegenüber Honecker dafür plädiert, daß bei der Auszählung der Stimmen «ein absolut korrektes Vorgehen» zu garantieren sei. Krenz: «Es ist zu erwarten, daß gegnerische Kräfte, insbesondere wiederum jene, die ‹unter dem Dach der Kirche› agieren, verstärkt in den Wahlbüros jede Handlung der Wahlvorstände beobachten, um an eventuellen unkorrekten Handlungen die Nichteinhaltung der wahlrechtlichen Bestimmungen ‹nachzuweisen›.»[121]

Nach der Wende hat Krenz gegenüber DDR-Staatsanwälten beteuert, daß Honecker mit der strikten Einhaltung der Wahlordnung einverstanden gewesen sei. Inzwischen ist es gerichtsnotorisch, daß vor Ort nach Kräften manipuliert worden ist, vor allem was die Zahl der Gegenstimmen und die Höhe der Wahlbeteiligung betrifft. Eine Direktive von seiten der SED-Spitze, die dazu angestiftet oder Fälschungen auch nur sanktioniert hätte, gab es dennoch nicht. Die Aufforderung von Richter Halfar, der unlängst den einstigen Dresdner OB Wolfgang Berghofer wegen Wahlfälschung aburteilte, die Staatsanwaltschaft müsse jetzt unbedingt weiter «nach oben greifen»[122], dürfte auf die falsche Fährte führen.

Für Honecker war die statistische Manipulation der Wahl aus mehreren Gründen überflüssig. Erstens unterlagen er und – abgesehen vom Stasichef – auch sein engster Kreis noch immer der Illusion, daß die große Mehrheit der DDR-Bürger hinter der Politik der SED-Spitze stünde. So wurde in einer Vorlage der Sicherheitsabteilung des ZK für das Politbüro, an der Krenz und Mielke mitgewirkt hatten, noch im Spätsommer 1989 eingeschätzt, die Maiwahl sei «ein eindeutiges Bekenntnis der überwiegenden Mehrheit der Bürger (98,85 % Fürstimmen bei einer Wahlbeteiligung von 98,78 %) zu der im Wahlaufruf nachgewiesenen erfolgreichen Bilanz und dem gestellten Ziel, den bewährten Kurs der Einheit von Wirtschafts- und Sozialpolitik konsequent fortzusetzen», gewesen. «Insgesamt», so hieß es weiter in dem Papier, «unterstrichen die Kommunalwahlen nachdrücklich die politische Stabilität des Sozialismus in der DDR und führten zu einem beträchtlichen Zuwachs an Kampfkraft der Partei...»[123]

Zweitens hatte man oben auch bei der letzten Wahl nahezu blind auf die vielgerühmte ideologische Kraft der Partei vertraut, die Wähler nicht nur zur Wahlurne zu bringen, sondern auch zur Entscheidung für die Einheitsliste der Nationalen Front zu bewegen. Krenzens Schlußbemerkung in jenem Wahlbrief an den Parteichef war hierfür symptomatisch: «Erstrangige Aufgabe unserer offensiven politischen Arbeit bis zum Wahltag bleibt es, den Kampf um jede Stimme für die Kandidaten der Nationalen Front zu führen.»[124]

Es war der Wartungsdruck, der auf den Funktionären der Bezirks- und Kreisebene lastete und der sie mehr oder weniger zur Fälschung der Zahlen nötigte. Der Erfolgszwang, der sich von oben nach unten fortpflanzte, bestand ja nicht nur anläßlich von

Wahlen, er war ständig und auf allen Gebieten, namentlich im Bereich der Wirtschaft, existent. Ebenso sarkastisch wie berechtigt meinte der ehemalige Ratsvorsitzende des Bezirkes Karl-Marx-Stadt, Lothar Fichtner, daß sich die Wahlmanipulation gegenüber der permanent frisierten Abrechnung wirtschaftlicher Erfolge geradezu gering ausnähme. Keiner wollte schlechter sein als bisher und als andere, jeder wollte vor den Augen der Führung so glänzend wie möglich dastehen.

Als Honecker am 29. Januar 1990 erstmalig als Beschuldigter vernommen wurde, hatte man ihn auch nach seiner Rolle beim Fälschen der jüngsten Wahl befragt. Kategorisch hatte der gestürzte SED-Chef dazu erklärt, er habe in Beratungen mit den 1. Sekretären der Bezirksleitungen darauf hingewiesen, «daß es nur auf reale Zahlen ankommt und keine Wettbewerbssituation bezüglich der Wahlergebnisse kommt».[125] Das entsprach aus seiner Sicht durchaus der Wahrheit, soweit es die Wahl vom Mai 1989 betraf. «Aus den Bezirken wird», so schrieb Krenz am 15. April dem SED-Chef, «– ähnlich wie zu früheren Wahlen – eine Zielangabe für das Wahlergebnis erwartet. Dem sollten wir – zumal es sich um Kommunalwahlen handelt – nicht entsprechen. Es sollte darauf orientiert werden, um das unter den gegenwärtigen Bedingungen bestmögliche Wahlergebnis zu kämpfen, das real ist und nicht von Wettbewerbsüberlegungen zwischen Kreisen und Bezirken und falschem Übereifer diktiert wird.»[126] Diesen Standpunkt hatte Honecker noch am selben Tage handschriftlich bestätigt.

Hingegen wußten Mielke und seine Regenten in den Bezirken und Kreisen sehr wohl um die Fälschung der Zahlen. Denn das MfS war nicht nur für die Sicherheit der Wahllokale und Datenverarbeitungszentren für die Wahlergebnisse verantwortlich, es war auch personell in den Wahlkommissionen vertreten und hielt zudem engste Tuchfühlung zu den Spitzenfunktionären der Partei im Bezirk und Kreis sowie zu den Ratsvorsitzenden und Bürgermeistern. Mielke aber hütete sich, Honecker über die zahlreichen Manipulationen auf kommunaler Ebene zu unterrichten und dem Genossen Generalsekretär die Illusion zu rauben, das Volk stünde geschlossen hinter ihm. Auch der Stasichef stand unter Erfolgsdruck von oben

105

und ging am liebsten zum Chef der Partei, wenn er mit Erfolgsnachrichten aufwarten konnte.

Um so energischer ließ Mielke nach dem 7. Mai diejenigen abfahren, die das Resultat der Wahl anzweifelten oder gar Strafanzeige wegen Wahlfälschung erstatteten. Ermittlungen wegen Wahlfälschung hätten nur die Pferde in den eigenen Reihen scheu gemacht, «bewährte Genossen» belastet, die es gut mit ihrem Staat meinten und vor allem bei Honecker den gefährlichen Verdacht wecken können, daß der Stasichef ihm brisante Dinge vorenthalte.

Nur so ist Mielkes geheimer Befehl, über «Maßnahmen zur Zurückweisung und Unterbindung von Aktivitäten feindlicher, oppositioneller und anderer negativer Kräfte zur Diskreditierung der Ergebnisse der Kommunalwahlen am 7. Mai 1989» zu begreifen. Mielke war besonders eine «Öffentliche Stellungnahme zu den Kommunalwahlen 1989» auf den Magen geschlagen, die von 18 kirchlichen Basisgruppen unterzeichnet worden war, sowie ein «Einspruch gegen die Gültigkeit der Kommunalwahlen 1989 in Berlin», der beim Nationalrat der Nationalen Front eingegangen war. Mielkes Schnüffler hatten zudem herausbekommen, daß die Absicht bestand, «durch den operativ bekannten Pfarrer EPPELMANN und seinen Umgangskreis, durch Mitglieder der ‹Initiative Frieden und Menschenrechte› sowie der ‹Umweltbibliothek› und durch weitere feindliche, oppositionelle und andere negative Kräfte, Anzeigen beim Generalstaatsanwalt der DDR zu erstatten bzw. Eingaben an den Staatsrat der DDR sowie an den Nationalrat der Nationalen Front der DDR bzw. an örtliche Organe zu versenden.» Gegen besonders energische Verfechter der Wahrheit gedachte Mielke nun mit der Keule des Strafrechts vorzugehen. «Die Einleitung strafprozessualer Maßnahmen», so befahl er seinen Politkriminalisten, «ist dabei auf einen engen, offen feindlich handelnden Personenkreis zu beschränken...» Auf jeden Fall wollte und mußte der Stasioberste vermeiden, daß es unter Umständen doch zu einer gerichtlichen Beweisaufnahme über die Fälschungsvorwürfe kam. Deshalb verfügte Mielke, Anzeigen wegen Wahlfälschung zwar «ohne Kommentar entgegenzunehmen», nicht zu bearbeiten und «nach Ablauf der vorgesehenen Fristen» zu antworten, «daß keine Anhaltspunkte für den Verdacht einer Straftat vorliegen. Beschwerden gegen die getroffenen Entscheidungen sind ... abschlägig zu entscheiden.»[127]

Mielkes Order machten sich, soweit sie den Umgang mit Anzeigen wegen Wahlfälschung betraf, im Wortlaut auch der für politische Delikte zuständige Stellvertreter des DDR-Generalstaatsanwalts, Karl-Heinrich Borchert, sowie der damals amtierende Innenminister Lothar Ahrendt zu eigen. Allerdings geschah das nicht allein im Sog des Mielke-Befehls, sondern weil die geschilderte Vorgehensweise mit hoher Wahrscheinlichkeit von Honecker abgesegnet worden war. Stasigeneral Dr. Werner Irmler, in dessen Verantwortung der Ministerbefehl vom 19. Mai 1989 ausgearbeitet wurde, erklärte in einer Zeugenaussage vom 13. März 1990, Mielke habe ihm zur Vorbereitung des Befehls am 17. Mai einen Text mit dem Bemerken übergeben, «daß es sich dabei um zentrale Vorgaben von E. Krenz handelt. Das habe ich auch», so Irmler, «mit der Übergabe dieses Schreibens dem Leiter des Bereiches II unserer Diensteinheit (der Zentralen Auswertungs- und Informationsgruppe ZAIG – der Verf.) Karl Bausch mitgeteilt.»[128] Bausch wiederum bestätigte das und räumte ein, das Schreiben mit zur Grundlage des Mielke-Befehls gemacht zu haben. Am 19. Mai übergab Mielke Irmler ein weiteres Papier, auf dem Oberstleutnant Lothar Schirmer, einer der Mitverfasser des Ministerbefehls, vermerkt hatte: «Von Genossen Krenz am 19. 05. 89 bestätigt.»[129]

Der Minister hatte diesen Text dem ZAIG-Chef auch mit dem Bemerken ausgehändigt, «daß dieses Schreiben», so Irmler in seiner Zeugenvernehmung, «von Krenz am 19. 05. 1989 bestätigt worden ist. Dieses Schreiben habe ich dann zur weiteren Erarbeitung der Weisung an Bausch oder Schirmer übermittelt.»[130]

Gleichwohl bestritt Krenz seine Mitwirkung am Mielke-Befehl vom 19. Mai. Als man ihm das Dokument unter die Nase hielt, beteuerte er, es zum ersten Mal zu sehen. Er fürchtete wohl, daß der Vorwurf der Rechtsbeugung, auf die der Stasibefehl abzielte, auch ihn treffen könnte. Doch im Gegensatz zu Mielke dürfte Krenz von den Fälschungen keine positive Kenntnis gehabt haben. Hätte Mielke den Sicherheitssekretär der Partei über die Manipulationen am Wahltage ins Bild gesetzt, wäre er bei Krenzens Nähe zum Generalsekretär das Risiko eingegangen, daß auch Honecker davon erfahren hätte. Krenz will von Unstimmigkeiten in puncto Wahlergebnis zum ersten Mal vom damaligen Konsistorialpräsidenten Manfred Stolpe erfahren haben, den er am 8. Mai, dem Jahrestag der Befreiung vom Faschismus, in der sowjetischen Botschaft traf. Stolpe hatte ihn auf Differenzen hingewiesen zwischen Ergebnissen, zu denen kirchliche Gruppen in bestimmten Wahllokalen gelangt waren, und den öffentlich ausgewiesenen Resultaten der Wahl. Dazu Krenz in seiner Zeugenaussage vom 27. Februar 1990: «... die Kontrolle durch 300 000 Wahlhelfer war für mich der Beweis, daß diese Wahlergebnisse dem entsprachen, was aus den Kreisen und Bezirken gemeldet wurde.» So hat er offenbar auch ein Schreiben für bare Münze genommen, in dem die Verantwortlichen der Parteien und Massenorganisationen des Berliner Stadtbezirks Friedrichshain mit Blick auf die Anzeige von Pfarrer Eppelmann am 31. Mai die Korrektheit der Wahl beteuerten. Dazu Krenz auf Vorhalt: «Ich kann mich an diesen Vorgang erinnern, habe ihn – wie aus der HM (Hausmitteilung – d. Verf.) hervorgeht – am 2.6.1989 auch E. Honecker z. Ktn. gegeben und hatte aufgrund der Tatsache, daß alle Parteien und Massenorganisationen diesen Brief unterzeichnet hatten, keinen Zweifel an der Richtigkeit dieses Briefes.»[131]

Zweifellos hat die ignorante Haltung, mit der Honecker und die SED-Spitze auf den Vorwurf der Wahlfälschung reagierten, die Krise im Innern beträchtlich zugespitzt und den Untergang der DDR beschleunigt. Die Hoffnung vor allem junger Leute, daß auch im ostdeutschen Staat Andersdenkende Freiraum oder gar eine Chance erhalten und ein gewisses Maß an Freizügigkeit Platz greifen würde, schien in immer weitere Ferne zu rücken. Mit dem Stimmzettel, das hatte die Wahl vom Mai ein übriges Mal erwiesen, war an der versteinerten Struktur der DDR nicht zu rütteln. Was vielen als letzter Ausweg dünkte, war die Abstimmung mit den Füßen, die Flucht in westliche Botschaften oder lieber noch gleich über die grüne Grenze, die besonders zwischen Ungarn und Österreich seit August zunehmend durchlässiger wurde. «Mit Stand vom

31. Juli 1989», so konstatierte besorgt eine Politbürovorlage der Krenzschen Sicherheitsabteilung vom August, «haben insgesamt 133 274 Bürger der DDR einen Antrag auf ständige Ausreise nach der BRD oder Westberlin gestellt.»[132] Als Begründungen, so die Vorlage, würden u. a. die nach wie vor eingeschränkten Reisemöglichkeiten genannt, Verärgerung über bürokratisches Verhalten, Unzufriedenheit über die Anerkennung von Individualität und Kompetenz in Beruf und Gesellschaft, Versorgungsmängel und selbst «fehlende Möglichkeiten zur Befriedigung individueller Bedürfnisse und besonders über unzureichend empfundene demokratische Einbeziehung in Entscheidungsprozesse.»[133]

Im bestürzenden Mißverhältnis hierzu standen die Konsequenzen, die man aus der vertrackten Situation zu ziehen geneigt war. Statt das System oder auch nur die realsozialistische Praxis zu revidieren, sollte der Druck auf oppositionelle Kräfte, auf die Kirche, aber auch auf die Bürger erhöht werden. Obgleich der Ruf «Stasi raus!» zunehmend lauter wurde, setzten Honecker und Krenz noch immer auf das meistgehaßte Machtinstrument ihres Regimes. «Für das weitere Vorgehen staatlicher Organe und gesellschaftlicher Kräfte», so die Politbürovorlage vom August, «sind die durch zuständige Diensteinheiten des MfS den 1. Sekretären der Bezirks- und Kreisleitungen der SED übergebenen Informationen zum Wirken feindlicher, oppositioneller und anderer negativer Kräfte im Verantwortungsbereich – einschließlich der entsprechenden Vorschläge zum Zusammenwirken bei deren vorbeugender Bekämpfung – zu nutzen.»[134]

Die Ausreisewelle

Selbst die perfekteste Verzahnung von Stasi, Partei, Administration und gesellschaftlichen Kräften wie FDGB und FDJ konnten im Sommer 1989 nicht verhindern, daß die Zahl der zur Ausreise Entschlossenen schlagartig anstieg. Anträgen auf Verlassen der DDR sowie der Flucht von Menschen in diplomatische Vertretungen als

Zwischenstation der Ausreise «noch entschiedener vorzubeugen und entgegenzuwirken», erwies sich im Spätsommer 1989 als unlösbare Aufgabe. Das Problem der Ausreise begann zunehmend auf das deutsch-deutsche Verhältnis durchzuschlagen. Am 14. August ließ der amtierende Chef der Ständigen BRD-Vertretung in Ostberlin dem SED-Generalsekretär den Text eines Briefes von Bundeskanzler Kohl übermitteln, den Honecker noch am selben Abend mit sichtlichem Mißmut zur Kenntnis nahm. Kohl schrieb damals:

«Die Bundesregierung hat oft erklärt, es sei nicht ihr Ziel, daß möglichst viele Menschen aus der Deutschen Demokratischen Republik in die Bundesrepublik Deutschland übersiedeln. Wir werden jedoch auch niemanden, der sich an uns mit der Bitte um Hilfe wendet, zurückweisen und gewaltsam zum Verlassen unserer Vertretungen nötigen. Unser Wunsch ist freilich, daß die Menschen in ihrer angestammten Heimat ein für sie lebenswertes Leben führen können. Nach meinem Eindruck sehen derzeit nicht nur einzelne, sondern eine größere Zahl, insbesondere auch viele jüngere Menschen, dafür unter den gegebenen Umständen keine Perspektive. Dies zu ändern, liegt ausschließlich in der Verantwortung der Führung der Deutschen Demokratischen Republik. Ziel meiner Politik ist es – und das wissen Sie aus unseren persönlichen Gesprächen –, einen Beitrag für eine konstruktive und den Interessen der Menschen dienende Entwicklung der Beziehungen zwischen unseren beiden Staaten zu leisten.

Die gegenwärtige Lage erschwert diese Bemühungen. Auf die Dauer sind Belastungen unserer Beziehungen mit negativen Auswirkungen in allen Bereichen nicht auszuschließen.»[135]

Gut zwei Wochen brauchte Honecker, um dem Kanzler zu antworten. Seine Replik fiel dann alles andere als konstruktiv aus. Noch immer hatte ihm niemand begreiflich machen können, daß der Anspruch eines Menschen auf Verlassen seines Landes in erster Linie eine Entscheidung des einzelnen ist, die der Staat in aller Regel zu akzeptieren hat. Honecker selbst hatte in seiner Eigenschaft als Staatsratsvorsitzender bereits 15 Jahre zuvor jene Internationale Konvention über zivile und politische Rechte ratifiziert, deren Artikel 12 das Auswanderungsrecht des Bürgers garantierte. In seinem

Antwortschreiben an Kohl indessen beharrte er weiter auf einer unbegrenzten Herrschaftsgewalt der DDR gegenüber ihren Bürgern. Die Tatsache, daß die Bundesrepublik DDR-Bürgern in ihren diplomatischen Vertretungen Aufenthalt gewährte, so Honecker in seinem Antwortbrief, «negiert die sich aus dem Völkerrecht ergebende Tatsache, daß die Bundesrepublik Deutschland für Bürger der Deutschen Demokratischen Republik keinerlei Zuständigkeiten wahrnehmen kann ... Bei einer Beibehaltung dieser Praxis sind in der Tat Belastungen unserer Beziehungen nicht auszuschließen.

Die Lösung des entstandenen Problems kann deshalb nur darin bestehen, von seiten der Bundesrepublik Deutschland dafür Sorge zu tragen, daß die Bürger der Deutschen Demokratischen Republik unverzüglich die Vertretungen der Bundesrepublik Deutschland verlassen. Aus der Tatsache des Aufenthaltes in den Missionen werden ihnen – wie schon mehrfach von Vertretern der Deutschen Demokratischen Republik zum Ausdruck gebracht – keine Nachteile entstehen. Darüber hinausgehende Zusagen sind jedoch nicht möglich.»

Was Kohls Sorge um die Perspektiven der Menschen im ostdeutschen Staat anbetraf, so wies Honecker sie «als eine Einmischung in souveräne Angelegenheiten eines anderen Staates»[136] zurück.

Schon bald mußte der SED-Chef nicht nur zuschauen, wie die Autorität seines Staates gegenüber den eigenen Bürgern ins Wanken geriet, sondern wie angesichts der Massenflucht auch die Bereitschaft der Bruderländer sank, Rücksicht auf die DDR-Souveränität zu nehmen. Nach wochenlangem Tauziehen zwischen Außenminister Oskar Fischer und dem ungarischen Außenamtschef Horn öffnete die ungarische Regierung um Mitternacht des 11. September die Grenze zu Österreich schließlich auch für die Bewohner der DDR. Innerhalb von drei Tagen flohen rund 15000 Ostdeutsche über Österreich in die Bundesrepublik. Indessen nahmen die Zustände in der bundesdeutschen Botschaft in Prag katastrophale Formen an. Der gellende Schrei der Erleichterung, den Genscher in der Nacht des 30. September den 3500 Botschaftsflüchtlingen in Prag mit der Verkündung der Ausreisemöglichkeit entlockte, löste in der DDR ein moralisches Erdbeben aus.

Selbst jetzt noch ließ man die Abtrünnigen ein letztes Mal den Griff der Macht spüren, indem man sie zwang, über das Gebiet der DDR zu reisen, damit sie, so Außenamtssprecher Wolfgang Meyer, «über das Territorium der DDR in die BRD ausgewiesen werden»[137], was nach dem Recht der DDR eigentlich ein Ding der Unmöglichkeit war. Honecker selbst hatte die Idee, so zu verfahren, und er ließ sie sich am Freitag, dem 29. September, vom Politbüro ausdrücklich bestätigen. Kaum waren aber die ersten Züge in der Nacht vom 30. September zum 1. Oktober abgefahren, platzte die Prager Botschaft schon wieder aus allen Nähten. Obwohl im Grunde keine andere Wahl mehr blieb, auch den neuen Flüchtlingen die Ausreise zu gestatten, spielte Honecker auf Zeit. Im Politbüro hatte man noch immer nicht begriffen, daß sich mit den ersten Zügen, die sich Richtung Westen in Bewegung setzten, der tödliche Aderlaß der DDR eingesetzt hatte, den hierzulande niemand mehr würde aufhalten können und im Westen niemand mehr würde aufhalten wollen. Dennoch erlag Honecker noch immer der Hoffnung des Phantasten, daß aufgrund der ersten Massenausreise «auch seitens der Regierung der BRD Schlußfolgerungen für den normalen, den internationalen Gepflogenheiten entsprechenden Betrieb in ihren Botschaften gezogen werden»[138].

Die tschechischen Genossen, die die Flüchtlinge aus der DDR schließlich auf dem Halse hatten, sahen die Dinge realistischer, aber auch weniger gelassen. Sie hatten dem für die Außenpolitik verantwortlichen Politbüromitglied Hermann Axen am Mittag des 3. Oktober die Zusage abgerungen, daß der Abtransport der neuen Flüchtlinge noch im Laufe des Tages erfolgen werde.

Doch bis zu später Abendstunde hatte sich noch immer nichts getan. Deshalb bedrängte die tschechische Regierung inzwischen DDR-Botschafter Ziebarth, der abends gegen 22.40 Uhr seinem Ministerium folgende Fragen übermittelte:

«1. Genosse Adamec bittet um Information, warum die abgesprochene Aktion nicht läuft...

2. Warum wird die ČSSR nicht darüber informiert, daß die Aktion nicht weitergeführt wird bzw. was los ist?

3. Genosse Adamec bittet, Genossen Stoph und andere Genossen

der Führung davon in Kenntnis zu setzen, daß sich die Lage in und um die BRD-Botschaft in Prag weiter zuspitzt. 11 000 bis 12 000 Personen aus der DDR befinden sich auf dem Gelände der Botschaft, weitere 2000 im näheren Umfeld. Es reisen weiterhin Personen mit Pkw aus der DDR in Prag ein.»[139]

Am folgenden Morgen übermittelte Oskar Fischer den Vermerk über das mitternächtliche Telefonat mit dem Botschafter Erich Honecker. Daraus ergab sich, daß die Genossen Axen, Stoph und Vizeaußenminister Herbert Krolikowski über die geschilderte Lage in Prag zwar informiert worden waren, aber «zu diesen Fragen zu dieser Zeit keine Entscheidungen vorlagen»[140].

Alles, was Regierungschef Stoph, der offenbar nicht gewagt hatte, Honecker aus dem Schlaf zu klingeln, Botschafter Ziebarth übermitteln ließ, war, daß man eine Antwort auf die Fragen der Tschechen erst am Vormittag des folgenden Tages werde geben können. Am nächsten Morgen aber war dann die Geduld der tschechischen Brüder erschöpft. Sowohl auf Partei- als auch Regierungsebene bedeuteten sie unmißverständlich, auf eigene Faust handeln zu wollen, falls nicht umgehend etwas passiert.

Bereits um 8.42 Uhr, noch vor offiziellem Dienstbeginn im Außenministerium an der Spree, rief DDR-Botschafter Ziebarth an und teilte nachdrücklich mit: «Genosse Lenart rief mich an und bat im Auftrag des Genossen Jakes um schnelle Information, warum angemeldete Züge und Busse gestoppt wurden. Lage in Prag ist äußerst kritisch. Csl. Führung bittet um schnelle Lösung.

Im Auftrag des Genossen Adamec rief mich 5 Minuten später der Verkehrsminister an. Stellt die gleichen Fragen im Namen des Genossen Adamec und bat, daß die Züge und Busse in Bewegung gesetzt werden. Falls das nicht geschehen wird, müsse die ČSSR an ‹eine eigene Lösung› denken.

Dies sei heute morgen um 8.00 Uhr in einer Beratung bei Genossen Adamec angeklungen.

Ich bitte um sofortige Weitergabe dieses Textes an Genossen Axen.»[141]

Eine gute Stunde später kreuzte in derselben Sache der tschechoslowakische Botschafter bei Politbüromitglied Günter Kleiber auf,

113

der die DDR im RGW vertrat. Ministerpräsident Adamec persönlich hatte seinen Ostberliner Botschafter beauftragt, auf der Politbüroetage am Marx-Engels-Platz Sturm zu laufen. Erregt schilderte der Botschafter Günter Kleiber die explosive Situation an der bundesdeutschen Vertretung in Prag, wo sich schon allein auf der Straße zwischen 3000 und 4000 ausreiseentschlossene DDR-Bürger, unter ihnen zahlreiche Kinder, versammelt hatten.

Kleiber konnte natürlich keine Entscheidung in der Sache treffen und vertröstete den Botschafter damit, daß er in Kürze eine entsprechende Nachricht erhalten werde. Unverzüglich diktierte Kleiber einen Brief an Honecker, in dem er die Schilderung des Tschechoslowaken wiederholte und schrieb: «Der Vorsitzende des Ministerrates bittet um eine schnelle Abreise aus Prag, da es Anzeichen gibt, daß sich oppositionelle Gruppen der ČSSR mit DDR-Bürgern vereinigen. Genosse Adamec läßt mitteilen, wenn die DDR nicht in der Lage ist, die Bürger abzutransportieren, muß die ČSSR Maßnahmen ergreifen. Die ČSSR ist bereit und vorbereitet, mit ihren Zügen die DDR-Bürger direkt in die BRD zu transportieren. Er betonte nochmals, nur die Bürger, die sich auf der Straße befinden.»[142]

Die Tschechen hatten Honecker die Pistole auf die Brust gesetzt, so daß er die Ausreise der Prager Flüchtlinge nicht länger hinauszögern konnte. Dennoch klammerte er sich mit letzter Kraft an den brüchigen Rest von Hoheitsgewalt, der ihm gegenüber den zur Ausreise Entschlossenen noch verblieben war. Auch sie sollten nicht auf direktem Wege in das Land ihrer Träume reisen dürfen, sondern mußten den Weg über den Heimatstaat DDR nehmen, Personalausweise abliefern und sich in Listen erfassen lassen. Wie wenig der Partei- und Staatschef vom Sinn dieser Prozedur inzwischen selbst überzeugt war, beweist ein Schreiben, das er den SED-Bezirkschefs von Dresden und Karl-Marx-Stadt, Modrow und Lorenz, noch im Laufe des Tages zukommen ließ. «Aufgrund der Bitte der tschechoslowakischen Staatsführung», so schrieb Honecker seinen werten Genossen, «vollzieht sich in der Nacht vom 4. zum 5. 10. 1989 eine Durchfahrt mehrerer Züge, in denen sich ehemalige DDR-Bürger befinden, die in die Bundesrepublik abgeschoben werden. Details könnt Ihr über die Reichsbahn erfahren. Die erforderlichen Sicherheitsmaßnahmen, die die ungehinderte Durchfahrt der Züge sichern, werden zentral eingeleitet und mit Erich Mielke besprochen.»[143]

Mit diesem Starrsinn hatte der SED-Chef, wahrscheinlich ungewollt, für zusätzlichen Zündstoff gesorgt. Die ungehinderte Durchfahrt der Züge zu gewährleisten erwies sich für Stasi und Volkspolizei bald als äußerst kompliziertes Unternehmen. Im Laufe des Tages nämlich versammelten sich in der Nähe des Dresdener Bahnhofs, den die Züge passieren sollten, immer mehr Menschen, in denen der Frust über den vormundschaftlichen Staat tief saß und bei denen sich die Lust, auf die Züge aufzuspringen, auch in Gewalt äußerte. Die Schlacht, die sich Demonstranten, Stasileute und Polizisten in jener Nacht lieferten, hatte Verletzte, auch Schwerverletzte, auf beiden Seiten und Sachschäden, auch in der Dresdener Innenstadt, von beträchtlichem Ausmaß zur Folge.

In dieser hitzigen Atmosphäre riskierten Honecker und der harte Kern des Politbüros noch einen letzten Konter. Um den Flüchtlingsstrom via ČSSR zu stoppen, führte man am 4. Oktober die Visapflicht für Reisen in das südöstliche Nachbarland ein. Damit war den Ostdeutschen auch das letzte Land versperrt, in das sie bis dahin hatten frei reisen können. Stasichef Mielke unternahm dann auch alles, um heimliche Grenzgänger schon auf dem Wege zur Tschechoslowakei abzufangen. In einem geheimen Blitztelegramm (MfS-Nr. 69/89) an alle Bezirkschefs der Stasi verfügte Mielke am 5. Oktober: «Personen, die im Zusammenhang mit den Maßnahmen zum Reiseverkehr nach der ČSSR zurückgewiesen werden, sind weiter unter Kontrolle zu halten. Es ist zu gewährleisten, daß diese Personen tatsächlich in ihre Heimatorte zurückkehren und an weiteren feindlich-negativen Aktivitäten gehindert werden.»[144]

Solches Vorgehen der Stasi glich indessen den Mühen des Sisyphus, reizte Ausreisewillige zur Weißglut und förderte den gesellschaftlichen Frust. Mit der geduldeten Ausreise der Prager wie auch der Warschauer Botschaftsflüchtlinge war ein Präzedenzfall geschaffen, auf den sich nun jeder und alle beriefen, deren Ausreiseanträge noch immer in den Schränken der Behörden schlummerten oder auch abgewiesen worden waren. Schon im August hatte die Sicherheitsabteilung des ZK in ihrer Politbürovorlage geklagt, daß durch kurzfristige Ausreisegenehmigungen für Botschaftsbesetzer und Antragsteller, «die mit anderen provokatorisch-demonstrativen Handlungen in Erscheinung traten... Sogwirkungen und Nachahmungseffekte ausgelöst (wurden)»[145]. Inzwischen hatte der Sog einen Dammbruch verursacht, der einfach nicht mehr zu beheben war.

Der Kampf gegen die innere Opposition

So ergebnislos Honeckers Amoklauf gegen den anschwellenden Strom der Flüchtlinge war, so ohnmächtig erwies sich am Ende auch sein Vorgehen gegen die sogenannte innere Opposition. Für ihn schien sie nur ein winziger Haufen von Bürgerrechtlern zu sein, den man getrost in die Ecke der Konterrevolution stellen konnte. Spätestens im Sommer 1989 aber hätte er hellhörig werden müssen, als selbst die Sicherheitsabteilung des ZK in der bewußten Vorlage fürs Politbüro die Eskalation von Aufmüpfigkeit signalisierte: «Die Aktivitäten des Gegners sind zunehmend darauf gerichtet, unter Mißbrauch des KSZE-Prozesses und unter Berufung auf bestimmte Entwicklungen in einigen sozialistischen Staaten feindliche, oppositionelle Zusammenschlüsse zu organisieren.

In der DDR bestehen ca. 160 derartige personelle Zusammenschlüsse, darunter 150 sogenannte kirchliche Basisgruppen, mit insgesamt etwa 2500 Personen. Immer mehr bemühen sich die Initiatoren und Organisatoren, diese Gruppierungen gegen die sozialistische Entwicklung in der DDR zu aktivieren. Das geschieht in Übereinstimmung und im Zusammenwirken vor allem mit reaktionären kirchlichen Kreisen und unter Mißbrauch der Strukturen und des Potentials der Kirchen sowie unter Einschaltung der gegnerischen Medien und ehemaliger Bürger der DDR.»[146]

So wie die offizielle Zahl der Ausreisewilligen nur die Spitze des

Eisberges markierte, so stellte die Bürgerrechtsbewegung lediglich die organisierte Form eines gesellschaftlich viel verbreiteteren Frustes dar, der sich durch alle Schichten des Volkes zog, selbst durch die Masse der Partei- und Staatsfunktionäre, und den Honecker und die Partei einfach nicht wahrnehmen wollten. Die Übergänge zwischen sogenannter Opposition und der «breiten Masse der Werktätigen» wurden in dem Maße fließender, wie sich die wirtschaftlichen und politischen Widersprüche der DDR zuspitzten. «Wir sahen nicht», so bekennt Honecker-Nachfolger Egon Krenz im Rückblick, «daß sich hier viele gutwillige, dem Fortbestand der DDR wohlgesonnene Kräfte engagiert hatten, zu hartnäckig saß unser ‹Feindbild nach innen!›»[147]

Krenzens nachträgliche Verbeugung vor der «Leidenschaft» der Kirche «beim Überwinden unserer Fehler und Gebrechen» ist natürlich nicht frei von Demagogie. Auch die weltliche Opposition, namentlich das von der Kirche unabhängige «Neue Forum» wurde in den Würgegriff der Stasi gezwängt. Seine Zulassung als politische Vereinigung lehnte der Innenminister ab mit dem Argument, seine Ziele widersprächen der Verfassung. Freilich hatte Honecker hier dem obersten Staatsbeamten die Feder geführt. Man fragt sich, ob er den Gründungsaufruf von Bärbel Bohley, Jens Reich und anderen jemals gelesen hat: «Wir wollen Spielraum für wirtschaftliche Initiative, aber keine Entartung in eine Ellenbogengesellschaft. Wir wollen das Bewährte erhalten und doch Platz für Erneuerung schaffen, um sparsamer und weniger naturfeindlich zu leben. Wir wollen geordnete Verhältnisse, aber keine Bevormundung. Wir wollen freie, selbstbewußte Menschen, die doch gemeinschaftsbewußt handeln.»[148]

Honecker glaubte, im Gebrauch der eigenen Machtmittel selbst im Herbst 1989 noch entscheidungsfrei zu sein. Im September ließ er die legendäre Nikolaikirche in Leipzig umstellen, Demonstranten zu Dutzenden, einmal auch zu Hunderten, verhaften und gegen die «Rädelsführer» das Schreckgespenst der Justiz auffahren. Zu jener Zeit schloß er, wie dann die Ereignisse am 7. Oktober und danach beweisen, selbst den Einsatz bewaffneter Sicherheitskräfte gegen Demonstranten und Aufmüpfige nicht aus. Auf einer Beratung mit den SED-Bezirkschefs hatte er festgelegt, «daß diese feindlichen Aktionen im Keime erstickt werden müssen, daß keine Massenbasis dafür zugelassen wird».

In einem chiffrierten Fernschreiben, das er am 22. September an alle Ersten Bezirkssekretäre sandte, nahm er darauf Bezug und monierte, daß «in einigen Kreisen nicht rechtzeitig die politisch-organisatorischen Maßnahmen getroffen wurden». Das bisher Geleistete, so Honecker, müsse überprüft werden: «Das betrifft die politisch-ideologische Arbeit und gleichzeitig ist dafür Sorge zu tragen, daß die Organisatoren der konterrevolutionären Tätigkeit isoliert werden.»[149] Obgleich gerade das letztere schon mehr ein frommer Wunsch und kaum noch realisierbar war, etikettierte der SED-Chef seine Botschaft als «Geheime Verschlußsache» (2/89), auf welcher der Bürochef des Politbüros, Schwerdtner, in höchster Eile handschriftlich vermerkte: «Es ist zu sichern, daß der 1. Sekretär das Schreiben sofort persönlich erhält.»[150]

Honeckers Schreiben an die Bezirkssekretäre war nebulös gehalten, es wälzte die Verantwortung für die Wahl der Mittel, mit denen die «Konterrevolution» ausgeschaltet werden sollte, im Grunde auf die untere Ebene ab. Ähnlich verhielt es sich mit seinem Befehl «über Maßnahmen zur Gewährleistung der Sicherheit und Ordnung in der Hauptstadt der DDR, Berlin, anläßlich des 40. Jahrestages der DDR», den er vier Tage später als Chef des Nationalen Verteidigungsrates erließ. Als Hauptaufgabe legte Honecker den Einsatzleitungen u. a. ans Herz «die Organisation einer zielgerichteten politisch-ideologischen Arbeit... und des offensiven Reagierens auf provokatorische Erscheinungen und Aktionen»[150a]. Welcher Art die staatliche Reaktion sein sollte, wie weit sie zu gehen hatte, ob insbesondere die Anwendung von Schußwaffen ins Auge gefaßt war, ließ die streng geheime Order offen.

Als Sicherheitssekretär der SED hatte Honecker noch eine deutlichere Sprache gepflegt. Vor Kampfgruppenkommandeuren hatte er beispielsweise im April 1958 unmißverständlich erklärt: «Es geht darum, aus allen Hundertschaften feste Kollektive zu schmieden, die... militärisch gut ausgebildet, jederzeit bereit sind, jeden Auftrag der Partei zu erfüllen, *jeden zu vernichten* (Hervorhebung von mir – d. Verf.), der es wagt, seine Hand gegen die Arbeiter- und Bauernmacht zu erheben.»[151]

Daß der Einsatz bewaffneter Staatsdiener auch noch mit Blick auf den 40. Jahrestag im Kalkül war, belegte deutlicher noch eine 29seitige Order des Stasichefs über die «Sicherungsaktion ‹Jubiläum 40›». Dieses Geheimpapier (MfS-Nr. 66/89) war von Honecker einen Tag nach dem Erlaß seines Befehls an die Berliner Einsatzgruppen ausdrücklich bestätigt worden. Auch Mielkes Vorgabe für seine Leute gipfelte in dem Ziel, keinerlei «Provokationen» und «andere feindliche Aktionen, Störungen» usw. zuzulassen. Dafür hielt Mielke sich eine spezielle Bürgerkriegstruppe parat, die im Rücken von Polizei und anderen Ordnungshütern zu stehen hatte – «Bereitstellung von spezifisch ausgebildeten und ausgerüsteten Einsatzeinheiten und Spezialkräften als Reserven der Schutz- und Sicherheitsorgane zum Einsatz bei Provokationen und Störungen» nannte sich das.

Mit Zustimmung Honeckers hatte sich Mielke für die «Sicherungsaktion ‹Jubiläum 40›» nicht nur die Einsatzleitung für das operative Zuschlagen gegen Andersdenkende vorbehalten, sondern sich auch die Regie für die strafrechtliche Verfolgung wirklicher oder vermeintlicher Opponenten unter den Nagel gerissen: «Einleitung strafrechtlicher und anderer rechtlicher Sanktionen sowie die *Entlassung von Personen... die durch das MfS bzw. andere Schutz- und Sicherheitsorgane zugeführt bzw. festgenommen wurden, nur nach Abstimmung mit den zentralen Untersuchungsorganen des MfS*» (Hervorhebung von mir – d. Verf.).[152] Davon hat Mielke dann am 7. Oktober und danach ausgiebig Gebrauch gemacht. Unter Mißachtung der Strafprozeßordnung wurden Hunderte von Demonstranten und andere «verdächtige Personen» ohne richterlichen Haftbefehl in Notgefängnisse, darunter Pferdeställe, eingesperrt, in unglaublicher Weise gedemütigt und zum Teil schwer mißhandelt.

Auf den Dialog mit jenen einzugehen, die frischen Wind in den muffigen Zustand der erstarrten DDR-Gesellschaft bringen wollten, lag für Honecker und seinen fanatischen Stasichef außerhalb aller Erwägungen. Stolz hatte Mielke seinen engsten Mitarbeitern noch am 28. September auf einer zentralen Dienstversammlung erklärt: «Durch die Ablehnung des Antrages des sogenannten Neuen Forums auf offizielle Bestätigung, als Plattform staatsfeindlicher und anderer negativer Kräfte, wurde erneut unmißverständlich deutlich gemacht: In der DDR wird es keine legale antisozialistische Opposition geben.» [153]

Und für den äußersten Fall schwebte Mielke wie wohl auch Honecker noch immer die chinesische «Lösung» vor, mit der man sich im Sommer ausdrücklich identifiziert hatte. Wie anders sollten die Tschekisten vor Ort Mielkes Befehl auffassen, den er in jenem Blitztelegramm vom 5. Oktober ausgab: «Feindlich-negative Aktivitäten sind mit allen Mitteln entschlossen zu unterbinden.» Das konnte, mußte selbst die Anwendung der Schußwaffe einschließen. Mielkes Telegramm belegt, wie weit ihn die Psychose des Bürgerkriegs bereits erfaßt hatte: «Es sind weitere Reservekräfte bereitzustellen. Sie sind gründlich einzuweisen und zu instruieren, damit sie kurzfristig zum Einsatz gelangen können. Keine Überraschung zulassen!» [154]

Als der Staatsfeiertag am 7. Oktober dann seinem Höhepunkt zustrebte, war die Überraschung trotz akribischer Vorsorge der Stasi perfekt. Gegenüber dem Palast der Republik, wo die SED-Spitze und die Spitzen der Bruderländer sich einander zuprosteten, hatten sich plötzlich ca. tausend junge Leute eingefunden, die lautstark Demokratie, freie Wahlen, die Zulassung des «Neuen Forums» oder aber ihre Ausreise einforderten. Mit dem Gummiknüppel gelang es Stasi und Polizei, die Aufmüpfigen vom Hauptschauplatz des Festes wegzudrängen und in den Stadtbezirk Prenzlauer Berg abzuschieben. Ähnliche Vorfälle trugen sich am selben Tage in Leipzig, Chemnitz, Erfurt, Halle und anderen Städten zu.

Am nächsten Morgen berichtete Innenminister Friedrich Dickel, die Vorfälle bagatellisierend, dem Genossen Generalsekretär, daß es während der Feierlichkeiten «zu einzelnen Störungen der öffentlichen Ordnung und Sicherheit (kam). Dabei handelte es sich z. T. offensichtlich um organisierte und gesteuerte Aktionen.» In mittelalterlichem Polizeideutsch suchte Dickel, ähnlich seinem Amtsbruder Mielke, dem SED-Chef zu suggerieren, am Vortage seien lediglich ein paar Feinde der DDR und der Abschaum der Gesellschaft auf die Straße gegangen. Dickel: «Die Zusammenrottungen sind dadurch gekennzeichnet, daß politisch motivierte Personen, Antragsteller auf ständige Ausreise, Rowdys, Asoziale und Vorbestrafte sowie örtliche und überörtliche Personen beteiligt waren.» [155]

Nach Angaben des Polizeichefs waren allein in Ostberlin 600 Personen, republikweit 1551, überwiegend junge Menschen «zugeführt» worden. Honecker verfügte die Dickel-Information kommentarlos den Mitgliedern und Kandidaten des Politbüros zu und ging zur Tagesordnung über.

Risse in der Partei

Am 9. Oktober dann flatterte auf seinen Schreibtisch ein Brief, der von FDJ-Chef Eberhard Aurich, dessen Stellvertreter Wilfried Poßner sowie dem ZK-Abteilungsleiter Gerd Schulz unterschrieben war. Die allzeit linientreuen Genossen wandten sich «in großer Sorge» an den Landesvater, um ihn «über die politische Lage unter der Jugend zu informieren». Kategorisch erklärten die drei Topfunktionäre, die beim Vorbeimarsch des Fackelzuges zwei Tage zuvor noch neben ihm gestanden und unerschütterliche Siegesgewißheit ausgestrahlt hatten: «Wenn die Jugend der Partei auch künftig wie in den vergangenen 40 Jahren folgen soll, muß jetzt energisch gehandelt werden. Wir sind dazu bereit.» [156]

Dem Brief beigefügt war eine «Einschätzung der politischen Lage unter der Jugend – Schlußfolgerungen für die weitere Vorbereitung des XII. Parteitages der SED und des XIII. Parlaments der FDJ».

Was Honecker hier zu lesen bekam, war gewiß der stärkste Tobak, den man ihm aus der eigenen Umgebung jemals zu reichen gewagt hatte. «Die Mehrheit der Jugend und große Teile des FDJ-Aktivs», so die Einschätzung der drei, seien «mit der einseitigen Bewertung der Erfolge der DDR, der einseitigen ‹Schuldzuweisung› für die ‹Abwerbe- und Entführungsaktion› von DDR-Bürgern an den Imperialismus durch die Partei und die Massenmedien nicht einverstanden.» Sie wünschten statt dessen eine sachliche und kritische Erörterung der zu lösenden Probleme einschließlich «der in der DDR liegenden Gründe für die ‹Ausreisewelle›»[157]. Aurich und Genossen zeichneten ein Bild von der Jugend der DDR, die in Honecker eine Welt zum Einsturz bringen mußte. Keine Schicht des Volkes hatte der Parteichef fester hinter der Partei stehend geglaubt als die junge Generation. Und nun wollten seine Jugendführer wissen, daß bei jungen Leuten «mittlerweile auch die Zweifel an der Richtigkeit des Weges der DDR zu(nahmen)»[158]. Grollend las Honecker, daß Jugendliche nicht verstehen, «warum man für das, was man selbst leistet, sich bei Partei und Staat bedanken soll, zumal viele meinen, es könnte viel mehr geleistet werden. Der personengebundene Dank an den Generalsekretär der Partei für die Politik wird abgelehnt.»[159]

Besondere Wut aber muß in Honecker der Wink mit dem Zaunpfahl ausgelöst haben, mit dem Aurich, Poßner und Schulz auf das Alter der SED-Spitzen und damit auch auf seines anspielten: «Als eine entscheidende Ursache für den ungenügenden Dialog der Parteiführung mit der Bevölkerung sehen Jugendliche die Tatsache, daß Mitglieder der Parteiführung, aber auch leitende Genossen in den Bezirken, zu alt und nicht dynamisch genug sind.»[160]

Möglicherweise hätte der SED-Chef diese Einschätzung in seinem Panzerschrank vergraben, wenn Krenz, der auch für Jugendarbeit zuständig war, sie nicht in die Tagesordnung des Politbüros eingebracht hätte. Hier machte Honecker seinem Herzen ungeschminkt Luft. Das Papier der FDJ-Spitzen hatte in ihm keinen Seelenschock ausgelöst. Eher veranlaßten ihn Verärgerung und Verbitterung zu der Bemerkung, «dies sei das erste Mal in der Geschichte der DDR, daß die FDJ-Führung geschlossen die Politik der Partei und ihres Zentralkomitees angreife»[161].

Das Papier von Aurich, Poßner und Schulz war nicht die einzige Lektüre, die Honecker an jenem 9. Oktober, genau einen Monat vor Maueröffnung, auf die Nerven ging. In der FDJ-Zeitung «Junge Welt» stieß der Parteichef auf einen offenen Brief, der aus der Feder

122

von Schriftstellerverbandspräsident Hermann Kant stammte und der in das gleiche Horn stieß. Wortgewandt und polemisch beklagte der vielgefeierte, mit Orden überhäufte Epiker die Massenflucht seiner Landsleute.

Kant: «Wenn wir nicht möchten, daß uns die, denen wir uns weggenommen haben und die uns wiederhaben wollen, sukzessive wiederkriegen, müssen wir uns mit uns selbst verständigen, kritisch und selbstkritisch, offen, nicht wehleidig, hart und geduldig... Unter Verzicht auf Pomp und Gepränge und diese elende Selbstzufriedenheit. – Daß die DDR ein Staat von beträchtlichem Verdienst um den äußeren Frieden ist, hat sich längst herumgesprochen. Ich wollte, dem liefe die Nachricht von unserem vernünftigen Umgang mit uns selbst bald hinterher.» [162]

Kants Worte müssen Honecker im Ohr geklungen haben, als ihn Stunden später die Kunde erreichte, daß in Leipzig für die Abendstunden die größte Protestdemonstration seit dem 17. Juni 1953 angesagt war. Aber noch wollte er dieser Hiobsbotschaft keinen rechten Glauben schenken. Noch schloß er wie Stasichef Mielke auch die «chinesische Lösung» nicht aus, noch galt seine Septemberorder an die Bezirkschefs der Partei, «daß diese feindlichen Aktionen im Keime erstickt werden müssen, daß keine Massenbasis dafür zugelassen wird» [163]. Mit Honeckers Rückendeckung hatten Mielke und Dickel in Leipzig diverse Formationen Bewaffneter auffahren lassen, so daß ein Blutbad durchaus in der Luft lag. Die Furcht davor, die kirchliche Arbeitsgruppen in der Messestadt schon am Vorabend geäußert hatten, war mehr als begründet. In ihrem Appell hatte es geheißen: «Wir haben Angst – Angst um uns selbst, Angst um unsere Freunde, um den Menschen neben uns und Angst um den, der uns da in Uniform gegenübersteht... Wir bitten alle: Enthaltet Euch jeder Gewalt...» [164] Angst hatte auch die Spitzen der evangelischen Kirche erfaßt. Männer wie Landesbischof Dr. Forck, Manfred Stolpe und 16 weitere Kirchenverantwortliche baten die Ordnungs- und Sicherheitskräfte «dringend, der Ungeduld kritischer Bürger, die sich auf den Straßen zeigt, mit größtmöglicher Zurückhaltung zu begegnen, damit nicht wiedergutmachender Schaden vermieden wird». Gleichzeitig richtete sich ihr Appell an die Beunruhigten im Lande, «jetzt von allen nicht genehmigten Demonstrationen auf den Straßen abzusehen, damit die politisch Verantwortlichen nicht sagen können, sie ließen sich im Blick auf anstehende Veränderungen nicht unter Druck setzen»[165].

Solch frommer Wunsch verfing bei den Rebellierenden allerdings nicht mehr. Sie hatten den Glauben an Veränderungen von oben längst verloren. Waren auch die «Helden von Leipzig» nicht frei von Furcht, so waren viele von ihnen doch entschlossen, alles, äußerstenfalls auch das Leben zu opfern, um sich der ewigen Vormundschaft zu entledigen.

Daß es am 9. Oktober nicht zum Schlagabtausch zwischen Demonstranten und Ordnungshütern oder gar zum Blutbad kam, hatte viele Gründe. Die Größenordnung, in der die Leipziger, aber auch von anderswo Zugereiste, auf die abendliche Straße gingen, traf die SED-Spitze kalt. Bis zum 40. Jahrestag waren Honecker, Krenz und – mit Abstrichen – selbst Stasichef Mielke noch immer in dem Irrglauben befangen gewesen, daß die «innere Opposition» vom Mann auf der Straße isoliert sei. Als die Regimeverantwortlichen dann per Kabelfernsehen des Stasi-, aber auch des Innenministers den nicht endenwollenden Demonstrationszug sehen konnten, dämmerte es ihnen, daß es hier nichts mehr «im Keime zu ersticken» gab, weil die Opposition längst ins Kraut geschossen war.

Hinzu kamen die zwiespältige diffuse Situation in der eigenen Partei. Die Rigorosität, mit der Stasi und Polizei am 7. und 8. Oktober gegen harmlose Demonstranten und selbst gegen Unbeteiligte vorgegangen waren, hatte die Risse in der Parteibasis und selbst auf Bezirksleitungsebene spürbar vertieft. Selbst führende Parteifunktionäre waren nicht mehr bereit, den Makel der Roheit und Brutalität, den sich Honeckers Regime am 40. Jahrestag selbst eingebrannt hatte, noch mitzutragen.

So war es kein Zufall, daß sich am selben Tage dem Appell von Kurt Masur, dem Pfarrer Peter Zimmermann und dem Kabarettisten Bernd-Lutz Lange, der zu Besonnenheit und zum Dialog «nicht nur im Bezirk Leipzig, sondern auch mit unserer Regierung» aufforderte, drei Sekretäre der SED-Bezirksleitung anschlossen: Kurt Meier, Jochen Pommert und Roland Wötzel. Solch exponiertes Vorgehen war nicht ohne Risiko. Es hätte das Ende der Karriere oder Schlimmeres bedeuten können. Nach Öffnung der Mauer bekannte Jochen Pommert: «Es gab niemanden, der uns dazu beauftragt, bevollmächtigt oder gedeckt hätte... Was mich persönlich betrifft, so war ich mir durchaus im klaren darüber, daß ich unter den damals obwaltenden Umständen von meiner Partei hätte zur Verantwortung gezogen werden können. Nachfolgende Diskussionen im damaligen Sekretariat der Bezirksleitung bestätigen das.»[166]

Den besonnenen Kräften in der SED kam entgegen, daß sich Sicherheitssekretär Egon Krenz von Anbeginn an gegen die chinesische Variante engagierte. Um 19.15 Uhr, kurz vor Beginn der Massendemonstration, hatte er die Leipziger Genossen angerufen und deren Haltung unterstützt. Honeckers potentieller Nachfolger, ohnehin sensibler und menschlich integerer als der Generalsekretär und sein Stasichef, hatte aus den Vorfällen um den 7. Oktober schon Lehren gezogen. Er war sich inzwischen klar darüber, daß eine weitere gewaltsame Konfrontation mit den Aufbegehrenden das schnelle Ende der Partei bedeuten und damit auch seine Nachfolge als SED-Chef für immer in Frage stellen könnte.

Wie verunsichert und gespalten die Haltung der SED-Spitzen gegenüber den Demonstranten und den von ihnen lautstark eingeklagten Reformen war, bewies die Politbürositzung, die an den beiden folgenden Tagen stattfand. Gegen den Widerstand Honeckers hatte Krenz eine Erklärung vorbereitet, in der das Politbüro endlich zur Ausreisewelle und der hochexplosiven Situation im Lande Stellung nehmen wollte. Das Pamphlet, das trotz Halbherzigkeit im Rat der Gralshüter heiß umstritten war, löste in der Öffentlichkeit dann weit mehr Enttäuschung, selbst Frust aus als Hoffnung. Honecker hatte, nachdem die Erklärung nicht zu verhindern war, durchgesetzt, daß Mittag und Herrmann, bei denen er noch immer blinde Gefolgschaft vermutete, in die Schlußredaktion des Papiers einbezogen wurden. Zwar atmete der Text, der dabei herauskam, einen ersten Hauch von Eigenkritik, doch die drohende, selbstherrliche Gebärde der Macht prägte noch immer den Habitus dieses obskuren, hoffnungslos realitätsblinden Politbüros: «Wir werden auch künftig nicht zulassen, daß die Macht der Arbeiter und Bauern, daß die Werte, Ideale und Errungenschaften des Sozialismus angetastet werden... Das erwarten unsere Freunde im Warschauer Vertrag und in der Welt von uns... Die sozialistische Arbeiter-und-Bauernmacht ist von niemandem erpreßbar... Wer verantwortungslos Ruhe und Ordnung stört, der muß sich fragen lassen, wessen Geschäft er betreibt und für wen er bereit ist, die Sicherheit von Bürgern, ihrer Familien und nicht zuletzt ihrer Kinder aufs Spiel zu setzen... wir sagen auch offen, daß wir gegen Vorschläge und Demonstrationen sind, hinter denen die Absicht steckt, Menschen irrezuführen und das verfassungsmäßige Fundament unseres Staates zu verändern.»[167]

Das verfassungsmäßige Fundament der DDR, an dem nach wie vor nicht gerüttelt werden durfte, bestand vor allem im Führungsanspruch der SED, genauer ihrer Parteibürokratie, die ganz allein darüber befand, worin Demokratie, Freiheit, Menschenrechte und soziale Sicherheit zu bestehen hatten. Wie wenig Honecker und sein Politbüro das Pulverfaß unter sich spürten, belegt die Tagesordnung jener Politbürositzung vom 10. und 11. Oktober. Beschlüsse über den Dialog zwischen SED-Führung und Aufbegehrenden blieben ebenso aus wie die Entscheidung zu längst überfälligen Reformen, abgesehen von dem Auftrag, das Konzept für «die Schaffung eines neuen Reisepasses für alle Bürger der DDR auszuarbeiten». Man glaubte Zeit gewinnen zu müssen und merkte nicht, wie die Zeit unwiederbringlich davonlief. Nach Honeckers Willen sollte die nächste Tagung des Zentralkomitees erst gut einen Monat später, vom 15. bis 17. November, stattfinden. Aber selbst dafür war in erster Linie weltfremde Zukunftsträumerei angesagt:

«1. Die Aufgaben der Partei in Vorbereitung des XII. Parteitages der SED – Referent: Genosse Erich Honecker

2. Bericht des Politbüros

3. Thesen für die Gesellschaftsstrategie der SED für die 90er Jahre.»

Zwischendurch wollte Honecker der Kirche offenbar noch einmal die Leviten lesen. Einer internen Zusammenkunft «mit Bischof Dr. Leich in Hubertusstock wird zugestimmt»[168], hieß es im

Protokoll der Politbürositzung. Anstoß hierzu dürfte eine Stasiinformation vom 9. Oktober gegeben haben, in der Mielke das Politbüro besonders über die «Propagierung und Profilierung des ‹Neuen Forums›» unterrichtet hatte. «Unterstützend und begünstigend wirken dabei», so klagte der Stasichef, «die auf das Interesse bestimmter Teile der Bevölkerung stoßenden Ziele und Inhalte des ‹Neuen Forums›; die breite, demonstrative Bekundung insbesondere reaktionärer Amtsträger der evangelischen Kirchen für diese oppositionelle Bewegung.»[169]

Die Ereignisse waren schneller als die Planung des Politbüros. Honecker hätte es spätestens am Tage nach dieser Politbürositzung bewußt werden müssen, als er die Chefs der SED-Bezirksleitungen zu sich zitiert hatte. Hier erlebte er ein Feuerwerk der Kritik am Politbüro, wie er es während seiner Karriere als Parteichef nie erfahren hatte. Die Genossen Modrow, Chemnitzer, Jahn u. a. rügten unverblümt den mangelnden Realismussinn der Parteioberen. Am weitesten wagte sich Potsdams Parteichef Günther Jahn vor, als er, direkt an Honecker gewandt, sagte: «Es gibt in der Geschichte unserer Partei ehrenvolle Beispiele, wie ein Generalsekretär die Arbeit in die Hände eines jüngeren legen kann.»[170]

Selbst solchen Attacken gegenüber bewahrte sich der Parteichef seine Rigidität. Noch immer war er fest davon überzeugt, daß nur er und das Politbüro dazu befähigt seien, einen Ausweg aus der zugespitzten Situation zu finden. In Wirklichkeit trabte er den Ereignissen permanent hinterher. Was ihn jetzt vorrangig in Anspruch nahm, waren keineswegs wirkliche gesellschaftliche Korrekturen, sondern die Taktik, mit der er die «Konterrevolutionäre» im Lande in Schach zu halten gedachte.

Im Anschluß an die Beratung mit den SED-Bezirkschefs hatte Krenz ihn zu der Variante überreden können, nur im Notstandsfall gegen Aufbegehrende vorzugehen. Am folgenden Tage besprach der Kronprinz das Defensivkonzept mit Polizeichef Dickel, der sich Krenzens Konzept bereitwillig anschloß. Noch in derselben Stunde schrieb Krenz dem Genossen Generalsekretär:

«Ich habe soeben mit Genossen Fritz Dickel alle Fragen, die Du gestern im Zusammenhang mit der Vorbereitung des taktischen

Vorgehens bei Ausschreitungen mit mir besprochen hast, ausgewertet. Es gibt volle Übereinstimmung.

Im Ergebnis des Gesprächs mit Genossen Dickel schlage ich Dir vor, das in der Anlage beigefügte Fernschreiben an die Vorsitzenden der Bezirkseinsatzleitungen zu schicken, damit das Zusammenwirken aller Kräfte, bei dem es doch in einigen Bezirken gewisse Schwierigkeiten gab, gewährleistet ist.»[171]

Es war ein Zugeständnis an die nach wie vor autoritäre Haltung des Parteichefs, daß Krenz in dem Entwurf des Honecker-Schreibens an die Chefs der Einsatzleitungen den Satz eingefügt hatte: «Es ist dabei alles zu tun, die Autorität und das Ansehen der Angehörigen der Schutz- und Sicherheitsorgane zu wahren und zu stärken.» Unter die Schutz- und Sicherheitsorgane zählten im weiteren Sinne auch Staatsanwaltschaft und Gerichte, von denen Honecker noch nie große Stücke gehalten hatte. Sie interessierten ihn jetzt um so weniger, als er trotz allen Lavierens mehr denn je davon überzeugt war, daß die Erhaltung seiner Macht von Staatssicherheit, Polizei und sogenannten Kampfgruppen der Arbeiterklasse abhing. Deshalb strich er in Krenzens Entwurf den Begriff «Schutz- und Sicherheitsorgane» durch und ersetzte ihn durch «bewaffnete Kräfte».[172]

Honeckers Fernschreiben bestand aus zwei Sätzen, konnte alles und nichts bedeuten, schloß erneute Zusammenstöße zwischen Ordnungshütern und Demonstranten keineswegs aus. In der Messestadt aber war die nächste Montagsdemo so sicher wie das Amen in der Kirche und die Gefahr des Blutvergießens noch nicht gebannt. Deshalb entschloß sich Krenz, am Freitag, dem 13. Oktober, Honeckers Beratung mit den Vorsitzenden der Blockparteien sausen zu lassen und gemeinsam mit Stasivizechef Mittig, dem Stabschef der Polizei, Karl-Heinz Wagner, dem Sekretär des Verteidigungsrates Streletz sowie ZK-Abteilungsleiter Herger nach Leipzig zu fliegen. Vor Ort sondierte Krenz die Situation und setzte sich dafür ein, politische Konflikte nur politisch zu lösen, polizeiliche Mittel nur dann einzusetzen, wenn Personen oder Sachen angegriffen würden, und unter keinen Umständen von Schußwaffen Gebrauch zu machen. Dem Chef der SED-Bezirksleitung, Hackenberg, erklärte er nach eigener Darstellung: «Was es auch immer an anderen Befehlen geben mag, welchen militärischen Rang oder Dienstgrad jemand auch haben möge, der dir einen anderen Befehl geben will, es gilt, was wir besprochen haben: Gewaltfreiheit!»[173]

Die apodiktische Order hatte Krenz vor allem mit Blick auf Honeckers Unberechenbarkeit erteilt, die in den Tagen der Krise krasser denn je zutage trat. Krenzens Resolutheit, den Bürgerkrieg auszuschließen, war das einzig Vernünftige und doch nicht ohne Risiko für seine Person. Denn faktisch untergrub er damit Honeckers Kompetenz als Vorsitzender des Nationalen Verteidigungsrates. Dem Parteichef gegenüber spielte er noch immer den respektvollen Untergebenen. Vor seinem Abflug hatte er Honecker höflich geschrieben:

«Ich bitte Dich zuzustimmen, daß ich an der Beratung mit dem Demokratischen Block nicht teilnehme. Genosse Hackenberg hat mich noch einmal um Konsultation über das Vorgehen in Leipzig gebeten. Ich würde diese durchführen und danach Dir die notwendigen Entscheidungen vorlegen.»[174]

Noch am Freitagnachmittag flog Krenz wieder nach Berlin zurück und bereitete zusammen mit Fritz Streletz einen Geheimbefehl für den Chef des Nationalen Verteidigungsrates vor, der mit «Maßnahmen zur Gewährleistung der Sicherheit und Ordnung in Leipzig» überschrieben war. Das Papier war ein Kompromiß, das einerseits Honeckers Illusion Rechnung tragen mußte, man könne die Straße wieder freibekommen, ohne gravierende Zugeständnisse machen zu müssen, andererseits und gleichzeitig aber auch militärischer Gewaltanwendung abschwören sollte. Krenz und Streletz hatten in den Befehl Nr. 9/89 hineinformuliert:

«Es sind alle Maßnahmen vorzusehen, um geplante Demonstrationen im Entstehen zu verhindern. Der aktive Einsatz polizeilicher Kräfte und Mittel erfolgt nur bei Gewaltanwendung der Demonstranten gegenüber den eingesetzten Sicherheitskräften bzw. bei Gewaltanwendung gegenüber Objekten auf Befehl des Vorsitzenden der Bezirkseinsatzleitung LEIPZIG. Der Einsatz der Schußwaffe im Zusammenhang mit möglichen Demonstrationen ist grundsätzlich verboten.»[175]

Am späten Nachmittag wurden Krenz und der Generaloberst bei Honecker vorgelassen. Der Parteichef hörte sich die Berichte der beiden aufmerksam und nicht ohne Sorge an. Er verlangte Karten vom Stadtzentrum Leipzig, um sich sachkundig zu machen, und plädierte dafür, Absperrungen so vorzunehmen, daß sich die Besucher des Gottesdienstes von vier zentral gelegenen Kirchen nicht vereinigen könnten. Krenz im Rückblick: «In diesem Moment begriff Erich Honecker noch nicht, oder wollte es nicht begreifen, wie ernst die Lage war. Dennoch unterschrieb er den Befehl...»[176]

Damit schien die chinesische Antwort auf die Herausforderung der Bürgerbewegung erst einmal vom Tisch zu sein. Dennoch hatte der Kronprinz allen Grund, skeptisch zu bleiben und die Dinge nicht sich selbst zu überlassen. Daß die Demonstration vom letzten Montag friedlich über die Bühne gegangen war, garantierte noch nicht, daß es am 16. Oktober nicht anders sein konnte. Zu solcher Befürchtung hatte Krenz nach einem Vieraugengespräch mit Honecker am Wochenende um so mehr Grund. Der SED-Chef hatte ihm nämlich seine Absicht bedeutet, am Montag ein Panzerregiment durch Leipzig brausen zu lassen.[177] Das hätte die Atmosphäre zusätzlich angeheizt und verheerende psychologische Auswirkungen zeitigen können. Um Honecker von dem Vorhaben abzubringen, ergriff Krenz noch einmal die Initiative. In einem handschriftlichen Brief schlug er dem Parteichef noch am Samstag vor: «Ich halte es für außerordentlich wichtig, daß über die *konkreten* polizeilichen Schritte zur Verwirklichung Deiner Befehle entsprechend der *konkreten Situation* in Leipzig so entschieden wird, daß *unsererseits keine Konfrontation provoziert* wird, die dann nicht beherrschbar ist. Das hätte verhängnisvolle Folgen für die Republik, da der Ausgang in Leipzig als Signal für andere wirkt. Sollten Entwicklungen eintreten, die jetzt nicht vorauszusehen sind, dann würden wir Dir unmittelbar Vorschläge unterbreiten. Falls es Deine Zustimmung findet, würde ich die Genossen Mielke und Dickel für Montag ab *16.00 Uhr in mein Arbeitszimmer bitten*, damit wir von hier aus oder vom Gebäude des MdI (Ministerium des Innern – d. Verf.) aus koordiniert führen können.»[178]

Honecker hatte schließlich zugestimmt. Als er am Montag morgen gegen 9.00 Uhr in seinem Büro eintraf, lag schon wieder ein chiffriertes Fernschreiben der SED-Bezirksleitung auf seinem Tisch. Was ihm der Genosse Hackenberg, der zugleich «Vorsitzender der Bezirkseinsatzleitung im Amt» war, mitzuteilen hatte, nagte nun auch am Rest jener Souveränität, aber auch Ignoranz, die Honecker am Freitag in Anwesenheit der Chefs der befreundeten Parteien noch demonstriert hatte. Hackenberg hatte ihm durchgekabelt, daß selbst die Wirkung der Politbüroerklärung vom 11. Oktober zur Situation im Lande im wesentlichen verpufft sei. «In fast allen Diskussionsbeiträgen wurde betont», so schilderte der Leipziger SED-Chef die dortige Stimmung, «daß auch am heutigen Montag in Leipzig demonstriert wird, weil nur auf der Straße der Dialog mit Ergebnissen erzwungen werden kann.» Wiederholt sei die Frage gestellt worden, so Hackenberg, «ob die nächste ZK-Tagung personelle Veränderungen vorsieht». Der Blitzreport aus der Messestadt ließ keinen Zweifel offen, daß die Menschen zum äußersten entschlossen waren. Hackenberg: «Es wurden Befürchtungen geäußert, daß diese Demonstration (am 16. Oktober – d. Verf.) gewaltsam enden könnte.»

Das Ende

Am meisten aber war Honecker darüber erschüttert, daß der Virus der Aufmüpfigkeit sich inzwischen auch in der Produktion, im Wirkungsfeld der «fortschrittlichsten Klasse», der Arbeiterschaft, eingenistet hatte. «Nach wie vor ist die Stimmung angespannt», so die morgendliche Information, «und von überwiegend negativen Diskussionen in den Arbeitskollektiven gekennzeichnet.» Während eines Forums in der unterirdischen Moritzbastei mit dem Sekretär der Bezirksleitung Roland Wötzel und dem Rektor der Universität, so erfuhr Honecker zudem, gab es «auch einzelne Genossen, die das ‹Neue Forum› unterstützten und die Parteiführung kritisierten, es traten eine Reihe ehemaliger

Parteimitglieder auf, aber ebenso eine erhebliche Zahl von Arbeitern»[179].

Eine ähnliche Botschaft flatterte dem SED-Chef im Laufe des Tages aus dem MfS auf den Tisch. Mielkes ZAIG hatte die gesellschaftliche Reaktion auf den Politbürobeschluß vom 11. Oktober gründlich recherchieren lassen und war zu weiteren deprimierenden Resultaten gelangt. In ihrem Bericht hieß es: «Die ‹Reformfähigkeit› der Parteiführung und ihr Wille dazu werden vielfach angezweifelt oder direkt in Abrede gestellt... Wenn sich nicht kurzfristig etwas ändere, so wird geäußert, müsse mit entsprechenden Reaktionen auch seitens der Arbeiter gerechnet werden.» Selbst klassenbewußte Arbeiter hätten angesichts der unerträglichen Wirtschaftslage in den Betrieben geäußert, es könne «zu spontanen Streikaktionen kommen»[180].

An jenem Montag im Oktober begann auch Honeckers wichtigster Fetisch, die Arbeiterklasse, seinem verklärten Blick zu entrücken. Zwar klammerte er sich noch immer an die Hoffnung, daß sich nur Teile gegen den «eigenen Staat» stellten, doch war er sich dessen auch nicht mehr sicher. War am Wochenende noch Optimismus in ihm aufgeflackert, so war auch für ihn die Situation jetzt nicht mehr berechenbar. Das mag der Grund gewesen sein, weshalb er am Nachmittag, kurz vor 15.00 Uhr, plötzlich im Innenministerium in der Mauerstraße aufkreuzte. Im vornehm getäfelten, aber unpersönlichen Arbeitsraum von Polizeichef Dickel hatten sich bereits Krenz, Mielke und Streletz eingefunden, um von hier aus die Bewaffneten in Leipzig «koordiniert zu führen».

Diesmal sollten in Leipzig 120 000 Menschen auf die Straße gehen, nach dem Bericht des SED-Bezirkssekretärs aber waren es dann nur siebzig- bis achtzigtausend.

Als Honecker in der Mauerstraße eintraf, so erinnert sich Krenz, wirkte er abgespannt und nervös. Honeckers Nervosität steigerte sich, da er nun an Dickels verkabelten Monitoren das Geschehen in Leipzig optisch verfolgen konnte, wie sich Demonstranten am Gebäude der Stasibezirksverwaltung stauten und Sprechchöre einsetzten. «Mehrfach hatten», so beschrieb Krenz die Situation, «Friedrich Dickel und Fritz Streletz beruhigend auf Erich Honecker eingewirkt.»[181] Doch als sich im abendlichen Leipzig die Straßen wieder zu leeren begannen, ohne daß es, bis auf eine Bombendrohung gegen die Nikolaikirche am Vormittag, zu Zwischenfällen gekommen war, dankte er dem Genossen Hackenberg dann doch für den friedlichen Verlauf des Geschehens.

Am Dienstag morgen traf Honecker, der Parteichef, pünktlich in seinem Büro ein. Für 10.00 Uhr war routinemäßig die Sitzung des Politbüros angesagt. Deshalb überflog er die jüngsten Berichte über das zunehmende Aufbegehren im Lande nur. Noch vor fünf Uhr früh hatte der Leipziger SED-Chef ein Fernschreiben an Honecker aufgegeben, in dem er bedauerte, daß «trotz vielfältiger Aktivitäten die Demonstration am 16. 10. 89 nicht verhindert werden (konnte)». Hackenberg: «Keine Fortschritte konnten in der Propagierung der Staatsfeindlichkeit des ‹Neuen Forum› erzielt werden... Forderungen nach Zulassung des ‹Neuen Forum› nehmen zu.»[182]

Auch der Bericht von Armeegeneral Friedrich Dickel, den Honecker bei Dienstantritt vorfand, verhieß nichts Gutes. Der Polizeichef berichtete von Vorkommnissen auch in Dresden, Magdeburg, Halle, Karl-Marx-Stadt sowie in der Hauptstadt, wo es «erneut zu ungenehmigten Demonstrationen und Ansammlungen oppositioneller Kräfte (kam), die ihre Ziele und Interessen äußerst öffentlichkeitswirksam propagierten»[183].

Schon auf dem Wege zum Sitzungszimmer des Politbüros, in dem Marx und Engels als stumme Zeugen an der Wand prangten, war die Stimmung des von Haus aus optimistischen Parteichefs gedrückt wie nie. Gleichwohl war er entschlossen, den Schulterschluß mit den anderen im Politbüro fester zu üben. Mielkes Bericht vom Vortage hatte ihn schon bewegt, wonach «in zunehmendem Maße... Kritik geübt (wird) an den Genossen MITTAG und HERRMANN. Sie werden», so hatte er in der Stasiinformation gelesen, «im wesentlichen persönlich verantwortlich gemacht für die Situation in der Volkswirtschaft und den Vertrauensverlust in der Bevölkerung durch die Gestaltung der Medien- und Informationspolitik.»[184]

Daß sich die Öffentlichkeit ausgerechnet auf jene beiden ein-

133

schoß, die seine engsten Vertrauten und willigsten Gefolgsleute waren, konnte Honecker nicht gleichgültig sein. Er mußte damit rechnen, daß sich gegen Herrmann, mehr noch aber gegen den von den meisten angefeindeten Günter Mittag, auch im Politbüro wieder Stimmen regen würden. Schon in der Politbürositzung am 10. und 11. Oktober waren namentlich Alfred Neumann und Planungschef Gerhard Schürer über den Wirtschaftssekretär hergefallen. Dessen ungeachtet vertraute Honecker noch immer auf das Gewicht seines Wortes als Generalsekretär und den Respekt, der ihm von allen Politbüromitgliedern auch in den Wirren der letzten Wochen entgegengebracht worden war. Zudem baute er auf die Routine, mit der er die Sitzungen des Politbüros zu leiten sowie hier und da aufkommende Wellen zu glätten wußte.

Auch an jenem 17. Oktober eröffnete Honecker die Sitzung wie üblich mit einem kurzen Monolog. Wie immer schlug er die Tagesordnung vor, die die brodelnde Situation im Lande schlicht ignorierte, wie immer fragte er in die Runde, ob es noch Vorschläge zur Tagesordnung gäbe. Just an dieser Stelle brach das langjährig geprobte Szenario ab. Willi Stoph meldete sich zu Wort und schlug zu Honeckers Verblüffung vor: Erster Punkt – Ablösung von Erich Honecker als Generalsekretär. Der erste Mann der SED, so übermittelte Schabowski es, habe darauf mit steinernem Gesicht reagiert. «Er ließ die Debatte zu, versuchte aber die Sitzung so zu leiten, daß er die vermeintlichen Gegner von Stophs Attacke auf ihn zuerst drannahm, obwohl sich alle zu Wort meldeten.»[185] Diesmal aber nutzten ihm weder Routine noch taktische Schläue. Es blieb ihm keine andere Wahl, als Stophs Vorschlag zuzustimmen. Er konnte froh sein, daß sich jetzt das Trommelfeuer der Kritik auf Mittag und Herrmann richtete. Der scheidende Generalsekretär sollte schonend verabschiedet werden. Gerhard Schürer sprach keineswegs nur im eigenen Namen, als er sagte: «Ich bin sehr froh, wenn diese Lösung mit dem Einverständnis des Genossen Erich Honecker selbst möglich wird, denn dann kann die Abberufung in voller Ehre und Würde erfolgen...»[186]

Dabei hatte der Mann seine Ehre längst im hemmungslosen Mißbrauch der Macht verloren. Seine Würde verlor er schließlich durch die Flucht nach Moskau. Mit Honecker ist ein zweites Mal in diesem Jahrhundert ein deutsches Staatsoberhaupt vor seinen Richtern geflohen. Die Flucht Wilhelms II. wie die Honeckers dürften zu den peinlichsten Szenen deutscher Staatsgeschichte zählen.

2
Günter Mittag —
der Stratege
des Untergangs

Der Bankrott

Neben Stasichef Erich Mielke schneidet der Mann, der als Wirtschaftssekretär der SED das materielle Wohl der DDR zu verantworten hatte, im Bild der öffentlichen Meinung am schlechtesten ab. Der ökonomische Scherbenhaufen, den das Honecker-Regime der Nachwelt hinterließ, wird hauptsächlich Günter Mittag angelastet. Selbst in Augen seiner einstigen Gefährten gilt er als «Totengräber der DDR», der «den SED-Staat ruinierte»[1] und der «neben dem Partei- und Staatschef der Hauptschuldige am Niedergang und Untergang der DDR (wurde)»[2].

Solche Verabsolutierungen einer einzigen politischen Figur trübt den Blick auf die Vielschichtigkeit des Scheiterns des Realsozialismus. Die Versuchung, das Debakel der DDR zu personifizieren, ist freilich groß, zumal das politische Monopol der SED das wirtschaftliche Führungsmonopol einschloß. Keinem Manager der westlichen Welt ist je eine solche Verantwortung und Macht zugefallen wie dem Wirtschaftsführer einer realsozialistischen Partei. Der kapitalistische Manager trägt Verantwortung, oft nur Mitverantwortung, für einen Konzern, eine Bank oder Bankengruppe, für ein Imperium neben anderen. Dem Wirtschaftschef einer Regierungspartei im untergegangenen Ostblock war die Volkswirtschaft in Gänze anheimgegeben. Die Betriebe und Kombinate der DDR waren keine wirklich selbständigen Wirtschaftssubjekte, sondern Gliederungen des zentralistisch gesteuerten Mammutkonzerns Staatswirtschaft. «Mit unserer Wirtschaftsführung», so Ullrich Hedtke rückblickend, «haben wir das Volkseigentum an den objektiven Bedingungen der Produktion weitgehend in einem in sich geschlossenen, marktfreien Betrieb realisiert, der politisch geführt wurde.»[3] Ein Wirtschaftssystem aber, das auf anonymem Staatseigentum beruhte, dem Markt weder nach innen noch außen Raum ließ, Kreativität und Innovation nur im engen Korsett eines starren Planes tolerierte und keine echten Anreize zur Arbeit schuf, besaß keine Chance zu wirklicher Entwicklung. Heute weiß das auch Günter Mittag, und er will es schon geraume Zeit vor dem Bankrott gewußt haben, was seine moralische Schuld allerdings eher vergrößert.

Daß Mittag selbst innerhalb der Möglichkeiten des Systems zahlreiche Fehlleistungen und -entscheidungen produzierte, oft aus purer Karrieregier, ist belegbar. Aber er war nicht nur Versager, Traumtänzer, Verschwender und Bankrotteur. Er war auch Durchreißer, Organisator, Ideenspender und einer der wenigen Politbürokraten, die auf internationalem Parkett zu bestehen wußten. Er war bei japanischen Politikern und Geschäftsleuten ebenso geschätzt wie bei französischen oder österreichischen. Er war anerkannt bei Graf Lambsdorff und Wirtschaftsminister Bangemann, Kanzler Helmut Schmidt konnte ihn sich gar als Minister in seinem Kabinett vorstellen.

Der Überläufer

Im Urteil seiner ostdeutschen Zeitgenossen ist der Tenor überwiegend negativ, gleichwohl zutiefst widersprüchlich. Für Planungschef Schürer war Mittag ein Alptraum und für ZK-Wissenschaftschef Hörnig gar der Mephisto des Zentralkomitees. In Markus Wolfs Augen galt er als Wunschdenker, aus Schabowskis Blickwinkel hingegen war er «kein Mann, der in Illusionen lebte»[4]. Krenz bescheinigte ihm «ein beachtliches politisches Talent»[5], für den einstigen Chef der LDPD, Gerlach, war Mittag nur «ein begabter Blender», der «in seinem Ehrgeiz über Leichen (geht)»[6]. Im Gegensatz hierzu hat Manfred von Ardenne Mittag «menschlich geachtet, aber in seinem Wirken als Katastrophe angesehen»[7].

Wer ist dieser Mann, der das Wirtschaftsschiff der DDR durch manche Strudel und seichte Gewässer gesteuert und schließlich leckgeschlagen hat?

Vom Eisenbahner zum Parteibürokraten

1926 in Scheune bei Stettin geboren, war Mittags Kindheit und Jugend nicht gerade auf Rosen gebettet. Die Eltern waren Landarbeiter auf einem Gut. Mittags Vater, im 1. Weltkrieg beinverletzt, wurde in den zwanziger Jahren bei der Reichsbahn eingestellt und brachte es hier bis zum Weichensteller. Nicht selten kletterte Sohn Günter während seiner Freizeit ins Stellwerk hoch, wo er andächtig neben dem Vater saß und fasziniert beobachtete, wie der Personen- und Güterzüge von einem Gleis auf das andere dirigierte.

Nach der Volksschule besuchte Günter Mittag die Knaben-Mittelschule, die seine Eltern nur mit Mühe finanzieren konnten. Auch er war, wie damals fast alle deutschen Jungen dieses Alters, in Hitlers Jungvolk. «Aufgrund meiner Schulbildung», so Mittag in seinem Lebenslauf vom Mai 1946, «wurde ich zum Jungenschaftsführer befördert.» Im März 1943 will er aus Hitlers junger Garde «ausgewiesen» worden sein, «weil einige Kameraden und ich die Hans-Schemme-Büste mit Schneebällen beworfen hatten»[8].

Der Sechzehnjährige wurde Verkehrslehrling bei der Reichsbahn und alsbald in die Laufbahn als Inspektor übernommen. Der Krieg machte dem jungen Mann zunächst einen Strich durch die Pläne, weil Stettin, die Stadt, in der er lernte, evakuiert wurde. Der Traum vom Reichsbahninspektor wurde erst drei Jahre nach dem Abtritt der Nazis wahr, in der sowjetischen Besatzungszone, wohin seine Eltern umgesiedelt waren.

Schon der junge Mittag zeigte neben beruflichen auch politische Ambitionen. Kaum daß sich KPD und SPD «vereinigt» hatten, zog es den Neunzehnjährigen in die Reihen der SED. Während er tagsüber auf dem Pasewalker Güterbahnhof Dienst tat, versäumte er an den Abenden keine Veranstaltung, zu der Partei oder auch Eisenbahnergewerkschaft riefen. Günter Mittag hatte sich vom antifaschistisch-demokratischen Pathos seiner Partei mitreißen lassen und fiel bald durch engagierte, agitatorisch wirksame Auftritte auf. Nach wenigen Monaten schon agierte er im Ortsvorstand der Partei wie in dem der Gewerkschaft, die ihn zum Amtsjugendleiter für Pasewalk einsetzte.

Eineinhalb Jahre später wurde er in die Reichsbahndirektion Greifswald gelobt, im Personalbüro eingesetzt und schließlich «mit der Wahrnehmung der Geschäfte des Bezirksjugendleiters beauftragt»[9]. Zwei Jahre nach Eintritt in die Partei auf den Tag genau wurde der frischgebackene Reichsbahninspektor Günter Mittag hauptamtlicher Jugendsekretär bei der Industriegewerkschaft Eisenbahn. Im Sommer 1949 mußte er noch einmal auf die Schulbank, die der SED-Kreisparteischule, die ihm alsbald als Sprungbrett für die bezirkliche Führungsebene der von der Partei gesteuerten Gewerkschaft dienen sollte. Schon damals bescheinigte ihm der

Kreisvorstand der Partei, daß er «wendig und entwicklungsfähig und sehr fleissig» sei. «Gen. M. ... ist jetzt einer der aktivsten und konsequentesten Genossen der Betriebsgruppe der RBD... und setzt sich für die Partei- und Jugendarbeit voll ein.»[10] Im Oktober 1949, acht Tage nach Gründung der DDR, erklärte Günter Mittag schriftlich: «Ich selbst bin gewillt, die Laufbahn eines hauptamtlichen Parteifunktionärs einzuschlagen...»

Zehn Wochen nach dieser Entscheidung rückte Mittag in den SED-Kreisvorstand Greifswald auf und wurde 1. Vorsitzender des Bezirksvorstandes Greifswald und Schwerin seiner Gewerkschaft. Wie überall empfahl sich der aktive und ehrgeizige Eisenbahner auch hier bald für Höheres. Schon in dieser Phase aber trat auch sein Egozentrismus zutage. In einer Beurteilung über den Nomenklaturkader Günter Mittag, die der Zentralvorstand der Gewerkschaft im Sommer 1950 dem Zentralsekretariat der SED in Berlin zuleitete, hieß es: «Kollege Günter Mittag ist ein klassenbewußter, gradliniger Funktionär... Was sich noch verbessern muß, ist die Entwicklung einer kollektiven Arbeit im Vorstand. Er neigt etwas zur Ein-Mann- und Zwei-Mann-Politik. Er tritt mitunter etwas impulsiv auf, was bei Unkenntnis der Arbeit und der Person den Eindruck erwecken muß, daß er diktatorisch ist.»[11]

Der Mann, der das schrieb, darf als Prophet gelten. Auch die Lehrer der Landesparteischule, die Mittag 1951 besuchte, erkannten die Persönlichkeitsbrüche ihres ehrgeizigen Schülers: «Die Anwendung von Kritik und Selbstkritik auf seine eigene Entwicklung ist nicht immer ausreichend.» Ein Vierteljahr später: «Gen. Mittag... überragt den Durchschnitt des Seminars... hatte er einen guten erzieherischen Einfluß auf das Kollektiv. Dabei zeigten sich jedoch leichte Neigungen zur Überheblichkeit, die von ihm nicht völlig überwunden wurden.»

Mittags Stärke, so bescheinigten ihm die Genossen Lehrer in einer sogenannten «Charakteristik» vom 26. November 1951, liege «auf organisatorischem und agitatorischem Gebiet». Damals war die SED mit jungen Talenten solcher Art nicht eben gesegnet. Daher sah man wohl über die Schwächen des jungen, hoffnungsvollen Genossen hinweg und holte ihn umgehend in den Gehirntrust der Partei, den

Apparat des Zentralkomitees. Hier wurde er jedoch, entgegen der Empfehlung der Parteischullehrer, nicht im Bereich der Agitation, sondern in der Abteilung Eisenbahn und Verkehr eingesetzt. Günter Mittags Parteikarriere begann am 2. Januar 1952 als Instrukteur des Zentralkomitees mit einem Monatsgehalt von 700 Mark. Er brauchte lediglich ein gutes Jahr, um zum Sektorenleiter aufzusteigen, danach ein weiteres, um Chef seiner Abteilung zu werden. Am 10. Oktober 1953 ging die Vorlage für die «Bestätigung des Genossen Günter Mittag als Abteilungsleiter der Abt. Eisenbahn, Vekehr und Verbindungswesen» ins Politbüro. In der Begründung stand: «Bei der Durchführung seiner Aufgaben kennzeichnen ihn eine große Aktivität, eine schöpferische Arbeit, eine konsequente Parteilichkeit und eine hohe politisch-moralische Haltung.» [12]

Noch im Dezember trat der Siebenundzwanzigjährige das neue Amt an und gehörte damit schon zu den mächtigsten Bürokraten des Parteiapparates. Der Mann, der die Weiche für diesen Aufstieg des Günter Mittag gestellt hatte, hieß Gerhart Ziller. Der talentierte, eigenwillige Maschinenbauingenieur aus Dresden war erst nach dem 17. Juni, im Zeichen des «Neuen Kurses», zum Mitglied und Sekretär des SED-Zentralkomitees gewählt worden, wo er für Wirtschaftsfragen verantwortlich zeichnete. Vier Jahre nach seiner Berufung zum ZK-Abteilungsleiter durfte Mittag noch einmal von diesem Mann profitieren. Am 14. Dezember 1957 jagte sich Ziller in seiner Pankower Wohnung eine Kugel durch den Kopf, weil Ulbricht, Honecker und andere Dogmatiker ihn im Politbüro als Mittäter der angeblich parteifeindlichen Fraktion Schirdewan-Wollweber angeklagt hatten.[13] Neben ihm mußte sich damals auch der wirtschaftstheoretische Kopf der Partei, Professor Fred Oelßner, «wegen wiederholter Verletzung der Disziplin des Politbüros» aus der Parteispitze verabschieden. Damit war der Weg frei für junge Emporkömmlinge wie Erich Apel und Günter Mittag.

Frühzeitig schon war es Mittag gelungen, sich die Sympathie von Parteichef Ulbricht zu erwerben. «Seine gesamte Arbeit», so Hubert Egemann, Mittags Nachfolger als Abteilungsleiter, «war darauf angelegt, bei Ulbricht und später bei Honecker immer in gutem Licht zu erscheinen und die wahren Zustände und Probleme in der Wirtschaft vor ihnen zu verbergen»[14]. Solche Aussage mag in bezug auf die Ulbricht-Ära nur partiell stimmen, weil der politische Fuchs Ulbricht, im Gegensatz zu Honecker, erstens nicht so leicht zu täuschen war und zweitens erstaunlich viel von Ökonomie verstand. Eher schon dürfte Jansons Beobachtung stimmen, wonach «Günter Mittag bei Walter Ulbricht wegen seiner Jugend und Unbekümmertheit wohlgelitten (war)»[15]. Wahr ist aber vor allem, daß Ulbricht «Mittag als Fachmann schätzte»[16]. Und ebendarin lag der Grund, daß der SED-Chef den knapp 35jährigen Mittag im Juli 1961 zum stellvertretenden Chef des Volkswirtschaftsrates der DDR beförderte.

Dies geschah zu einer Zeit, da der SED-Führung der Wind immer stärker ins Gesicht blies. Ulbrichts Hoffnung, die Bundesrepublik bis Ende 1961 in puncto Arbeitsproduktivität und Pro-Kopf-Verbrauch einzuholen, hatte sich längst als illusionär erwiesen. Schon im Jahr zuvor war der Flüchtlingsstrom gen Westen wieder auf 200 000 Menschen angeschwollen, was zugleich den Aderlaß an unentbehrlichen Arbeitskräften verstärkte. In der zweiten Hälfte der fünfziger Jahre hatte der Versuch, ein Mittelstreckenflugzeug zu entwickeln, ein Riesenloch in den Staatssäckel gerissen und war mit einem Fiasko geendet. Im September 1960 hatte Adenauer den innerdeutschen Handel aufgekündigt, was die Wirtschaft der DDR zusätzlich ins Schlingern brachte. Der Sommer 1961 schließlich bescherte der Landwirtschaft auch noch eine Mißernte, was die Auswirkungen der Vergenossenschaftlichung noch verschlimmerte. Die Situation, in der Günter Mittag handeln mußte, trieb dem Kollaps entgegen, der dann nur noch durch den Bau der Mauer vermeidbar war.

Der Erste Mann des Volkswirtschaftsrates, Altkommunist und Politbüromitglied Alfred Neumann, erwies sich für Mittags neue Mission eher als eine Belastung denn als Partner. «Ali» Neumann, seiner überdimensionalen Länge wegen als «Leuchtturm der Partei» gehänselt, war mit ökonomischer Sachkenntnis nicht gerade überladen. So konnte es kaum ausbleiben, daß zwischen den beiden Spannungen entstanden und Mittag Ulbricht gegenüber aus seinem Ärger über Neumanns Inkompetenz kein Hehl machte.

Noch mehr hatte sich Ulbricht allerdings in der Neubesetzung des

Chefs der Plankommission vertan. Vom Rostocker Parteichef Karl Mewis, dem es als erstem gelungen war, die Bauern eines ganzen Bezirks in die Landwirtschaftlichen Produktionsgemeinschaften (LPG) zu treiben, hatte sich der SED-Chef frischen Wind in der Planungszentrale versprochen. Der gefürchtete Stalinist aus der Hansestadt erwies sich jedoch in Sachen Wirtschaftsplanung schon bald als Versager, der sich zu allem Mißgeschick auch noch den Unwillen der sowjetischen Plankommissare zuzog. Ihn ersetzte Ulbricht im Sommer 1962 durch den Leiter der Wirtschaftskommission beim Politbüro, Erich Apel. Ulbricht brauchte jetzt einen tüchtigen Wirtschaftssekretär im ZK-Apparat, und es war wohl kein Zufall, daß sein Auge auf den emsigen Mittag fiel. Schon als Sekretär der Wirtschaftskommission beim Politbüro, der Mittag bis zum Juli 1961 war, hatte er als Fachmann eine gute Figur abgegeben, vor allem aber an Ulbrichts dominierender Position nie Zweifel aufkommen lassen.

Mittags Ergebenheit, sein organisatorisches Talent, sein Gespür für das Anpacken wirtschaftlicher Probleme, die trotz Mauerbaus nicht geringer geworden waren, prädestinierten ihn zum Aufstieg in die Position des ranghöchsten Wirtschaftsfunktionärs der SED. 1958, auf dem V. Parteitag, war er lediglich zum Kandidaten des Zentralkomitees gewählt worden. Um aber als Sekretär des ZK agieren zu können, mußte Mittag wenigstens dessen Mitglied sein. Für Ulbricht, der die Parteiführung noch fest im Griff hatte, war das kein Problem. Er ließ Mittag als Mitglied kooptieren, und damit stand seinem Einsatz als Wirtschaftssekretär nichts mehr im Wege.

Mit Mittag stieg im Juni 1962 ein neuer Komet am Kaderhimmel der SED empor. Er brauchte genau ein halbes Jahr, um im Sternbild der Gralshüter anzukommen. Im Januar 1963, auf dem VI. Parteitag, ließ Ulbricht Günter Mittag zum Kandidaten des Politbüros küren. Das zweite Jahr nach dem Mauerbau sollte dem Senkrechtstarter aber noch weiteren Macht- und Prestigezuwachs bescheren. Mittag wurde Leiter des Büros für Industrie und Bauwesen beim Politbüro, Mitglied des Präsidiums des Forschungsrates der DDR und für seine Verdienste um «die Festigung und Entwicklung der DDR» mit dem Orden «Banner der Arbeit» belohnt.

Konflikte mit dem großen Bruder

In der ersten Hälfte der sechziger Jahre zeigte Mittag eine Risikobereitschaft, die nur wenige Politbürokraten aufbrachten. Er gehörte zu den Pionieren des «Neuen Ökonomischen Systems» (NÖS), eines der wagemutigsten Experimente, die eine realsozialistische Parteiführung je gewagt hat. Selbst seine heutigen Kritiker, damals vielfach noch Verbündete und Weggefährten, bescheinigen Mittag, daß er «eine Lokomotive, wenn nötig auch ein Rammbock der von dem damaligen ersten Mann des politischen Systems, Walter Ulbricht, eingeleiteten Wirtschaftsreform in der DDR war...»[17] Für sie habe er «die ganze Kraft des Apparates» eingesetzt.[18] Dies zu tun war selbst mit Ulbricht im Rücken nicht ohne politisches Risiko. Denn was die Reformer aufs Reißbrett brachten, verstieß fast schon gegen die heiligsten Prinzipien des realsozialistischen Wirtschaftsmodells. Der zentrale Plan sollte nicht mehr Gegenpol zum Markt, der erzielte Gewinn des Betriebes Maßstab seiner Wirtschaftlichkeit und Quelle seiner Möglichkeiten, der Preis Ausdruck des wirklichen Wertes der Produkte sein. Im hergebrachten Denken der führenden Köpfe der SED aber schlossen sich sozialistische Ökonomie und Marktwirtschaft aus. Walter Halbritter, einer der Schöpfer des NÖS, bemerkte an der Wiege der Reform: «Entweder erhalten wir alle eine Parteistrafe, daß wir uns nicht wiederfinden – oder einen großen Orden.»[19] Das erstere war keineswegs unbegründet, wenn man bedenkt, daß maßgebliche Leute im Politbüro wie «Ali» Neumann, Erich Honecker, Willi Stoph, Hermann Matern und andere Ulbrichts Projekt skeptisch, innerlich sogar ablehnend beobachteten. Hinzu kam, daß ein großer Teil auch des Parteiapparates in Abwehrstellung ging, was zu beheben Mittag nicht wenig Kraft kostete.

Freilich stand das eigentliche Ziel, das Ulbricht, gestützt auf Mittag, Apel, Halbritter, Wolfgang Berger, Herbert Wolf, Otto Reinhold und Helmut Koziolek, mit dem NÖS verfolgte, ohnehin in den Sternen. Auch ohne Widersacher und Bremser hätte das NÖS nicht erreicht, was seine geistigen Väter wollten: die Produktivität und den Lebensstandard des anderen Teils Deutschlands zu egalisieren.

Mittag und seine Verbündeten aber mußten schon in den Gründerjahren unzählige Stolpersteine gegen das NÖS hinnehmen. Strebte man 1963 noch das Leistungsprinzip im Kontext mit erzieltem Gewinn bis hoch zum Betriebsleiter und Generaldirektor an, so dominierte im folgenden Frühjahr schon die Befürchtung, es könnte «sozialistische Millionäre» geben. Bestimmende Kräfte in der Partei glaubten noch immer, daß die als Fernziel proklamierte soziale Gleichheit der Menschen durch Gleichmacherei zu erreichen sei. Ähnlich wie das Leistungsprinzip scheiterte auch das Gewinnprinzip oder der Versuch, ökonomisch begründete Preise einzuführen. Der zentrale Plan, die administrative Zuteilung von Rohstoffen, Produkten und finanziellen Mitteln an die Betriebe, dominierte weiter, die Planerfüllung blieb das Nonplusultra realsozialistischer Ökonomie.

Bereits 1964 zeichnete sich ab, daß die Erfolge, die Günter Mittag sich an der Wiege des NÖS erträumt hatte, weitestgehend ausbleiben würden. Es bedrückte ihn, daß sich der Rückstand der Arbeitsproduktivität gegenüber der Bundesrepublik weiter vergrößert hatte. So wurde Lenins Wort, wonach der Sieg über die bürgerliche Gesellschaft in erster Linie von der höheren Arbeitsproduktivität abhänge, zunehmend zur Farce. Hinzu kam, daß auch die «Störfreimachung» (Ulbricht) und wachsende Autarkie der DDR-Wirtschaft, die man sich vom Mauerbau erhofft hatte, eine Illusion blieb. Vor allem konnte das NÖS die Umklammerung vom allmächtigen und gierigen Bruder Sowjetunion nicht lösen. Der schaute ohnehin argwöhnisch auf das Experimentierfeld der ostdeutschen Wirtschaft, und er wollte, wenn er es schon duldete, auch davon profitieren. Dies um so mehr, als die Mißernte 1963 und andere Fehlschläge auch die Führungsmacht des sozialistischen Blocks arg gebeutelt hatte. Ulbricht und seine Mannschaft hatten das schon 1963 zu spüren bekommen, als der Kreml seine Lieferungen an Getreide, Baumwolle, Fleisch und selbst bei wichtigen Walzstahlsorten reduzierte. Und auch im Jahre 1964 hielt diese Praxis an. Gleichwohl schraubte Moskau die Erwartungen an seinen wichtigsten Partner im Ostblock weiter nach oben.

Als Leonid Breschnew im Oktober 1964 Ulbricht besuchte, kam

es zu einem handfesten Krach. Breschnew, der in Begleitung des für Wirtschaft zuständigen Vizeregierungschefs Tichonow angereist war, wollte für die Zukunft – die Zeit, in der er das Zepter der sowjetischen Staatspartei führen sollte – vorsorgen. In Moskau nämlich stand der Termin für das spektakuläre Oktoberplenum der KPdSU bereits fest, und Chruschtschows Schicksal war faktisch besiegelt.

Walter Ulbricht hatte für das Treffen den Landsitz des Staatsrates am Döllnsee herrichten lassen, um mit dem kommenden Mann der wichtigsten Bruderpartei in aller Ruhe zu verhandeln. Dabei sein durften Wirtschaftssekretär Günter Mittag, Sicherheitssekretär Erich Honecker sowie Planungschef Erich Apel, seit 1961 Kandidat des Politbüros. Das übliche Geplänkel, mit dem das Gespräch begann, war bald beendet, weil Breschnew die Katze ohne Umschweife aus dem Sack ließ: Man brauche von der DDR weit mehr Maschinen, Chemieanlagen, Schiffe, Möbel etc. bei gleichbleibenden Preisen, die übrigens in vieler Hinsicht unter dem Wert der Produkte lagen. Über das Äquivalent, das der große Bruder dafür zu erbringen gedachte, konnten Breschnew und Tichonow indessen nur pauschale Auskünfte geben.

Ulbricht wehrte sich, weil er sofort begriff, daß ein solches Ansinnen die Stabilität der eigenen Wirtschaft erschüttern würde. Während der letzten beiden Jahre war es gelungen, den Außenhandel mit kapitalistischen Ländern, einschließlich den mit der BRD und Westberlin, um mehr als 36 Prozent zu steigern, und Ulbricht wollte diese Handelsbeziehung auch noch weiter ausbauen. Breschnew hingegen machte Ulbricht den Vorwurf, die DDR stelle sich ungenügend auf die Bedürfnisse ihres wichtigsten Handelspartners ein. Es ging laut zu im Konferenzzimmer, so laut, daß Ulbricht selbst den Eintritt von Bedienungspersonal untersagte. Er schickte Günter Mittag nach draußen, um für den unablässig rauchenden Genossen Leonid Breschnew Zigaretten zu holen.

Besonders energisch mischte Erich Apel sich in die erregte Debatte ein und «(vertrat) hier unerschrocken den nationalen Standpunkt»[20]. Auch Günter Mittag bezog Position, verhaltener zwar als der kämpferisch veranlagte Planungschef, aber immerhin deutlich für Ulbricht Partei ergreifend. Honecker hingegen setzte das Lächeln einer Sphinx auf und dachte gar nicht daran, sich an dem Schlagabtausch zu beteiligen.[21]

Es war imponierend, wie hartnäckig Ulbricht Widerstand leistete, aber sein Verhalten war auch deutlich von Selbstherrlichkeit geprägt. Mit dem NÖS glaubte er den Stein der Weisen gefunden zu haben. Breschnew hat Ulbricht das Intermezzo vom Döllnsee nie verziehen. Als er Ende Juli 1970 mit Honecker über den Sturz des SED-Parteichefs konspirierte, hatte er die dramatischste Szene vom Döllnsee noch minutiös vor Augen. Breschnew: «Du weißt, damals 1964 Datsche (Döllnsee) – er stellt einfach meine Delegation auf die Seite (Tichonow etc.), preßt mich in ein kleines Zimmer und redet auf mich ein, was alles falsch ist bei uns und vorbildlich bei euch. Es war heiß. Ich habe geschwitzt. Er nahm keine Rücksicht. Ich merkte nur, er will mir Vorschriften machen, wie wir zu arbeiten, zu regieren haben, läßt mich gar nicht erst zu Wort kommen. Seine ganze Überheblichkeit kam dort zum Ausdruck, seine Mißachtung des Denkens, der Erfahrung anderer.»[22]

Ulbrichts Abhängigkeit vom Kreml und die andauernde Verlokkung, sich vom großen Bruder abzunabeln, färbte selbstverständlich auf Leute wie Mittag und Apel ab, die in der Maßlosigkeit sowjetischer Forderungen ihr kühnes Reformprogramm wegschwimmen sahen.

Warum erschoß sich Erich Apel?

Das Tauziehen mit der sowjetischen Seite setzte sich im nächsten Jahr unvermindert fort, und keiner war so hautnah damit konfrontiert wie Planungschef Erich Apel. Für Ende 1965 stand die Unterzeichnung des «Fünfjahresabkommens für die wirtschaftliche sowie die wissenschaftlich-technische Zusammenarbeit» zwischen den beiden Ländern bevor. Dieses Abkommen in materieller Hinsicht zu bilanzieren erschien dem ebenso ehrgeizigen wie gewissenhaften Apel als ein Ding der Unmöglichkeit. Dies um so mehr, als der promovierte Maschinenbauer ein Mann des Details und des harten Ringens um jede Position war. Das hatte ihm bei seinen sowjetischen Amtsbrüdern wenig Sympathie eingebracht. Hinzu kam, daß die westliche Wirtschaftspresse Mittags und Apels angebliche Politik betonter Selbständigkeit innerhalb des RGW mit Lob überhäufte, was natürlich innerhalb des Ostblocks sich als Bärendienst erweisen mußte. Als Walter Ulbricht im Sommer 1965 einen engeren Kreis des Politbüros an seinem Urlaubsort auf der Insel Vilm zusammentrommelte, war Planungschef Erich Apel nicht mit von der Partie. Dabei standen differenzierte Fragen des Perspektivplanes auf der Tagesordnung. An manchen Axiomen des NÖS wurden heftige Zweifel angemeldet. Vor allem die Kategorie Gewinn werde überbetont. Auch Apels Person geriet ins Kreuzfeuer. Aber der konnte sich nicht verteidigen. «Dafür setzte sich», so der damalige Vizechef der Plankommission, Herbert Wolf, «der Kandidat des Politbüros Mittag mit massiver Kritik in Szene.»[23]

Nicht minder auffallend ist, daß Apel auch in der Partei- und Regierungsdelegation fehlte, die am 17. September unter Ulbrichts Regie nach Moskau flog, um den Fortgang der Kooperation zwischen beiden Seiten zu klären. Anstelle von Apel hatte Ulbricht Alfred Neumann, den Vorsitzenden des Volkswirtschaftsrates, mit auf die Reise genommen. Das mag vor allem taktische Gründe gehabt haben, um die Dinge nicht unnötig zuzuspitzen. «Ali» Neumann war, ganz im Gegensatz zu Apel, nicht der Typ, der einem Breschnew die Zähne zeigte. In Moskau war man sich nähergekommen, aber keineswegs in allem einig geworden. Um nicht dauernd die Gipfelebene mit dem Tanz ums Goldene Kalb zu belasten, hatte man einen Paritätischen Regierungsausschuß für die wirtschaftliche und wissenschaftlich-technische Zusammenarbeit vorgesehen. Am Wochenende vor der Unterzeichnung des Fünfjahresabkommens DDR–UdSSR flog Parteichef Leonid Breschnew erst noch einmal höchstpersönlich in die DDR-Metropole ein, um mit Partei- und Staatschef Ulbricht Klartext zu reden.

Zwischen den beiden soll es noch einmal merklich geknirscht haben, doch am Ende war dem SED-Chef wohl keine andere Wahl geblieben, als zu Kreuze zu kriechen.

Am 3. Dezember wurde das Mammutabkommen DDR–UdSSR unterzeichnet, zwei Wochen danach pries Erich Honecker es auf dem 11. ZK-Plenum in den höchsten Tönen. In ungewöhnlicher Ausführlichkeit schilderte der Sicherheitssekretär die September-reise der Ulbricht-Delegation in die Sowjetunion. «Damit lösten sich die Spekulationen jener Politiker in Schall und Rauch auf», so Honecker, «die glaubten, unsere Parteien und Völker auf irgend-eine Art entzweien zu können... Die deutsch-sowjetische Freund-schaft pflegen wir und untermauern wir mit beiderseitigen politi-schen und ökonomischen Tatsachen...»[24] Honecker unterschlug den ZK-Mitgliedern allerdings, daß «dieses in Geschichte des Welt-handels beispiellose Abkommen»[25] der Ausgewogenheit und Gleichberechtigung der Partner entbehrte und die von Breschnew erstrebte Abhängigkeit der DDR von Moskau noch verstärkte. Des-senungeachtet suchte Honecker die strategischen Nachteile des Vertrages als Gewinn für die DDR herauszustellen. Etwa mit Blick auf die Lieferung von Halbleiterbauelementen, was «uns die Ent-wicklung moderner elektronischer Geräte ohne die sonst notwen-digen Importe aus kapitalistischen Ländern (ermöglicht)», oder die Versorgung mit gesteuerten Starkstromgleichrichtern aus Silizium, «so daß wir auf diesem Gebiet keine Forschung und Entwicklung durchzuführen brauchen»[26].

Der Berichterstatter vergaß dabei, daß diese Technologie in den führenden Industrieländern des Westens dem sowjetischen Stan-dard längst um Meilen voraus war. Aber es ging bei diesem Wirt-schaftsvertrag, der in vielem den Geist des Diktats atmete, in erster Linie um Politik, nicht zuletzt um Breschnews Furcht, die beiden Teile Deutschlands könnten sich eines Tages doch näherkommen. Dem trug Honeckers demagogische Bemerkung Rechnung, wo-nach das «langfristige Handelsabkommen die Spekulationen und Versuche der westdeutschen Revanchisten zunichte (macht), die Deutsche Demokratische Republik ökonomisch zu schwächen und politisch zu erpressen»[27].

Nicht minder verlogen schilderte Honecker Breschnews Blitzbe-such von Ende November. In stereotyper Floskel behauptete er, die Gespräche mit dem mächtigsten Mann des Ostblocks seien «in einer Atmosphäre der Herzlichkeit, Brüderlichkeit und völligen Einmütigkeit» verlaufen. «Wir haben Genossen Breschnew und dem Zentralkomitee der Kommunistischen Partei der Sowjetunion noch einmal mündlich den Dank unseres Zentralkomitees ausgesprochen für die große Hilfe, die die Sowjetunion uns auf ökonomischem Gebiet gibt.»[28]

Die ZK-Mitglieder konnten sich denken, daß Breschnew nicht extra nach Berlin gereist war, um sich Dankesworte seiner deutschen Genossen anzuhören. Sie vermochten Honeckers Euphorie über das Abkommen schon deshalb nicht zu teilen, weil über dem Vertragswerk der tragische Tod eines Mannes schwebte, den er mit keiner Silbe erwähnt hatte. Am Morgen desselben Tages nämlich, an dem die Unterzeichnung des Abkommens ins Haus stand, hatte sich Apel in seinem Dienstzimmer in der Leipziger Straße eine Kugel durch die Schläfe gejagt. Apels Sekretärin, Marianne H., hatte den Knall im Vorzimmer zwar wahrgenommen, doch zunächst geglaubt, ihr Chef habe aus irgendeiner Verärgerung heraus die Tür zum Ruheraum, der sich an sein Arbeitszimmer anschloß, so heftig zugeschlagen. Deshalb traute sie sich in diesem Moment auch nicht, das Zimmer ihres Chefs zu betreten. Sie hatte es mehrfach erlebt, wie furchteinflößend der Mann sein konnte, sobald er in Erregung geriet. Deshalb bat sie Apels «Schatten», den persönlichen Stasibewacher, doch nach dem Rechten zu sehen. Als der ins Chefzimmer kam, sah er Apel zusammengesunken und mit durchschossener Schläfe in seinem Sessel hocken.

Während der «Schatten» des Planungskommissars ärztliche Hilfe herbeiholte, die allerdings nicht mehr vonnöten war, rief die Chefsekretärin im Amt von Ministerpräsident Stoph an, um über das Entsetzliche zu berichten. Stoph setzte Ulbricht ins Bild, und für eine halbe Stunde stand auch das Bewegungszentrum der Partei am Marx-Engels-Platz kopf. Apel sollte schließlich bei der feierlichen Unterzeichnung des Vertrages am Nachmittag die Rede der DDR-Seite halten. Jetzt waren eiligst zwei Dinge zu tun: einen Ersatzredner zu stellen und Apels Selbstmord wenigstens am Tage der Vertragsunterzeichnung als Staatsgeheimnis Nr. 1 zu hüten. Die Rede, die anders als von Apel vorbereitet ausfiel, hielt «Ali» Neumann, Vorsitzender des schon in Auflösung begriffenen Volkswirtschaftsrates. Apels Leiche schaffte ein Sondertrupp von Stasichef Mielke klammheimlich aus dem riesigen Gebäude des einstigen Reichsluftfahrtministeriums. Die gehobenen Chargen der Plankommission, die von Apels Freitod erfahren hatten, mußten unterschreiben, mit niemandem auch nur ein Sterbenswort darüber zu reden.

Am Nachmittag unterschrieben «Ali» Neumann und der sowjetische Außenhandelsminister Patolitschew in merklich gedämpfter Atmosphäre das Abkommen. Selbst die Stimmung beim abendlichen Empfang in der sowjetischen Botschaft Unter den Linden blieb verkrampft, weil Apels Tod beide Seiten getroffen hatte.

Im Politbüro wurde entschieden, Apels Selbstmord nicht zu verheimlichen. Apels wirkliches Motiv kannte wohl selbst die SED-Spitze nicht. Im Nachruf war lediglich davon die Rede, daß der Kandidat des Politbüros in einem Anflug von Depression seinem Leben ein Ende gesetzt habe.

Für die westlichen Medien war der Tatbestand klar: Apel hatte sich erschossen, weil er das ungleiche deutsch-sowjetische Vertragsmonster nicht mitverantworten konnte. Die Mutmaßung, daß es so gewesen sei, kursierte allerdings auch in der gehobenen Partei- und Staatsbürokratie der ostdeutschen Republik.

Schürft man etwas tiefer in Apels Biographie, so findet man Hinweise, daß das Motiv so einfach nicht war. In seiner letzten Lebensphase soll Apel sich durch einen gewissen Verfall seiner Persönlichkeit ausgezeichnet haben. Sein mitunter schon gefürchtetes Durchsetzungsvermögen habe spürbar nachgelassen, sein Selbstbewußtsein sei sichtlich ins Wanken geraten. Und dafür dürfte es mehrere Gründe gegeben haben.

Der erste und wichtigste lag wohl in der Verstrickung des begabten, aber auch damals schon maßlos ehrgeizigen Technikers in die unmenschlichen Praktiken der faschistischen Rüstungsindustrie. Selbst das vom Hofverlag der SED 1970 editierte «Biographische Lexikon» konnte Apels Tätigkeit während der Jahre 1940 bis 1945 nicht völlig unterschlagen: «Sept. 1939 – Dez. 1939 Militärdienst; danach bis 1945 als Ingenieur in die Heeresversuchsstelle Peene-

154

münde, in die Elektro-Mechanischen Werke Karlshagen und in andere Betriebe dienstverpflichtet.»[29] Tatsächlich hatte der damals blutjunge Ingenieur, was er intimen Freunden wie Günter Mittag später anvertraute, in Peenemünde unter Leitung Wernher von Brauns an Hitlers V-Waffen mitgebastelt.

Dieser Tatbestand gereichte Erich Apel nach Kriegsende eher zum Vorteil. Um sein Wissen auszubeuten, brachten die Sowjets ihn 1946 in eines ihrer Raketenzentren, wo er die Nachkriegsjahre weit besser überstand als zuvor mit der Lebensmittelkarte der Sowjetischen Besatzungszone. Als Apel im Sommer 1952 Stalins Reich wieder den Rücken kehren durfte, war er voller Elan und Tatendrang und inzwischen von der Utopie des Kommunismus beseelt. Der Senkrechtstarter brauchte gerade ein Jahr, um zum Vizeminister für Maschinenbau aufzusteigen, eineinhalb weitere Jahre, um Minister für Schwermaschinenbau zu werden. Ulbricht war von dem in jeder Hinsicht kreativen Funktionär geradezu begeistert und machte den erst 1954 der SED beigetretenen Stürmer und Dränger vier Jahre später zum Leiter der Wirtschaftskommission beim Politbüro.

In jener Zeit wähnte Erich Apel sich längst sicher, daß seine Tätigkeit für Hitlers Deutschland zu den Akten der Vergangenheit gelegt war. Apel hatte sich allerdings nicht nur an den Reißbrettern und an seinem Schreibtisch in Peenemünde zu schaffen gemacht, sondern im Außenlager Dora des KZ Buchenwald zum Leitungspersonal gehört, das die Häftlinge in unterirdischen Stollen bei einer Durchschnittstemperatur von 7° Celsius zur Arbeit antrieb. Im sogenannten KZ-Mittelbau Dora waren beim Bau der Hitlerschen Wunderwaffe mehr als 12 000 Häftlinge elend zugrunde gegangen. Einigen Häftlingen, die die Hölle von Dora überlebt hatten, war Apel inzwischen wieder begegnet. «Er verstand es nicht», so Ulbricht-Berater Wolfgang Berger, «sich mit ihnen offen auszusprechen, oder tat dies sehr spät.»[30]

Zusätzlich mußte Apel beunruhigen, daß Ende der fünfziger Jahre die Aufarbeitung der Nazivergangenheit in beiden deutschen Staaten in Bewegung kam. So wie die NS-Fahnder der DDR 1965 die Naziakte von Bundespräsident Lübke ausgegraben und seine

Rolle im «Jägerstab», u. a. beim Aufbau der Außenlager Leau und Neu-Staßfurt des Buchenwalder KZ, aufgehellt hatten, mußte auch Apel damit rechnen, eines Tages am Pranger zu stehen, zumal die westliche Presse mehrfach entsprechende Andeutungen gemacht hatte. Apel war intelligent genug, sich auszurechnen, daß ihn niemand würde halten können, sobald das Geheimnis seines Lebens publik werden sollte.

Das psychologische Tief, in das Apel Ende 1965 geraten war, hatte noch andere Gründe. Keiner der Wirtschaftsreformer um Ulbricht war so forsch und konsequent zu Werke gegangen wie er. Das hatte ihm nicht nur Freunde, sondern auch prominente Feinde eingebracht. Einer von ihnen war der Chef des Volkswirtschaftsrates «Ali» Neumann, der im NÖS eine Zeitbombe für die sozialistische Planwirtschaft witterte. Als Erich Apel während einer gemeinsamen Beratung der Plankommission und des Volkswirtschaftsrates 1964 betonte, man müsse mit dem NÖS auch eine Fahne des Wohlstands für das Volk aufstellen, konterte Neumann sarkastisch: «Diese Fahne hat viele Löcher.» [31] Auch der bissige Finanzminister Rumpf, ein heimlicher Gegner Ulbrichts, machte Apel das Leben so schwer wie möglich. Wo immer er konnte, prophezeite er den Bankrott der DDR infolge von Apels Devisenpolitik. In Wirklichkeit betrugen die Valutaschulden damals etwa eine Milliarde Westmark, angesichts der damaligen Leistungsfähigkeit der DDR-Wirtschaft kein Betrag, bei dem man Alarm schlagen mußte.

Was Apel aber offenbar am stärksten bedrückte, war das unaufhaltsame Zerbröckeln der Freundschaft mit Günter Mittag. In der Gründerzeit des NÖS waren beide engstens aneinandergerückt, hatten Freud und Leid, Erfolg und Mißerfolg geteilt, und nicht selten hatte man in ihrer Umgebung von den «Zwillingen» gesprochen. Dem mißtrauischen Ulbricht war das mitunter zu weit gegangen, auch deshalb, weil er aus Gründen der Parteiautorität stets auf eine gewisse Distanz des ZK-Apparates gegenüber den Ministern und zentralen Chefs Wert legte. «Von da an», so sagte der langjährige ZK-Abteilungsleiter für Bauwesen, Gerhard Trölitzsch, 1990 als Zeuge aus, «tat Mittag alles, um gegenüber Apel sich zu distanzieren.»

Trölitzsch hatte unter dem Wirtschaftssekretär Günter Mittag nicht wenig zu leiden, und es mag sein, daß seine Erinnerung von Ressentiments getrübt ist. Wahr ist jedoch, daß das Forschungsinstitut der Apel-Behörde zu jener Zeit eine Studie über das Planungssystem erarbeitete, die gegen den Willen des Plankommissars auf dem Tisch des ZK-Abteilungsleiters für Planung und Finanzen, Siegfried Böhm, landete, der sie schnurstracks Günter Mittag zuspielte. Die Studie war im Kern zu dem Schluß gelangt, in puncto Planung und Bilanzierung triumphiere nach wie vor die Administration. Günter Mittag benutzte das Papier, um gegen Apel Stimmung zu machen.

Folgt man Trölitzschs Zeugenaussagen, so war ein Zusammenstoß zwischen Mittag und Apel das auslösende Moment für dessen Freitod gewesen. Wenige Tage vor dem Unglücksfall, so der einstige ZK-Abteilungsleiter im Februar 1990, habe bei Apel die Beratung des Planentwurfs 1965 für das Bauwesen stattgefunden, bei der Apel, entgegen seiner sonstigen Gewohnheit, zu wichtigen Fragen keine Entscheidungen traf. Beim anschließenden Mittagessen im Regierungsgästehaus, zu dem Apel Trölitzsch eingeladen hatte, habe er ihm gesagt: «Gerhard, wenn ich gewußt hätte, was mir blüht, hätte ich wahrscheinlich einen anderen Werdegang eingeschlagen.»

Als Trölitzsch wieder im Hause des Zentralkomitees eintraf, habe Günter Mittag schon auf ihn gewartet, um seinen Bericht über die Beratung bei Apel zu hören. Aus der Tatsache, daß Siegfried Böhm in Mittags Zimmer anwesend war, schloß Trölitzsch, daß Mittag bereits im Bilde war. Als der Bauverantwortliche des ZK die Apelberatung vom Vormittag «mit bewußter Sachlichkeit» schilderte, habe ihn Mittag mit der Bemerkung unterbrochen: «Eines möchte ich dir mit aller Deutlichkeit sagen, daß du alles zu einer solchen Beratung mitnehmen kannst, nur keine Schlaftabletten... ich bin bereits von dem wirklichen Verlauf dieser Beratung informiert.»

Im Anschluß an den Disput habe Mittag Erich Apel auf einem Direktapparat angerufen. Trölitzsch: «In diesem Telefongespräch übte er eine heftige und zugespitzte Kritik hinsichtlich der völlig

157

unzureichenden Leitung bezüglich der stattgefundenen Planberatung zum Bauwesen und bezichtigte darüber hinaus Apel, daß er völlig unfähig sei, die staatliche Plankommission weiter zu leiten.»

Nachdem Trölitzsch in sein Arbeitszimmer zurückgekehrt war, habe Apel ihn angerufen. «Er fühlte sich», so Trölitzsch, «offenbar sehr unglücklich und schwer mitgenommen von der telefonischen Auseinandersetzung, die Günter Mittag mit ihm geführt hatte...» Zudem will Trölitzsch vom damaligen Bürochef des Bauministers, Karl Held, der mit Apel befreundet war, noch Näheres über die Auswirkungen von Mittags Sinneswandel auf Apel erfahren haben. Trölitzsch: «Held informierte mich darüber, daß er durch die Frau von E. Apel wußte, daß E. Apel tief über das Verhalten seines ehemaligen Freundes G. Mittag enttäuscht war. Er hatte das faktisch auch durch solche Äußerungen zu seiner Frau deutlich gemacht, daß er damit nicht fertig werde, d. h., Apel fühlte sich zutiefst verletzt, und man muß annehmen, daß das dargelegte Verhalten von G. Mittag, d. h. nicht nur im genannten Falle, sondern generell, scharfe Kritik an der Tätigkeit von Apel zu üben, wesentlich... dazu beitrug, daß Apel keinen anderen Ausweg als den Freitod fand.» [32]

Mittag selbst bezeichnet Trölitzschs Zeugenaussage schlichtweg als «Lügengespinst». Er will Apel bis zuletzt eng verbunden gewesen sein, noch am Vorabend des Unglücksfalls mit diesem über das zu unterzeichnende Handelsabkommen gesprochen und besänftigend auf ihn eingewirkt haben. Apel habe der Vertrag, so Mittag, Tag und Nacht beschäftigt und keine Ruhe gelassen. [33] Verbürgt ist, daß am nächsten Morgen Apels Stellvertreter Gerhard Schürer noch Minuten vor dem tödlichen Schuß mit seinem Chef telefoniert hat. Apel hatte ihn angerufen und gefragt, ob er am Nachmittag mit zur Vertragsunterzeichnung komme. Ursprünglich hatte Schürer auch die Absicht gehabt, bei dem Zeremoniell zugegen zu sein, konnte aber natürlich nicht ahnen, daß der plötzliche Tod seines Gesprächspartners ihn daran hindern würde. Bei dieser Gelegenheit, so beteuert Schürer, habe Apel geäußert, der Vertrag mit den (sowjetischen) «Freunden» sei ja nun doch noch ordentlich geworden [34] – wohl Apels Form von Galgenhumor.

Schürer, der schließlich Apels Nachfolger wurde, nimmt dessen letzte Sätze bis heute für bare Münze. Der gelernte Maschinenschlosser aus Zwickau hatte allerdings in vielem eine andere Sicht auf das Wirtschaftsgefüge der DDR und deren internationale Verzahnung. Schürer war erklärtermaßen weder Verfechter noch Freund des NÖS. Für ihn war stets die relativ konstante «Nestwärme» ausschlaggebend, die der große Bruder der ostdeutschen Wirtschaft gab, indem er ihr das Gros der lebenswichtigen Rohstoffe zur Verfügung stellte. 1965 waren die sowjetischen Erdöllieferungen nach zähem Ringen, an dem auch Apel beteiligt war, wieder beträchtlich erhöht worden. Auch deshalb schien für Schürer Ende 1965 die Welt fast wieder in Ordnung zu sein. Hinzu kam, daß er mit der hohen Exporterwartung der UdSSR gegenüber Ostberlin auch das Selbstwertgefühl seines Landes gestärkt sah. Denn zweifellos standen die extrem hohen Forderungen der Sowjets gerade in puncto Chemieanlagen aus der DDR mit dem Scheitern eines neuen Handelsabkommens zwischen Moskau und Bonn im Zusammenhang. Für Schürer lagen alle Garantien für die Zukunft der DDR-Wirtschaft im Osten. Deshalb sah er die Welt durch eine andere Brille als Apel, und deshalb wurde er im März 1966 nicht zufällig Vorsitzender der Paritätischen Regierungskommission DDR/UdSSR.

Tatsächlich spricht vieles dafür, daß Apel mehrere Beweggründe hatte, aus dem Leben zu scheiden. So falsch Mittags Behauptung über sein bis zuletzt ungetrübtes Verhältnis auch ist, so übertrieben dürfte Trölitzschs Darstellung sein. Es war eher ein Bündel von Motiven, das den als ehrgeizig, aber auch hochsensibel geschilderten Planungschef in den Tod trieb: der Schatten der Vergangenheit, die wachsende Zahl seiner Gegner, der unverhoffte Bruch mit Mittag und nicht zuletzt das Mammutabkommen mit der Sowjetunion, das ein Gelingen des NÖS stärker als alles andere in Frage zu stellen drohte. Für Ulbricht-Berater Wolfgang Berger hingegen ist das Abkommen als Grund für Apels Freitod merkwürdigerweise «nicht stichhaltig». Berger: «Jeder Kenner der Verhältnisse wußte, daß für Ergebnisse derartig wichtiger Verhandlungen keine Einzelperson verantwortlich gemacht wurde. Sie wurden von den Generalsekretären abgesegnet und von den Regierungen beschlossen.»[35]

Das ist formal richtig. Aber für Erich Apel ging es um mehr als um Rückendeckung nach oben. Daß der glühende Reformer seinem Leben ausgerechnet an jenem Tage ein Ende setzte, da der ungleiche Vertrag mit der östlichen Supermacht zu unterzeichnen war, dürfte ein Warnzeichen gewesen sein vor dem, was danach kommen würde. Die geladene Pistole jedenfalls, zu der Erich Apel am 3. Dezember 1965 griff, hatte schon länger in seinem Panzerschrank gelegen.

Apels frühzeitiger Abtritt von der Bühne der Politik hatte für die DDR gravierende Folgen. Darin sind sich seine Weggefährten heute überwiegend einig. Für Herbert Wolf, einen der geistigen Väter des NÖS, ging mit Erich Apel «nicht nur seine undogmatische Denkweise, sondern auch ein Stück vom Horizont der Reform dahin» [36]. Apel hatte über die Umwälzung der Wirtschaft hinaus die politische Reform der DDR im Auge gehabt und war für viele zum Symbol «auch der Hoffnungen zu mehr Offenheit und Demokratie in der DDR geworden» [37].

Demokratie aber hatte mit der Neige des Jahres 1965 besonders schlechte Chancen, was Apel zusätzlich bedrückt haben mag. Die hoffnungsvollen Zeichen einer gewissen Liberalisierung nach dem Mauerbau mußten wieder dem Dunkelmännertum in der SED-Spitze weichen, die das Monopol der Wahrheit auf dem berüchtigten 11. Plenum, zwölf Tage nach Apels Tod, absoluter denn je für sich in Anspruch nahm.

Der Chef der Plankommission hatte den Geist dieses Plenums schon im Vorfeld zu spüren bekommen. Aber einer wußte besser als er, daß die ohnehin schwer in Gang gekommene Wirtschaftsreform sich an allzu vielen Dogmen brach, wo sie doch nichts so dringend brauchte wie Kreativität, Offenheit, Meinungsstreit, vor allem aber mehr Handlungsspielraum für Werktätige wie für Funktionäre.

Der tote Apel hätte mehr als nur einen Grund gehabt, sich während des 11. ZK-Plenums im Grabe umzudrehen. Denn die Euphorie, mit der Honecker das verhängnisvolle Abkommen mit der Sowjetunion feierte, entsprach der Wucht, mit der er im nächsten Atemzuge zum ideologischen und kulturellen Kahlschlag ausholte. Realitätsbezug war nicht mehr gefragt, sie wurde als «eine Ideologie des ‹spießbürgerlichen Skeptizismus ohne Ufer›» an den Pranger gestellt.

Honecker am 15. Dezember vor dem Zentralkomitee: «Skeptizismus und steigender Lebensstandard beim umfassenden Aufbau des Sozialismus schließen einander aus.»[38] Hinter der Attacke der SED-Spitze gegen alles, was auch nur scheinbar von der amtlichen Parteilinie abwich, stand die erklärte Furcht, «im Zuge einer sogenannten Liberalisierung die DDR von innen her aufzuweichen»[39].

In einer solchen Atmosphäre mußten sich auch die Chancen des NÖS verschlechtern, was Ulbricht damals offenbar noch nicht begriff. So veränderte nicht allein Apels Tod «die Aussichten für den Erfolg der Wirtschaftsreform»[40], sondern auch das erstickende politische Klima, das dieses ZK-Plenum ausstrahlte. Daran konnte im Grunde auch Ulbrichts endlose Rede nicht rütteln, die er an gleicher Stelle über das «Neue ökonomische System der Planung und Leitung» hielt.[41]

Für die Reformer, namentlich für Günter Mittag, begann nun die schwierigste und riskanteste Etappe. Allerdings profitierte der Wirtschaftssekretär erst einmal vom Tode Erich Apels. Mittag wurde nun zusätzlich noch dessen Nachfolger als Leiter der Wirtschaftskommission beim Politbüro und damit zur beherrschenden Zentralfigur der SED-Wirtschaftspolitik.

Der Tod des NÖS

Die Ära nach Apel brachte Mittag nicht nur Machtzuwachs, sondern ließ ihn zunehmend auch zum besonderen Vertrauten Ulbrichts werden. Das machte für ihn manches einfacher als früher, brachte aber auch mit sich, daß die sich heimlich um Honecker formierende Fraktion auch zu seinem Kontrapunkt wurde. Das bekam er schon im April des folgenden Jahres zu spüren, da der XXIII. Parteitag der KPdSU die konservativen Kräfte in der SED-Führung weiter beflügelte. Die Ansätze einer Wirtschaftsreform, die in der UdSSR bis dahin geschaffen worden waren, wurden neu akzentuiert, aber kaum im Sinne des NÖS in der DDR.

Es war kein Zufall, daß auf dem Plenum des SED-Zentralkomitees, das den sowjetischen Parteitag auswertete, erneut Honecker den Bericht des Politbüros vortrug. Zwar kolportierte er darin die abgedroschene Phrase der östlichen Bruderpartei, die «zentralisierte planmäßige Leitung der Volkswirtschaft mit der Selbständigkeit der Betriebe richtig zu verbinden»[42], doch von der Rolle des Marktes war schon gar nicht mehr die Rede. «Alle beschlossenen Maßnahmen», so Honecker, «vollziehen sich bei strikter Verwirklichung der grundlegenden Lehren Lenins über den demokratischen Zentralismus als dem entscheidenden Prinzip des sowjetischen Partei-, Staats- und Wirtschaftsaufbaus.»[43] Damit waren die Akzente weit mehr im Sinne derer gesetzt, die stur an der Kommandowirtschaft festhalten wollten, als im Sinne des «Neuen Ökonomischen Systems der Planung und Leitung» (NÖSPL), wie Ulbricht sein Wirtschaftskonzept inzwischen bezeichnete. Das wurde dadurch unterstrichen, daß das Zentralkomitee «seine vollständige Übereinstimmung mit der vom XXIII. Parteitag beschlossenen Leninschen Generallinie der KPdSU zum Ausdruck» brachte.[44]

Erst das 13. ZK-Plenum, vom 15. bis 17. September 1966, bedeutete für Mittag dann wieder eine Sternstunde. Zum einen ging damit endlich sein langgehegter Traum in Erfüllung, zum Vollmitglied des Politbüros aufzurücken, zum anderen durfte er diesmal den Bericht an das Zentralkomitee erstatten, mithin auch seine Diktion einbringen. Inzwischen hatte man die weitgehend veralteten Grundmittel in der Wirtschaft umbewertet und die Preise für die Industrie dem wirklichen Wert der Produkte angenähert, also empfindlich nach oben geschraubt. Im Brustton der Überzeugung, der zunehmend hohler klang, drohte Mittag Ministern wie Managern: «Mit dem 1. Januar 1967 wird im Ergebnis der Industriepreisreform die ökonomische Situation realer sichtbar, kommt die ganze Wahrheit über Aufwendungen und Ergebnisse in den Zweigen und Betrieben ans Tageslicht und ist Schluß mit der Verschleierung der wirklichen Kosten.»[45]

Mittag und sein Protektor Walter Ulbricht hatten allerdings das Beharrungsvermögen sowohl eines großen Teils des Parteiapparates als auch der Direktoren und Generaldirektoren der Betriebe und ihrer Syndikate unterschätzt. Wirklich ökonomisch fundierte

Preise setzten sich landesweit ebensowenig durch wie eine funktionierende Relation zwischen Plan und Markt, zentralen Vorgaben, die von etwa 1000 Kennziffern immerhin auf ca. 370 reduziert worden waren, und wirklicher Eigenverantwortung der Betriebe. Bereits auf der Dezembertagung des Zentralkomitees, auf der die Weichen für den VII. Parteitag gestellt wurden, mußte Ulbricht dann geharnischte Kritik an der Plankommission wie auch an den VVB, den Dachorganisationen volkseigener Betriebe, üben, «weil sie mit administrativen Mitteln, die nicht dem neuen ökonomischen System entsprechen, in den Verantwortungsbereich der Betriebe eingegriffen und die Prinzipien der wirtschaftlichen Rechnungsführung verletzt haben»[46]. Aber auch der Übergang zur neuen Preispolitik, so Ulbricht, «würde erschwert, und zugleich die Gefahr hervorrufen, das Vertrauen der Bevölkerung und insbesondere der Werktätigen in den Betrieben zum neuen ökonomischen System zu erschüttern»[47]. Das war allerdings gerade mit Blick auf Verbrauchsgüter ein Resultat seiner eigenen Methode der Preisfestsetzung ohne Rücksicht auf Markt und Bedarf. Da zentral festgeschrieben wurde, daß ein bestimmter Anteil der Waren auf untere, mittlere und obere Preisstufen zu entfallen hatte, ging die Konjunktur von Ladenhütern nie zu Ende.

Schon zu jener Zeit will Günter Mittag in Widerspruch zu «der vom Leben losgelösten Handlungsweise Walter Ulbrichts» und «zwischen Baum und Borke» geraten sein.[48] So habe er sich gegen den wirtschaftspolitischen Teil von Ulbrichts Redeentwurf für den VII. Parteitag gewandt. Es sei ihm gelungen, den Entwurf, «der stark von Ulbrichts exklusivem Kybernetikzirkel beeinflußt war und der in seiner Lebensfremdheit die Partei völlig verwirrt hätte, zu verhindern und ein einigermaßen brauchbares, wenn auch nicht von Kompromissen freies Material vorzuschlagen»[49]. Der SED-Chef habe ihm wohl «diese Korrektur sehr übelgenommen und begann, mir zu mißtrauen. Ich geriet in einen Zwiespalt.»[50]

Mit dieser Darstellung beginnt die Lebenslüge des Günter Mittag, die er braucht, um vor sich wie der Nachwelt zu rechtfertigen, warum er drei Jahre später ins Lager der ulbrichtfeindlichen Honecker-Fraktion überlief, dabei das Vermächtnis seines einstigen

Freundes Erich Apel ebenso verriet wie sein persönliches Credo aufgab, unter dem er zu Beginn der sechziger Jahre angetreten war.

Der wirtschaftswissenschaftlicher Professor Herbert Wolf, der damals auch zum Beraterstab Ulbrichts gehörte, nennt Mittags Schilderung «eine atemberaubende Story», die er mit Fakten zu widerlegen weiß. So hatte die zur Vorbereitung des Parteitages gegründete Arbeitsgruppe Wirtschaft allein zwei Manuskripte mit je rund 160 Schreibmaschinenseiten vorgelegt, an denen Experten verschiedener Disziplin und keineswegs nur Kybernetiker mitgearbeitet hatten. Wolf kann nachweisen, daß Ulbrichts Wirtschaftssekretär «am 19. 1. 1967 an der Zwischenberichterstattung der Arbeitsgruppe Wirtschaft nicht nur teilgenommen hat, sondern ausführlich, sogar zustimmend und bekräftigend, zum Zwischenbericht Stellung genommen hat»[51].

Auch andere Zeitzeugen bestätigen, daß Mittag zu jener Zeit wie kein zweiter Ulbrichts Wirtschaftskonzept pauschal wie punktuell bedingungslos mitgetragen und gegen alle Zweifler verteidigt hat. Dies entsprach auch ganz der Mentalität eines Mannes, dessen ausgeprägter Machtinstinkt ihn nie in Verlegenheit geraten ließ, wenn Karriere und Sachentscheidung miteinander zu kollidieren schienen.

Auf dem VII. Parteitag im April 1967 mußten sich Ulbrichts Widersacher noch im verborgenen halten und konnten nicht verhindern, daß der Recke der Partei die Fahne der Wirtschaftsreform noch einmal ganz nach oben zog. Erneut beschwor der Parteichef das «Wechselverhältnis zwischen Planung und Markt», eine Formel, die für die Fraktion der Betonköpfe um Honecker längst zum Trauma geworden war. «Wer den Markterfordernissen nicht genügt», so Ulbricht bedingungslos vor dem höchsten Forum der SED, «kann auch den gesellschaftlichen Erfordernissen nicht entsprechen.»[52]

Um den Sinn seiner Worte idiotensicher zu machen, beteuerte der SED-Chef, daß damit nicht etwa «zur kapitalistischen Marktwirtschaft übergegangen wird»[53]. Gleichwohl gehört Ulbrichts Darlegung auf dem VII. Parteitag zum Bemerkenswertesten, was je aus dem Munde eines realsozialistischen Parteiführers zur Rolle von Markt, Preis und Gewinn zu hören war. Ulbricht sah den Markt immerhin als «wichtige Sphäre des gesamten planmäßigen Reproduktionsprozesses... Auf ihm erweist sich, inwieweit die im Plan vorausbestimmte, unmittelbar gesellschaftliche Arbeit sich in der konkreten Realität als solche bestätigt.»[54] Auch mit der Rentabilität gedachte Ulbricht endlich ernst zu machen. Gegen schwache VEB sollten gerichtliche Konkursverfahren eingeleitet werden, die Ulbricht etwas verschämt «Stabilisierungsverfahren» nannte.

Freilich stand Ulbricht mit seinen selbstauferlegten Erfolgszwängen angesichts des wachsenden Vorsprungs der Bundesrepublik unter starkem Zeitdruck. Doch mit Voluntarismus war der Abstand zum westlichen Nachbarn zuallerletzt zu bewältigen. Geradezu halsstarrig verlangte er damals von Apels Nachfolger Gerhard Schürer Wachstumsraten zwischen 8 und 10 Prozent zu planen, um den wissenschaftlich-technischen Durchbruch mit allen Mitteln und um jeden Preis zu erreichen. Und Günter Mittag gehörte zu den feurigsten Anwälten dieses Kurses.

Nicht anders war es in puncto «strukturbestimmende Vorhaben», beispielsweise im Bereich der Chemie und des Werkzeugmaschinenbaus. Zu einem Gutteil außerhalb des Planes in Angriff genommen, verschlangen sie nicht nur Milliarden, die anderswo selbst für die einfache Produktion fehlten, sondern schüttelten auch die materiellen Bilanzen des Wirtschaftsplanes immer wieder durcheinander.

Nach der Wende beklagte sich Mittag, daß man ihn «für einige der überzogenen Projekte Walter Ulbrichts mitverantwortlich machen wollte»[55]. Tatsächlich hat er sie allesamt mitgetragen und einige der aufwendigsten entstammten auch seinem und nicht Ulbrichts Kopf, wie beispielsweise die Idee, die riesigen Leunawerke komplett zu automatisieren.

Noch im Juni 1970, da selbst im Plenum des ZK Kritik an den übersteigerten Planzielen des laufenden Jahres hochkam, schwang Mittag noch einmal die Peitsche gegen alle Zweifler. Der Plan 1970, so Mittag vor der 13. ZK-Tagung, sei eine objektive Notwendigkeit. Denen, die ihn für unrealistisch hielten, warf er vor, ihnen fehle die «notwendige offensive Kampfposition»[56]. Dabei wußte Ulbrichts

Wirtschaftssekretär genauer als die meisten ZK-Mitglieder im Saal, daß allein der katastrophale Winter 1969/1970 wirtschaftliche Einbrüche zur Folge hatte, die im laufenden Jahr einfach nicht mehr zu kompensieren waren.

Gerhard Schürer schwört, daß Mittag selbst noch im August 1970 Ulbrichts Mann war, als sich die maßgeblichen Partei- und Staatsführer des Warschauer Paktes in Moskau ein Stelldichein gaben. Zu jener Zeit konspirierte Honecker, mit Rückendeckung von Stoph, Matern und Axen, längst mit Breschnew über Ulbrichts Abhalfterung. Dem sowjetischen Parteichef war die Prahlerei des SED-Generalsekretärs mit seinem «Ökonomischen System des Sozialismus» (ÖSS), wie es seit 1967 genannt wurde, längst auf die Nerven gegangen. Als Honecker sich am 28. Juli heimlich mit Breschnew traf, monierte der Kremlherr laut Protokoll: «Man spricht davon, daß in DDR bestes Modell des Sozialismus entwickelt wurde oder entwickelt wird. – Alle sollen lernen von DDR, DDR-Sozialismus strahle aus auf andere Länder – sie macht alles richtig... Also man muß die Überheblichkeit in der DDR beseitigen.»[57] Damals, so will Mittag es wissen, «forderte Breschnew von Honecker die Beseitigung des NÖS»[58]. Das ist eine Interpretation, die durch Gesprächsprotokoll nicht abgedeckt ist. Der massivste Argwohn gegen Ulbrichts Wirtschaftskonzept brodelte im eigenen Politbüro.

Gestärkt durch das Unter-vier-Augen-Gespräch mit Breschnew, nutzte Honecker schon das sommerliche Treffen in Moskau, um die Plattform der Ulbricht-Gegner zu verbreitern. Eines Abends nahm er Planungschef Schürer beiseite und fragte ihn unverblümt, was er von der jährlichen Zuwachsrate der Industrieinvestitionen wirklich halte, die den Zuwachs des Nationaleinkommens im vorangegangenen Jahr um das Dreifache überstiegen und bei 17,4 Prozent gelegen hatte. Schürers Antwort war, daß diese Proportion eigentlich nicht vertretbar sei. Honecker: «Warum planst du es dann so?» Schürer: «Weil es in unserer Partei üblich ist, daß man die Disziplin einhält. Die Zuwachsraten werden von Günter Mittag angewiesen, hinter dem der 1. Sekretär steht.» Daraufhin Honecker: «Vertritt doch endlich mal deinen Standpunkt!»[59]

Davon machte Schürer dann ausgiebig Gebrauch, als an Ulbrichts Apparat vorbei der Politbürobeschluß vom 8. September vorbereitet wurde. Mit ihm stellte die Mannschaft um Honecker unverhofft die Weiche für eine gründliche Kurskorrektur der Ulbrichtschen Wirtschaftspolitik. Der hemmungslose, zu großem Teil planwidrige Einsatz von Nationaleinkommen für sogenannte Strukturvorhaben, von denen sich nicht wenige als uneffektiv und noch häufiger als nicht mehr vollendbar erwiesen, hatten eine Trümmerlandschaft an Investruinen und Schäden in Milliardenhöhe hinterlassen. Unter den Automatisierungsvorhaben mußten beispielsweise mehr als dreiviertel aller Projekte wieder abgebrochen werden, «weil bei den übrigen die ursprünglich geplanten Mittel weit überzogen waren»[60].

Um zu vertuschen, was wirklich geschehen war, mußte man sich mit Teilwahrheiten begnügen. Sonst hätten die Köpfe von Ulbricht und Mittag rollen müssen, woran Moskau nicht interessiert war. Zum anderen hätte das Eingeständnis, daß im Grunde das Politbüro als Ganzes versagt hatte, Honeckers geplanten Start als Parteichef erschwert.

So begnügte man sich damit, an den Symptomen des kranken Wirtschaftsorganismus herumzulaborieren und andere Prioritäten zu setzen. Die entarteten Proportionen der Wirtschaft sollten wieder zurechtgerückt, der Abhängigkeit gegenüber dem Westen vorgebeugt und der «Erfüllung von Konsumbedürfnissen der Bevölkerung» besser Rechnung getragen werden.[61] Letzteres war um so dringender geboten, wollte man – angesichts der miesen Versorgungslage – nicht auch noch politische Erschütterungen riskieren.

In der Vorlage vom 8. September, die dann auch im Ministerrat wie eine Bombe einschlug und auch im Politbüro debattiert wurde, schwieg Günter Mittag. Die Rolle des Duckmäusers wurde ihm leichtgemacht, weil weder Ulbricht noch die Spitzenleute seines Büros anwesend waren. Damals spürte Mittag, wie er heute bekennt, «die Gefahr eines neuen Kurses». Mehr noch: Er sah in dem Beschluß eine «Kopie der sowjetischen Planwirtschaft»[62].

Aber noch war er sich nicht völlig schlüssig darüber, wie das Tauziehen zwischen Honecker und Ulbricht am Ende ausgehen würde.

Als Walter Ulricht am 25. September seine Ideenkonferenz zur Automatisierung abhielt, redete Mittag immer noch folgsam in der Sprache seines Meisters, der neben ihm am Tisch saß. Da gingen ihm Vokabeln wie «Einheitssysteme der Automatisierung», «eigenverantwortliche Planung und Leitung der Betriebe» u. ä. noch spielend über die Lippen.

Zehn Wochen später, auf dem Dezemberplenum des Zentralkomitees, schien Mittag in die Haut eines Chamäleons geschlüpft zu sein. Die «Gefahr», die er im Nacht- und Nebelbeschluß vom September gewittert hatte, war inzwischen zur Gewißheit geworden: Die Idee des NÖS, die mögliche Chance, einen attraktiven Sozialismus zu schaffen, von dem er einst mit Erich Apel geträumt hatte, war vertan. Jetzt blieb Mittag nur noch, den Hut zu nehmen und zu gehen oder mit den Wölfen zu heulen. Der gescheiterte Reformer Günter Mittag war froh, daß er jetzt «nach vorwärts» reden durfte, und glücklich, daß Honecker ihm die Selbstkasteiung erlassen hatte. Denn andernfalls, so sieht Günter Mittag es heute, «wäre alles zu Ende gewesen»[63].

Nicht wenige, die er in der Vergangenheit ausgetrickst oder rüde beiseite gedrückt hatte, hatten im Vorgenuß der Kritik und Selbstkritik dieses Mannes den Plenarsaal des Zentralkomitees betreten. Die erste Enttäuschung bescherte ihnen schon der Bericht des Politbüros, den Paul Verner vortrug. Zwar übten er wie auch Willi Stoph ungewöhnlich scharfe Kritik an der Wirtschaftspolitik der Vergangenheit, doch personifiziert wurde sie nicht. Die Verblüffung war perfekt, als ausgerechnet der de facto angeklagte Wirtschaftssekretär der Partei dem ZK schon wieder die Welt von morgen erklärte, ohne auch nur einen einzigen Blick zurückzuwerfen. «Bestimmender Grundzug der Regelungen für 1971», so Mittag, «ist die Verstärkung des demokratischen Zentralismus.»[64] Es gehe dabei um «Kernfragen der Macht, der führenden Rolle der Arbeiterklasse und ihrer marxistisch-leninistischen Partei...»

Genau das wollten die Betonköpfe in der Honeckerfraktion hören. Es war nichts anderes als die ideologische Begründung für die Rückkehr zu einer Kommandowirtschaft finsterster Sorte. Auch daran ließ Mittag keinen Zweifel. Man werde sich im kommenden

168

Jahr konzentrieren «auf die klare und unmißverständliche Beauf-
lagung der Betriebe und Kombinate und aller übrigen Gebiete der
Volkswirtschaft mit den entscheidenden Kennziffern der Reproduktion...» In Mittags Diskussionsbeitrag war mit keinem Wort
mehr die Rede vom kurz zuvor noch beschworenen Spielraum der
Betriebe, der besonderen Relevanz des Gewinns oder gar von der
Rolle des Marktes. Originalton: «...die Erfüllung des Planes in seinen Kennziffern einschließlich des Monatsplanes (ist) Hauptgegen-
stand der Kontrolle und Abrechnung.»[65] Damit war der Rückfall in
die Ära der Tonnenideologie besiegelt. Der Totengesang des NÖS
wurde nicht erst auf dem VIII. Parteitag angestimmt.

Inzwischen hatte sich Mittag auch bestens auf den Ostwind um-
gestellt, der zunehmend schärfer aus Moskau herüberwehte. Deshalb versäumte er nicht, einer radikalen Abschottung zum Westen,
Breschnews Herzenswunsch, das Wort zu reden. Bundesdeutsche
Angebote wie gemeinsame wissenschaftlich-technische Gremien,
gesamtdeutsche Publikationen u. ä. verteufelte er durchweg als Teil
der imperialistischen Globalstrategie. Mittag: «Zwischen beiden
sich unversöhnlich gegenüberstehenden Gesellschaftssystemen
vollzieht sich eine immer stärkere politische und ideologische, aber
gleichzeitig auch *eine genauso wichtige ökonomische Abgrenzung.*»[66] (Hervorhebung von mir – d. Verf.)

Einem solchen Mann konnte Honecker getrost jenen Brief zur
Unterschrift vorlegen, mit dem am 21. Januar des neuen Jahres
13 Mitglieder und Kandidaten des Politbüros Leonid Breschnew
um die «unschätzbare Hilfe baten, in den nächsten Tagen mit Genossen Walter Ulbricht ein Gespräch zu führen, in dessen Ergebnis
Genosse Walter Ulbricht von sich aus das Zentralkomitee der Sozialistischen Einheitspartei Deutschlands ersucht, ihn aufgrund seines hohen Alters und seines Gesundheitszustandes von der Funktion des Ersten Sekretärs des Zentralkomitees... zu entbinden»[67].

Honecker hatte sich wohl überlegt, von wem er die Unterschrift
verlangen und auch erwarten konnte. Von den 21 Mitgliedern und
Kandidaten hatten 13 unterschrieben. Offenbar hatte der Kronpinz
mit jedem einzelnen gesprochen, auf dessen Unterschrift er Wert
legte. Als Mittag zu ihm gerufen wurde, hatten bereits 11 Spitzenge-

169

nossen unterschrieben. Es habe noch Erich Mückenbergers Unterschrift gefehlt, der damals Parteichef des Bezirkes Frankfurt/Oder war, und die seine, erzählt Mittag. Da sich Honecker über Mittags Standpunkt noch immer nicht restlos im klaren gewesen sei, habe er ihm den Brief als einem der letzten vorgelegt, um ihn gewissermaßen vor vollendete Tatsachen zu stellen. Bedenken, den Ruf nach Schützenhilfe aus Moskau zu unterschreiben, hätte er nicht gehabt, weil namentlich Ulbrichts Wirtschaftspolitik «nicht länger zu verantworten und größenwahnsinnig geworden war»[68].

Auf dem VIII. SED-Parteitag fand gewissermaßen die Urnenbeisetzung des NÖS statt. Daß Mittag zu den Bestattern der unvollendeten Reform gehörte, steht außer Zweifel. Doch wäre es ungerecht, ihn zu *dem* Totengräber eines flexibleren Wirtschaftskonzepts zu stempeln, wie es Vertreter seiner früheren Umgebung neuerdings versuchen.[69] Mittag war niemals der Motor jener «Wende», die der VIII. Parteitag vollzog. Die Honecker-Ära mit ihrer im Verhältnis zur Ulbricht-Zeit weit unsolideren Wirtschaftspolitik wäre auch gekommen, wenn Mittag sich quergestellt hätte oder gar gegangen wäre. Das Schlimme ist, daß er sich nach dem VIII. Parteitag gegen seine eigene Überzeugung zu Honeckers Zugpferd machte. Unter seinem Mentor Walter Ulbricht hatte er noch hoffen können, daß der Sozialismus deutscher Prägung vielleicht einmal Geschichte machen würde. Von der Politik des Vollblutdogmatikers Erich Honecker stand das nicht zu erwarten. Günter Mittag focht das nicht an – ebensowenig schien es Honecker anzufechten, die Verantwortung für die Wirtschaft der DDR in die Hände eines Mannes zu legen, der sich schon einmal als verantwortungslos erwiesen hatte und höchst leichtfertig mit sauer erwirtschafteten Milliarden umgesprungen war. Ein solcher Mann hätte nie wieder in die Nähe des Steuerrades einer Volkswirtschaft gehört. So war schon Mittags Übernahme in das Boot der Honecker-Gilde symbolisch für die Fortsetzung einer unsoliden, abenteuerlichen Politik in der Zukunft.

Mittag zeigte sich sehr bald imstande, seine Wende auch öffentlich zu demonstrieren. «Der wichtigste Schritt», so erläuterte er im September 1971 gutgläubigen Parteipropagandisten in Magdeburg, «ist doch das Umdenken, das Überprüfen des eigenen Standpunktes, der feste Wille, sich auf die neuen Anforderungen einzustellen.»[70] Und bald wurde der neue alte Wirtschaftskapitän der SED mehr oder weniger von allen wieder akzeptiert. Dafür hatte schon Honecker mit seiner Autorität als Parteichef gesorgt. Mit Blick auf diese Zeit gab Planungschef Gerhard Schürer zu Protokoll, «daß Günter Mittag der einzige war, dem Erich Honecker in ökonomischen Fragen wirklich Vertrauen entgegenbrachte und freie Hand für die Arbeit gab»[71].

Ins Reich der Fabel gehört, wenn Günter Mittag jetzt behauptet, daß seine Widersacher nicht «müde wurden, nach einem Sündenbock zu suchen», was zu seiner Versetzung auf den Posten eines Ersten Stellvertreters des Ministerratsvorsitzenden in den Jahren 1973 bis 1976 geführt hätte.[72] Der wahre Hintergrund war ein anderer. Nach Ulbrichts Tod wurden Regierungschef Willi Stoph auf den Sessel des Staatsoberhauptes gehievt und Horst Sindermann zum Premier gemacht. Sindermann war ein glänzender Rhetoriker und Propagandist, hatte mit der Ökonomie aber wenig am Hut. Da der Ministerrat aber letztlich die Erfüllung der wirtschaftlichen Ziele in der Praxis zu gewährleisten hatte, wollte Honecker einen in dieser Hinsicht starken Mann hinter Sindermann sehen. Als Honecker im September 1973 Mittag zu sich rief, um ihm die Versetzung zu verkünden, hat er es nach Mittags eigenem Bekunden genauso begründet. Werner Krolikowski, bis dahin Parteichef im Bezirk Dresden, hatte an Mittags Stelle zu treten. Der kenne sich zwar im Parteiapparat aus, so hatte der SED-Chef seinem scheidenden Wirtschaftssekretär bedeutet, nicht aber im Regierungsapparat.[73]

Durch den Wechsel sank Mittags Stellenwert zwar zeitweilig, doch sein faktisches Gewicht blieb unangetastet. Auf Staatsebene hatte Mittag in «allen ökonomischen Fragen das Sagen», auch weil Honecker, wie Krolikowski berichtet hat, «extra einen Beschluß fassen (ließ), der Sindermann de facto entmachtete und Mittag zur eigentlichen Machtfigur in der Regierung machte...»[74] Erwiesen ist, daß Mittag in jener Zeit ein weit strengeres Regime in den mit Wirtschaftsfragen befaßten Ministerien einführte und sich von dem farb- und ideenlosen Krolikowski nicht hineinreden ließ.

Drei Jahre später, als Honecker auch noch das Amt des Staatsratsvorsitzenden okkupierte, konnte Mittag wieder auf seinen Stuhl als
Wirtschaftssekretär der Partei zurückkehren. Diesen Wechsel hatte
er auch Stoph zu verdanken, der wieder das Amt des Regierungschefs übernehmen sollte und es zur Bedingung machte, keinen Stellvertreter namens Günter Mittag zu haben. Mit dieser Haltung hat
sich Stoph letztlich ins eigene Fleisch geschnitten. Denn als Wirtschaftssekretär, der seine engmaschigen Netze inzwischen auch im
Regierungsapparat ausgeworfen hatte, sollte Mittag sich bald zum
Chef eines Schattenkabinetts mausern, von dem fast alle Macht ausging, was die Steuerung der DDR-Wirtschaft betraf.

Die Ausschaltung von
Regierung und Parlament

Das Verhängnisvolle an Mittags Rolle war, daß er nicht nur der
ideologische Kopf der ostdeutschen Wirtschaft war, sondern durch
fundamentale, oft selbstherrliche Entscheidungen ständig in ihren
Ablauf eingriff. Das war zum einen systembedingt der führenden
Rolle der SED geschuldet, die eine doppelte Leitung aller gesellschaftlichen Prozesse von Belang implizierte. Zum anderen resultierte es aus der ungewöhnlichen Machtfülle, aber auch aus der pe-
dantischen Neigung des Wirtschaftssekretärs.

Mittag war Leiter der beim Politbüro angesiedelten Kommissio-
nen für Wirtschaft, für ökonomische Sicherstellung der Landesver-
teidigung sowie der Arbeitsgruppen Zahlungsbilanz und BRD.
Zudem saß er dem Volkskammerausschuß für Industrie, Bauwesen,
Transport und Verkehr vor. Ihm waren die ZK-Abteilungen Sozialistische Wirtschaftsführung, Planung und Finanzen, Grundstoffindustrie, Maschinenbau und Metallurgie, Bauwesen, Leicht-,
Lebensmittel- und bezirksgeleitete Industrie, Transport- und
Nachrichtenwesen, Forschung und technische Entwicklung, Ge-
werkschaften und Sozialpolitik direkt unterstellt. Über diese
zweite, letztlich entscheidende Leitungsebene war es ihm möglich,

jederzeit in alle Schwerpunktbereiche der Wirtschaft auch operativ einzugreifen.

Die Tatsache, daß Mittag nahezu uneingeschränkt in die Wirtschaft hineinregieren konnte, war allerdings nicht allein Ausfluß seiner Ämter. In erster Linie konnte er es deshalb, weil der Parteichef ihm allzeit den Rücken freihielt. Honecker verband sich mit Mittag, wie Krolikowski später wütend anmerkte, «als wären sie zwei Kletten, als wären sie siamesische Zwillinge»[75]. Das bekamen selbst führende Köpfe des Apparates zu spüren. Der ZK-Abteilungsleiter Günter Ehrensperger wurde schon Anfang bzw. Mitte der siebziger Jahre von Honecker gerüffelt, weil er im Politbüro eine Position vertreten hatte, die von Mittag nicht geteilt wurde. Honecker, so Ehrensperger im Februar 1990, bestand darauf, «daß wir uns für die Zukunft zu Vorlagen im PB vorher abzustimmen hätten... Damit stand fest, daß eine Stellungnahme der Abteilung Planung und Finanzen, mit der G. Mittag in der inhaltlichen Aussage nicht einverstanden war, gar nicht erst ins PB kam.»[76]

Diese Praxis wurde im kleinen wie im großen geübt. Selbst für die Jahres- und Fünfjahrespläne war Günter Mittag der Filter, der alles abfing, was seinen ehrgeizigen Vorstellungen zuwiderlief. Vor allem Explanungschef Gerhard Schürer weiß davon ein Lied zu singen: «Ich war verpflichtet, alle meine Vorlagen vorher mit dem Sekretär für Wirtschaft, Günter Mittag, abzustimmen. Ich muß noch hervorheben, daß der von mir eingereichte Planentwurf fast in keinem Jahr so beschlossen wurde, wie ich ihn vorher mit den Ministern beraten hatte. In der Regel wurde durch eine nochmalige Planrunde auf Initiative von Günter Mittag noch eine Erhöhung der Zielstellung des Planes vorgenommen (...).»[77]

Selbst die ohnehin schon überhöhten, zwar finanziell, aber materiell nicht voll gedeckten Vorgaben des Staatsplanes genügten Mittag in den letzten Jahren nicht mehr. In einem Parteiseminar, zu dem er während der Leipziger Messe alljährlich die Generaldirektoren der Kombinate zusammentrommelte, verlangte er den Spitzenmanagern der Wirtschaft zusätzliche Verpflichtungen ab, durch die der Plan noch einmal aufgestockt wurde. Widerspruch war nur ein einziges Mal gewagt worden, und der hatte mit dem sofortigen

Rausschmiß des Aufbegehrenden geendet. Seitdem versuchten die Generaldirektoren, die zusätzlichen Zwangsauflagen mit Krampf zu erfüllen, was das Horten von Rohstoffen und Halbfabrikaten, manipulierte Statistiken und falsche Informationen und nicht zuletzt neue Disproportionen im Wirtschaftsgefüge zur Folge hatte. Die Schizophrenie des Vorgangs lag darin, daß die reale Erfüllung des Planes um so geringer ausfiel, je mehr derselbe überhöht worden war. Freilich durfte die Nichterfüllung des Planes nicht evident werden, schon um Honeckers glänzenden Blick auf die vielgepriesene Planwirtschaft nicht zu trüben. Deshalb «aktualisierte» bzw. «präzisierte» Günter Mittag am jeweiligen Monats- bzw. Jahresende höchstpersönlich den Plan, bevor die Staatliche Zentralverwaltung für Statistik (SZS) die Zahlen festschreiben durfte. Obgleich von der Volkskammer beschlossen, galt dem Wirtschaftssekretär der Plan keineswegs als Heiligtum, sondern eher als Schimäre.

Hatte Mittag den Plan kraft Amtes einer günstigen Optik angepaßt, durfte die Regierung meist nachziehen. «Der Ministerrat», so der frühere Staatssekretär im Ministerium für Fahrzeugbau, Christian Scholwin, «faßte dann nach vollendeten Tatsachen nachträglich die Beschlüsse zur Änderung (soweit er informiert wurde).»[78] Tatsächlich ist kein einziger der Fünfjahrpläne, ja nicht einmal ein einzelner Jahresplan ganz erfüllt worden. Folgt man Werner Krolikowski, so sind «während der achtziger Jahre 1/3 oder 40% der Staatsplanpositionen nicht erfüllt» worden.[79]

Die exakten Abrechnungen, die über die Planerfüllung angefertigt wurden, verschwanden in den Panzerschränken einiger weniger Politbüromitglieder. Was in die Medien gelangen durfte, ließ sich Mittag von Honecker bestätigen, der die selektiv günstigen Ziffern nicht selten noch einmal schönte. «Die veröffentlichten Zahlen», so resümierte der SZS-Chef Professor Donda nach der Wende, «stammten von uns und waren korrekt, aber sie waren ausschließlich auf das Positive ausgerichtet... In den Textausführungen wurden alle Probleme und Schwierigkeiten weggelassen.»[80]

Bei solcher Auswahl der Fakten war es im Grunde überflüssig, Ziffern zu fälschen. Gleichwohl ist auch dies während der achtziger

Jahre ab und an geschehen. So hatte Mittag Anfang 1988 über den ZK-Abteilungsleiter Ehrensperger anweisen lassen, die Wachstumsrate des Nationaleinkommens für 1987 mit 4 Prozent anzugeben, obgleich der wirkliche Zuwachs noch gar nicht feststand. Hierzu Chefstatistiker Arno Donda: «Die 4% wurden in der Presse veröffentlicht, aber in allen anderen Unterlagen, wie z. B. im Statistischen Jahrbuch, wurde das Wachstum mit 3,55% dargestellt. Im August/September ergab die endgültige Ermittlung 3,27%.»[81]

Auch die Entwicklungsraten der industriellen Warenproduktion hatte Mittag bei Bedarf nach oben manipulieren lassen, namentlich für den Bereich der chemischen Industrie und der Metallurgie. Nur einem «kleinen Empfängerkreis (Mittag, Stoph, Ehrensperger)», so ein Gutachten der SZS vom 12. Februar 1990, «wurden die richtigen Entwicklungsraten als GVS (Geheime Verschlußsache – d. Verf.) übermittelt»[82].

Gegen solch willkürliche Eingriffe in Rechnungsführung und Statistik hatte sich Statistikchef Arno Donda, soweit und sobald er davon erfuhr, nach Kräften zur Wehr gesetzt. Das Amt, das Ministerpräsident Otto Grotewohl ihm im Sommer 1963 übertragen hatte, war ihm zu keinem Zeitpunkt leichtgemacht worden. Donda gehörte nicht zu jenen Statistikern, denen der Volkswitz in der DDR nachsagte, sie fragten bei einem Rechenexempel vorsichtshalber erst einmal, was denn herauskommen solle. Der Mann war im Gegenteil von akribischer Genauigkeit, die auch Honeckers Vorgänger schon genervt hatte. Es war kein Zufall, daß er der DDR-Regierung nur vier Jahre angehörte. Danach war er ein schlichter Untergebener des Ministerpräsidenten, wobei die staatsrechtliche Position nur die Staffage für seine wirkliche Abhängigkeit vom Wirtschaftssekretär der SED und dessen Apparat war. Doch gab ihm die Nähe zur Parteispitze auch die Möglichkeit, gegen gewisse statistische Coups des Wirtschaftssekretärs zu intervenieren oder gar Widerstand zu leisten.

Im Jahre 1979, als die Bilanz des laufenden Fünfjahrplanes (1976–1980) immer näher rückte, erreichte Donda eines Tages ein Anruf von Mittags Bürochef Manfred Ermlich. Dieser trug dem

Chefstatistiker auf, beginnend mit dem Jahr 1979, das National-einkommen nicht mehr zu konstanten, sondern zu aktuellen Preisen auszuweisen, ohne es kenntlich zu machen. Donda im Rückblick: «Das Ziel bestand darin, ein höheres volkswirtschaftliches Wachstum, als tatsächlich erreicht wurde, auszuweisen. Das war der Versuch... tatsächlich falsche Daten durch die SZS ausweisen zu lassen.»[83]

Hinter dem Ansinnen stand kein Geringerer als Günter Mittag, der sich im Resultat des auslaufenden Planjahrfünfts sonnen wollte. Allerdings war ihm das Eisen, das er da zu schmieden im Begriff war, wohl doch zu heiß gewesen, um es ganz auf die eigene Kappe zu nehmen. Er hatte deshalb gemeinsam mit Planungschef Schürer und dem ZK-Abteilungsleiter Ehrensperger eine Sekretariatsvorlage für das ZK zusammengezimmert, durch die der getürkte Abrechnungsmodus abgesegnet werden sollte. Da Mittag mit Dondas Aufbegehren offenbar gerechnet hatte, sollte der parteiamtlich darauf festgelegt werden, «die zur Durchführung dieser Abrechnungen erforderlichen Detailregelungen kurzfristig auszuarbeiten». In der Begründung der Vorlage für das Sekretariat kam Mittag nicht umhin einzugestehen, daß man mit dem vorgeschlagenen Modus von «der bisher gehandhabten und den internationalen Vereinbarungen (RGW, UNO) entsprechenden Abrechnung zu *konstanten (vergleichbaren) Planpreisen*» abgehe. Andernfalls würden sich nämlich «größere Abweichungen», d. h. eine Untererfüllung ausgerechnet bei den Kennziffern Nationaleinkommen, industrielle Warenproduktion, Arbeitsproduktivität und Bauproduktion des Bauministers ergeben. Deshalb sollten die insbesondere 1978 und 1979 administrativ erhöhten Industriepreise die Resultate aufbessern. «Bei einzelnen Kennziffern», so die Mittagvorlage, «sollte eine öffentliche Abrechnung unterbleiben; so z. B. für die in der Direktive (des IX. Parteitages – d. Verf.) genannte Zielstellung zur Entwicklung der pflanzlichen Produktion insgesamt und in GE/ha.»[84]

Chefstatistiker Donda, dem die Mittag-Vorlage rechtzeitig auf den Tisch kam, konterte mit einem überzeugenden, neun Seiten umfassenden Gegenpapier. Anhand von Beispielen gab er Mittags

Versuch, dem Inland wie Ausland ein plötzliches Wirtschaftswunder der DDR vorzugaukeln, im Grunde der Lächerlichkeit preis.

Das Urteil des Chefstatistikers über die Mittag-Variante volkswirtschaftlicher Statistik fiel ebenso mutig wie hart aus. Parteiführung und Regierung würden «bei einem erheblichen Teil der volkswirtschaftlich wichtigsten Kennziffern nicht mehr der Realität entsprechend informiert werden können... unter Bedingungen des angewiesenen Vorstoßes gegen klare Prinzipien der Wahrhaftigkeit (kann) keine exakte Berichterstattung mehr garantiert werden». Im Gegensatz zu Mittag und Schürer bedachte Donda auch die außenpolitischen Folgen des statistischen Hasardspiels. Eine Vielzahl von Zahlen, die bis dahin dem RGW und der UNO vereinbarungsgemäß aus der Ostberliner Statistikzentrale zuflossen, wären künftig unter den Teppich gekehrt worden. Donda: «Das würde die verstärkte Aufmerksamkeit des Feindes auf uns ziehen, uns Angriffen wegen Nichteinhaltung der Schlußakte von Helsinki aussetzen, das Unverständnis unserer Freunde hervorrufen und dazu führen, daß einer der bedeutendsten Industriestaaten der Welt weit weniger Angaben über die ökonomische Entwicklung zur Verfügung stellt als viele Entwicklungsländer.» [85]

Donda hatte nicht nur die Stirn, seine «Stellungnahme» Mittag selbst zu übermitteln, sondern sie auch Ministerpräsident Willi Stoph zuzuspielen. Dank dieser Einmischung setzte sich in der Parteispitze die Vernunft durch. Die Mittag-Vorlage wurde abserviert, ohne daß der Wirtschaftssekretär dabei hatte ernsthaft Federn lassen müssen. Dafür hatte Honecker schon gesorgt.

Gleichwohl bedeutete das Resultat dieser Auseinandersetzung eine Niederlage für Mittag, die er dem Chefstatistiker nie vergaß. Jedoch blieb ihm die Genugtuung, sich in anderen Fällen mit seiner krummen Tour durchgesetzt zu haben. Vor allem mit Blick auf das vielgerühmte «Kernstück des sozialpolitischen Programms», den Wohnungsbau, nahm er immer wieder mal zur Manipulation Zuflucht. Bis zum Jahre 1990 sollte in der DDR die Wohnraumfrage als «soziales Problem» gelöst sein. So hatte es die Honeckerpartei den Bürgern versprochen, und manche Engpässe wurden mit dem immensen Aufwand begründet, die der Bau neuer oder die Rekonstruktion alter Wohnungen tatsächlich auch verschlang. Je näher das Jahr 1990 jedoch rückte, um so deutlicher zeichnete sich ab, daß die Partei versprochen hatte, was nicht zu halten war. Namentlich in Großstädten wie Berlin und Leipzig nahm das Heer der Wohnungssuchenden eher zu als ab. Da sollte wenigstens die Statistik über den Zuwachs an verfügbarem Wohnraum ein möglichst günstiges Bild vermitteln. Deshalb ließ Mittag ZK-Planungschef Ehrensperger im September 1978 einen Beschluß ausarbeiten, wonach die «nach Typenprojekten des Wohnungsbaus errichteten Arbeiterwohnheimplätze, beginnend mit dem Planjahr 1978, als Neubauwohnungen zu erfassen und abzurechnen (sind)... Als Abrechnungsverhältnis ist zugrunde zu legen: Fünf Arbeiterwohnheimplätze entsprechen einer Wohnung.»[86] Diese Prozedur bedeutete in doppelter Hinsicht Vorspiegelung falscher Tatsachen. Die für die Bauarbeiter hochgezogenen Wohnblöcke entsprachen zwar dem üblichen Standard des Wohnungsneubaus, doch standen sie häufig auf Jahre für die Bürger nicht zur Verfügung. Da die Baukumpel, fern der Heimat, in den sogenannten Arbeiterheimen mehr hausten als wohnten, war deren Wohnsubstanz beim Auszug meist verschlissen. Es bedurfte dann erst diverser Reparatur- und Instandsetzungsarbeiten, bevor aus einstigen Heimen wieder brauchbare Wohnungen wurden. Gleichwohl verfügte Mittag, daß Planungschef Schürer, Bauminister Junker und Chefstatistiker Donda wie geschildert zu verfahren hatten. Eine ähnliche Entscheidung traf Mittag mit der Maßgabe, rekonstruierte sowie um- und ausgebaute Wohnungen als neugebaute Wohnungen zu zählen.

Manchen Trick und manches Täuschungsmanöver wagte Mittag selbst hinter dem Rücken Honeckers und des Politbüros. Als im Jahre 1981 eine Wohnraum- und Gebäudezählung beschlossen wurde, hatten Politbüro und Ministerrat zuvor das Programm der Fragen bestätigt. Danach waren auch Angaben über das Alter der Wohngebäude vorgesehen. Kurz bevor die Zählung begann, strich der Wirtschaftssekretär Angaben zur Altersstruktur der Wohngebäude aus dem Fragebogenmuster heraus. Als die Zählung beendet war, verfügte er zudem, die Angaben über den Bauzustand der Wohngebäude ausschließlich Planungschef Schürer und dem Bauminister zu übergeben. Für beides hatte Mittag seine Gründe. Präzise Angaben über Alter und Zustand der meisten Wohngebäude hätten den Parteibeschluß, die Wohnungsfrage als «soziales Problem» bis 1990 zu lösen, als hohle Phrase entlarvt. Daß so wenige ihren Traum von einer angemessenen Wohnung realisieren konnten, hatte allerdings viele Gründe, die Mittag keineswegs allein zu verantworten hatte. Zum einen wanderten ca. 10 Prozent aller neugebauten Wohnungen regelmäßig in die Verfügungsgewalt des maßlos aufgeblähten Sicherheitsapparates. Zum anderen führte Honeckers fataler Ehrgeiz, die DDR-Hauptstadt zu einer der attraktivsten Metropolen Europas zu machen, zu einem regelrechten Chaos in vielen Städten und Gemeinden. Im Rahmen der sogenannten «Berlin-Initiative» wurden selbst kommunale Baubetriebe nach Berlin beordert, während vor allem kleinere und mittlere Städte wie Meißen, Bautzen, Weimar, Altenburg, Angermünde und viele andere mehr und mehr verfielen.

Obgleich das «Kernstück» von Honeckers sozialpolitischem Programm mehr als 90 Milliarden verschlungen hatte, waren bis zur Wende noch immer rund 4 Millionen DDR-Bürger ohne ausreichenden bzw. zumutbaren Wohnraum. Hatte man in den siebziger Jahren noch davon gesprochen, daß am Ende des bombastischen Bauprogramms jede Wohnung über WC und Bad oder wenigstens über eine Dusche verfügen werde, wurden die Erwartungen in der zweiten Hälfte der achtziger Jahre schon merklich gedämpft. Es müsse genügen, so hieß es nach dem XI. Parteitag, wenn eine Wohnung trocken, warm und sicher sei. Politbüromitglied Günter Kleiber notierte im Januar 1990 in seiner Gefängniszelle zur Wohnungsfrage: «Mittag empfand es noch 1989 als ein ‹Glück›, daß die Frage ‹soziales Problem› nie genau definiert und erklärt wurde.»[87]

Mit Definitionen nahm Mittag es allerdings auch dort nicht so genau, wo sie existierten. Als Industrieroboter galten nach internationaler Gepflogenheit ausschließlich prozeßflexible, d. h. mehrachsige Geräte. Dementsprechend schlug Chefstatistiker Donda die Abrechnung der Computer vor. Das hätte allerdings bedeutet, daß die durch Parteibeschluß geförderte Stückzahl nie erreicht worden wäre. Deshalb entschied Mittag, so Donda, «daß auch prozeßspezifische Geräte als Industrieroboter in die Berichterstattung einzubeziehen sind...»[88] Damit ging beispielsweise jede Melkmaschine in die Zählung ein. Eine Aufstellung über prozeßflexible und prozeßspezifische Geräte durfte indessen nur für ihn selbst sowie für ZK-Abteilungsleiter Ehrensperger angefertigt werden. Unter Insidern blieb der Trick nicht lange geheim. Unter Anspielung darauf kursierte bald die Preisfrage: «Was ist ein Roboter?» Antwort: «Jeder, der sich ständig um die eigene Achse dreht».

Auffallend ist, mit welcher Dreistigkeit der Wirtschaftssekretär der Partei volkswirtschaftliche Parameter willkürlich veränderte oder schönte und selbst Berichte, die vom Politbüro zu bestätigen waren, schon manipulierte, bevor die Gralshüter sie überhaupt zu Gesicht bekommen hatten. So mußte Mittag die halbjährlichen Berichte über die Planerfüllung regelmäßig dem Politbüro vorlegen. Donda: «Es kam vor, daß Günter Mittag uns Aufträge gab, vor Einreichen dieser Halbjahresberichte in das Politbüro einzelne negative Stellen wegzulassen.»[89] Einmal, so sagte der Chefstatistiker aus, habe Mittag sogar in den Berichtstext hineinredigiert, der vom Politbüro bereits bestätigt und schon dem Leiter des Regierungspresseamtes, Kurt Blecha, übergeben worden war. Der Chef des Presseamtes mußte die zur Veröffentlichung bestimmte Version wieder herausrücken, und Mittag strich aus dem Papier ganze Textzeilen heraus. Erst danach gelangte es in die Redaktionsstuben der Medien.

Selbst wenn Mittag sich im Ausland aufhielt, ließ er sich die Halbjahres- oder Jahresberichte über die Erfüllung des Volkswirtschaftsplanes nachschicken. Waren sie schließlich in die Fassung gebracht worden, die ihm vorschwebte, durften sie ans Licht der Öffentlichkeit. Als Mittag beispielsweise gemeinsam mit Honecker zum Staatsbesuch in Indien weilte, hatte Donda das ungeschminkte Zahlenwerk in den Bericht hineingeschrieben. Mittags Veto aus Neu Delhi traf umgehend in Berlin ein. Seine Mitarbeiter Ermlich und Krömke mußten die Vorlage kurzfristig umarbeiten, und Donda wurde zu Ehrensperger ins ZK zitiert. Mittag ließ sich mit dem Chefstatistiker telefonisch verbinden und beschimpfte ihn. Er meinte, so Donda, «daß ich mit diesem Bericht all unsere Erfolge zunichte mache», und er lasse sich «seine Wirtschaft nicht durch die Statistik kaputtmachen.»[90]

Brisante, ja selbst staatspolitisch wichtige Informationen blieben nicht nur der Öffentlichkeit verborgen, sondern selbst jenen Körperschaften, die laut Verfassung die Macht auszuüben hatten: Volkskammer und Ministerrat.

Unter Ulbricht waren die Abgeordneten der Volkskammer noch einigermaßen im Bilde. Auch während der ersten Jahre des Honeckerregimes bekamen sie vom Statistikamt noch regelmäßig ein Informationsbulletin, das die Realität der Ökonomie ziemlich genau spiegelte. Donda bezeugt: «Die Zahlen waren real und hätten, wenn man diese Informationen in der gleichen Art und Weise weitergeführt hätte, die negative Tendenz der DDR-Volkswirtschaft aufgezeigt.»[91]

Aber genau das hätte die demagogische Sicht auf die DDR, die Honecker und Mittag nicht zuletzt als Bestätigung ihrer selbst brauchten, schon sehr frühzeitig erschüttert. Deshalb schickte Mittag, wahrscheinlich 1976, Ehrensperger, den einflußreichsten seiner Abteilungsleiter, vor, um die Instruktionen für die Volkskammerabgeordneten fortan einstellen zu lassen. «Der Grund», so Donda, «wurde mir nicht mitgeteilt.»[92] Danach befragt, behauptet Honeckers Wirtschaftskönig heute, es habe an Papier gemangelt.[93] Ein Einwand, der die Grenze zum Lächerlichen überschreitet, bedenkt man, daß es bis zur Wende Zeitschriften für den Tierhalter oder den Kleingärtner in hohen Auflagen gab. Dabei verpflichtete die Geschäftsordnung der Volkskammer den Ministerrat ausdrücklich, die Ausschüsse des Parlaments über wichtige Fragen der Staatspolitik in Kenntnis zu setzen. Zum einen wurde das gezielt vermieden, zum anderen war es auch gar nicht möglich, weil selbst die Regierung in gravierenden Fragen nicht über den wirklichen Stand der Dinge informiert war. Die sogenannte Planzahlungsbilanz wurde vom Volkswirtschaftsplan selbst schon bei der Vorlage im Ministerrat abgetrennt. Sie fehlte bei der Beschlußfassung ebenso wie bei der Abrechnung. Nur wer außer im Ministerrat auch im Politbüro saß, erfuhr den wichtigeren Teil der Wahrheit. Das betraf die Transaktionen des Schalck-Imperiums ebenso wie den sogenannten X-Bereich, zu dem Armee, Staatssicherheit, Polizei, Zoll, Parteien und Massenorganisationen gehörten. Waren die Vorschläge oder die Abrechnung für den Jahres- oder Fünfjahresplan im Politbüro über die Bühne, verschwand die Zahlungsbilanz im Archiv von Planungschef Gerhard Schürer.

In der Volkskammer verfuhr man noch restriktiver, weil hier Öffentlichkeit nicht zu vermeiden war. Freilich hätte jeder Abgeordnete der Volkskammer aufstehen und Fragen stellen können. Aber jeder wußte auch, daß das dem Ritual des Hauses widersprach und Folgen haben konnte. Anfragen im Plenum gab es nur nach Regierungsanweisung durch die SED-Fraktion, aber auch sie hatten Seltenheitswert. Honecker war, so Werner Krolikowski, «an solchen Anfragen bzw. Fragestunden im Plenum der Volkskammer nicht interessiert, weil er den Widerspruch und die Kritk an seiner Politik nicht duldete...»[94]

Lebhafter hingegen ging es in manchem Ausschuß zu, allerdings nicht in dem von Günter Mittag geleiteten Ausschuß für Industrie, Bauwesen und Verkehr. Eine Anfrage zur Zahlungsbilanz ist hier jedenfalls nie gestellt worden. Schürers Stellvertreter Wolfgang Groß, der im Mittags-Ausschuß meistens dabeisaß, bemerkte hierzu: «Wäre eine diesbezügliche Frage gekommen, hätte sie aufgrund des Geheimhaltungsgrades nicht beantwortet werden können.»[95]

Ähnlich wie die Volkskammer ließ Mittag auch die Regierung in vieler Hinsicht im dunkeln tappen. Das lag gewissermaßen in der Natur der Sache, bei der sich die Führung der SED nicht nur über das Volk, sondern auch über den Staat erhob. Dafür empfand der Politbürokrat selbst dann noch übergreifende Verantwortung, als er zeitweilig, von 1973 bis 1976, in der Niederung des Regierungsapparates gelandet war. Auch von hier aus versuchte er, teils mit groteskem Erfolg, den Informationsfluß zum Ministerrat zu torpedieren. Als 1. Stellvertreter des Regierungschefs fiel er Ende 1974 Chefstatistiker Arno Donda in den Arm, als der die Konsequenzen der Geburtenentwicklung in der DDR in einem mehrseitigen Papier aufgezeigt hatte. Donda war dabei zu dem Resultat gelangt: «Die Bevölkerungszahl der DDR wird bis zum Jahr 2000 Jahr für Jahr zurückgehen... Ende der 90er Jahre wird die DDR nur noch rd.

15,9 Mio Einwohner zählen, das sind 1,1 Mio oder 6,4 % weniger als gegenwärtig.»

Allein schon diese Prognose mag auf Mittag mehr als ernüchternd gewirkt haben. Was für den Wirtschaftslenker geradezu deprimierend gewesen sein muß, war die Voraussage, daß sich ab 1987, «bedingt durch das Nachrücken der geburtenschwachen Jahrgänge ab 1972, eine längere Periode ständiger Abnahme der Bevölkerung im arbeitsfähigen Alter anschließen (wird)»[96]. Die Zahl der über 80jährigen hingegen werde bis 1989 von 402000 auf 506000 ansteigen, was beträchtlichen Zuwachs an medizinischer Versorgung wie sozialer Betreuung, nicht zuletzt aber den Bau von Alters- und Pflegeheimen voraussetzte. Als Mittag das Informationspapier auf den Tisch bekam, hatten es auch die meisten Minister schon im Besitz. Gleichwohl veranlaßte Mittag, die Vorlage sofort zurückzuziehen. Der verblüfften Runde des Ministerrates, so erinnert sich Donda, wurde bedeutet, daß die Entwicklung der Population «unerheblich» sei: «China hat z. B. mehr Einwohner als die DDR, ist aber trotzdem erheblich ärmer.»[97] Donda in seiner Zeugenvernehmung: «Von diesem Zeitpunkt mußten alle Spezialanalysen Herrn Mittag vor Herausgabe vorgelegt werden, und er bestimmte den Verteiler.»[98] Die ZK-Abteilung von Günter Ehrensperger hatte strikt darüber zu wachen, welche Informationen das zentrale Statistikamt verließen.

Besonders kurios, allerdings auch besonders verhängnisvoll war Mittags Verfügung, dem Ministerrat keinen Einblick in das Verhältnis von produziertem und verbrauchtem Nationaleinkommen zu gewähren. Diese Verfügung traf der SED-Wirtschaftssekretär 1977, drei Jahre nach Annahme der Honecker-Verfassung, durch die der staatsrechtliche Stellenwert der Regierung erhöht worden war. Der Ministerrat, so hieß es im Artikel 76, «leitet die Volkswirtschaft» und «sichert die planmäßige proportionale Entwicklung der Volkswirtschaft». Aber wie sollte er die Wirtschaft leiten und sie harmonisch gestalten, solange er mit der Brechstange im Nebel herumstocherte und das Politbüro mit der Regierung Versteck spielte?

Vor Mittags Eingriff hatten komplette Jahresanalysen der Wirtschaft allen Mitgliedern der Regierung vorgelegen und waren dort auch Gegenstand interner Auseinandersetzung gewesen. Das sollte von Stund an unterbleiben. Mittags Argument war, so das Team um Donda, «daß Wirtschaftspolitik im Apparat des ZK der SED gemacht wird und nicht im Ministerrat, und man könne so eine wichtige Information nicht wie eine Postwurfsendung (gemeint waren die Minister) verteilen» [99].

Mittag fürchtete, daß der von Honecker eingeschlagene Kurs der Verschuldung nicht nur auf Widerspruch stoßen, sondern möglicherweise auch publik werden könnte. Krolikowskis Aussage, daß «durch Mittag eine ‹de-facto-Regierung› installiert wurde, in der praktisch alle strategisch ökonomischen Fragen behandelt und an der Regierung vorbei veranlaßt wurden» [100], trifft schon den Kern des Problems.

Aber die «Ausschaltung der Stoph-Regierung», die Werner Krolikowski bei seinen Vernehmungen immer wieder Honecker und Mittag anlastete, war nur die eine Seite der Medaille. Stoph und Krolikowski nahmen, wie die übrigen Politbüromitglieder auch, die roten Zahlen zur Kenntnis und gingen zur Tagesordnung über. Daß Stoph auch im Politbüro – so wie er es häufig in der Volkskammer zu tun pflegte – einschlief, sobald Planungschef Schürer die Zahlungsbilanz für das NSW (Nichtsozialistisches Wirtschaftsgebiet) vortrug, ist kaum anzunehmen. Während der letzten Jahre wußten alle Politbüromitglieder sehr genau, daß die Zahlungsfähigkeit des Landes nur noch durch Wechselreiterei aufrechtzuerhalten war. Um den Konkurs zu vermeiden, mußten wohl oder übel jährlich ca. 5 Milliarden neue Schulden in harter Mark in Kauf genommen werden. Das Geld zu besorgen war Sache von Schalck und von Außenhandelsbankchef Polze, der ständig mehrere hundert Banken anzapfen mußte, mit oder ohne «zentrale Entscheidungen».

Willi Stoph selbst war es, der dem Politbüro jede Woche Rapport über die Staatsdevisenreserve abzulegen hatte. Die eiserne Rücklage, die auf einen Vorschlag von Schalck zurückging, war für den Krisen- und Verteidigungsfall gedacht. Für die Staatsdevisenreserve war ein Mindestpegel von 1,2 Milliarden Valutamark vorgegeben, was sich im Ernstfall als lächerliche Summe erwiesen hätte. Vielleicht unterlag die Angelegenheit deshalb der höchsten Geheimhaltungsstufe. Stoph durfte den Politbüromitgliedern aus der «Geheimen Kommandosache» nur vorlesen, sie ihnen aber nicht zeigen. Der allwöchentliche Vortrag soll auf manche Politbüromitglieder wie eine Beruhigungspille gewirkt haben. Für Planungschef Gerhard Schürer war es ein «reines Schauspiel»[101].

Freilich ließen Honecker und Mittag den Regierungschef nicht in alle Karten hineinschauen. Als Mittag im Herbst 1989 Schürer beauftragte, einen Standpunkt zum größten aller Fragezeichen, zur Zahlungsfähigkeit der DDR bis 1995/1996 vorzulegen, sollte offenbar auch das Politbüro draußen bleiben. Als der Planungschef am 29. September das ebenso fragwürdige wie waghalsige Papier an Mittag sandte, bat er um dessen Einverständnis, «daß ich dieses Material auch an Genossen Stoph und Genossen Kleiber (Stophs Stellvertreter für den RGW-Bereich – d. Verf.) übermitteln kann»[102]. Der Wirtschaftssekretär reagierte auf Schürers Anfrage nicht einmal.

Ohne Frage hat Mittag den Ministerpräsidenten nach Kräften kontrolliert, in unzähligen Fragen übergangen und sich mitunter auch direkt in Regierungsgeschäfte eingemischt. Wenn Stoph vom Zentralen Statistikamt, das ihm persönlich unterstellt war, irgendein Zahlenmaterial anforderte, mußte die Donda-Behörde unverzüglich Mittags Superabteilung im ZK für Planung und Finanzen Meldung machen. Dondas Stellvertreter, Dr. Günter Hartig, sagte im Februar 1990 als Zeuge aus: «Wenn der Ministerratsvorsitzende von uns etwas direkt anforderte, wollte diese Abteilung darüber immer informiert sein. Sie wurde von uns auch darüber informiert.» Zudem mußten Analysen, die Stoph bei Donda in Auftrag geben wollte, von Mittag vorher bestätigt werden. «Erst danach», so Dr. Hartig, «bekam der Ministerrat seinen Analysenplan.»

Am kuriosesten mag erscheinen, daß der Wirtschaftssekretär von ihm veranlaßte Analysen selbst dem Regierungschef vorzuenthalten suchte. Das betraf etwa den Vergleich der wirtschaftlichen und sozialen Entwicklung zwischen der DDR und der Bundesrepublik oder das DDR-Niveau der Arbeitsproduktivität im internationalen Maßstab. Daß solche Informationen dennoch die Regierungsebene erreichten, wo sie zuerst hingehört hätten, war allein dem Engagement Dondas zu danken. Dr. Hartig: «Ich kann bestätigen, daß unser Leiter (d. h. Professor Donda – d. Verf.) von sich aus teilweise den Verteiler erweitert hat, damit wenigstens der Ministerratsvorsitzende, sein ehemaliger Stellvertreter Kleiber und Herr Schürer diese Analysen bekamen.» [103]

Solche und ähnliche Vorfälle belegen, wie sehr Mißtrauen und Rivalitäten den Ablauf der Partei- und Staatsgeschäfte beeinträchtigten. Darauf angesprochen, wendet Mittag heute ein, Stoph sei in wirtschaftlichen Dingen ohnehin inkompetent, ohne Initiative und zudem «stinkend faul» gewesen.[104] Auch andere Zeitgenossen aus Stophs damaligem Umfeld bestätigen, daß er sich des öfteren bereits donnerstags auf seine Hazienda nach Birkenheide abgesetzt habe, wo er mit großem Aufwand und geringem Erfolg versuchte, besonders ertragreiche Obst- und Gemüsesorten zu züchten, um die Versorgung der Bevölkerung zu verbessern.

Obgleich Stoph nach den beiden Spitzenmännern im Politbüro über die meiste Autorität verfügte, hatte er gegen den Untergangskurs des Generalsekretärs und seines Wirtschaftsapostels nur einmal ernsthaft aufbegehrt. Im Sommer 1982 hatte er für «einschneidende Maßnahmen» plädiert, um das Ruder der Wirtschaftspolitik herumzureißen. Daraufhin war Honecker ihm derart rüde in die Parade gefahren, daß der Premier sich geduckt und danach mehr oder weniger resigniert hatte.

Laut Statut hätte nur das Zentralkomitee die bürokratische Spitze der Partei verändern und erneuern können. Doch das zwischen den Parteitagen höchste Gremium war längst zum Wurmfortsatz des Politbüros verkommen, und Stoph hatte maßgeblich daran mitgewirkt.

Willi Stophs Ressentiments, denen er nach der Wende freien Lauf ließ, hatten nur einen Hintergrund: die verblassende Rolle, die Honecker und Mittag ihm als Regierungschef zugeschrieben hatten und der damit verknüpfte Prestigeverlust. Noch im Januar 1990 bewegte Stoph der freilich kuriose Umstand, daß die Kuriere des Ministerrates keinen Zutritt zur Politbürosiedlung in Wandlitz hatten, sondern, so Stoph in gekränkter Eitelkeit, «sie mußten die Post, auch wenn sie ganz eilig war, die sie für einzelne Bewohner zu über-

bringen hatten, am Eingang bei der Wache abgeben... Ich habe dagegen oftmals protestiert, aber es änderte sich nichts.» [105]
Die Boten von Honecker und Mittag durften die Wandlitzer Tore natürlich unbehelligt passieren. Im großen wie im kleinen saß das Zweigespann am längeren Hebel. In einer Diktatur werden die Spielregeln der Macht eben von nur wenigen bestimmt. Sobald ein solches Regime scheitert, geben sich seine Stützen als Idealisten aus. Auch Günter Mittag, der die eigentliche Exekutive auf dem Feld der DDR-Wirtschaft verkörperte, macht da keine Ausnahme. In seinen Memoiren ließ er die Untertanen von gestern wissen: «Ich hatte meine Arbeit immer aus innerer Überzeugung, das Beste für die DDR und ihre Bewohner zu tun, geleistet und mich dabei wahrlich nicht geschont. Irgendwelche persönlichen weitergehenden politischen Ambitionen hatte ich nicht.» [106]

Gescheiterte Programme

Günter Mittags Ambitionen waren im Gegenteil sehr universell ausgeprägt. Leider sind eine Reihe seiner aufwendigsten Programme und Projekte – zum Schaden der Menschen in der einstigen DDR – nicht aufgegangen oder gar gescheitert.

Das sogenannte Pkw-Programm war darunter wohl dasjenige, das die Gemüter der Menschen am meisten erhitzte. In der DDR war das Auto nie nur ein Transportmittel und Statussymbol wie in westlichen Ländern, sondern immer auch ein Politikum, zu dem es der Mangel hochstilisiert hatte. Zu Ulbrichts Zeiten suchte man aus der Not noch eine Tugend zu machen, indem man das Privatauto als Luxus verpönte. Der weltweite Trend zum Auto aber machte um die DDR keinen Bogen, und Honecker konnte sich dem Traum der meisten Durchschnittsverbraucher, wenigstens einmal im Leben einen fahrbaren Untersatz zu ergattern, auf Dauer nicht verschließen. Seine Sozialpolitik hatte Geld unter die Leute gebracht und die Kaufkraft, aber auch die Wartezeiten für einen Trabant oder Wartburg auf 12 bis 16 Jahre erhöht. Der chronische Mangel hatte zudem

187

zu Wucherpreisen geführt, die für Gebrauchtwagen bis zum Doppelten über dem Geschäftspreis lagen. Gewiefte Schieber machten Millionengewinne auf dem Automarkt und wurden nur selten ertappt, weil kein Richter war, wo es keinen Kläger gab.

Wäre es nach Honecker gegangen, hätte der Bau der Zweitaktmotoren in Zwickau und Eisenach seine Exklusivität bis zum Schluß behalten. Mit der Bemerkung, die Leute hingen doch sehr am Trabbi, hatte er selbst die Politbürorunde zu mitleidsvollem Schmunzeln gebracht.

Aber schon mit Rücksicht auf die Verschmutzung der Umwelt mußte ein Viertakter her. Für Männer wie Mittag und Fahrzeugminister Kleiber, die weit weniger lebensfremd waren als der Generalsekretär, war das keine Frage. Da DDR-Konstrukteure aber kaum Erfahrungen mit Viertaktmotoren besaßen, schien es zweckmäßig, auf eine Lizenz im Ausland zurückzugreifen. Es mangelte an Devisen, also faßte man eine Kooperation mit dem tschechoslowakischen Nachbarn ins Auge, der mit dem Škoda-Motor nicht den schlechtesten, vor allem aber einen benzinfreundlichen Antrieb produzierte.

Man verhandelte und einigte sich. Auf der Basis von verbesserten Škodamotoren sollten jährlich 200 000 Fahrzeuge für die Ostdeutschen vom Band fahren. Der Vertrag war fast schon unter Dach und Fach, da paßte der SED-Generalsekretär. Das Projekt hätte Ostberlin 7 Milliarden DDR-Mark gekostet, und das war Honecker plötzlich zu happig.

Das «Pkw-Programm» war damit nicht vom Tisch. Günter Mittag, der schon lange heimlich nach dem Westen schielte, träumte von Wolfsburg und vom VW. In einer Art Kommandounternehmen setzte er ein paar Leute auf die Spur, um die Sache technisch und kommerziell auszuloten. Zu denen, die die konstruktive Seite in Angriff zu nehmen hatten, gehörte der stellvertretende Minister für Allgemeinen Landmaschinen- und Fahrzeugbau, Christian Scholwin, ein talentierter Ingenieur und Volkswirtschaftler. Typisch für Mittag, daß er das Unternehmen hinter dem Rücken von Günter Kleiber, der sogar schon im Politbüro saß, in Gang setzte. Nach der Wende bestätigte Scholwin: «Mein Vorgesetzter G. Kleiber durfte darüber zunächst nicht informiert werden.»[107]

188

Mittag ließ Alexander Schalck bei VW vorfühlen, und wie fast immer hatte der KoKo-Chef Erfolg. Nachdem Mittag auch den Generalsekretär für das Projekt hatte erwärmen können, schob sich Schalck bei Mittag dann auch als Politstratege des Unternehmens in den Vordergrund. Am 21. September 1984 übermittelte der KoKo-Chef dem Wirtschaftssekretär seine Bemerkungen zur Politbürovorlage «Realisierung der Motoren-Konzeption für die Pkw Wartburg und Trabant». Ganz im Mittagschen Sinne bestätigte Schalck seinem Vorturner, daß die Übernahme der VW-Motorenreihe «gegenüber anderen Projekten dieser Größenordnung und den dafür erforderlichen Aufwendungen sehr günstig liegt und als volkswirtschaftlich sehr vorteilhaft beurteilt werden muß... Mit dem Vertragsabschluß entstehen keine prinzipiellen Abhängigkeiten des Automobilbaus der DDR gegenüber dem VW-Konzern.»
Solche Töne waren Mittag höchst willkommen, weil das Politbüro über die VW-Variante keineswegs in Verzückung geraten war. Bedenken hatte es schon gegeben, sich in den technischen Änderungsdienst von Wolfsburg einzugliedern. Aber gerade das war die Voraussetzung für den Reexport von Motoren in die Bundesrepublik, durch den die Aufwendungen in harter Mark im wesentlichen bestritten werden sollten. Deshalb unterstrich Schalck, daß «mit dem vorgesehenen Abschluß der ausgehandelten Verträge keine neue Qualität in den wirtschaftlich-technischen Beziehungen mit der BRD entsteht sowie... gegenwärtig keine effektiveren Möglichkeiten gegeben sind». Schalck plädierte für schnellstmöglichen Vertragsabschluß, «um eine weitere Verteuerung des Vorhabens auszuschließen»[108].
Längere Zeit wurde die Kungelei mit Wolfsburg geheimgehalten, weil nach dem Korb, den man Prag gegeben hatte, «von seiten der RGW-Partner gerade dieses Projekt mit äußerstem Argwohn beobachtet (wurde)»[109].
Hätte sich Mittags Vorstellung durchgesetzt, wäre es auch zum Joint-venture, zur Koproduktion deutsch-deutscher Automobile gekommen. Dagegen hatten die mißtrauischen Geister im Politbüro allerdings ein durchschlagendes Argument: den Mangel an Devisen.

Mittag vermochte dann nur noch das Minimalprogramm im Politbüro durchzusetzen: Am 12. November 1984 schloß die DDR mit VW den Vertrag über die Lieferung einer Produktionsstraße für die Alpha-Motorenreihe. Von dem Projekt versprach sich der SED-Wirtschaftssekretär Impulse für das Know-how der DDR-Wirtschaft schlechthin. Auf dem Schalck-Schreiben hatte er handschriftlich notiert: «Niveau gesamter Industrie heben.» Danach leitete er das Positionspapier des KoKo-Chefs an Ehrensperger weiter mit der Maßgabe: »– Importablösung parallel Festlegung – gezielte Nutzung wissenschaftlich-technischen Höchststand – Produktionsaufnahme Vorschlag IV / 87.»[110]

Mittags Vision sollte sich bald als Trugschluß herausstellen. So günstig sich das Geschäft mit VW anfangs auch anließ, so sollte es doch bald darauf zum Menetekel der verpfuschten ostdeutschen Wirtschaftspolitik werden. Das Unternehmen war mit 4 Milliarden Mark kalkuliert und schien damit wesentlich billiger zu liegen als das fallengelassene Gemeinschaftsauto mit den Tschechen. Die vorgelegte Kalkulation stellte sich sehr schnell als Milchmädchenrechnung heraus, die mit gewissenhafter Vorbereitung der Investitionen wenig gemein hatte. Um Devisen zu sparen, hatte man beispielsweise auf die Lizenz für den Vergaser der VW-Motoren verzichtet, den man mit hohem Aufwand selbst zu entwickeln versuchte und am Ende doch einzeln nachzukaufen gezwungen war, damit die ersten Wartburgs mit neuem Motor überhaupt vom Band rollen konnten.

Bis es soweit war, häuften sich die Pannen, so daß die geplanten Termine für die Aufnahme der Produktion zusehends wackelten. Als eines der fatalsten Probleme erwies sich die Herstellung des nötigen Gußmetalls für die Motorblöcke, die in einer neugebauten Motorengießerei des VEB MEGU Leipzig produziert werden sollten.

Mittag selbst hatte den Auftrag für den Bau dieser Gießerei durch das japanische Unternehmen Marubeni / Kubota veranlaßt, als er 1981 mit Honecker zum Staatsbesuch in Tokio weilte. Das Geschäft hatte viele Pferdefüße, weil es schlecht ausgehandelt, spontan abgeschlossen und die technischen Vorgaben des volkseigenen Betriebes an den japanischen Auftragnehmer sich in bestürzendem Maße als fehlerhaft erwiesen. Hinzu kam, daß das fernöstliche Unternehmen noch nie eine solch komplizierte Anlage gebaut hatte. Die Kontrollmechanismen beispielsweise waren völlig ungeeignet, zudem fehlte ein Staubschutz, so daß schon bei Anlauf der Produktion große Teile der Fördertechnik verschlissen waren und die Mindestleistung selbst durch eine Generalreparatur nicht zu erreichen war. Laut Projekt sollte die Zahl der Beschäftigten von 700 auf 500 reduziert, in der Wirklichkeit mußte sie auf 1300 bis 1400 aufgestockt werden. Die projektierte Leistung von 53 Tto blieb ein frommer Wunsch, hinzu kam, daß die Qualität des Gußmetalls zu wünschen übrigließ.

Nach dieser Pleite griff Mittag im Mai 1987 persönlich in das Geschehen ein. Er beorderte den Minister für Schwermaschinen- und Ausrüstungsbau, Lauck, sowie den Vizeminister für Fahrzeugbau, Seidel, nach Leipzig, um die Dinge vor Ort zu sondieren und brauchbare Vorschläge für die Stabilisierung der Produktion zu unterbreiten. Nach dem Motto, daß Papier geduldig sei, unterschrieben Lauck und Seidel ein für Mittag bestimmtes Protokoll, wonach, bei bestimmten Veränderungen, die vorgegebenen Parameter realisierbar und die Planvorgabe von 34 Tto Guß erfüllbar seien. Den Schwarzen Peter hatte inzwischen Staatssekretär Christian Scholwin, der zum Regierungsbeauftragten für die Leipziger Motorengießerei eingesetzt worden war. Er stieg sofort hinter den Schwindel der beiden Minister und stellte Lauck zur Rede. Scholwin im November 1989: «Unter vier Augen erklärte er, daß nach seiner Auffassung die Gießerei eine Fehlinvestition darstellt und irreparabel sei. Ich forderte ihn auf, Gen. Mittag über den wahren Sachverhalt zu informieren. Das lehnte er jedoch ab.» [111]

Scholwin bezog nun hervorragende Experten aus der DDR und der Sowjetunion in die Untersuchung ein, die zu dem gleichen Schluß kamen, den Lauck im Zwiegespräch mit ihm geäußert hatte. Die Minderleistung des Werkes war jetzt nur noch durch zusätzliche Investitionen sowie durch Importe aus Jugoslawien und dem NSW abzufangen, was einen zusätzlichen Aufwand von 1,5 Milliarden Valutamark bedeutete. Die Motoren, die in der DDR produziert werden sollten und nicht zuletzt als Bezahlung der VW-Lizenz gedacht waren, mußten jetzt auch noch zu Tausenden aus der Bundesrepublik importiert werden.

Das konnte niemand mehr allein auf seine Kappe nehmen. Scholwin erarbeitete deshalb eine Vorlage für das Präsidium des Ministerrates, die aber zunächst einmal in Mittags Panzerschrank verschwand. Scholwin, der noch immer die Verantwortung für den Fortgang der Dinge trug, informierte daraufhin intern Regierungschef Stoph über die Affäre. «Er wurde gebeten», so Scholwin, die Verantwortlichkeit für diese hohe volkswirtschaftliche Belastung durch den Staatsanwalt prüfen zu lassen.» [112] Scholwin will erfahren haben, daß Stoph Honecker und Mittag über die Hiobsbotschaft informierte, woraufhin Außenhandelsminister Gerhard Beil «den Auftrag erhielt, den Werdegang der Vertragsvorbereitung und die Auftragserteilung zum Vertragsabschluß zu prüfen»[113]. Heraus kam – Ironie der Geschichte –, daß es Mittag selbst war, der seinerzeit den Auftrag erteilt hatte, mit den Japanern abzuschließen. Natürlich bewertete der Wirtschaftssekretär Scholwins Vorgehen als Angriff auf seine Person. Daß jedwede Konsequenz für Mittag ausblieb, versteht sich von selbst. Für Scholwin indessen, der seine ganze Kraft in die Leipziger Gießerei investiert hatte, ging die Sache tragisch aus. Als die Vorlage für den Ministerrat, durch die die zusätzlichen Valuta in Milliardenhöhe bewilligt werden mußten, in der Wirtschaftskommission des Politbüros vorbehandelt wurde, ritt Mittag eine Attacke gegen den Staatssekretär, die nach Scholwins Schilderung «Rufmord gleichkam». Kategorisch verlangte der Chef der Wirtschaftskommission den Einsatz eines «wirklich befähigten» Regierungsbeauftragten.

Am 18. Februar 1988 wurde Dr. Scholwin von dieser Funktion abberufen, was seinen ohnehin angegriffenen Gesundheitszustand noch weiter verschlimmerte. Sein Nachfolger war nicht weniger glücklos. Es gelang ihm nicht, die geplante Kapazität der Leipziger Motorengießerei nur annähernd zu erreichen.

Indessen schnellten die Kosten für das alte Auto mit dem neuen Motor weiter in die Höhe. Als die ersten Wartburgs unter heftigen Geburtswehen und mit angeborenen Kinderkrankheiten das Licht der DDR erblickten, waren sage und schreibe mehr als 10 Milliarden

Mark verpulvert worden, sechs Milliarden mehr als kalkuliert. Wenigstens zum Teil sollten die sinnlosen Unkosten nun auf die Käufer abgewälzt werden, die für das Vehikel schon in der simpelsten Ausstattung 32 000 Mark hinblättern sollten. Während der Leipziger Messe bewarfen beherzte Bürger denn aus Empörung über den Preis das Ausstellungsstück mit faulen Eiern und anderen Utensilien. Günter Mittag trieb indessen das Fernsehen zu mehreren Sondersendungen an, in denen das hoffnungslos antiquierte Modell als einer der besten Mittelklassewagen Europas gepriesen werden mußte. Trotzdem war jeder, der eines der neuen Exemplare ergattern konnte, von königlichen Gefühlen beseelt. Eine wesentliche Erhöhung der zu produzierenden Stückzahl, die einst der Ausgangspunkt des sogenannten Pkw-Programms gewesen war, konnte nicht erreicht werden. Mittags Vision von der Ablösung der Importautos war längst verflogen.

Nicht immer und überall hinterließ der Wirtschaftssekretär der Partei so deutliche Spuren wie in dem geschilderten Fall. Heute sind die Verantwortlichen von damals geneigt, die Schuld an wirtschaftlichen Fehlentscheidungen ihm allein anzulasten. Selbst mit Blick auf die Mikroelektronik wollen die Politbürokraten durch die Bank heute wissen, daß sie maßlos überzogen, zu teuer und zu breit gefächert war oder gar, wie Günter Schabowski Mittag vorwirft, «uns hinten und vorne ruiniert (hat)»[114].

Für einen Industriestaat wie der DDR hätte es von vornherein potentiellen Selbstmord bedeutet, hätte man auf eigene Mikroelektronik verzichtet. Sie im Westen zu kaufen war unmöglich, weil die NATO-Staaten, einschließlich der Bundesrepublik, in Gestalt der COCOM-Embargoliste eine zweite Mauer um die DDR gezogen hatten. Sie in die DDR zu schmuggeln war zwar machbar und durch Schalck und Markus Wolf hundertfach praktiziert worden und dennoch für den Export kaum brauchbar, weil niemand der DDR Maschinen abkaufte, die mit gestohlener Hightech ausgerüstet waren. «Während auf dem internationalen Markt die Mikrochips schon säckeweise verkauft wurden», räsonierte Schabowski im nachhinein, «haben wir die Dinger noch zu astronomischen Preisen produziert.»[115]

Der Vorwurf nimmt sich nur deshalb so gewichtig aus, weil die Polemik verschweigt, daß der DDR gar keine andere Wahl blieb. Auch unterschlägt Schabowski, daß sein Staat von den sozialistischen Bruderländern, namentlich der Tschechoslowakei, in diesem Punkt im Stich gelassen wurde. Gewiß blieb die DDR mit ihrer Mikroelektronik auf den westlichen Märkten konkurrenzunfähig, weil sie sich stets «auf dem vorletzten Stand des Westens» bewegte. Im RGW galt sie allerdings als «konkurrenzlos»[116].

Dennoch war Mittags triumphales Gehabe selbst über die mäßigen Erfolge der hiesigen Elektronik völlig unangemessen, denn sie blieb uneffizient und viel zu kostenaufwendig. Der Rummel sollte nicht zuletzt dazu dienen, Honecker vorzugaukeln, sein Staat gehöre weltweit zu den technologischen Vorreitern.

Die für die Mikroelektronik geopferten Milliarden wurden freilich nicht von Mittag allein lockergemacht, sondern vom ganzen Politbüro. Da ist auch Günter Kleibers Einwand wenig glaubhaft, den er im Januar 1990 in Endzeitstimmung zu Papier brachte: «Jeder noch so vorsichtige Widerspruch hierzu wurde im Keime erstickt.»[117] «Im Keime» brauchte da gar nichts «erstickt» zu werden, weil keine der 25 Mitglieder und Kandidaten des Politbüros Widerspruch anmeldete. Schürer war der erste, der im April 1988 in seinen Überlegungen zum nächsten Volkswirtschaftsplan die Relation der Mikroelektronik, wenn auch nur zaghaft, in Frage stellte. Aber da waren die Weichen längst gestellt und alle Züge abgefahren.

Es ist historischer Dilettantismus, das Scheitern der Entwicklung und Anwendung von Mikroelektronik und anderer Hochtechnologie, in welchem realsozialistischen Land auch immer, einem einzelnen anzulasten. Selbst in der Sowjetunion ist effiziente Hochtechnologie allein im Rüstungssektor zustande gebracht worden, und auch das nur in stetem Nachtrab gegenüber dem Westen. Es war die strukturelle Unfähigkeit der realsozialistischen Staaten, den Übergang zur Hochtechnologie zu schaffen, was «denn auch zur Hauptursache des Scheiterns in der Systemkonkurrenz geworden (ist)»[118].

An zwei anderen Phänomenen läßt sich Mittags individuelle Verantwortung für den Niedergang der DDR-Wirtschaft weit eindrucksvoller nachweisen. Das eine betrifft die Überalterung von Anlagen und Gerätschaften, das andere die entsetzliche Mißachtung der Bewahrung der Umwelt.

Bekanntlich war Honeckers Sozialpolitik im Verhältnis zum produzierten Nationaleinkommen immer weiter aus den Fugen geraten. Das hatte verheerende Folgen für den Innovationsschub der DDR-Wirtschaft. Allein der Bestand an nicht nur veralteten, sondern voll abgeschriebenen Grundmitteln hatte sich von 29,8 Milliarden im Jahre 1975 auf 39,5 Milliarden 1980 erhöht. Das war dem für Investitionen zuständigen Staatssekretär in der Plankommission, Wolfgang Greß, im Sommer 1981 Anlaß, beim Wirtschaftssekretär der Partei Alarm zu schlagen. In einem Schreiben vom 25. August 1981 übermittelte er Günter Mittag seine Auffassung zur Aussonderung veralteter Grundmittel. Greß: «Nach vorläufigen Berechnungen der Staatlichen Plankommission würde in der Industrie bei Beibehaltung der bisherigen Aussonderungsrate der Umfang der veralteten Ausrüstungen im Jahre 1985 auf rund 40 Mrd. M anwachsen... Der Einsatz einer großen Anzahl von Arbeitskräften an veralteten Produktionsausrüstungen führt dazu, daß die vorhandenen sowie die neu in Betrieb genommenen modernen, hochproduktiven Maschinen und Anlagen vielfach ungenügend ausgelastet werden... Der wachsende Bestand an veralteten Grundmitteln ist mit einem zunehmenden Reparaturaufwand verbunden.»[119]

Obgleich Greß den Wirtschaftssekretär mit einem Feuerwerk alarmierender Zahlen konfrontierte, blieb Mittag die Ruhe selbst. Ganz im Stile des geduldigen Oberlehrers erteilte Mittag Schürers Staatssekretär in einem zehn Seiten langen Brief eine Lektion in politischer Ökonomie des Sozialismus. Das Konzept der verstärkten Aussonderung sogenannter veralteter Grundmittel, so Mittag, sei «für die Volkswirtschaft der DDR in den achtziger Jahren nicht gangbar... und – ich möchte noch hinzufügen – daß seine Verwirklichung in jedem Falle volkswirtschaftlich uneffektiv wäre... Übersehen wird die viel wesentlichere Frage, daß alle Grundmittel, ob sie nun ihre normative Nutzungsdauer überschritten haben oder nicht, objektiv Bestandteil des Volksvermögens unserer Re-

publik sind, und dieses... auf das effektivste zu nutzen hat uns der
X. Parteitag zur Aufgabe gestellt.»

Für seine Polemik kam Mittag zustatten, daß er während seiner
Parteischulbesuche die sogenannten Klassiker fleißig studiert hatte,
die sich als Autoritätsbeweise immer wieder bewährten. Da hatte
doch Marx zu Mittags Freude im «Kapital» begründet, daß «bei
dem Betriebsmaterial einer Eisenbahn Reparatur und Ersatz gar
nicht zu trennen ist»[120]. Wie einen Achter-Klasse-Schüler belehrte
er den Experten der Plankommission, «daß in der Regel eine Ma-
schine bzw. Anlage nicht auf einmal verschlissen ist. Das betrifft
zumeist bestimmte Teile und Baugruppen, die dann auszuwechseln
sind. Dazu füge ich in der Anlage zwei aufschlußreiche Zitate von
Marx und Engels bei.»

Neben den Philosophen mußten noch die Japaner herhalten.
Dort, so Mittag, gäbe es zunehmend Firmen, die vorhandene Werk-
zeugmaschinen nachträglich mit numerischen Steuerungen ausstat-
teten und so auf den neuesten Stand brachten. «Auf diese Weise», so
Mittag, «wurden 1000 Werkzeugmaschinen im Automobilwerk
Toyota modernisiert.»

Der Bezug auf das vor Hightech starrende Japan war noch ver-
fehlter als die Berufung auf Marx. Denn ganz im Gegensatz zu dem
fernöstlichen Land existierte in der DDR noch ein gerüttelt Maß an
Ausrüstungen, die 40 Jahre und älter waren, also noch aus Krieg
und Vorkrieg stammten. Ihnen hätte auch die beste Elektronik
nicht mehr auf die Beine geholfen.

Mittag wußte sehr wohl von dem lahmen Innovationsschub der
eigenen Wirtschaft und kannte dessen Ursachen besser als alle anderen im Politbüro. Man sah keinen anderen Ausweg mehr, als die
Investitionen in entscheidenden Zweigen der Wirtschaft in unver-
tretbarem Maße zu drosseln, um die Schulden im Westen nicht ins
Unermeßliche wachsen zu lassen. Das, und nicht mehr die volkswirtschaftliche Effektivität, war zum eigentlichen Maßstab künf-
tiger Wirtschaftspolitik geworden. Freilich wollte Mittag das so
unverblümt nicht eingestehen. Er schrieb dem fassungslosen Staatssekretär: «Wenn jetzt beispielsweise mehr Ersatzteile für die Ablösung von NSW-Importen selbst angefertigt werden, kann das

196

durchaus bedeuten, daß man mehr Reparaturarbeiter braucht. Jeder dieser zusätzlichen Reparaturarbeiter erspart aber – so eingesetzt – bedeutende Importmittel. Deshalb besagt die globale Betrachtung des Anwachsens der Zahl der Werktätigen, die in der Instandhaltung tätig sind, in bezug auf die volkswirtschaftliche Effektivität überhaupt nichts Negatives.»

Nachdem am 15. Januar 1990 das Ermittlungsverfahren gegen Mittag um den Tatbestand des Hochverrats erweitert worden war, sollte er auch zu seinen Eingriffen in den Wirtschaftsmechanismus und zu der verpfuschten Investitionspolitik Farbe bekennen. Doch er hatte sich zu oft als Meister erwiesen, Verantwortung und Schuld auf andere abzuwälzen, wenn es um die Abrechnung von Fehlleistungen ging. Wie sollte er da auf die merkwürdig harmlosen Fragen von Kriminalisten hereinfallen, die schon am Tatbestand des Hochverrates verzweifelten und zudem wenig Vorstellungen von den Spielregeln einer Volkswirtschaft hatten? Auch ihnen gab Mittag Unterricht in politischer Ökonomie.

Eine der Weichen für die Fahrt in den Abgrund, so gab er am 1. März 1990 zu Protokoll, sei schon im Oktober 1973 gestellt worden. Damals habe Bauminister Junker vor dem ZK der SED das Wohnungsbauprogramm für die Jahre 1976 bis 1990 begründet. Mittag: «Niemand wußte zu diesem Zeitpunkt, was an Nationaleinkommen der DDR 1976 bis 1980 erwirtschaftet wird, was davon verwendet werden kann… Was 1973 bereits festgeschrieben wurde, nämlich die Fertigstellung von 750000 Wohnungen, ist dann auch so in den Fünfjahrplan aufgenommen worden und so durchgeführt worden… Diese Entscheidung war von kardinaler Bedeutung für die Entwicklung der DDR. Hier stand der Wunsch an der Spitze und nicht die objektive ökonomische Realität. Die volkswirtschaftliche Analyse fehlte, obwohl hier eine volkswirtschaftliche Weichenstellung erfolgte, die sich dann in fundamentaler Größenordnung bei der Senkung der produktiven Akkumulation bemerkbar machte.»[121]

Allein seit 1981 wurden für das bombastische Wohnungsbauprogramm insgesamt 95 Milliarden Mark eingesetzt; eine Summe, die sichtlich an der Substanz des Fiskus fraß. Doch war es mehr als absurd, nachträglich Wolfgang Junker die Verantwortung für die Weichenstellung von 1973 anzulasten. Was der Bauminister damals vorgetragen hatte, war mehrfach durch den Filter des Politbüros und der Wirtschaftskommission gegangen, in der bis dahin kein anderer als Günter Mittag das Sagen hatte.

Auch für die Investitionspolitik im übrigen, so bedeutete er den Kriminalern, trage nicht er, sondern der Regierungschef die eigentliche Verantwortung.

Der ökologische Raubbau

Auch die Umweltkatastrophe spielte im DDR-Strafverfahren gegen Mittag keine geringe Rolle. Hierzu hatte Vizegeneralstaatsanwalt Professor Reuter Anfang Februar 1990 beim neuen Umweltminister, Dr. Diederich, ein Sachverständigengutachten in Auftrag gegeben, das Mitte Februar beim Chefankläger eintraf. Die Ergebnisse übertrafen alle Befürchtungen: Beim Aussenden von Schwefeldioxyd pro Flächeneinheit rangierte die DDR an erster Stelle in Europa. Rund 1,24 Millionen Menschen können nicht mit den Gütenormen entsprechendem Trinkwasser versorgt werden. Die DDR verzeichnet einen Anteil von 52,4 Prozent geschädigter Waldflächen. Eine einseitige Orientierung der Landwirtschaft auf Höchstbeträge und die Konzentration hoher Tierbestände ohne ausreichende Entsorgungslösungen für Abwässer und Abluft hat – zusammen mit dem Einsatz unzureichender Agrartechnik – zu teilweise hohen Schäden der Bodenstruktur, Grundwasserbelastungen und Verunreinigungen der Oberflächengewässer geführt. Mehr als 40 Prozent des anfallenden Mülls wurden auf ungeordneten Müllkippen und wilden Ablagerungen beseitigt. Für toxische Abprodukte der Arzneimittelproduktion, der Fertigung elektronischer Bauelemente und für Problemabfälle der Elektronik sind keine Hochtemperaturverbrennungsanlagen vorhanden. Diese Abfälle wurden ausnahmslos in Zwischenlagern gestapelt usw., usw.

Als man 1974 dem Strafgesetzbuch den Tatbestand der «Verursachung einer Umweltgefahr» zugefügt hatte, schien die Welt der Ökologie zwischen Fichtelberg und Rügen noch einigermaßen heil. Der Umwelttatbestand hatte vor allem aus Gründen der Reputation Aufnahme in das Kriminalrecht gefunden. Er blieb akademischer Natur, auch als sich in den achtziger Jahren die Anzeichen häuften, daß immer mehr Schadstoffe in Luft, Wasser und Boden eindrangen. Das Recht, so hatte man es bei Marx gelernt, steht nicht höher als die ökonomischen Verhältnisse, und die warfen nach dem Selbstverständnis der Partei- und Staatsführung halt nicht genügend Mittel ab, um auch noch der Umwelt gebührend Rechnung zu tragen. Damit hatten wir uns, auch im Braintrust der Justiz, mehr oder weniger abgefunden, stets in der Verdrängung lebend, es könne so schlimm nicht sein.

In kaum einem anderen Bereich lag der Zusammenhang zwischen Verantwortungslosigkeit der SED-Spitze, voran Günter Mittag, und der Zerrüttung des Landes so klar auf der Hand wie in der Sphäre der Ökologie. Nie hat es ein Plenum des Zentralkomitees, eine Politbürositzung oder auch nur eine Beratung seiner Wirtschaftskommission gegeben, in der die DDR-Strategie zum Umweltschutz auch nur zur Debatte, geschweige denn zum Beschluß angestanden hätte. Die Ökologie stellte sich für Honecker und Mittag eher als Feind der Ökonomie dar, die den Fetisch der Planwirtschaft, die steigende Bruttoproduktion, in Frage zu stellen schien. Dr. Hans Reichelt, als dienstältester Minister von 1972 bis 1990 für den Schutz der Umwelt zuständig, erklärte vor dem Untersuchungsausschuß der Volkskammer in bezug auf Mittag: «Für den für Umweltpolitik persönlich verantwortlichen Sekretär war das Wort Ökologie ein Fremdwort, das er nie benutzt hat, und das Wort Umweltschutz (das er) äußerst selten benutzte, findet sich nur, um Verbote und Beschränkungen auszusprechen.» [122]

Wer wie die SED-Spitze die Ökologie negiert, sieht sich früher oder später genötigt, die Umweltdaten zu verschweigen. Deshalb fristete der «Statistische Jahresbericht für Umweltschutz und Wasserwirtschaft«, von der Donda-Behörde erstellt, schon lange das Dasein einer «Vertraulichen Verschlußsache» (VVS). Die Regierung selbst hatte 1970 festgelegt, daß ihr ein solcher Bericht vorzulegen sei und der zuständige Minister jährlich eine «Woche der sozialistischen Landeskultur» und eine Pressekonferenz zu Problemen der Umwelt zu veranstalten habe. Bis einschließlich 1973 bekamen Presse und Öffentlichkeit noch eine Menge Daten zum Thema geliefert, sogar ein paar heikle Zahlen. Doch Anfang 1974 entzündete sich in der sächsischen Bergstadt Freiberg eine öffentliche Debatte über die Schwermetallbelastung der Luft, die durch die dortige Produktion von Blei und Bleifabrikaten bedingt war. Für Mittag hörte damit der Spaß auf. Kategorisch verlangte er, die Umweltberichte nicht mehr dem Ministerrat vorzulegen und die Woche der Landeskultur samt Pressekonferenzen ausfallen zu lassen. Honecker stimmte zu, Sindermann kuschte, und am 19. März schnitt sich die Regierung den Informationsfluß in puncto Umweltschutz per Beschluß selbst ab. Daß sich die ökologische Bedrohung beträchtlich zuspitzen mußte, nachdem das Politbüro am 24. März 1981 beschlossen hatte, den «Zuwachs an Primärenergie in der DDR zum größten Teil auf der Basis von Braunkohle zu realisieren», lag auf der Hand. Hintergrund waren die astronomisch gekletterten Preise für Erdöl, die Verringerung der sowjetischen Lieferungen von 19 auf ca. 17 Millionen t, vor allem aber die Aussicht, durch die Veredelung von Erdöl Exportüberschüsse zu erzielen, mit denen sich der Schuldenberg gegenüber dem Westen in Grenzen halten ließ. Also befand das Politbüro ohne Rücksicht auf die ökologischen Folgen, die Braunkohlenindustrie «vorrangig und kontinuierlich zu entwickeln, da sie als eigene Brenn- und Rohstoffbasis eine entscheidende Säule für die Erfüllung der Hauptaufgabe in ihrer Einheit von Wirtschafts- und Sozialpolitik... (ist)». Im Jahre 1987/1988 sollte die geförderte Menge an Braunkohle schließlich 300 Millionen t betragen. «Die Förderhöhe von 300 Mio t», so der Beschluß, «muß dann für mehrere Jahrzehnte gesichert werden.» [123]

Die vermehrte Rohbraunkohle mußte nicht nur gefördert, sie mußte auch verarbeitet werden. Die Emission an Schwefeldioxyd nahm seit 1982 spürbar zu. Um das Bekanntwerden von Umweltdaten noch weiter zu erschweren, sorgte Mittag dafür, daß die Regierung am 16. November 1982 die «Anordnung zur Gewinnung oder Bearbeitung und zum Schutz von Informationen über den Zustand der natürlichen Umwelt in der DDR» beschloß. Die Begründung war klassenkämpferisch: Durch entsprechende Interpretation von Umweltdaten suche man den realexistierenden Sozialismus in der DDR zu diskriminieren, Probleme der Umweltbelastung für ökonomische Forderungen gegen das Land auszunutzen und «innerhalb der DDR Unruhe und Mißtrauen gegen den Staat zu erzeugen»[124].

Eine Folge davon war, daß die jährlichen Berichte zum Umweltschutz nunmehr als «Geheime Verschlußsache» (GVS) eingestuft wurden. Exminister Dr. Reichelt am 6. Februar 1990 als Zeuge: «Günter Mittag behielt sich hier jede Entscheidung über den Verteiler vor. Alle Jahresberichte gingen direkt an ihn. Eine Ausnahme bildete die Berichterstattung 1982, die 7 Personen zur Verfügung stand.»[125] Obgleich Regierungschef und altgedientes Mitglied des Politbüros, bekam seit Mitte der achtziger Jahre selbst Willi Stoph die Umweltberichte nicht mehr zu Gesicht. Die wachsende Umweltkrise beförderte das Mißtrauen, aber auch die Ängste des Wirtschaftssekretärs.

Sogar den Genossen Generalsekretär trickste Mittag in puncto Umweltschutz aus. Bei seinem Faible für die Außenpolitik befaßte sich Honecker mit dem Problem ohnehin nur aus internationaler Sicht. Als im Juni 1984 in München die europäische Umweltkonferenz stattfand, hatte er die DDR-Delegation ermächtigt, auch die Bereitschaft seines Staates zu erklären, die Schwefeldioxydemission bis zum Jahre 1993 um dreißig Prozent zu vermindern. Die DDR-Experten glaubten sich sicher, daß Honeckers Position ernst gemeint sei. Die Vorschläge, die sie nach Rückkehr von der Konferenz dazu unterbreiteten, wurden zwar aufgegriffen, aber bis auf Ausnahmen nicht in die Tat umgesetzt. Wenn am Wirtschaftsplan gekürzt werden mußte, waren immer und zuerst die Ausgaben für den Umweltschutz an der Reihe. Mittag persönlich gab Planungschef Schürer die entsprechende Reduzierung für den Umweltschutz vor. Da fragte er auch Honecker nicht, Hauptsache, der Plan war bilanzierbar.

Selbst die internationalen Aspekte des Themas hielt Günter Mittag seit 1986 von dem vielbeschäftigten Generalsekretär fern. Bis dahin hatte Minister Reichelt mit Blick auf internationale Tagungen zu Umweltfragen interne Informationen vier Spitzengenossen übermittelt: Honecker, Mittag, Stoph und dem für Außenpolitik verantwortlichen Politbüromitglied Hermann Axen. Reichelt: «Etwa Mitte 1986 erhielt ich dann den ‹Hinweis› von Günter Mittag, daß er allein für solche Informationen zuständig sei. Daraufhin erhielt nur noch er die entsprechenden Informationen.»[126]

Immer wieder versuchte Reichelt, Mittags Geheimniskrämerei um die Umweltdaten zu lockern und neue Vorschläge zur Lösung von Umweltproblemen an den Mann zu bringen. Als dies fehlschlug, suchte er nach Verbündeten und fand sie sogar im Ministerium von Stasiminister Mielke, in der Hauptabteilung XVIII. Umweltdaten, die man inzwischen gezwungen war, internationalen Gremien wie der ECE, der Helsinki-Kommission zum Schutz der Ostsee und anderen bekanntzugeben, sollten nun auch den DDR-Bürgern nicht länger vorenthalten werden. In einem Schreiben, das Reichelt am 28. Juli 1989 an Günter Mittag adressierte, beschwor er erstens das wachsende Interesse der DDR-Bürger an der Umweltpolitik und ihre Bereitschaft, «sich an Vorhaben des Umweltschutzes zu beteiligen». Und: «2. Die Zurückhaltung bei der Verwendung von Umweltdaten in der Öffentlichkeitsarbeit wurde von einer Reihe negativer Kräfte im Inland sowie von Massenmedien und internationalen Organisationen genutzt, um gegen die DDR massiv aufzutreten und sie zu diskriminieren. Das wurde verbunden mit vielen Unterstellungen und Verfälschungen, die zu einer sehr verbreiteten Desinformation unter der Bevölkerung der DDR geführt hat und führt.»

Reichelt konnte sich darauf berufen, daß seine Vorschläge abgestimmt seien «mit dem Minister für Staatssicherheit, Leiter der Arbeitsgruppe für Organisation und Inspektion beim Ministerrat, Leiter der Staatlichen Zentralverwaltung für Statistik sowie den Ministern für Land-, Forst- und Nahrungsgüterwirtschaft, für Chemische Industrie und für Kohle und Energie»[127]. Doch alles dies focht den Mann auf der Kommandobrücke der DDR-Wirtschaft nicht an. Er reagierte nicht und setzte den Kurs der Vogel-Strauß-Politik fort.

Man wird noch streiten dürfen, ob die DDR unter Berücksichtigung aller Umstände sich einen Umweltschutz leisten konnte wie die hochentwickelten Industrieländer des Westens. Niemals aber wird man rechtfertigen können, daß sie selbst elementarste Vorkehrungen unterließ, die zum akuten Schutz von Leben und Gesundheit der Menschen unbedingt nötig gewesen wären. Honeckers und Mittags Haltung zur Warnung der Öffentlichkeit vor Smogsituationen mag dafür besonders charakteristisch sein.

Bereits 1982 hatte die Regierung den Minister für Gesundheitswesen beauftragt, eine Regelung vorzulegen, nach der die Bevölkerung über das Auftreten von Smog informiert werden sollte. Wie so vieles, woran man ganz oben nicht interessiert war, verlief die Sache im Sande, und erst fünf Jahre später, im Februar 1987, konnte Reichelt im Politbüro eine entsprechende Durchführungsverordnung zum Landeskulturgesetz durchsetzen, die der Ministerrat dann als Rechtsnorm ausstaffierte. Ein solcher Schritt war, wenigstens formal, nicht mehr zu umgehen gewesen, weil andere Staaten wie Österreich, die Bundesrepublik und selbst der sozialistische Nachbar ČSSR auf die Smogsituationen des letzten Winters sichtbar reagiert hatten. Bis zum September hatten Reichelt und der Gesundheitsminister eine entsprechende Informationsordnung vorzulegen, die durch Mittags zuständige ZK-Abteilung Grundstoffindustrie zuvor natürlich abgesegnet werden mußte. Das Tauziehen um die Details der Smogordnung zwischen Ministern und Parteiapparat zog sich bis zum Dezember hin. Mit Schreiben vom 15. Dezember übermittelte Reichelt dann die vorgeschlagene Regelung direkt an Mittag. Um die Chancen des Vorschlages nicht zu gefährden, hatte sich der Umweltminister ganz bewußt auf Mittags Geheimdiplomatie eingestellt und vorgeschlagen, «in diesem Jahr – im Gegensatz zu den Nachbarländern – nur interne Regelungen für die Anwendung von Kriterien für die Information der Bevölkerung einzuführen, um diese zu erproben»[128]. Vor allem aber beschwichtigte Reichelt Mittag, dessen größte Sorge war, daß ein Smogalarm zu wirtschaftlichem Ausfall führen konnte. Der Entwurf sah deshalb schon vor:

«– Es werden keine Einschränkungen im Kraftverkehr vorgenommen.

– Es wird keine Reduzierung der Wärmeversorgung vorgenommen (BRD und Berlin-West auf 15 °C Raumtemperatur).
– Es kommt zu keinen Einschränkungen der Produktion (BRD genehmigungspflichtige Anlagen um 40 %)... Auf Grund der vorgesehenen Maßnahmen muß eingeschätzt werden, daß damit keine grundlegende Reduzierung der Luftbelastung eintritt, jedoch ein weiterer Anstieg der Belastung in Smogsituationen in größerem Umfange und örtlich sehr differenziert gemindert wird.»

Alle Relativierung, die sich ZK-Abteilungsleiter Wambutt und Reichelt gemeinsam hatten einfallen lassen, konnten Mittag ebensowenig wie Honecker erweichen, mit dem Smogalarm in der DDR ernst zu machen und dafür zu sorgen, «daß bei solchen extremen Belastungssituationen die Bevölkerung informiert wird und daß Hinweise für das Verhalten gegeben werden. Dadurch wird Sicherheit und Vertrauen geschaffen...»[129]

Reichelt wußte, wovon er sprach. Während der letzten Winter waren er und Gesundheitsminister Professor Ludwig Mecklinger mit einer Flut von Beschwerden und Eingaben bombardiert worden, aus denen die Sorge junger Mütter um ihre Babys und Kleinstkinder sprach, aber auch die Todesangst von Menschen, die an Herz-, Kreislauf- und Atemwegeerkrankungen litten. So konnte, so durfte es nicht weitergehen, meinte man auf Regierungsebene. Auf ihr aber bewegte sich nichts, bevor die Hürde Günter Mittag nicht genommen war, in dessen Rücken man allemal und meistens zu Recht den Generalsekretär der Partei vermutete. Einen Monat lang wartete Reichelt vergeblich auf eine Antwort des Wirtschaftskönigs. Als sich Mitte Januar dann diverse Smogglocken über das Gebiet der DDR stülpten, faßte Reichelt sich ein Herz und schrieb erneut an Mittag: «In den letzten 24 Stunden hat sich bereits in der DDR in den Räumen Erfurt (1527 $\mu g/m^3$), Karl-Marx-Stadt (720 $\mu g/m^3$) und Böhlen (730 $\mu g/m^3$) eine Inversionswetterlage herausgebildet, die zum erheblichen Anstieg der Schwefeldioxydbelastung geführt hat. Mit einem weiteren Anstieg besonders im Raum Erfurt wird gerechnet. Auf Grund dieser Lage bitte ich um Entscheidungsvorschläge zu den von mir übergebenen Vorschlägen.»[130]

Der Genosse Sekretär hüllte sich weiter in Schweigen. Alles sollte so bleiben wie in vorangegangenen Jahren, und da war es schließlich gutgegangen. Löste man erst einmal Alarm aus, weckte man möglicherweise schlafende Hunde, und kläffende gab es ohnehin schon genug.

Reichelt bohrte indessen weiter. Er nervte ZK-Abteilungsleiter Wambutt, der im Grunde genauso dachte wie er, aber noch weniger Chancen sah, über Mittags Schatten zu springen. Am 27. Januar hatte Mittag auch Wambutts Anfragen wegen des Ministerschreibens satt, und er wies ihn an, Reichelt Bescheid zu geben, daß die Sache geerdet sei. Handschriftlich vermerkte Reichelt nach dem Anruf des ZK-Abteilungsleiters auf dem Durchschlag seines Schreibens: «Offiziell mitgeteilt, daß nichts vereinbart wird. Es ist alles fertigzustellen für das Schubfach. Reichelt.» [131]

Der Untergang

Während Honecker bis zur Wende an der Unendlichkeit der Existenz der DDR nie gezweifelt hatte, glaubte Mittag seit Anfang der 80er Jahre nicht mehr recht an die Überlebenschance der DDR. Ihm war geläufig, wie es um den DDR-Wirtschaftskörper bestellt war, er kannte die Diagnose und wußte, daß es nur noch eine Medizin gab, die noch helfen konnte: «Es blieb nur der Weg einer engeren Zusammenarbeit und eines engeren Anschlusses an die Bundesrepublik, auch unter stillschweigender Inkaufnahme der Tatsache, daß die Bundesrepublik ihre Hilfe stets unter der Prämisse der Vorbereitung einer künftigen Wiedervereinigung leistete.»[132]

Diesen Satz hat Günter Mittag nach der Wende zu Papier gebracht. Unterstellt man, daß dies schon vor 1989 seine Überzeugung gewesen war, dann hat er sie nicht nur bestens zu verbergen, sondern das Gegenteil erfolgreich zu heucheln gewußt. Allerdings hätte es sehr wahrscheinlich auch das Ende seiner Karriere bedeutet, wäre er für diese Überzeugung eingetreten. Bei allem Einfluß, den er auf Honecker auszuüben vermochte, vom Gedanken der Konföderation, mit dem Mittag zunehmend geliebäugelt haben will, hätte er den SED-Chef niemals überzeugen können. Und noch aussichtsloser wäre es gewesen, in dieser Hinsicht einen Vorstoß im Politbüro zu wagen, das jeden Zwist zwischen ihm und dem Generalsekretär genüßlich geschürt und ausgenutzt hätte.

Auf Gerhard Schürers «Überlegungen zur weiteren Arbeit am Volkswirtschaftsplan 1989 und darüber hinaus», in denen Schürer das Gespenst der Pleite ziemlich deutlich an die Wand malte, reagierte Mittag mit der üblichen verlogenen Schönfärberei. Honecker überflog das 13 Seiten lange Manuskript und überantwortete es

Mittag zur Stellungnahme. Mittag, der im Regierungskrankenhaus lag, brauchte fast die doppelte Seitenzahl wie Schürer, um dessen «Überlegungen» als Infragestellen gravierender Parteibeschlüsse zu diffamieren. Ehrensperger hatte die Stellungnahme zu Schürer vorzubereiten. Trotz der Maßgabe von Mittag, sie zu «widerlegen», suchte der ZK-Verantwortliche für Planung und Finanzen nach einem Kompromiß. «Der Kerngedanke meines Entwurfes war», so Ehrensperger im Februar 1990, «auch wenn ich nicht in allen Punkten Schürer folgte, daß eine Vielzahl von Vorschlägen von Gerhard Schürer in die richtige Richtung gehe.» Dafür kanzelte Mittag ihn vom Krankenbett herunter gehörig ab mit der Bemerkung, daß Ehrensperger den Auftrag habe, Mittags Stellungnahme abzugeben und nicht seine eigene. Offensichtlich, so Ehrensperger, bewertete Mittag «die Überlegungen von Gerhard Schürer als einen persönlichen Angriff auf sich und seine vertretene Politik»[132].

Wäre es nach Honecker gegangen, hätte das Politbüro Schürers «Überlegungen» nie zu Gesicht bekommen. Erst als Honecker Mittags Pamphlet als Politbürovorlage zirkulieren ließ, wurde Willi Stoph stutzig und rief Honecker an. Stoph monierte gegenüber dem Parteichef, man könne die Mittag-Vorlage ohne Kenntnis von Schürers Überlegungen überhaupt nicht begreifen.[133] Daraufhin verfügte Honecker auch das Schürer-Papier an die Gralshüter mit dem Vermerk, daß darin «Grundfragen der Politik unserer Partei der Vergangenheit und der Zukunft behandelt werden»[134].

Als am Dienstag, dem 18. Mai, beide Positionen auf der Tagesordnung standen, knisterte es schon im Politbüro. Daß die von den meisten erhoffte, längst überfällige Debatte ins Wasser fiel, dafür sorgte der Generalsekretär höchstpersönlich. In seinem Prolog, mit dem Honecker die Sitzung zu eröffnen pflegte, nahm er das Ergebnis vorweg: «Was ich denke, hat Genosse Günter Mittag aufgeschrieben.» Die Mannschaft schluckte die Kröte, man ging zur Tagesordnung über.[135]

Vier Jahre später danach befragt, weshalb er Schürers Alternative mit solcher Brachialgewalt vom Tisch fegen ließ, hat Mittag eine plausible Antwort parat: «Schürers Vorschläge, in die Tat umgesetzt, hätten eine spürbare Senkung des Lebensstandards der Bürger zur Folge gehabt. Die Leute wären auf die Straße gegangen, der Umbruch vom Herbst 1989 hätte ein Jahr früher stattgefunden.»[136]

Im Herbst 1988 sah Honecker sich dann allerdings doch genötigt, persönlich in das offene Planspiel für 1989 einzugreifen. Am 22. November gab es unter seiner Leitung eine Beratung, von der Schürers Stellvertreter Heinz Klopfer streng vertraulich notierte, daß sie «auf Wunsch des Genossen W. Stoph (stattfand)», der letztlich die Verantwortung für die Realisierung des Wirtschafts- wie des Staatshaushaltsplanes trug.

Zum ersten Mal hatte es selbst dem wirtschaftspolitischen Dilettanten Honecker gedämmert, daß jetzt vieles rigoros gestrichen werden mußte, wenn das seit langem umstrittene Gebäude des Planes 1989 nicht einem Kartenhaus gleich zusammenstürzen sollte. Honecker nahm hier zum ersten Mal an der Wucherung des schon seit eh und je voluminösen Sicherheitsetats Anstoß. Bei einzelnen Jahresplänen waren in der Vergangenheit zwar einige Gelder für die Armee und noch häufiger für den Innenminister seinem Rotstift zum Opfer gefallen, doch dieses Mal holte der Genosse Generalsekretär weiter aus. Klopfer notierte: «Er stellte fest, daß es sich dabei (gemeint war der sogenannte Sonderbedarf I – d. Verf.) um eine enorme Steigerung handelt und daß das ein übermäßiges Anwachsen ist... Er stellte fest, daß sich so kein Industriezweig entwickelt hat... ich habe das alles gelesen, jeden Posten angestrichen, das ist eine Riesensumme. Deshalb bin ich dafür, 2 Mrd. Mark zu streichen. Bei allen Notwendigkeiten und der Lage müssen wir einfach solche Schritte gehen.»[137]

Aber was waren zwei Milliarden gegenüber dem Löwenanteil vom Nationaleinkommen, den der Moloch Sicherheit verschlang? Bei 240 Milliarden, die die DDR im Jahresdurchschnitt an Nationaleinkommen erwirtschaftete, waren die 10 Prozent für Sicherheitszwecke einfach unvertretbar viel. Nach Mittags Aussage verbrauchte allein im Jahre 1989 die Staatssicherheit 3,7 Milliarden Mark, die Nationale Volksarmee 12,8 Milliarden Mark.[138] Den Rest schluckten Innenministerium und Zoll. Nach der Wende beklagte der vom Thron gestoßene Wirtschaftskönig der DDR: «Die

Ausgaben für die ‹innere Sicherheit› hatten von vornherein die Priorität.»[139]

In jener internen Beratung im November 1988 hätte Mittag durchaus den Versuch wagen können, diesem Antomatismus der Prioritätensetzung ein Ende zu machen. Es wäre dies um so einfacher gewesen, als zu der Runde weder Stasiminister Mielke noch Armeechef Keßler oder Innenminister Dickel geladen waren. Vor allem Mielke wäre nur zu beschneiden gewesen, wenn man ihn vor vollendete Tatsachen gestellt hätte, hinter denen die Autorität des Parteichefs stand. Doch Mittag respektierte die Kürzung von lediglich zwei Milliarden und traute sich nicht, über Honecker hinauszugehen. Statt dessen gaukelte er den Anwesenden, zu denen übrigens auch Krenz und Ehrensperger gehörten, vor, «durch Leistungssteigerungen seien die Kosten noch aufzufangen». Mittag:

«Die Anforderungen, so wie ich das jetzt im Referat des Genossen Honecker für das Plenum gelesen habe, bestehen darin, daß für einen realen Plan entschieden höhere Leistungen notwendig sind, die uns wieder in Trab bringen...

Wir wissen auch nicht, wer verwendet noch Bargeld. Wenn es uns gelingt, die Importe um ein paar hundert Millionen zu senken und den Export dafür zu steigern, das ist der einzige Lösungsweg...

Dann kommen die Fragen beim Haushalt. Hier müssen wir sagen, was nicht gebraucht wird... Wir müssen ja sehen, daß viele Dinge, die drin sind, als gegeben betrachtet werden. Der Minister für Kultur sieht seine Ausgaben, sieht das alles für selbstverständlich an. Jetzt muß die Arbeit gemacht werden, einige Milliarden Investitionen freizumachen. Im Fernsehen war wieder die Errichtung bzw. Restaurierung eines Schlosses in Karl-Marx-Stadt. Wenn wir das alles automatisch in den Plan nehmen, dann steigen die Subventionen.

Die Reisekosten steigen auch ständig. Das sind jetzt schon 1/2 Milliarde Valutamark und mehr.

Alle machen in der DDR jetzt Kongresse. Jeder lädt sich seine Delegationen ein. Keiner braucht das Geld, denn das ist ja alles im Staatshaushalt schon drin. Wenn einer so etwas braucht, muß er das beim Finanzminister extra beantragen. Wir müssen ein paar Milliarden Mark freimachen...

Bei der Industrie muß man das auch machen, damit bei uns Ordnung herrscht. Manch einer tut so, als wenn unser Geld nichts wert ist. Bei allem Geld, was in Westberlin getauscht wird, ist es so, daß unsere Währung an der Spitze steht. Für 100 Mark der DDR werden zur Zeit 12,25 DM gezahlt. Wenn wir das Geld, was wir verschleudern, aus dem Haushalt herausnehmen, wird die Stabilität unserer Mark erhöht. Um so mehr Mittel wir für diese Dinge wegnehmen, um so besser ist es für uns. Es kann nicht sein, daß alle ein gutes Gefühl haben und die Bilanz geht nicht auf.» [140]

Mittag war mehr als den meisten in dieser Runde klar, daß von der Planungsbilanz die Zahlungsbilanz der DDR abhing. Dieses Mal redete er auch im größeren Kreis nicht mehr um die Sache herum. «Die Zahlungsbilanz», so bedeutete er, «ist mit 3,7 % Zuwachs zum produzierten Nationaleinkommen nicht zu beherrschen.» Dabei wußte er ganz genau, daß die 3,7 Prozent schon mehr als hochgestochen waren. Gleichwohl erweckte er noch immer den Eindruck, als könne man dem nahenden Bankrott mit der Mathematik ein Schnippchen schlagen. «Wir müssen rechnen», so der Wirtschaftssekretär, «damit wir wissen, daß wir zahlungsfähig sind. Darüber muß man auch mit den Ministern offen sprechen, daß es um Kampf geht und nicht um eine langsame Entwicklung.» [141]

Mit seinem demagogischen, gewiß auch voluntaristischen Vortrag hatte Mittag niemanden außer Honecker beeindrucken können. Der Genosse Generalsekretär jedenfalls war «mit dem, was Genosse Mittag gesagt hat, und den unterbreiteten Vorschlägen einverstanden... Wir müssen als DDR nicht nur zahlungsfähig bleiben, sondern dafür sorgen, daß es immer besser wird!»

Um dies zu erreichen, war der erzkonservative SED-Chef sogar bereit, der heiligen Kuh «Sozialpolitik» wenigstens ein winziges Stückchen vom Fleisch herauszuschneiden. Honecker: «Ich wäre dafür, daß wir die Gebühren für Rundfunk und Fernsehen erhöhen.» Und auf Schürer Bezug nehmend, meinte er mit naiv-komischer Geste: «...und die Minister wollen, wie Gerhard mitteilt, noch mehr Importe haben?... Es kann doch nicht sein, daß wir die Importe laufend erhöhen.»

Spätestens an diesem Punkt hätte die Runde in schallendes Gelächter ausbrechen müssen. Denn ohne Erhöhung von Importen waren weder eine Leistungssteigerung der Wirtschaft noch die dringend notwendige Verbesserung der Exportchancen denkbar. Die Runde blieb gleichwohl ernst. Sie bewunderte die vermeintliche Sachlichkeit, die der Genosse Generalsekretär angesichts des Ernstes der Situation zur Schau stellte sowie seinen kämpferischen Optimismus, den er sich nahezu bis zum Schluß bewahrte. Unbewußt mag er an diesem Novembertag noch etwas bewirkt haben, was den Teilnehmern der Geheimkonferenz erst nach Verlassen des Raumes so recht bewußt wurde. Rein intuitiv hatte er gemeint: «Was es bedeuten würde, wenn wir nicht zahlungsfähig sind, das kann man sich nicht vorstellen.» [142]

Mittag konnte es sich sehr wohl vorstellen. Diese trübste aller Aussichten verfolgte ihn seit Anfang der achtziger Jahre. Im Fühjahr 1989 sah auch Mittag keine Möglichkeit mehr, Honecker mit düsteren Prognosen zu verschonen. In einem Brief vom 9. Mai schrieb er an Honecker: «Der ‹Sockel› in der Zahlungsbilanz würde nach dem vorgelegten Planprojekt von 35,7 Milliarden Valutamark Anfang 1989 auf 47,4 Milliarden Valutamark Ende 1990 steigen... Das bedeutet, daß für die Bezahlung von Zinsen und anderer Valutakosten im Jahre 1990 rund 36 Milliarden Mark des produzierten Nationaleinkommens der DDR eingesetzt werden müssen. 1995 würde der ‹Sockel› auf 65 Milliarden Valutamark anwachsen. Die Zinsen würden 1995 44 Milliarden Mark Nationaleinkommen der DDR erfordern. Das wären 13 Prozent des Nationaleinkommens. Wie aus den vorgelegten Materialien hervorgeht, würde 1990 und in den Folgejahren ein ‹Sockel› entstehen, der nicht mehr beherrschbar ist.» [143]

Jetzt sah auch Mittag keinen anderen Weg mehr, die Lebensdauer der DDR zu verlängern, als Schürers Konzept, das er vor Jahresfrist noch strikt abgelehnt hatte, aufzugreifen. Inzwischen plädierte auch er für drastische Einschränkungen des gesellschaftlichen Verbrauchs, für Preiserhöhungen und Subventionsabbau, für erträgliche Relationen zwischen Kaufkraft und Angebot.

Honecker hatte noch immer nicht begriffen, was die Glocke geschlagen hatte. Er wies Mittags späten, wahrscheinlich auch schon zu späten Korrekturversuch zurück und verdrängte die Realität in gewohnter Weise. Mittag im Rückblick: «Ich hatte damit den damaligen Generalsekretär vor eine schwerwiegende Entscheidung gestellt. Ihr ist er ausgewichen, weil er befürchtete, daß mit dem kleinsten Kratzer am dogmatisch verstandenen Gefüge der Einheit von Wirtschafts- und Sozialpolitik die Dinge außer Kontrolle geraten könnten. Vielleicht sah er auch voraus, daß er dafür im Politbüro nicht den notwendigen Rückhalt finden würde.»[144]

Das letztere ist unwahrscheinlich, denn noch parierte die Politbürorunde. Die Mehrheit der Gralshüter war beispielsweise durchaus für jene Preisreform, die Schürer und Halbritter drei Wochen zuvor vorgeschlagen und begründet hatten. Und doch hatte Honecker sie mit einer einzigen Handbewegung vom Tisch wischen können.

Coram publico kehrte Mittag das absehbare Desaster der DDR-Wirtschaft noch eifriger unter den Teppich als hinter der Kulisse des Politbüros. Noch im August berauschte er sich vor den Generaldirektoren der Kombinate und den Parteiorganisatoren des Zentralkomitees an der FDJ-Initiative «Max braucht Schrott – wir bringen 100 000 Tonnen mehr». Sie zeige, so Mittag, «über welche Reserven wir noch verfügen»[145].

Zu jener Zeit erreichten die Produktionsziffern schon längst nicht mehr die Planvorgaben, stieg die Verschuldung weiter rapide an, zeichnete sich der klinische Tod der DDR bereits ab, auch angesichts der politischen Zuspitzung im Lande. Wenige Wochen nach Mittags Durchhalterede auf dem ZK-Seminar notierten die Genossen Schürer, Schalck und Herta König in ihrem «Standpunkt zur Sicherung der Zahlungsfähigkeit bis 1995/96»: Die Zahlungsbilanz der DDR sei nur noch zu gewährleisten, wenn die Exporte in den Westen beträchtlich gesteigert «und die unseren Berechnungen unterstellte jährliche Kreditaufnahme von 8–10 Mrd. VM (Valutamark – d. Verf.) tatsächlich gesichert werden kann». Sie verschwiegen auch nicht, daß derart voluminöse Kredite «eine hohe Abhängigkeit von den kapitalistischen Banken im Hinblick auf die Aufrechterhaltung der Zahlungsfähigleit bedeutet»[146].

Das alles hinderte den Wirtschaftssekretär der SED nicht, noch im Oktober von einem «beispiellosen ökonomischen Aufschwung» der DDR zu faseln. In der «Einheit», der theoretischen Zeitschrift des Zentralkomitees, schrieb Mittag in einer Mischung von Galgenhumor und Demagogie: «Voller Stolz blicken wir auf 40 Jahre DDR zurück. Und aus den Erfolgen und Erfahrungen schöpfen wir die Kraft und Zuversicht für die weitere Wegstrecke bei der Gestaltung der entwickelten sozialistischen Gesellschaft in unserem Lande.»[147]

Mittags geheuchelter Optimismus brach endgültig am 17. Oktober in sich zusammen. Die Verschwörung, die Krenz, Schabowski und andere Politbürokraten gegen Honecker eingefädelt hatten, galt im gleichen Maße dem Wirtschaftssekretär, in dem sie den fast noch größeren Sündenbock sahen. Als Stoph an jenem Tage im Politbüro den Antrag stellte, neben Honecker «auch die Genossen Mittag und Herrmann von ihren Funktionen zu entbinden»[148], brach die Welt des Günter Mittag endgültig zusammen. Honecker sei nicht mehr tragbar, seine Ablösung sei überfällig, pflichtete er den Putschisten bei: Mit dieser unerwarteten Reaktion hatte Mittag sich die Meute im Politbüro selbst auf den Hals gehetzt. «Hast du zu dir selber, zum Wirtschaftsdesaster nichts zu sagen?»[149] fielen die anderen über ihn her. Zum ersten Mal geriet der Wirtschaftssekretär ins Stammeln. Er begriff, daß ihm jetzt gar keine andere Wahl blieb, als seinem Abtritt zuzustimmen. Zu genau wußte er, daß «ein Mittag ohne Honecker nicht vorstellbar (war)»[150].

Das Ende seiner Parteikarriere bedeutete selbstverständlich auch den Verlust seiner Staatsämter. Mittag wurde als Vizepräsident des Staatsrates ebenso abserviert wie als Abgeordneter der Volkskammer. Auf der zehnten ZK-Tagung wurde Mittag am 10. November «wegen gröblichster Verstöße gegen die innerparteiliche Demokratie, gegen die Partei- und Staatsdisziplin sowie Schädigung des Ansehens der Partei aus dem ZK ausgeschlossen»[151]. Knapp zwei Wochen später flog die einstige Nr. 2 der SED ganz aus der Partei. Im nachhinein sieht Mittag es als «ein großes Wunder» an, daß er sich, trotz der beachtlichen Schar seiner Gegner, so lange im Politbüro hat halten können.[152] Das Wunder ist die DDR teuer zu stehen gekommen.

Wenn Mittag heute allerdings von seinen Exgenossen aus dem Politbüro zum entscheidenden Sündenbock für das klägliche Ende der DDR-Wirtschaft gestempelt wird, so steckt darin auch ein Stück Projektion. Keiner von ihnen – von Gerhard Schürer abgesehen – hat sich gegen den Etikettenschwindel mit dem «Markenzeichen» der sogenannten Einheit von Wirtschafts- und Sozialpolitik gewehrt.

Die einseitige Schuldzuweisung an Mittag ignorierte auch die starrsinnige Rolle Honeckers. In einem Schreiben an Honecker von Anfang April 1988 hatte Mittag den Generalsekretär zum ersten Mal im Klartext darauf hingewiesen, daß hinter die Zahlungsfähigkeit der DDR ein großes Fragezeichen zu setzen sei. Mittag konfrontierte den Parteichef mit der schockierenden Tatsache, daß mit den von Schürer und Finanzminister Höfner vorgegebenen Aufgaben für das kommende Jahr «noch kein realer und bilanzierter Plananansatz für 1989 vorgelegt wird... Im Vergleich zum Fünfjahrplan ist beim produzierten Nationaleinkommen festzustellen, daß die für 1989 enthaltenen Ziele um 6,6 Milliarden Mark unterschritten werden... Ob damit künftig die Zahlungsfähigkeit der DDR gegenüber Firmen und Banken im NSW gewährleistet werden kann, bleibt unbeantwortet.»[153]

Eines wird man Mittag schon abnehmen müssen, nämlich daß es «hinsichtlich der Vernachlässigung der für die Ökonomie notwendigen Akkumulation und der dazu erforderlichen Korrektur in der Ausgabenstruktur keinen Konsens zwischen Erich Honecker und mir (gab)»[154]. Planungschef Gerhard Schürer bestätigt das. Einmal, so berichtet Mittag, habe er Honecker in dessen Wandlitzer Domizil unter vier Augen plausibel machen wollen, daß man die Preise für Brot, Bier, Blumen und alles mögliche nicht länger stützen könne. Honecker habe darauf mit einem Wutanfall reagiert und ihm die Kissen seines Sofas an den Kopf geworfen. Später habe er solche Diskussionen dann vermieden.[155]

Bis heute ist dem Mann nicht aufgegangen, daß er als Politiker

214

wie als Mensch versagt hat. Keineswegs rechnet Mittag sich zu den Untergangsstrategen der ostdeutschen Republik. «Die Totengräber der DDR», so meditiert er im nachhinein, «waren diejenigen, die das übertriebene Sicherheitsdenken auf dem Gebiet der Staatssicherheit und der NVA (Nationale Volksarmee – d. Verf.) von der Sowjetunion übernommen und kultiviert haben. Das waren jene, die totale Abschottung der DDR zum Primat erhoben haben und den ‹Westdrall› ideologisch und konspirativ bekämpft haben. Das waren jene, die lange Zeit gegen kostendeckende Preise aufgetreten sind. Das waren jene, die ihre Berichte an Moskau machten und mir in den Rücken gefallen sind.»[156]

Mittags Verdrängungskomplex ist von erstaunlicher Undurchlässigkeit. Er streitet ums Detail, ohne den maroden Kern der Rolle zu erfassen, die er selbst gespielt hat. Seine Fehlleistung bestand ja – alles in allem – weniger darin, daß er diese oder jene falsche Entscheidung traf, diesen oder jenen Schaden durch Arroganz, Machtdünkel und manchmal auch durch Inkompetenz verursachte. Sein historisches Verbrechen liegt vielmehr darin, daß er seit Anfang der achtziger Jahre um das unausweichliche Scheitern des Wirtschaftskurses von Honecker gewußt und ihn dennoch bedingungslos mitgetragen und maßgeblich gestaltet hat; daß ihm der Genuß der Macht und seine Karriere wichtiger waren als das Schicksal von 17 Millionen Menschen, die ihm nie mehr bedeuteten als eine volkswirtschaftliche Bezugsgröße.

Mittag und die Staatssicherheit

Keiner hat den ZK-Apparat besser beherrscht als er. Von seiten der Staatssicherheit indessen hat er einige Nadelstiche hinnehmen müssen. Dabei mag auch eine Rolle gespielt haben, daß Mittag und Mielke sich nie sonderlich mochten. Noch heute verübelt es Mittag dem Stasichef, daß er von Apels Tod erst zwei Stunden später erfuhr und selbst dann nicht von der «Firma». Vor allem aber störte ihn, daß Mielke, seit Honecker Parteichef war, für sein Monsterministerium immer mehr Mittel verlangte und auch bekam, Mittel, die Mittag viel lieber für die Wirtschaft verwendet hätte. Mittag war auch eifersüchtig auf das harmonische Verhältnis, das sich gewöhnlich zwischen Honecker, Mielke und Keßler einstellte, wenn es um Geld und Material für die Staatssicherheit oder die Armee ging. Selbst bei jener Beratung im kleinen Kreis im November 1988, als der DDR das Wasser schon bis zum Hals stand, beharrte Honecker noch darauf: «Beim Sonderbedarf wollen wir im Sold nichts streichen, es soll auch im Gehalt nichts gestrichen werden, aber bei den sonstigen Ausgaben!»[157]

Zudem verfügte Mielke im Verhältnis zum Parteiapparat über das wesentlich bessere Informationssystem. Selbst bei kleineren Havarien und Störungen in volkseigenen Betrieben war Mielke meist früher im Bilde als der Wirtschaftssekretär der Partei. Belastete dies schon die Prestigesucht Mittags, brachte es ihn zur Weißglut, wenn der Stasichef ausführliche Berichte über solche Vorfälle für den Generalsekretär schrieb. «Nicht selten», so Mittag, «mußte ich mich vor Honecker dann verantworten.»[158]

Ab und zu kam es auch dann zu Spannungen zwischen Mittag und Mielke, wenn die Staatssicherheit versuchte, in die Chefetagen der Wirtschaftsbürokratie hineinzufunken, weil es dort zu größeren Unregelmäßigkeiten gekommen war.

Als Mielkes Hauptabteilung XVIII (Volkswirtschaft) Anfang der siebziger Jahre dahintergestiegen war, daß der damalige Generaldirektor der Automobilwerke Eisenach, H., sich einige Zehntausende Valutamark unter den Nagel gerissen und sie auch noch während des Urlaubs in einem kapitalistischen Land verpraßt hatte, war das den Wirtschaftsdetektiven der Stasi doch über die Hutschnur gegangen. Zwar konnte die Hauptabteilung XVIII eine hieb- und stichfeste Ermittlungsakte gegen den Genossen Generaldirektor auf den Tisch legen, doch wußte Mittag zu verhindern, daß die Sache beim Staatsanwalt landete. Damals prägte der Wirtschaftssekretär der Partei den weisen Spruch: «Vom Kriminaldirektor aufwärts gibt es keine Kriminellen.» Ein Diktum, das natürlich erst recht der Justiz die Hände band, wenn sich gehobene Wirtschaftsfunktionäre in den Fallstricken des Strafrechts verhedderten.

Mielke lag schon in den siebziger Jahren ständig auf der Lauer, um dem zunehmend mächtiger werdenden Wirtschaftskönig bei passender Gelegenheit ein Bein zu stellen. Der Stasichef fühlte sich dazu nicht zuletzt deshalb motiviert, weil Mittag ihn im Buhlen um des Generalsekretärs Gunst klar ausgestochen hatte. War Mielke jahrelang an Honeckers Seite zur Jagd marschiert, hatte sich das in dem Maße geändert, wie der Wirtschaftssekretär sich für den Parteichef unentbehrlich zu machen wußte. Als Werner Krolikowski im November 1980 ein Gespräch zwischen Stoph und Mielke festhielt, notierte er in bezug auf Honecker u. a.: «Er macht alles nur noch im Komplott mit GM allein. Mielke ist nur noch zur Jagd eingeladen, wenn Abrassimow eingeladen ist.»[159]

Im Sommer desselben Jahres hatte es den Anschein, daß Mielke seinen lästigen Konkurrenten schlagartig loswerden könnte. Als Honecker nämlich vom routinemäßigen Treff der Parteichefs des Ostblocks mit Leonid Breschnew auf der Krim zurückkehrte, brachte er eine Neuigkeit mit, bei der sich der Stasichef die Hände rieb. Unter vier Augen, so instruierte Honecker seine Kampfgefährten, habe der Kremlherr ihm mitgeteilt, daß sich sehr wahrscheinlich zwei Agenten des Westens in DDR-Spitzenpositionen eingenistet hätten. Der eine säße im Politbüro, der andere sei ein General der Volksarmee. Die Namen der Verdächtigen nannte Honecker nicht, versicherte indes, man werde der Sache nachgehen. Den vermeintlichen General der NVA hatte der sowjetische Geheimdienst mit einem Offizier der Bundeswehr verwechselt, was Mielkes Schnüffler bald herausfanden. Bei dem fragwürdigen Mitglied des Politbüros aber ging es um Günter Mittag.

Vergeblich wartete Mielke darauf, daß Honecker ihn damit beauftragte, gegen das zwielichtige Politbüromitglied zu ermitteln. Bereits vor dem Treffen auf der Krim hatte er vom KGB einen Wink bekommen, daß Breschnew einen giftigen Pfeil gegen Mittag im Köcher habe. Honecker indessen überging die Sache stillschweigend und kam lediglich gegenüber seinem Wirtschaftssekretär noch einmal darauf zurück. Es habe sich um ihn gehandelt, die Sache sei überprüft worden und habe sich erledigt.[160]

Etwa vier Monate später wollte Mielke die Sache nicht mehr für sich behalten. In jenem Gespräch mit Willi Stoph im November bedeutete er dem Regierungschef laut Aufzeichnung von Krolikowski: «Auch über das, was L. I. Breschnew EH auf der Krim sagte, hat EH in der PB-Sitzung nicht die volle Wahrheit gesagt. Wichtige Dinge hat er unterschlagen oder gegenüber dem PB verfälscht. EH hat z. B. dem PB nicht gesagt, daß L. I. Breschnew ihm dringend geraten hat, Mittag aus der Führung herauszunehmen, so sagte Mielke zu W. Stoph, aber nach Mielkes Meinung wird EH dies GM persönlich gesagt haben, um ihn unter Druck zu setzen und GM sich gefügig zu machen.»[161]

Gewiß hat Honeckers Verhalten in dieser Affäre Mittags Beziehung zu ihm weiter gefestigt. Der SED-Chef hatte indessen Breschnews Affront gegen seinen Wirtschaftssekretär nicht nur aus dem Bestreben heraus in den Wind geschlagen, Mittag noch enger an sich zu binden. Er durfte auch so gut wie sicher sein, daß Breschnews Anwürfe reine Denunziationen waren und jeglicher Grundlage entbehrten. Honecker wußte genau, wie oft Mittag mit Breschnews Leuten zusammengeprallt war und ihnen die Zähne gezeigt hatte.

Tatsächlich zählte der Wirtschaftschef der SED zu den ganz wenigen Leuten im Politbüro, die sich immer wieder einmal gegen die allzu enge Verflechtung der DDR-Wirtschaft mit dem grobschlächtigen Koloß der Sowjetökonomie stemmten. Abgesehen von der Militär- und Weltraumtechnik, zeichnete sich der große Bruder weder durch besonderes wissenschaftlich-technisches Niveau noch durch die Präzision oder Qualität seiner Erzeugnisse aus. Hätte die DDR-Seite den Vorstellungen Breschnews und seiner Nomenklatura rundum nachgegeben, wäre die Wirtschaft Ostdeutschlands weit früher ausgeblutet. Mittag wußte das. Zudem wurmte ihn, daß die sowjetische Seite Bau- und Erschließungsarbeiten beispielsweise im Zusammenhang mit der Erdgasstraße nicht, wie es korrekt gewesen wäre, nach RGW-Verrechnungseinheiten vergütete, sondern nach sowjetischen Inlandspreisen. Dadurch war jede Mark, die die DDR in gemeinsame Projekte investierte, nur 33 Pfennige wert.

Schon lange hatte der sowjetischen Seite mißfallen, mit welcher Faszination der Berliner Wirtschaftssekretär nach japanischer Mikroelektronik, bundesdeutschem Automobilbau oder österreichischen Stahlwerken schielte und dadurch manches sowjetisch-ostdeutsche Geschäft verdarb. Und schließlich hatte sich Mittag Ende der siebziger Jahre mit unerschütterlicher Sturheit gegen ein Projekt gestellt, das die sowjetische Führung vom Parteichef bis zum Kriegsminister bewegt hatte.

Damals war Sowjetbotschafter Pjotr Abrassimow bei Honecker erschienen, um ihn für ein Vorhaben zu gewinnen, das für die DDR zu unglaublichem Aderlaß geführt hätte. Vom sowjetischen Brest, unmittelbar hinter der polnischen Ostgrenze gelegen, sollten Doppelgleise für sowjetische Breitspurbahnen bis nach Ostberlin verlegt werden. Damit sollten der Gütertransport zwischen beiden Ländern beschleunigt und das jedesmalige Umpolen der sowjetischen Waggons von Breitspur auf Normalspur eingespart werden. Noch wichtiger dürfte jedoch die strategische Ambition der sowjetischen Generalität gewesen sein, über eine Eisenbahnstrecke zu verfügen, auf der man von Moskau bis Berlin durchrollen konnte.

Honecker hörte Abrassimow an, ohne sich in der Sache einzulassen, und verwies den Sowjetbotschafter an seinen Wirtschaftssekretär. Mittag indessen legte sich quer. Im Überschlag errechnete er 200 Milliarden Mark, die die DDR das Projekt kosten würde. Sie sollte nicht nur die Gleise durch ganz Polen und von dessen Westgrenze bis Berlin verlegen, sondern auch sämtliche Brücken errichten, die dafür erforderlich waren. Abrassimow, ein stahlharter Diplomat stalinscher Schule, gab nicht so schnell auf. Wieder und wieder rückte er Mittag auf die Bude nach dem Motto, daß steter Tropfen den Stein höhle. Der Bedrängte suchte schließlich Rückendeckung bei Honecker. Doch der zeigte sich schwankend und unentschlossen, um so mehr, als er wußte, daß hinter dem Projekt auch die sowjetische Generalität stand, in der der SED-Chef den wichtigsten Garanten für die äußere Sicherheit seines Staates sah. Nach Mittags Schilderung ging es zwischen den beiden kontrovers und erregt zu. «Wenn du möchtest, daß die Leute in der DDR bald genauso mies leben werden wie die sowjetischen Bürger», so will es Mittag dem Generalsekretär gesagt haben, «dann mußt du nachgeben.»[162]

Am Ende schlug Honecker sich doch auf die Seite seines Wirtschaftssekretärs. Dabei mag den Ausschlag gegeben haben, daß etwa 90 Prozent der von den Sowjets gewünschten Schienenstrecke durch polnisches Gebiet geführt hätte, was sich als zusätzliches Risiko auftürmte. Honecker, der der polnischen KP-Führung wegen ihrer Abtrünnigkeit von ehernen Dogmen politisch ohnehin mißtraute, fürchtete, daß sich das sowjetische Wunschprojekt als Bumerang erweisen könnte. Es war nicht auszuschließen, daß die wirtschaftlich am Boden liegenden Polen die DDR eines Tages mit der Durchlässigkeit der Strecke erpreßten.

Die Sowjets konnten ihr Ziel nicht erreichen. Als Alternative, als sogenannte kleine Lösung gegenüber dem Eisenbahnprojekt, einigte man sich schließlich auf die Errichtung des Fährhafens Mukran sowie den Bau von sechs Fährschiffen, auf denen die beladenen Eisenbahnwaggons beider Seiten zwischen Rügen und dem litauischen Klaipeda pendeln sollten.

Auch ohne Honeckers Auftrag dirigierte Mielke damals seine Wühlmäuse in Mittags Kompetenzbereich. Nach dem Krimtreffen im Juli 1980 tauchte bei Planungschef Schürer alsbald Stasimajor Wurm von der Hauptabteilung XVIII auf. Wurm war der Vorgesetzte der in Schürers Behörde etablierten Inspektionsabteilung, die die Mitarbeiter der Plankommission nach Westkontakten abzuklopfen und über sonstige Auffälligkeiten in ihren Reihen zu berichten hatte. Unter Bezug auf die Zahlungsbilanz der DDR gegenüber dem Westen versuchte der Major zunächst, Schürers Einstellung zum Generalsekretär zu testen. Ohne dessen Namen in den Mund zu nehmen, blickte er auf das Honecker-Bild, das in Schürers Arbeitszimmer hing, und sagte: «Was hat dieser Verrückte denn noch alles vor? Er versteht nichts von der Wirtschaft und reitet das Land immer tiefer in Schulden hinein.»[163]

Schürer dachte zwar ähnlich, ließ sich aber nicht aus der Reserve locken, um nicht erpreßbar zu werden. Er mache sich selbst Sorgen über die Zahlungsbilanz, erwiderte er und redete die Sache weg. Wurm mußte unverrichteter Dinge von dannen ziehen. Schürer informierte Mittag über den ominösen Vorfall. Mittag sah im Vorstoß des Stasimajors den Versuch Mielkes, die Wirtschaftspolitik der Führungsspitze anzugreifen, und witterte einen Zusammenhang mit der Denunziation seiner Person durch Breschnew.

Mittags Mißtrauen gegenüber jedem, der mit der Staatssicherheit verquickt war, wuchs. Freilich konnte er nicht vermeiden, daß Mielkes Leute ihm ständig vor der Nase herumtanzten. Wie jedes Politbüromitglied mußte auch Mittag persönliche MfS-Begleiter, Personenschützer genannt, erdulden. In vielen Fällen waren sie für Mielke ergiebige Informanten über Haltungen und Gewohnheiten der Politbüromitglieder. Im Gegensatz zu den meisten Gralshütern hatte Mittag seine Bewacher immer schon auf Distanz gehalten. Von Stund an vermied er in deren Gegenwart jedes überflüssige Wort. MfS-Major Helmut Reh, der viele Jahre lang seinen Sold damit verdiente, über die Sicherheit des Wirtschaftssekretärs zu wachen, sagte Ende 1989 als Zeuge aus: «Ein persönliches Verhältnis kam in all den Jahren trotz des engen Zusammenseins auf Grund meiner Tätigkeit mit Günter MITTAG nicht zustande. Ich glaube, er hat mich in diesen 17 Jahren höchstens zweimal gefragt, ob ich verheiratet bin. Ich, andere Begleiter und auch die Kraftfahrer wurden von Günter MITTAG zwar nicht herablassend behandelt oder diskriminiert, wie es in anderen mir bekannten Fällen vorkam, wir wurden jedoch von ihm sozusagen ‹als lebendes Inventar› betrachtet.»[164]

Im Parteiapparat selbst war es Mielke untersagt, seine Horchposten als Offiziere im besonderen Einsatz, als inoffizielle (IM) oder gesellschaftliche Mitarbeiter (GMS) zu etablieren. Gleichwohl war der Stasichef allzeit bestens darüber informiert, was sich im mausgrauen Gebäude des Zentralkomitees am Werderschen Markt abspielte. Die meisten Abteilungsleiter des ZK-Apparates suchten schon von sich aus den Kontakt zur Bruderabteilung der Firma, und dabei machte auch der Bereich von Günter Mittag keine Ausnahme. Die Genossen der Stasihauptabteilung XVIII, die für die Sicherung der Volkswirtschaft, den RGW sowie für Messen zuständig waren, gingen bei den Abteilungsleitern, die dem Wirtschaftssekretär unterstanden, ein und aus. Und so wußte Erich Mielke schon im Herbst 1980 Regierungschef Stoph davon zu informieren, «daß es in den wirtschaftspolitischen Abteilungen des ZK gegenüber der gesamten Weststrategie von EH und GM sehr gärt, es viele Widersprüche gibt. Die Genossen», so Mielke weiter, «sehen offensichtlich die Gefährlichkeit der Abhängigkeit der DDR von kapitalistischen Staaten sowie ihren Konzernen und Banken und sehen die gesicherte Perspektive nur in höchsten eigenen Leistungen und in der Zusammenarbeit mit der Sowjetunion und den anderen sozialistischen Bruderländern.»[165]

Ganz so einseitig, wie der in Wirtschaftsdingen einäugige Mielke meinte, war der Blick der Mittag-Untergebenen zwar nicht, doch Dissonanzen gab es dort tatsächlich zur Genüge. Sie nahmen in dem Maß zu, wie sich beim Aufstellen der Wirtschaftspläne immer mehr Unbekannte einstellten und vor allem bei Mittag Voluntarismus an die Stelle von Realismus trat. Die Dinge spitzten sich besonders zu, als man im ZK-Apparat den letzten Fünfjahrplan (1986–1990) auf dem Reißbrett hatte und erkannte, daß seine Statik weder unten noch oben stimmen wollte. In diesem Falle hatte Abteilungsleiter Günter Ehrensperger nicht nur Mittag, sondern auch einigen Mitarbeitern anvertraut, was er vom sogenannten Perspektivplan halte.

222

Prompt war Mielkes Hauptabteilung Wirtschaft über die Kontroverse im Bilde. Am 26. März 1985 notierte Oberst Linke, Leiter der Abteilung XVIII/1, in einer Information, «daß der Leiter der Abteilung Planung und Finanzen im ZK der SED am 21.03.1985 einige Sektorenleiter und seine beiden Stellvertreter davon informierte, daß er gegenüber dem Gen. Dr. Mittag seinen ablehnenden Standpunkt zum Entwurf der SPK zum 5-Jahr-Plan 1986–1990 zum Ausdruck gebracht habe». Linke kannte auch die Argumente ganz genau, die Ehrensperger ins Feld geführt hatte. Das Leistungswachstum sei angesichts der angespannten Rohstoff- und Energielage sowie fehlender Investmittel zu hoch angesetzt; die vorgesehene Entschuldung sei unreal, da ein zu hoher NSW-Export geplant wird; der Anteil von Schalcks KoKo «an den Außenwirtschaftsbeziehungen mit dem NSW sei ungerechtfertigt hoch».

Mielkes Wirtschaftsspäher hatten natürlich auch in Erfahrung gebracht, daß sich Mittag über die Argumente seines Abteilungsleiters schlicht hinweggesetzt hatte. Dazu Oberst Linke: «Genosse Ehrensperger hat deshalb festgelegt, daß für das Politbüro eine glatt formulierte positive Stellungnahme erarbeitet wird, mit dem Vorschlag, dem Planentwurf zuzustimmen.»[166]

In der zweiten Hälfte der achtziger Jahre reagierte die Spitze der Staatssicherheit geradezu seismographisch auf die Probleme der DDR-Wirtschaft. Im Mielke-Ministerium wurde, im Gegensatz zum Mittag-Apparat, kaum schöngefärbt und manipuliert, sondern die ökonomische Realität weit mehr zum Bezugspunkt der Lagebeurteilung gemacht. Besser als anderswo erkannte man hier, daß der weitere Niedergang der Wirtschaft das politische Ende des SED-Regimes zwangsläufig nach sich ziehen mußte. Entsprechend sorgenvoll kommentierte man ein «Internes Material», das im März 1988 von Planungschef Schürer angefertigt worden war. Siegfried Wenzel, Vizechef der Plankommission und deren analytischer Kopf, war in dem Papier zu düsteren Resultaten gelangt. So hatte der Plan der industriellen Warenproduktion 1987 um 7,4 Milliarden gesenkt werden müssen. Weit schlimmer war, daß der Zuwachs an Nationaleinkommen von 5,2 Prozent im Jahr 1985 auf 3,56 Prozent

1987 gesunken war. Zur letzteren Ziffer kommentierte Wenzel: «4% stellt eine Aufrundung dar», die übrigens auf Weisung Honeckers erfolgt war, damit man wenigstens im Statistischen Jahrbuch die Kontinuität erfolgreicher Wirtschaftspolitik «nachweisen» konnte. Anhand von Graphiken zur Entwicklung der Akkumulation belegte das Papier, daß sich die DDR-Wirtschaft in einem Teufelskreis befand.

Kritisch bemerkte Mielkes Hauptabteilung XIII am 29. März 1988 zu dem hochbrisanten Material, daß in ihm «Lösungswege» zur Bewältigung der prekären Situation nicht enthalten seien. Vor allem mit Blick auf Honecker und Mittag bemerkten die Wirtschaftsschützer der Stasi: «Es wäre jedoch schon bedeutsam, die aufgeführten Fakten als real anzuerkennen, sie sind durch das inoffizielle Informationsaufkommen belegt, und daraus realisierbare Schlußfolgerungen zu ziehen.»[167]

Mittag aber thronte zu weit im Zentrum der Macht, als daß der lange Arm der Staatssicherheit ausgereicht hätte, seine Entscheidungen wirklich zu beeinflussen. Einmal allerdings war es zu einer offenen Konfrontation zwischen Mielke-Ministerium und Wirtschaftssekretär gekommen. Das geschah 1987, nachdem sich im Fährhafen Mukran, der ein Jahr zuvor eingeweiht worden war, die Probleme türmten. Die ersten drei Fährschiffe, sämtlich von der DDR gebaut, waren in Dienst gestellt worden, aber bei weitem nicht ausgelastet. Zum einen lag es daran, daß der Export zwischen DDR und UdSSR rückläufig war, zum anderen, daß sich für manchen Güterumschlag der Landweg noch immer als billiger erwies.

Trotzdem wurde auch der Bau eines vierten Fährschiffes im Werte von 90 Millionen Mark in Angriff genommen. Die Experten liefen Sturm und bedrängten Verkehrsminister Otto Arndt, den sinnlosen Bau zweier weiterer Fähren zu verhindern. Das war leichter gesagt als getan. Denn erstens lag dem Bau von sechs Fähren ein Regierungsabkommen mit der Sowjetunion zugrunde, und zweitens war ein solcher Schritt nicht ohne das grüne Licht des Wirtschaftssekretärs denkbar. Der aber blieb hart und ließ sich auf die Suche nach Kompromissen nicht ein.

Gleichwohl steckte Verkehrsminister Arndt nicht auf. Er verband sich mit der Hauptabteilung XIX (Sicherung der Verkehrs- und Nachrichtenverbindungen) der Staatssicherheit und fand in Generalmajor Edgar Braun einen ebenso verständnisvollen wie engagierten Mann, dem die Wirtschaft des Landes sehr am Herzen lag. Braun ließ die Situation im Fährverkehr zwischen Mukran und Klaipeda genauestens recherchieren und verfaßte darauf fußend einen Bericht, den Mielke als «Information des Ministeriums für Staatssicherheit» sowohl Honecker als auch dem Wirtschaftssekretär der Partei schickte. Mittag schäumte vor Wut. Da der von Mielke unterzeichnete Bericht bis ins letzte Detail stimmte, forderte er vom Stasichef die Offenlegung der Quellen. Mielke wälzte die Sache auf seinen Stellvertreter Rudi Mittig ab, der General Braun zu sich kommen ließ und vergeblich nach seinen Informanten befragte.

Daraufhin wurde General Braun ins Zentralkomitee bestellt, wo die Abteilungsleiter Günter Ehrensperger, Carl-Heinz Janson und Dieter Wöstenfeld versuchten, ihn ins Gebet zu nehmen. Aber auch sie konnten den Wunsch ihres Auftraggebers nicht erfüllen. Am Ende blieb Mittag nichts anderes übrig, als einen Rechtfertigungsbericht an Honecker zu verfassen, den der Feuerwehrmann des Mittag-Apparates, Janson, hatte vorbereiten müssen.

Mit seinem couragierten Bericht hatte General Braun eine Affäre ausgelöst, die an Mittag nicht völlig spurlos vorübergegangen war. Nicht nur, daß er sich von Honecker peinliche Fragen zum Bericht des Mielke-Ministeriums stellen lassen mußte. Es war auch erreicht worden, daß wenigstens der Bau der letzten Fähre noch abgewendet werden konnte. Für Erich Mielke war dies ein Achtungserfolg, den Mittag ihm bis heute nicht verziehen hat.

Auch daher mag die Aversion gegen die Staatssicherheit im allgemeinen herrühren, die Mittag heute so verdächtig demonstrativ zur Schau trägt. Es grenzt schon an politisches Kabarett, wenn der allgewaltige Wirtschaftskönig der zugrundegerichteten DDR über einen besonders erfolgreichen Teil seines Imperiums meditiert: «Mir war nicht bekannt, daß Schalck ein sogenannter OibE war. Mir war auch nicht bekannt, daß es überhaupt OibEs gab. Mir waren auch keine geheimen Befehle oder anderen Anweisungen des Ministers für Staatssicherheit an KoKo bekannt.»[168]

Sollte Schalck, Mittags treuester, aber auch talentiertester Diener, seinen Herrn so schändlich hintergangen haben? Oder sind das alles nur Schutzbehauptungen des Günter Mittag, der in seinem nie versiegenden Ehrgeiz schon immer besser sein wollte als andere?

3
Alexander Schalck-Golodkowski — Geschäftsmann und Geheimagent

Die Doppelrolle

Alexander Schalck-Golodkowski hat in seinem Leben viele Menschen getäuscht, auch seinen übermächtigen Chef Günter Mittag, wenngleich nicht in dem Ausmaß, wie dieser es heute darzustellen versucht. Die Kunst des Tricksens und des Blendens gehört zum Job jedes erfolgreichen Geschäftsmannes, aber mehr noch zur Profession eines Geheimdienstlers, der Schalck zugleich war. Seine Doppelrolle hat er glänzend ausgefüllt, die des Stasioffiziers perfekter als die des Außenhändlers.

Zweifellos zählt Schalck zu den schillerndsten Figuren deutscher Zeitgeschichte. Je mehr Fakten und Details über Schalcks einstige Mission durchsickern, um so mehr wuchern auch die Legenden, die um diesen Mann gewoben werden.

Für die einen ist er der gerissenste Gauner der ostdeutschen Republik, der das Ende der DDR voraussah, rechtzeitig diverses Kapital auf die Seite brachte und durch die Wende zum heimlichen Krösus wurde. Andere bescheinigen ihm ehrliches Engagement und effiziente Geschäfte, die nicht nur der Politbürokratie, sondern auch den Menschen in der DDR zugute gekommen seien. Für viele gehört er zu den Sündenböcken sozialistischer Planwirtschaft wie etwa Mittag und Schürer, für andere bleibt er ein Außenseiter im Ensemble der DDR-Machthaber. In den Augen derer, die sich heute durch seine geheimen Vermerke an Mielke bloßgestellt sehen, ist er vor allem Spitzel und Spion; für jene, die kapitale Geschäfte mit ihm machten, bleibt er ein ungewöhnlich dynamischer Pragmatiker, dessen Leistungen auf dem Boden des praktizierten Sozialismus auf die Dauer nur nicht fruchten konnten.

Fast immer und überall aber werden Schalcks Stellenwert, Einfluß und Souveränität innerhalb des politischen Regimes der DDR beträchtlich überschätzt. Beispielsweise ist Richard Mahkorns Behauptung, daß Schalck «in Wirklichkeit der Drahtzieher der DDR war», ebenso unzutreffend wie die These, daß «neben ihm alle Minister bis auf Stasichef Mielke und Honecker nur Marionetten waren»[1]. Ein Befund, der nicht nur einen Mann wie Günter Mittag schlicht übersieht, sondern auch sonst an der politischen Realität DDR weit vorbeizielt.

Die Karriere

In jüngster Vergangenheit werden selbst in die Biographie des einstigen KoKo-Chefs Dinge hineingeheimnist, die die Spekulationen um diesen Mann weiter anheizen, das «Rätsel» Schalck aber kaum lösen werden. So will Peter-Ferdinand Koch entdeckt haben, daß Schalck «im polnischen Galizien zur Welt (kam)»[2]. Er soll eine jüdische Mutter gehabt haben, die die Nazis in ein Lager verschleppten, und einen Vater, der als Soldat einer polnischen Kavallerieeinheit bei Hitlers Überfall auf den östlichen Nachbarn gefallen sei. Schalck selbst sei in Krakau von einem SS-Kommando aufgegriffen, «eingedeutscht» und Ende 1940 von SS-Sturmbannführer Richard Schalk adoptiert worden. Im Jahr darauf sei er schließlich «in ein Internat abgeschoben» worden.[3]

Schalcks Mutter, so Koch weiter, sei eine von Golodkowski gewesen. Um Herkunft und Identität Schalcks zu verwischen, habe die Stasi, namentlich Markus Wolfs Vorgänger Hans Fruck, alle Papiere über Schalcks leibliche Eltern, die von Golodkowskis, aus polnischen wie deutschen Archiven entfernen lassen. Und: «Dann nötigte der schlaue Fruck seinem Mitarbeiter das ‹c› in Schalck auf...»[4]

So spannend sich diese Variante der Schalck-Biographie auch liest, sie bricht sich leider an den Fakten, beispielsweise daran, daß die «Oberschule für Jungen» in Berlin-Treptow am 19. Juli 1946 dem Schüler Alexander Schalck (nicht Schalk!) das Versetzungszeugnis aushändigte. Damals war der Berliner Bengel gerade mal 13 Jahre alt und träumte noch nicht einmal davon, daß es in seiner Heimatstadt vier Jahre später eine deutsche Staatssicherheit und einen Aufklärungschef namens Hans Fruck geben könnte.

Das c in Schalcks Namen war auch in späteren Jahren existent, brauchte ihm also von niemandem aufgenötigt zu werden. Gleichwohl will Koch wissen, daß «irrtümlich Schalck Ende der 50er Jahre auf einigen Besetzungslisten des Außenhandelsministeriums noch ohne ‹c› dokumentiert» war.[5]

Aber das war nicht das einzige Mal, daß man Schalcks Namen falsch schrieb und das ‹c› schlicht vergaß. Auch als Außenhandelsminister Heinrich Rau am 6. Dezember 1957 dem frischgebackenen Diplomwirtschaftler zum Staatsexamen gratulierte, stand im Glückwunschschreiben: «Werter Genosse Schalk».[6]

Wenn es stimmen sollte, daß der noch nicht einmal Zwanzigjährige, bei Schiebergeschäften erwischt, schon Anfang der fünfziger Jahre von der Staatssicherheit vereinnahmt wurde, hätte es keinerlei Veranlassung gegeben, den Lebenslauf des neuen Mitarbeiters in der behaupteten Richtung zu manipulieren. Adliger Herkunft zu sein hätte keineswegs die Kooperation mit dem von Wilhelm Zaisser geführten Ministerium ausgeschlossen. Zudem hätte sich aus Schalcks Vergangenheit geradezu eine sozialistische Bilderbuchbiographie zimmern lassen, wäre seine jüdische Mutter tatsächlich in einem Himmlerschen Vernichtungslager umgekommen.

Aus der Sicht des ehrgeizigen, schon frühzeitig auch politisch ambitionierten Alexander war die Mutter nicht wegen eines «von» vor ihrem Namen, sondern wegen ihrer bourgeoisen Herkunft nicht eben salonfähig. Wer es in der jungen DDR, die sich als Diktatur des Proletariats empfand, zu etwas bringen wollte, mußte möglichst aus der Arbeiterklasse stammen. Deshalb begannen sämtliche vier Lebensläufe von Schalck, auf die die DDR-Ermittler um die Jahreswende 1989/90 stießen, mit der Festlegung, er sei «als Sohn eines Kraftfahrers in Berlin geboren» worden. So schrieb es der zweiundzwanzigjährige Hauptreferent im Ministerium für Außenhandel und Innerdeutschen Handel Alexander Schalck in seinem Lebenslauf vom 23. September 1954, und genauso formulierte es auch der gestandene KoKo-Chef noch am 29. August 1975.

Schalck hatte Glück, daß der Vater aus der proletarischen Schicht kam, denn nach ihm richtete sich die Frage der sozialen Herkunft, die für eine Karriere in der DDR ganz entscheidend sein konnte. Freilich erhöhte sich die Salonfähigkeit des Sprößlings nicht gerade dadurch, daß der proletarische Vater eine Bürgerliche zur Frau hatte. Darin dürfte der Grund liegen, weshalb Schalcks Mutter in den frühen Lebensläufen gar nicht vorkommt. Sie war immerhin die Tochter eines Firmenchefs des schwerindustriellen Stinnes-Konzerns. Aufgewachsen in St. Petersburg, wo ihr Vater den heimatlichen Montangiganten vertrat, zog sie in den zwanziger Jahren nach Danzig. Hier begegnete sie dem staatenlosen Peter Golodkowski russischer Abstammung, mit dem sie die Ehe einging. Peter Golodkowski wollte gern die Staatsbürgerschaft seiner Frau erwerben, aber es gelang dies weder durch die Heirat noch durch den Umzug nach Berlin.

Um doch noch Deutscher zu werden, ließ sich Golodkowski von Freunden, dem Ehepaar Anne und Fritz Schalck, adoptieren, was ihm einen zweiten Namen, nämlich Schalck, aber noch immer nicht die deutsche Staatsbürgerschaft eintrug. Das belastete das Leben der Schalck-Golodkowskis, weil der brutale Fremdenhaß, den die Nazis schon gegen Ende der Weimarer Republik schürten, auch Staatenlose einbezog. So mag der Nachwuchs, den das Ehepaar im Sommer 1932 sich zulegte, auch dem Streben nach Schutz vor Anfeindungen geschuldet gewesen sein. Gleichwohl war der 3. Juli, da Frau Agnes den Knaben zur Welt brachte, ein Freudentag der Familie. Das Söhnchen Alexander schoß schnell in die Höhe, kam mit sechs zunächst in die Volksschule, später in die «Oberschule für Jungen» in Berlin-Treptow und erreichte auf dem Gymnasium in Waldsieversdorf im Sommer 1947 das Ziel der mittleren Reife.

Sein Klassenlehrer, ein Herr Krause, war über Alexanders Leistungen nicht eben erbaut. Der agile Schüler war nämlich nur in Sprachen und im Turnen gut. Zwar reichte es allemal, um Alexander Schalck in die 10. Klasse zu versetzen. Doch der hatte längst begriffen, daß er für den akademischen Höhenflug nicht sonderlich taugte. Gewiß hat auch die schwere Zeit des Nachkrieges mitgespielt, daß der Fünfzehnjährige vom Internat an den häuslichen Herd zurückkehrte.

Vergeblich hatte Alexanders Mutter nämlich auf die Rückkehr

233

ihres Mannes vom Schlachtfeld gewartet. Als die Nazis Soldaten brauchten, hatten sie Alexanders Vater zwar den Wunsch erfüllt, Deutscher zu werden, jedoch um den Preis, sich für das Tausendjährige Reich in die Bresche zu werfen. Seit Kriegsende war Mutter Agnes nun allein auf sich gestellt. Da ist es schon nachvollziehbar, wenn Schalck in seinen Lebensläufen betont, daß er nach Abschluß der 9. Klasse «die Schule verlassen (mußte), um meine Mutter mitzuunterstützen»[7].

In Treptow fing Schalck bei einem Bäcker an, vielleicht auch deshalb, um hin und wieder an ein zusätzliches Stück Brot heranzukommen. Das Metier eines Bäckers aber war nicht seine Welt, mehr zog es ihn zur Technik hin, wie er damals glaubte. Doch Lehrstellen waren dünn gesät, und als es bei einer privaten Firma mit der Feinmechanikerlehre klappte, ging der Laden pleite. Erst in den Elektro-Apparate-Werken (AEG Treptow) konnte Alexander Schalck Wurzeln schlagen und im Sommer 1950 die Lehre als Feinmechaniker abschließen. Laut «Lehrabschlußzeugnis» waren seine fachlichen Leistungen in jeder Hinsicht nur befriedigend, sein Sozialverhalten indessen hervorstechend positiv. «Sein gesellschaftliches Verhalten», so das Gesellenzeugnis, «war stets einwandfrei... Er hat bei guter Führung und vorbildlichem Fleiß das Ziel der Schule erreicht.»[8]

In dem achtzehnjährigen Alexander Schalck steckte mehr als ein mittelmäßiger Facharbeiter. Die Chefs der deutsch-sowjetischen Aktiengesellschaft hatten das bald erkannt und den ehrgeizigen jungen Mann für die Arbeitsvorbereitung in der Meßgerätefabrik eingesetzt. Alexander Schalck schlug bestens ein und wurde, wie er selbst im Lebenslauf vom August 1975 (!) noch stolz erwähnt, «für gute Leistungen am 1. Mai 1951 als Bestarbeiter prämiert»[9].

Zu jener Zeit schon erkannte Schalck den Nutzen politischen Engagements. Er trat der FDJ und der Deutsch-Sowjetischen Freundschaft bei und wurde zum unübersehbaren Vorbild für andere. Mit neunzehn war ihm klar, daß an der allmächtigen Einheitspartei kein Weg vorbei führt. Als er im Oktober 1951 – als Hilfssachbearbeiter bei der Vereinigung Volkseigener Betriebe Radio- und Fernmeldetechnik (RFT) – einstieg, «um mich allseitig weiterzuentwickeln», nahm er sofort Tuchfühlung mit den führenden Genossen auf. Der parteilose Alexander Schalck durfte am Parteilehrjahr teilnehmen, zumal er bereit war, Wahlpropaganda für die SED im Westen Berlins zu machen – bei der Hemdsärmeligkeit der Stumm-Polizei nicht gerade ein risikoloses Unterfangen. In seinem Lebenslauf vom 11. Juni 1956 schrieb Schalck: «Hier stellte ich bereits einen ersten Antrag um Aufnahme als Kandidat in die SED, der aufgrund einer Aufnahmesperre nicht berücksichtigt werden konnte.»[10]

Mehr Glück mit der Partei hatte der politisch rastlose Schalck dann im Ministerium für Außenhandel und Innerdeutschen Handel (MAI), in dem er ab November 1952 beschäftigt wurde. Der Tod des Genossen Stalin hatte nicht nur die Creme der SED des Ministeriums zutiefst erschüttert, sondern auch den parteilosen Bolschewisten Alexander Schalck. Im zitierten Lebenslauf schrieb er: «Anläßlich des Todestages des Genossen Stalin stellte ich meinen Aufnahmeantrag als Kandidat in die SED, dem stattgegeben wurde.»[11]

Ein solcher Genosse stand am 17. Juni 1953 natürlich auf der richtigen Seite der Barrikade, couragiert und auf dem Sprung gegenüber den lärmenden «Konterrevolutionären», die dem «Neuen Kurs» Walter Ulbrichts weder trauen noch folgen wollten. Der Junggenosse Alexander Schalck hatte in den kritischen Stunden Klassenbewußtsein und Zuverlässigkeit demonstriert.

Als die Parteileitung des Ministeriums nach dem überstandenen Aufstand nach einem neuen FDJ-Sekretär Ausschau hielt, fiel ihr die Wahl leicht. Kaum jemand hätte die Blauhemden im Außenhandel besser anführen können als der Jugendfreund Schalck. So war denn der 3. Juli 1953 in doppelter Hinsicht ein Höhepunkt im jungen Leben des Alexander Schalck: Er wurde zum FDJ-Chef des Ministeriums gewählt und feierte seinen 21. Geburtstag. So schnell und so jung hatte kaum jemand den Sprung in die Nomenklatura geschafft.

Sosehr sich der karrierebewußte Schalck in der Rolle des politischen Aktivisten auch gefiel, sein berufliches Fortkommen wollte er nicht dem Zufall überlassen. Längst träumte er von akademischer Bildung und einem Diplom. Dafür aber war sein Neunter-Klasse-Abschluß keine Basis. Also bewarb sich der FDJ-Chef des MAI an der Arbeiter-und-Bauern-Fakultät der Humboldt-Universität, um dort schon ein Jahr später die Sonderreifeprüfung abzulegen. Nun stand einem Hochschulstudium nichts mehr entgegen, zumal auch die Parteileitung des Ministeriums meinte, der Genosse Schalck sei für «höhere Aufgaben» geeignet.

Doch bevor Schalck in den Hörsaal der Hochschule für Außenhandel einzog, wollte er unbedingt seine Mitgliedschaft in der SED besiegelt wissen. In seinem Lebenslauf vom 23. September 1954 schrieb Schalck: «Trotzdem laut Statut unserer Partei noch 4 Monate an meiner Kandidatenzeit fehlen, habe ich den Antrag gestellt um Aufnahme als Mitglied in die Sozialistische Einheitspartei Deutschlands. Da ich einen neuen Lebensabschnitt beginne, habe ich die Bitte geäußert, in der Grundeinheit, in der ich als Kandidat aufgenommen wurde, auch als Mitglied in die Partei aufgenommen zu werden.»[12]

Ganz so eilig wie Schalck hatte es die Partei mit ihm dann aber doch nicht. Als er sein Studium in Staaken antrat, war er noch immer Kandidat der SED. Erst Anfang 1955 ging sein sehnlichster Wunsch in Erfüllung. Er wurde vollwertiges Mitglied der Staatspartei und schon im März zum 2. Sekretär der SED-Grundorganisation der Hochschule gewählt. Sehr bald entpuppte sich der Berliner Arbeiterjunge als Hansdampf in allen Gassen. Er steuerte nicht nur die Organisationsarbeit der Partei, er betreute auch ausländische Studenten und brachte als Hundertschaftsleiter seine Kommilitonen in der paramilitärischen Organisation «Gesellschaft für Sport und Technik» (GST) auf Trab. Hier stach seine Souveränität ins Auge. Talente wie Schalck konnte man später auch bestens bei der Armee, der Staatssicherheit oder auch bei der Volkspolizei brauchen. So war es kein Zufall, als man den in jeder Hinsicht vorbildlichen Studenten Alexander Schalck im Oktober 1955 zu einem «Sonderlehrgang – Kampfsport» der GST nach Rechlin delegierte. Schalck im Lebenslauf vom 11. Juni 1956: «Hier konnten wir uns in 10 Wochen eine umfangreiche militärische Grundausbildung aneignen.»[13]

Schalck hob sich von seinen Kommilitonen dadurch ab, daß er politisches Zugpferd und erfolgreicher Student zugleich war. Bei den meisten dominierte das eine oder das andere. Aber auch bei dem Studenten Alexander Schalck sollten sich schließlich Probleme einstellen. Im Dezember 1955 nämlich heiratete er. Seine Frau, die gleichaltrige Margareta, geborene Becker, fand es unerträglich, daß Alexander im Internat in Staaken hauste, während sie in Prenzlauer Berg lebte. Auch Schalck selbst hatte das Leben im Studentenheim nicht sonderlich behagt. So entschloß er sich, das harte Los eines Fernstudenten auf sich zu nehmen und gleichzeitig eine leitende Position im Außenhandelsministerium auszufüllen.

Gleichwohl lohnte sich der Umstieg für den karrierebesessenen Mann. In der Hauptabteilung Industrieanlagen kam er zunehmend mit der großen weiten Welt des sozialistischen Lagers in Berührung. Bereits Ende 1956 durfte Alexander Schalck beispielsweise für ein Vierteljahr in die Metropole der Revolution, nach Moskau, reisen. Als Mitglied der Regierungsdelegation zur Vorbereitung des Handelsabkommens der DDR mit dem großen Bruder vertrat Schalck die Interessen des ostdeutschen Maschinenbaus. Eine Mission, die sein Selbstbewußtsein beträchtlich anhob. Gleichwohl vernachlässigte er sein Studium nicht. Das Diplom mußte her, wenn sein Weg weiter nach oben führen sollte.

Es ist falsch, wie Koch mutmaßt, daß Schalck «nur stundenweise, in einer Art Nachhilfeunterricht, in die Ökonomie eingewiesen (wurde)» und «das Zertifikat eines diplomierten Ökonomen (nicht) erlangte»[14]. Ein Fernstudent, der Schalck seit Herbst 1956 nachgewiesenermaßen war, bekam in nur wenigen Vorlesungen vor allem die Methode der Stoffaufnahme vermittelt. Die Aneignung des Wissens selbst hatte er in seiner Freizeit zu bewältigen. Tatsächlich war Schalck zwei Jahre Direktstudent, ein weiteres Jahr Fernstudent. Alles in allem war das eine relativ kurze Zeit, und möglicherweise war man dem bewährten Genossen Schalck gegenüber etwas großzügiger als in den meisten Fällen. Doch Prüfungen hat er wie seine Kommilitonen auch in sämtlichen Fächern über sich ergehen lassen müssen, und seine Diplomarbeit über den Export kompletter Industrieanlagen, die er schon auf eigene Auslandserfahrungen stützen konnte, ragte sehr wohl aus der Masse heraus.

Das Diplom der Fachrichtung Außenhandels-Ökonomik, das

Alexander Schalck-Golodkowski im November 1957 feierlich überreicht bekam, attestierte ihm das «Gesamtergebnis gut». Die Ironie seines Staatsexamens liegt darin, daß er sich ausgerechnet im Prüfungsfach «Finanzen und Valuta» eine 3 eingehandelt hatte. Nicht minder witzig erscheint im nachhinein seine 1 in «Finanzen der DDR», zu deren Zerrüttung Schalcks KoKo später beträchtlich beitrug.

Außenhandelsminister Heinrich Rau, legendärer Spanienkämpfer und Politbüromitglied, verband mit seinem Glückwunschschreiben zum bestandenen Examen die Hoffnung, «daß Sie weiterhin Ihre Kenntnisse zur Lösung der Ihnen gestellten Aufgaben mit stets wachsendem Erfolg voll und ganz einsetzen»[15]. Schalck nahm die Erwartung seines Ministers wörtlich. Noch im Frühjahr 1958 ließ er sich zum Sekretär einer Abteilungsparteiorganisation wählen. Gleichzeitig gelang es ihm, seinen Fuß auf das Parkett des Rates für Gegenseitige Wirtschaftshilfe (RGW) zu setzen, Schalck avancierte zum Mitglied der Ständigen Kommission für Bauwesen und Maschinenbau im RGW.

Offizier im besonderen Einsatz

Wer so häufig wie Schalck im Ausland agierte und dazu in exponierter Parteifunktion Verantwortung trug, hatte auch stetigen Kontakt zur Staatssicherheit. Das war keineswegs eine Spezialität des Außenhändlers Schalck, sondern die «Normalität». Es gab im MAI keinen Hauptabteilungsleiter ohne Führungsoffizier der Staatssicherheit. Sie alle hatten Kontakte zur Hauptabteilung XVIII, die sich für die Sicherung der Volkswirtschaft, für die Kooperation mit dem RGW, für Messen usw. zuständig fühlte.

Da Schalck Außenhändler und Parteiapparatschik zugleich war, hatte er auch noch zur Hauptabteilung XX der Staatssicherheit (Sicherung Staats- und Parteiapparat, Bekämpfung des «politischen Untergrunds») einen heißen Draht. Wer im Außenhandel gegen die permanente Bevormundung durch die Partei, das behäbige, weil durch die Planwirtschaft behinderte System des Handels oder auch gegen willkürlich festgesetzte statt am Weltmarkt orientierte Preise aufbegehrte, kam schnell als Feind in Verruf. Selbst die prominenten Wirtschaftswissenschaftler Behrens und Benary wurden damals zu Revisionisten gestempelt, weil sie sich mit originellen Gedanken zum Wertgesetz vom Sozialismus zu Wort gemeldet hatten.

Ihre wie auch die Ideen anderer intelligenter Köpfe hatten im Jahre 1958 auch im Außenhandelsministerium Spuren hinterlassen. Sie auszumerzen waren die SED-Kreisleitung Berlin-Mitte sowie die Kaderabteilung des Ministers für Außenhandel, aber auch die Stasi-Hauptabteilung XX angetreten. Gegen die schleichende Konterrevolution focht Schalck in der ersten Reihe, zumal er damals schon in der Arbeitsgruppe Außenhandel der SED-Kreisleitung Mitte etabliert war und zudem für die Vorbereitung der Parteiwahlen im Außenhandelsunternehmen Invest-Export verantwortlich zeichnete. Über die Klassenschlacht, die damals im Außenhandel geführt wurde, berichtete Schalck in seinem Lebenslauf vom 30. Juli 1960 zwar anonym, aber gleichwohl aufschlußreich: «In der gleichen Zeitperiode war ich von seiten der Leitung des Bereiches Schwermaschinenbau des MAI beauftragt worden, bestimmte Erscheinungen der Arbeit von klassenfeindlichen Elementen gemeinsam mit der Betriebsparteiorganisation des AHU Invest-Export und der Kaderleitung des MAI aufzudecken. Diese kollektive Arbeit führte zur Entlarvung von feindlichen Gruppierungen.»[16]

Selbstredend verschweigt Schalck, daß die Genossen der Staatssicherheit an dieser «kollektiven Arbeit» besonderen Anteil hatten. Beim Aufspüren der «klassenfeindlichen Elemente» hatte Schalck wie kaum ein anderer Genosse des Ministeriums Gespür für Konspiration unter Beweis gestellt. Das hatte den Mielke-Leuten äußerst imponiert und sie damals schon auf die Idee gebracht, diesen Schalck auf die Kandidatenliste ihrer inoffiziellen Mitarbeiter (IM) zu setzen. Der Wert des agilen Mannes als Informant für die Staatssicherheit stieg in dem Maße, wie er beruflich wie in der Partei die Stufenleiter weiter nach oben kletterte. Noch im Sommer 1959 avancierte Schalck zum Chef der Hauptverwaltung Schwermaschinen- und Anlagebau seines Ministeriums, und im selben Jahr zog er auch in die zentrale Parteileitung ein, wo er als Politkommissar der Kampfgruppe agierte.

Im Jahr darauf ging Schalck dann den Bund mit der Staatssicherheit auch formell ein. Handschriftlich verpflichtete er sich im Juli 1960, als IM der Staatssicherheit seinen «Dienst getreu dem Fahneneid» zu leisten. Die Mielke-Truppe durfte überzeugt sein, mit Schalck einen Mann für sich gewonnen zu haben, der nicht nur zuverlässig, sondern auch lupenrein war. In seinem Lebenslauf, den er zur selben Zeit verfaßte, beteuerte er nicht von ungefähr: «Es bestehen von seiten meiner Frau und auch von meiner Seite keine ständigen Westverbindungen, sowie seit mindestens 4 Jahren kein Briefwechsel mit Personen, die in Westdeutschland oder Westberlin sowie in anderen kapitalistischen Ländern wohnen.»[17]

Der Grundstein für Schalcks Stasiakte (Personenkennziffer 03 732 430 120) war 1960 bereits gelegt, ein Fakt, den er vor dem Untersuchungsausschuß des Bundestages einfach bestritt. Dort nach seiner Kooperation mit der Stasi vor 1966 befragt, versicherte er, «daß ich zu diesem Zeitpunkt weder Mitarbeiter des Ministeriums für Staatssicherheit war noch als Inoffizieller Mitarbeiter gearbeitet habe»[18].

Zwei Jahre später wurde Schalck neben dem Kaderchef des MAI sogar zum wichtigsten IM im Bereich des Außenhandels. Das Sekretariat des ZK nämlich hatte beschlossen, daß der Außenhandel ob seiner Rolle für die Wirtschaft eine eigene Kreisparteiorganisation erhalten müsse. Als man diese 1962 etablierte, wurde kein anderer als Alexander Schalck deren 1. Sekretär. Damit war er nicht nur in die erste Garnitur der Branche aufgerückt, sondern auch deren bestinformierter Mann. Als 1. Sekretär der Kreisleitung ging Schalck bei Außenhandelsminister Horst Sölle ein und aus, nahm an sämtlichen Leitungsberatungen teil, erfuhr jede Panne und jeden Fehlschlag der Genossen Außenhändler wie auch alle größeren Affären der Mitarbeiter. Zudem sprach er ein gewichtiges Wort bei der Beurteilung und dem Einsatz der Auslandskader mit, die in den Handelsvertretungen und Botschaften der DDR die Interessen des DDR-Außenhandels wahrzunehmen hatten. Unter diesem Blickwinkel ergaben sich damals schon engste Kontakte zwischen Schalck und der Hauptabteilung Aufklärung des MfS unter Leitung von Markus Wolf und seinem Stellvertreter Hans Fruck. Mit Hilfe des Parteichefs im Außenhandel, der als Obergenosse nicht nur über dem Ministerium, sondern auch über den nachgeordneten Außenhandelsbetrieben thronte, konnten sie ihre Agenten jeweils auf dem gewünschten Fleck plazieren.

Reichlich vier Jahre mußte Schalck hauptamtlich Parteiapparatschik spielen. Sein Arbeitgeber war nun nicht mehr der Minister, sondern der ZK-Apparat. Das hatte den Vorzug, daß Schalck Querverbindungen bis in die Parteispitze hinein aufbauen konnte, die für politische Karrieren unentbehrlich waren. Dennoch zählten jene Jahre zum tristesten Teil seiner Biographie. Routine und Monotonie, Banalitäten und Kleinkram, die das Leben jedes 1. Sekretärs der Partei belasteten, waren alles andere als nach dem Geschmack des Vollbluthändlers Alexander Schalck. Ihn faszinierten Geschäfte mit westlichen Partnern, wie er sie vor Jahren auf den Messen in Utrecht und Paris hatte erleben können, aber auch die Erwirtschaftung von konvertierbarer Währung sowie die Beschaffung von Sachgütern westlicher Herkunft für die SED-Führung.

Letzteres stand unter Parteikontrolle, d. h., nicht Minister Sölle, sondern der Kreissekretär im Außenhandel, Schalck, hatte über den Zufluß von Devisen zum Werderschen Markt, wo das ZK sein Domizil hatte, zu wachen. Die begehrten Gelder kamen namentlich aus Börsengeschäften und verdeckten Warenoperationen der relativ selbständigen DDR-Außenhandelsgesellschaften Zentralkommerz, Intrac und Transinter sowie aus Transaktionen der als Privatunternehmen getarnten MfS-Firmen F. C. Gerlach und G. Simon, mit denen Schalck schon längere Zeit engstens zusammenwirkte.

Immer wieder hatte sich Schalck bei dem Gedanken ertappt, diesen besonders diffizilen, aber auch reizvollen Sektor der Außenwirtschaft in eine Hand zu bringen, größer aufzuziehen, noch enger an Partei und Staatssicherheit zu binden und möglichst die persönliche Verantwortung dafür zu übernehmen. Unzählige Male hatte Schalck darüber mit seinem Hauptverbündeten vom MfS, Heinz Volpert, debattiert, der ihm inzwischen längst zum Komplizen geworden war. Schalck und Volpert hatten sich gesucht und gefunden, verstanden sich in ihrer listigen, verschlagenen Art blendend. Auch der Oberstleutnant aus der Normannenstraße war von Schalcks Projekt angetan. Freilich brauchte man dazu den Segen von Hermann Matern, der als Chef der Parteikontrollkommission zugleich für die Westarbeit des Zentralkomitees zuständig war. Ihm unterstand beispielsweise die sogenannte «Verkehrsabteilung», die vom Genossen Josef Steidl geleitet wurde und die u. a. für die Finanzierung und Ausstattung der KPD/DKP verantwortlich war.

Die Gründung von KoKo

Im Herbst 1965 waren sich Volpert und der Genosse Kreissekretär des Außenhandels einig, daß als Integrationsfigur für die halbseidenen bis illegalen, auch weil besatzungsrechtlich verbotenen Geschäfte der genannten Unternehmen eigentlich nur Schalck selbst in Betracht käme. Volpert versprach, in diesem Sinne auf Mielke einzuwirken, Schalck war entschlossen, dem Genossen Matern die entsprechenden Vorschläge zu unterbreiten und ihn mit der Aussicht auf mehr Devisen für die Partei dafür geneigt zu machen.

Am 29. Dezember 1965 bilanzierte Schalck dem Mitglied des Politbüros, Hermann Matern, die der SED im vergangenen Jahr zugeflossenen Devisenbeträge mit 1 239 500,– DM-West sowie dem Zusatz: «Mit Stand vom 28. Dezember 1965 befinden sich noch Barmittel im Werte von 262 170,15 DM-West in meinen Händen, die ich Dir unmittelbar am Jahresbeginn übergeben werde.» Danach warf Schalck seinen wohldurchdachten, mit dem MfS längst ausgeklügelten Köder aus: «Aufgrund der gesammelten Erfahrungen bin ich der Auffassung, daß reale Möglichkeiten bestehen, daß der Parteiführung im Jahre 1966 3–4 Mio DM-West zur Verfügung gestellt werden können.»

Auch die Prämissen hierfür nannte Schalck dem Genossen Matern: Man müsse die Tätigkeit der Außenhandelsgesellschaften Zentralkommerz, Intrac und Transinter einheitlich durch das MAI steuern, was durch einen stellvertretenden Minister bzw. Hauptabteilungsleiter des Ministeriums wahrgenommen werden sollte. Vor allem aber sollten jene «Geschäftsoperationen» ausgeweitet werden, die Schalck in engster Tuchfühlung mit «Vertrauensfirmen des MfS» damals bereits in Schwung hielt. Schalck: «Ich halte es für durchaus real, daß die von mir eingeschätzten 3–4 Mio DM-West für das Jahr 1966 erwirtschaftet werden können, wenn man diese Arbeit hauptamtlich durchführen könnte und wenn entsprechende Vollmachten durch den Minister für Außenhandel und Innerdeutschen Handel sowie eine enge Zusammenarbeit und Hilfe durch den zuständigen Bereich im MfS erfolgen würde. Diese Hilfe und Unterstützung ist deshalb notwendig, weil eine Reihe von Operationen, wie illegale Warentransporte, Versicherungsbetrug u. a. streng geheimzuhaltende Maßnahmen, nur einem außerordentlich kleinen Kreis – nicht mehr als zwei bis drei Mitarbeitern – bekannt sein dürfen und von ihnen durchgeführt werden sollten. Der Genosse, der im Staatsapparat diese Aufgabe durchführt, sollte direkt Dir oder dem zuständigen Abteilungsleiter im Zentralkomitee rechenschaftspflichtig sein.»[19]

Deutlicher konnte sich Schalck für jenen Genossen, «der im Staatsapparat diese Aufgabe durchführt», kaum empfehlen. Matern faszinierte Schalcks Idee. Als alter Geheimdienstler, der sich schon im «Nationalkomitee Freies Deutschland» als KGB-Mann seine Sporen verdient hatte, begriff er allerdings auch die Risiken der Sache. Daher trug er Parteichef Ulbricht die Sache vor, der seinerseits Regierungschef Stoph einbezog.

Devisen in harter Währung waren damals knapper als später unter Honecker, und warum sollte man nicht, so sagte Ulbricht sich, auch Geschäftspraktiken des Klassenfeindes nutzen und selber anwenden, wenn es zusätzliche Devisen einspielte. So fiel Schalcks Brief an Hermann Matern auf fruchtbaren Boden. Er darf als die politische Geburtsurkunde des späteren Bereiches «Kommerzielle Koordinierung» (KoKo) angesehen werden. Ein Vierteljahr später veranlaßte Regierungschef Stoph indessen die staatsrechtliche Gründung von KoKo. Durch die interne «Verfügung Nr. 61/66» erhielt Außenhandelsminister Sölle den Auftrag, die einheitliche

Leitung bestimmter Außenhandelsunternehmen «mit dem Ziel der maximalen Erwirtschaftung kapitalistischer Valuten außerhalb des Staatsplanes zu sichern». Staatliche Außenhandelsgesellschaften und die von der Staatssicherheit geleiteten Außenhandelsfirmen sollten nunmehr durch einen noch zu ernennenden «Bevollmächtigten» unter einen Hut gebracht werden.

Gezielt arbeitete die Staatssicherheit darauf hin, daß Schalck das Rennen machen werde. Für das MfS stand fest, daß der «Bevollmächtigte» nur ein Offizier im besonderen Einsatz sein konnte, zumal Firmen wie Gerlach und Simon zu den bestgehüteten Geheimnissen der DDR zählten. Deshalb schuf man vollendete Tatsachen, noch bevor Schalcks Ernennung zum «Bevollmächtigten» auf der Tagesordnung stand. Kein anderer als Oberstleutnant und Schalck-Freund Heinz Volpert schlug den Genossen 1. Sekretär der SED-Kreisleitung Außenhandel im Sommer 1966 zum OibE vor. Dabei konnte der Vize-Hauptabteilungsleiter XX auf diverse Verdienste des OibE-Kandidaten Schalck um die Staatssicherheit verweisen: «...Eine besonders enge Zusammenarbeit besteht zwischen dem Kandidaten und der HVA des MfS... So war seine Hilfe und Unterstützung für die HVA bei der Suche und Auswahl zuverlässiger Kader für das kapitalistische Ausland von unschätzbarem Wert.» Erst recht wußte Volpert den Nutzen Schalcks für die Stasi im künftigen «Sondergebiet im Bereich des MAI» ins rechte Licht zu rücken: «In diesem Sondergebiet wird der Kandidat für das MfS eine Vielzahl wichtiger operativer Maßnahmen lösen.»[20]

Das «Sondergebiet» war nichts anderes als der neu zu bildende Bereich «Kommerzielle Koordinierung», der am 15. September 1966 offiziell etabliert wurde. Wenige Tage danach, am 26. September, bestätigte Mielkes Hauptabteilung Kader und Schulung den Vorschlag, Schalck als OibE in das MfS einzustellen: «Kaderpolitische Bedenken bestehen nicht... Die Schlüsselposition im MAI... mit einem OibE zu besetzen, erschließt dem MfS, in Verbindung mit dem Weisungsrecht, eine breitere Basis zur effektiveren Durchführung und Lösung politisch-operativer Maßnahmen.»[21]

Die Schlüsselposition, die Schalck künftig auszufüllen hatte, war die eines stellvertretenden Außenhandelsministers. Bevor er die

Würden des neuen Amtes auskosten durfte, mußte er allerdings noch seine Parteifunktion abwickeln, was sich bis zum Jahresende hinzog. Mit Beginn des Jahres 1967 war es endlich soweit. Schalck genoß in vollen Zügen den Anbruch seines neuen Lebensabschnitts. Der befreite ihn von der Bürde eines zwar mächtigen, aber doch eher lästigen Parteiamtes, ließ ihn in der Hierarchie des Ministeriums auf einen zweiten Platz steigen und bescherte ihm vor allem ein Wirtschaftsimperium mit besten Zukunftschancen. Schalck konnte jetzt beweisen, was in ihm steckte, um so mehr, als Ulbrichts Flaggschiff des NÖS längst ins Schlingern geraten und das Einholen der Bundesrepublik zum bloßen Wunschdenken herabgekommen war.

Die Stasi-Hauptabteilung XVIII hatte ihm mit Major Manfred Seidel einen sachkundigen Stellvertreter zur Seite gestellt, der sich am wohlsten am Schreibtisch fühlte und die Stellung hielt, wenn der KoKo-Chef auf Geschäftsreisen ging. Tatsächlich florierten die «außerplanmäßigen Geschäfte» jener Außenhandelsunternehmen, die inzwischen KoKo unterstellt waren, besser als in vorangegangenen Jahren, und Schalcks Prognosen gegenüber Matern erwiesen sich durchaus als gerechtfertigt. Er fegte Teile der Staatsreserve leer und ließ über Transinter mitunter das letzte Gramm Nickel versilbern, wenn der Kurs an der Warenbörse günstig stand. Gleichwohl fühlte Schalck sich noch immer in ein Korsett gepreßt. Nach der Stoph-Order war er seinem offiziellen Chef, dem Außenhandelsminister, mit allem bürokratischen Drumherum nicht nur rechenschaftspflichtig, sondern hatte von ihm auch Auflagen entgegenzunehmen, die beispielsweise nicht immer mit der aktuellen Weltmarktsituation korrespondierten. Hinzu kam, daß der Finanzminister bis auf die MfS-Firmen jenen Handelsunternehmen auf die Finger schauen durfte, die inzwischen KoKo unterstanden.

Erst nachdem Honecker das Ruder der Partei übernommen hatte, durfte Schalck auf noch mehr Souveränität, aber auch mehr Effizienz setzen. Honecker, der mehr Wohlstand schaffen wollte, war es gleichgültiger als Ulbricht, aus welchen Quellen dieser kam. Es hatte ihm schon lange imponiert, wie der clevere «Alex» den Teufel mit dem Beelzebub austrieb, indem er den Klassenfeind mit

245

dessen Mitteln aussog. Daher hatte der neue SED-Chef auch ein offenes Ohr, als Schalck über die Fesseln klagte, die ihm beim Eintreiben von Devisen noch immer angelegt seien. Schalcks Dilemma bestand u. a. darin, daß der von ihm erzielte Gewinn überwiegend im Staatssäckel landete und für neue Transaktionen nicht mehr zur Verfügung stand, wodurch mancher Gewinn entging. Der Moloch Planwirtschaft verleibte sich Gelder, die er einmal in den Klauen hatte, auch sofort ein. Das sollte nun anders werden, aber dazu mußte die Regierung auch ein gutes Stück ihrer Macht abgeben.

Der erste Akt hierzu war die Verfügung des stellvertretenden Regierungschefs Horst Sindermann vom 14. September 1972 (Verfügung 129/72). Durch sie erhielten KoKo und die von ihm geführten bzw. kontrollierten Firmen den Status von Devisenausländern, für die die Deutsche Außenhandelsbank «einen gesonderten Devisenkreis» einzurichten hatte. KoKo und seine Firmen durften fortan Lorokonten auf Guthabenbasis führen, über die die Geschäftsbanken nicht mehr auskunftsberechtigt waren. Auskünfte, so die Sindermann-Verfügung, seien nur noch durch Genossen Dr. Schalck zu erteilen. Auskunftsberechtigt, wenigstens im Pauschalen, war nur noch die Regierungsspitze, sprich: zwei Mitglieder des Politbüros. «Für volkswirtschaftliche Gesamtrechnungen», so Sindermanns Direktive, «sind die Kontenstände, kommerzielle und Bankforderungen und -verbindlichkeiten sowie andere Unterlagen... durch den Stellvertreter des Ministers für Außenwirtschaft, Genossen Dr. Schalck, dem Vorsitzenden des Ministerrates und dem 1. Stellvertreter des Vorsitzenden des Ministerrates, Genossen Sindermann, direkt zuzuleiten.»[22]

Mit diesem Reglement, das Schalck gemeinsam mit Mielke ausgeheckt hatte, dem er seit Januar 1970 als OibE direkt unterstellt war, hatte er mehrere Fliegen mit einer Klappe geschlagen. Zum einen hatte er sich seinen Vorgesetzten Horst Sölle, den Minister für Außenwirtschaft (zuvor Minister für Außenhandel und Innerdeutschen Handel) vom Halse geschafft. In einem Schreiben vom Dezember 1989 bestätigte Sölle-Nachfolger Dr. Gerhard Beil diesen Tatbestand ausdrücklich: «Seit dieser Zeit hatte der Minister für Außenhandel gegenüber dem Bereich Kommerzielle Koordinierung kein Weisungs- und Kontrollrecht... Der Leiter des Bereiches war gegenüber dem Minister für Außenhandel nicht auskunfts-pflichtig.»[23] Zum anderen war Schalck nun auch die nervenden Kontrollen von Finanzminister Siegfried Böhm los, der sich als einstiger Abteilungsleiter für Planung und Finanzen des Zentralkomitees noch immer als verlängerter Arm der Parteiführung aufspielte. Bislang hatte der KoKo-Chef dem Zahlmeister der DDR monatlich über seine Bestände an konvertierbarer Währung sowie an transferablen Rubeln Rechenschaft legen müssen. Von Stund an durfte Böhm nur noch die KoKo-Betriebe Intrac, Zentralkommerz und Transinter einer Finanzkontrolle unterziehen, und selbst dies nur «in Verbindung mit der Revision bei den Geschäftsbanken»[24].

Die Sindermann-Order war, wie gesagt, nur der erste Akt, mit KoKo einen Staat im Staate zu errichten. Denn danach wäre es theoretisch noch möglich gewesen, daß man von Regierungsseite ausgerechnet in das heiligste Konto von KoKo hätte einen Blick werfen können: in das Konto 528. Es war 1967 durch Schalcks Stellvertreter Manfred Seidel eingerichtet worden, um Devisen aus den Geschäften mit der evangelischen, aber auch der katholischen Kirche, die aus der BRD unterstützt wurden, zu deponieren. Auf dieses Konto flossen auch die Gelder aus dem Häftlingsfreikauf durch die Bundesrepublik, die Profite der von der Staatssicherheit gesteuerten Privatfirmen sowie die Erträge aus finanziellen Transaktionen des MfS, aber auch die Gewinne aus Auslandsbeteiligungen und Sondergeschäften der von KoKo-Vize Manfred Seidel geleiteten Hauptabteilung I. Mit Geldern dieses Kontos versorgten Schalck und Seidel die Spitzel des MfS mit Wanzen und anderem Abhörgerät, mit Richtmikrophonen und Druckpressen zum Fälschen von Banknoten, mit Computern und sonstiger Hightech. Wer in das Konto 528 Einblick hatte, erfuhr nicht nur, welche Unsummen die Technik verschlang, die für die Staatssicherheit angeschafft wurde, sondern auch, wieviel Geld für die Versorgung des Politbüroghettos Wandlitz mit Westwaren oder etwa für die Ausstattung der SED-Spitzen mit extravaganten Jagdfahrzeugen kapitalistischer Bauart verpulvert wurde.

Was Wunder, daß Stasichef Mielke bestrebt war, hier jedem Risiko vorzubeugen. Deshalb befahl er Schalck sechs Tage nach der Verteilung der Sindermann-Direktive, «das Konto 528 in seiner Behandlung aus der Verfügung 129/72 herauszunehmen. Berichterstattungen», so notierte der KoKo-Chef am 20. September 1972, «haben ausschließlich an den Minister (d. h. an Mielke – d. Verf.) zu erfolgen.»[25]

Aber auch noch ein anderes Konto sollte dem Einblick anderer Regierungsinstanzen entzogen werden: das Konto 584, das oft irrtümlich als sogenanntes Parteikonto bezeichnet wird. Auf dieses Konto flossen Einnahmen aus jenen 25 Firmen und 6 gemischten Gesellschaften im westlichen Ausland, die zwar im Auftrage der SED tätig waren, aber deren DDR-Anteile eindeutig Eigentum von KoKo und mithin Staatseigentum waren.

Nachdem Mielke das Konto 528 auch für das Auge des Regierungschefs tabu erklärt hatte, bekannte sich dieser zwei Monate später selbst dazu. Am 23. November verfügte Stoph, daß alle Fragen, die die Konten 528 und 584 betreffen, direkt durch Dr. Schalck mit «den für diese Konten zuständigen Stellen zu behandeln (sind)»[26]. Damit waren Einblick in und Disposition über diese Konten auf die Stasispitze einerseits und den SED-Chef andererseits begrenzt. Honecker allein entschied darüber, in wessen Hände Gelder vom «Parteikonto» wanderten. Einen Löwenanteil davon schluckte beispielsweise die DKP, von deren Wirken sich der weltfremde Parteichef revolutionäre Veränderungen im Sinne der DDR erhoffte. «Unsere Genossen», so bemerkte Günter Mittag sarkastisch im Rückblick, «fuhren mit großen Geldpaketen nach Düsseldorf und kehrten mit brüderlichen Kampfesgrüßen heim.»[27]

Im März 1974 wies Honecker Schalck an, ein sogenanntes Generalsekretärkonto einzurichten, auf dem mindestens 100 Millionen DM «zur ständigen freien Verfügung flüssig gehalten werden» mußten. Seitdem flossen die Gewinne der Auslandsfirmen («Arbeitsgruppe Parteifirmen») auf dieses Konto, aber auch die Gelder aus dem Häftlingsfreikauf durch die Bundesrepublik sowie der Bartransfer für die katholische Kirche. Obgleich Honecker weder als Parteichef noch als Staatsoberhaupt befugt war, über die Verwendung von staatlichen Geldern zu entscheiden, gebärdete er sich wie ein zweiter Finanzminister. Die Begründung für die Einrichtung des Honecker-Kontos, so berichtete Schalcks Stellvertreter Seidel nach der Wende, «war eine Reservebildung für eintretende außergewöhnliche Versorgungsnotwendigkeiten, die außerhalb der Zahlungsbilanz der DDR realisierbar sind»[28].

Versorgungsengpässe häuften sich in dem Maße, wie die Verschuldung der DDR wuchs. Wenn beispielsweise zum Weihnachtsfest die Staatsdevisenkasse leer war und die begehrten Apfelsinen ins Wasser zu fallen drohten, konnte Honecker, dank Schalck, sein Füllhorn öffnen und die Situation retten. Selbst wenn Damenslips, Unterhosen oder Schuhe fehlten – Honecker konnte sie kraft seines Devisenkontos beschaffen lassen. Dort, wo der Staatsplan versagte oder gar keine Vorsorge getroffen hatte, konnte Honecker immer wieder genüßlich seine scheinbare finanzielle Allmacht demonstrieren. So beispielsweise, als hartes Geld für Extras zum 30. Jahrestag der DDR fehlte oder die Sowjetunion plötzlich Importkartoffeln aus der DDR in Säcken verlangte, über die niemand verfügte, oder Polen im Krisenjahr 1980 beim Nachbarn um Hilfe bettelte oder die Sandinisten in Nicaragua SOS nach Ostberlin funkten.

Dennoch erschöpfte sich der Sinn dieses Kontos nicht in einer Finanzfeuerwehr. Mehr saß dem Ersten Mann von Partei und Staat die immer wieder drohende Zahlungsunfähigkeit seines Landes im Nacken. Ihre Bewältigung wollte er möglichst nicht in andere Hände legen. Deshalb hatte das Generalsekretärkonto, in das weder Finanzminister noch Plankommissar Einblick hatten, auf Milliardenhöhe anzuwachsen. Nach Angaben von Kontoführer und Schalck-Stellvertreter Manfred Seidel befanden sich Anfang Dezember 1989 noch 2 105 781 064,92 DM auf dem Konto 0628. Freilich nahm sich angesichts der Gesamtverschuldung der DDR selbst diese Summe als Tropfen auf den heißen Stein aus.

Im November 1976 wurde der Schalck-Bereich durch Beschluß des Politbüros endgültig aus dem Regierungssystem ausgeklinkt und KoKo als selbständiger Dienstbereich dem SED-Wirtschaftssekretär Günter Mittag direkt unterstellt. Richtschnur für das Wirken von Schalck und sein Imperium sollten künftig ausschließlich Beschlüsse des Politbüros sowie Entscheidungen vom Generalsekretär Honecker sein. Die Festlegung, daß der KoKo-Chef die Bezeichnung Staatssekretär mit eigenem Geschäftsbereich im Ministerium für Außenhandel zu führen habe, war reiner Etikettenschwindel. In Wirklichkeit war Schalck nun im Range eines Abteilungsleiters des Zentralkomitees, er besaß nicht einmal einen Staatssekretärausweis.

Für Schalck und KoKo galt fortan die «Interne Ordnung für die Arbeit des Bereiches Kommerzielle Koordinierung», die Mittag am 10. März 1977 ausdrücklich bestätigte. «Der Leiter», so hieß es in dem internen Papier, «arbeitet entsprechend den Weisungen des Genossen Mittag.»[29] Diesen Tatbestand will der Exwirtschaftssekretär heute um keinen Preis mehr wahrhaben. In seinem Nach-Wende-Buch behauptet er stur: «Eine administrative Unterstellung des Bereiches KoKo unter Mittag gab es nicht und damit auch kein Recht auf Kontrolle...»[30] Die Wirklichkeit sah anders aus.

Gleichwohl trug die Anbindung an die oberste Spitze der SED Schalck neuen Macht- und Kompetenzzuwachs ein, wie etwa «die Leitung und Koordinierung der ökonomischen Beziehungen der DDR zu den Parteibetrieben in der BRD und in Portugal», was bislang in den Händen des Parteiapparates gelegen hatte, sowie die Koordinierung von Kompensationsgeschäften mit westlichen Partnern, die man früher auf Regierungsebene abzustimmen pflegte.

Schalck war sich natürlich der Gewichtigkeit seiner Rolle im Räderwerk des SED-Regimes voll bewußt. So außergewöhnlich seine Aufträge waren, so extraordinär und elitär waren auch die Bedingungen, unter denen seine Leute ihr Tagewerk vollbrachten. Im Schnitt verdienten sie zwischen 400 bis 600 Mark mehr als im regulären Außenhandel. Ihre Büros waren komfortabel und überwiegend mit westlicher Bürotechnik ausgestattet, die Fuhrparks mit Traumautos aus dem Westen. Das ergab sich schon daraus, daß KoKo und seine Betriebe als Devisenausländer galten, jede Anschaffung und Investition in harter Währung bezahlt werden mußte. Die Brisanz der Geschäfte erlegte den Mitarbeitern strengste Geheimhaltung in dienstlichen Dingen auf. Jeder hatte nur soviel zu wissen, wie er für die Abwicklung der kommerziellen

Beziehungen mit dem westlichen Partner wissen mußte. Die wenigsten Mitarbeiter von Intrac ahnten beispielsweise, daß das Kupfer oder das Erdöl, das sie an der Londoner Warenbörse zu günstigem Kurs losschlugen, durch Gelder bezahlt worden waren, die aus dem Freikauf von Häftlingen stammten. Schalck und seine Stasiführungsmannschaft achteten peinlich darauf, daß Mitarbeiter nicht von einem KoKo-Betrieb in den anderen wechselten und so Einblick in den Mechanismus des Ganzen bekamen. Noch weniger erwünscht war das Ausscheiden aus Schalcks Insulanerreich. «Wer uns verläßt», so pflegte der große Chef vor Mitarbeitern zu drohen, «der wird mit den Füßen zuerst hinausgetragen.»

Spionage bei KoKo

Seit Anfang der achtziger Jahre wurde der Ring der Konspiration und Überwachung um KoKo noch enger gezogen. Die SED-Führung hatte die Devise ausgegeben, endlich nennenswerte Exportüberschüsse in konvertierbarer Währung zu erzielen. Dabei hatte KoKo keinen geringen Part zu übernehmen. Sollte Schalcks Laden noch effizienter werden, mußte er dicht sein, durfte die Gegenseite nicht in die Karten von KoKo schauen können. Aber gerade in dieser Hinsicht hatte es Anfang der achtziger Jahre eine Reihe von Pleiten gegeben. Zwar hatte Mielkes Spionageabwehr einige Topagenten im Außenhandel hochnehmen können, doch ausgerechnet in Schalcks KoKo waren ein paar dicke Fische durch die Reusen geschlüpft.

Einer von ihnen war Günter Asbeck. In den fünfziger Jahren in die Fänge der Stasi geraten und erfolgreich für sie gearbeitet, durfte er schließlich die Firma Asimex gründen und führen, die vor allem technische Ausrüstungen für Markus Wolfs HVA zu beschaffen hatte. Im Jahre 1981 geriet der Mann, befördert durch Denunziationen seiner Mitgeschäftsführerin Ruth Lerche, in den Verdacht, vom BND angezapft zu sein. Bevor die Staatssicherheit jedoch zuschlagen konnte, gelang Asbeck die Flucht über Ungarn. Asbeck war

251

von seinem Freund und Jagdkumpanen Oberst Karl Großmann gewarnt worden, der in der HVA als einer der Stellvertreter von Markus Wolf an der Quelle saß. Großmann mußte seinen Freundesdienst vier Jahre später mit seinem Rausschmiß aus dem MfS quittieren. Und Schalck war seit Asbecks Flucht für Pullach ein Begriff. Der Insider aus Ostberlin schockierte die BND-Leute damals mit seinem Wissen über KoKo und Schalck. Asbeck in Pullach: «Anweisungen von SCHALCK werden ebenso eingestuft wie die der Parteiführung... Beste persönliche Beziehungen zu MIELKE und WOLF. Informiert MIELKE z. B. vor Politbürositzungen über die Meinungen der einzelnen Politbüromitglieder.» Und: Schalck «arbeitet im nachrichtendienstlichen Sinne, ‹mit allen Mitteln›. Jedes Gespräch im Büro von SCHALCK wird versteckt per Tonband aufgezeichnet...»[31]

Der andere Spitzenkader von KoKo, der im Verdacht stand, in die Gefilde eines westlichen Geheimdienstes geraten zu sein, zudem krumme Sachen zum eigenen Vorteil begangen hatte, war Horst Schuster, der erste Generaldirektor der 1973 gegründeten Kunst und Antiquitäten GmbH. Auch ihm gelang die Flucht in den Westen. Schuster ließ sich unter falschem Namen in der Nähe von München nieder, um den Nachforschungen der von ihm Geprellten zu entgehen.

Während man im Bundeskanzleramt selbst die hochbrisanten Aussagen Asbecks nicht sonderlich ernst nahm, flogen in der Berliner Stasizentrale die Fetzen. Es hagelte Vorwürfe gegen die von Generalleutnant Alfred Kleine geführte Hauptabteilung XVIII, die u. a. für die Sicherung des Außenhandels zuständig war und der die Pannen mit Asbeck und Schuster nun angelastet wurden. Allerdings trug auch Schalck Verantwortung für diese Vorfälle, weil er zunehmend versucht hatte, sich gegen die Abteilung des Stasigenerals abzuschotten. Kleine, mit beachtlichem Sachverstand in Wirtschaftsfragen ausgestattet und im Gegensatz zu Schalck eine geradlinige Natur, war mit dem KoKo-Chef des öfteren zusammengeprallt, vor allem dann, wenn es um Fälle von Amtsmißbrauch und Korruption unter Schalcks Leuten ging. Derartiges klärte Schalck lieber exklusiv, als daß er es an die Glocke des MfS hängte.

Die Kooperation zwischen KoKo und der Hauptabteilung XVIII war auch dadurch ins Zwielicht geraten, daß es Schalck unternommen hatte, leitende Mitarbeiter der Hauptabteilung XVIII zu Komplizen zu machen. Der KoKo-Chef war längst zu einer Art Wundertäter geworden, der Wünsche nicht nur von den Augen ablesen, sondern auch erfüllen konnte. Als Schalck in der Nähe von Potsdam zwei Luxushäuser errichten ließ, war eines davon für den Stellvertreter von General Kleine, Oberst Hellmut Hillebrand, bestimmt. Die Sache platzte vorzeitig, so daß der Oberst nicht nur seinen Traum von der Villa im Grünen aufgeben, sondern sogar das Ministerium verlassen mußte, um irgendwo als OibE sein Brot zu verdienen.

Was hätte nähergelegen, als KoKo in die Obhut der Hauptabteilung II (Spionageabwehr) zu geben? Die Truppe von Generalleutnant Günter Kratzsch war auf Abwehr getrimmt und besaß Leute mit hervorragendem kriminalistischem Talent. Aber gerade gegen sie hegte Schalck besondere Aversionen. In einem Konzern, den im Grunde nur er kontrollierte, bedeuteten die Leute der Abwehr lästige Zeugen für die vielen Manipulationen, die in Schalcks Umfeld längst gang und gäbe waren. Aber auch General Kratzsch war nicht im geringsten geneigt, Aufpasser für KoKo zu spielen. Nur zu gut wußte er, daß er dort viel häufiger in Wespennester der Korruption greifen als auf Agenten westlicher Geheimdienste stoßen würde. Aus diesem Spannungsverhältnis zwischen MfS-Apparat und Schalck heraus wurde die Idee geboren, im Ministerbereich des MfS eine spezielle Arbeitsgruppe «Bereich Kommerzielle Koordinierung» (BKK) zu bilden.

Am 1. September 1982 erließ Mielke den Befehl Nr. 14/83 «Zur politisch-operativen Sicherung des Bereiches Kommerzielle Koordinierung im Ministerium für Außenhandel». Die als «Geheime Verschlußsache» drapierte Order des Stasichefs zielte darauf ab, die Verzahnung zwischen den «zuständigen Diensteinheiten» des MfS und dem Bereich KoKo noch präziser zu gestalten. Für diesen Zweck wurde die Arbeitsgruppe BKK direkt dem Vizechef der Staatssicherheit, Generalleutnant Rudi Mittig, unterstellt. Die nachrichtendienstliche Ausbeutung von KoKo durch das Staatsnisterium legte Mielke in die direkte Verantwortung Schalcks. Er, so wies der Minister an, ist verantwortlich für «die Nutzung der Möglichkeiten des Bereiches für die politisch-operative Arbeit des MfS... Er ist mir in diesen Fragen direkt unterstellt und persönlich rechenschaftspflichtig.»[32]

Mehr denn je kam es Mielke darauf an, den diffizilen KoKo-Bereich feindlichen Nachrichtendiensten gegenüber abzuschirmen und Schalcks Mitarbeiter jederzeit unter der Lupe des MfS zu haben. Deshalb sollten der Leiter BKK sowie der Chef der Hauptabteilung XVIII (Sicherung der Volkswirtschaft) «bei der vorbeugenden Verhinderung, Aufklärung und Bekämpfung gegen den Bereich gerichteter feindlicher Angriffe auf dem Gebiet der Spionage die erforderliche Zusammenarbeit und Koordinierung mit der Hauptabteilung II sichern»[33], d. h. mit der von General Kratsch geführten Spionageabwehr.

Schalck erkannte natürlich die Risiken, die sich aus solch geballter Ladung an Observation und Kontrolle auch für ihn persönlich und sein Umfeld ergeben konnten. Schließlich war er nicht nur Händler, sondern auch Geheimdienstler, der die Fäden auch in dieser Hinsicht weiter in der Hand behalten wollte. In Honeckers Augen war sein Prestige inzwischen so weit gestiegen, daß er es wagen konnte, selbst Mielke gegenüber Bedingungen zu stellen. Dazu hatte nicht zuletzt der Milliardenkredit, den Schalck mit Strauß im Sommer ausgehandelt hatte, beigetragen. Also schrieb Schalck dem Stasichef: «Mit dem vorgelegten Entwurf bin ich voll inhaltlich einverstanden, wenn eindeutig im Befehl selbst oder in einer Anlage, der nur Genossen Mittig, Genossen Wolf, Genossen Neiber (Generalleutnant und Stellvertreter des Ministers für Staatssicherheit – d. Verf.) übermittelt wird, prinzipiell geregelt ist,

– daß der Leiter des Bereiches im Rahmen seines Verantwortungsbereiches die volle Verantwortung einschließlich für die politisch-operative Arbeit trägt. Er untersteht in diesen Fragen dem Minister für Staatssicherheit und ist ihm gegenüber in allen Fragen persönlich rechenschaftspflichtig;

– der Einsatz von Mitarbeitern (der Staatssicherheit – d. Verf.) einschließlich OibE – solange sie im Bereich Kommerzielle Koordinierung ihre Tätigkeit ausüben – kann nur in Abstimmung mit dem Leiter des Bereiches für informelle politisch-operative Aufgaben im Rahmen des Bereiches und darüber hinaus erfolgen.»[34] Mielke mußte sich nicht einmal überwinden, Schalcks Bedingungen zu akzeptieren. Dessen Variante kam ihm um so gelegener, als es, beispielsweise mit Blick auf die Versorgung von Wandlitz, ohnehin unumgänglich war, den persönlichen Kontakt zum KoKo-Chef zu pflegen.

Am liebsten hätte der Genosse Minister seinen wichtigsten OibE vier Wochen später zum General befördert. In einem Befehl des Stasiministers vom Herbst 1983 formulierte er: «Der OibE Schalck-Golodkowski wäre aufgrund seiner außerordentlichen Verdienste und Leistungen zum 34. Jahrestag der Gründung der DDR zur Ernennung zum Generalmajor eingereicht worden. Unter Berücksichtigung der besonderen Tätigkeit ist die Ernennung zum Generalmajor gegenwärtig nicht möglich. Mit Beendigung dieser Aufgabenstellung und Rückführung des Genossen Oberst Schalck-Golodkowski in das MfS erfolgt die Ernennung zum Generalmajor.»[35]

Wegen der ausfallenden Beförderung ließ Mielke dem KoKo-Chef fortan einen saftigen «Ausgleich» zahlen. Ansonsten hatte Schalcks Intimfreund Heinz Volpert meistens den heißen Draht zu Schalck zu bedienen. Volpert war während der siebziger Jahre aus der Hauptabteilung XX ausgeschieden und hatte die Regie in der Arbeitsgruppe Sonderaufgaben des Ministers übernommen. Dazu zählte neben der Kooperation mit Schalcks KoKo folgerichtig die Verbindung zu Rechtsanwalt Vogel, über dessen Tisch Häftlingsfreikauf und andere Entlassungen aus der DDR-Staatsbürgerschaft liefen. Doch Volpert, durch Mielke von einer Aktion zur anderen gehetzt, verschliß zunehmend seine Gesundheit. Er verstarb 1986 urplötzlich, als er nach dem Jogging in der Saunakabine seine Kräfte zu regenerieren gedachte.

Für Schalck war Volperts Tod zwar ein persönlicher Verlust. Doch seine Kontakte zum Stasichef wurden seitdem noch enger und häufiger. Volperts Nachfolger, der überaus humorige wie auch atypische General Gerhard Niebling, brauchte den Brückenschlag zu KoKo nicht zu pflegen. Darum kümmerte sich Mielke jetzt persönlich, wodurch die Unnahbarkeit Schalcks wuchs, die Rolle der Diensteinheit BKK indessen weiter schrumpfte.

Schon zu Volperts Zeiten war für die Männer um Oberst Wolfgang Meinel, den Leiter der BKK, im Grunde nur die Drecksarbeit übriggeblieben. Sie hatten die Reisekader von KoKo zu überprüfen, auf den Geheimnisschutz im Schalck-Laden zu achten sowie den Schutz der Gebäude und Grundstücke zu garantieren («Objektschutz»).

Die pikanten Geschäfte und Transaktionen Schalcks, wie etwa Häftlingsfreikauf, Waffenlieferungen oder das Verschachern von wertvollem Kulturgut der DDR, ging an den Genossen der BKK vorbei. Aber auch in der Spionageabwehr gegenüber KoKo konnten sie sich nie mit Ruhm bedecken. Von ihrer Bildung im Herbst 1983 bis zum Fall der Mauer enttarnte das Meinel-Team keinen einzigen Agenten westlicher Dienste. Mit Mittigs Genehmigung führte es lediglich zwei Doppelagenten der CIA bzw. des BND, die jedoch die Hauptverwaltung Aufklärung bzw. die Spionageabwehr «umgedreht» hatte.

Das Schattendasein, das die Arbeitsgruppe BKK führte, vertrug sich so gar nicht mit dem Ehrgeiz ihres Chefs. Meinel, der, wie auch sein Stellvertreter Karl-Heinz Herbrich, aus der Hauptabteilung Gegenspionage unter Kratsch kam, war Erfolg gewohnt. Als er 1983 sein neues Amt antrat, war er entschlossen, bei KoKo energischer durchzugreifen und für Ordnung zu sorgen, als es zuvor General Kleine, dem Chef der HA XVIII, gelungen war. Nur hatte er die Rechnung ohne Schalck gemacht. Der mauerte einfach, sobald Meinel oder seine Leute das KoKo-Reich betraten. Da halfen selbst Klagelieder des Obersts über zunehmende Unregelmäßigkeiten in der KoKo-Zentrale nichts, die er seinem Vorgesetzten und Vizeminister Rudi Mittig sang. Zu genau wußte Mittig, daß Mielke allemal seine schützende Hand über Schalck hielt und jede offene Konfrontation mit dem KoKo-Chef zum Bumerang werden mußte.

Im Laufe der Zeit fand der KoKo-Chef zudem heraus, daß auch Meinel kein Heiliger war. Der Oberst bewohnte in Mahlsdorf ein Mietshaus, das er gern modernisiert und ausgebaut hätte. Bei der angespannten Situation im Bauwesen stellte das selbst einen Stasi-offizier vor Hürden. Deshalb klopfte Meinel eines Tages im Bereich von Schalck-Stellvertreter Manfred Seidel an, dem auch die «Arbeitsgruppe Bauten» von KoKo unterstand. Alles kein Problem, ließ Seidel ihm bedeuten, und selbst wegen der Kosten wird man einen Weg finden. Bald gaben sich in Meinels Haus Handwerker aller Gewerbe ein Stelldichein, und am Ende war das Objekt nicht wiederzuerkennen. Auch die Baukosten, die runde 100000 Mark ausmachten, schienen um den BKK-Leiter einen Bogen zu machen. Doch Meinel war in Schalcks Falle getappt. Die Baurechnung landete schließlich auf dem Tisch von Generalmajor Hennig, dem Finanzchef des MfS, der Alarm schlug. Meinel hatte Kosten verursacht, die er aus eigener Tasche gar nicht bestreiten konnte. Mittig, aber mehr noch Mielke tobten, wuschen Meinel gehörig den Kopf und jagten ihn im Juli 1989 in die Hauptabteilung Verkehrs- und Nachrichtenverbindungen von Generalmajor Edgar Braun. Schalck hatte seinen ärgsten Widersacher somit abgeschüttelt und konnte seinen Selbstbedienungsladen in der Wallstraße, von dem immer mehr Leute profitierten, ungehindert fortführen. Meinel-Nachfolger Karl-Heinz Herbrich war ein Mann mit weichen Knien, der dem Kompromiß allemal den Vorzug vor dem Kampf gab. Von ihm hatte Schalck nichts mehr zu befürchten.

Die wirklichen Gefahren, die von der MfS-Zentrale während der beiden letzten Jahre gegen Schalck ausgingen, hatte der KoKo-Chef hingegen nie bemerkt. Im Jahre 1987 hatte sich Generalleutnant Kratsch an Erich Mielke gewandt und «objektive Verdachtsmomente» in bezug auf Schalck vorgetragen. Der Chef der Spionageabwehr stützte sich dabei auf die wöchentlichen Berichte des BND an das Bundeskanzleramt, in denen zunehmend Interna aus der SED-Politbüroetage, namentlich in bezug auf Honecker und Mittag, auftauchten. Dr. Gabriele Gast, die Markus Wolf im November 1973 in Pullach eingeschleust hatte, stellte die Wochenberichte für Bonn zusammen und ließ dem zuständigen Kurier des MfS pünktlich eine Kopie zukommen. Neben anderen kam vor allem Schalck als Quelle in Frage, aus der der BND sein Wissen über die SED-Spitze schöpfte. Mielke gab die Sache um so mehr zu denken, als

Schalck in seinem Wandlitzer Domizil, aber auch auf seinem Jagd-
anwesen in Wolletz verkehrte und längst zum Freundeskreis der
Familie zählte. Eine Überwachung Schalcks, so bedeutete der Stasichef dem Abwehrgeneral, könne nicht schaden und werde hoffent-
lich Gewißheit bringen.

Kratsch hatte, wovon er lange schon träumte, plötzlich grünes
Licht, den schier unverletzlichen KoKo-Chef zu «bearbeiten». In
Schalcks Büro, aber auch in seinem Wohnhaus in der Berliner Ma-
netstraße, wurden Wanzen installiert und seine Telefonleitungen in
der Hauptabteilung III (Funkelektronische Aufklärung) auf Computer geschaltet. Als Schalck 1990 in Pullach aussagte, gab er sich
plötzlich wissend um seine Stasiüberwachung. Nach der Bildung
der MfS-Arbeitsgruppe BKK 1983, so Schalck, erfolgte «als erstes
eine intensive Bearbeitung meiner eigenen Person, meiner Familie
und meiner engsten Mitarbeiter»[36]. Und das alles will er damals ausgerechnet von technischen Mitarbeitern erfahren haben. Wäre das
der Fall gewesen, hätte Oberst Meinel viel früher der Teufel geholt.
Aber selbst 1987, da Schalck tatsächlich observiert wurde, wäre er
Sturm gelaufen, wenn ihm derartiges zu Ohren gekommen wäre.
Im übrigen waren seit jenem Zeitpunkt auch die HVA-Leute von
Wolf-Nachfolger Werner Großmann auf Empfang gegangen, sobald Schalck nach Bonn bzw. Richtung München zur CSU-Promi-
nenz oder zu deren reichen Gönnern à la März reiste.

Handfeste Dinge, aus denen man Schalck einen Strick hätte dre-
hen können, vermochte niemand aufzuspüren. Immer wieder
schien sich zu bestätigen, daß Schalck als klassenbewußter Botschafter der SED-Führung das Beste für die DDR herausholte und
seinen Partnern zudem manches Geheimnis Bonner und selbst US-
amerikanischer Politik entlockte. Dennoch blieb Schalck bis zuletzt
im Visier der Stasizentrale. Daß auch dieses nicht vollkommen war,
bewies schließlich die Flucht des KoKo-Chefs in den Westen. Bis
dahin hatte Schalck allerdings wie kaum ein anderer Regierungsver-
treter die Geschicke der DDR in vieler Hinsicht beeinflußt.

Der Außenhändler

Bislang haben sich fast ausschließlich westdeutsche Journalisten, Politiker und Experten über Schalck und seine Geschäfte geäußert. Der Tenor ihrer Kritik gipfelt in der Behauptung, die Geschäftspraktiken Schalcks seien durch illegale Transaktionen, kriminelle Verträge und sogar – wie im Falle der Beschaffung von Embargogütern oder des Waffenhandels – vom Bruch des Völker- und Strafrechts gekennzeichnet gewesen.

Solches Urteil muß ob der Naivität und Scheinheiligkeit, die ihm zugrunde liegen, schon verwundern.

Schalck verstand sich als Klassenkämpfer wie seine Auftraggeber auch. Ihnen wie ihm kam es darauf an, den Klassenfeind mit dessen Mitteln auszubeuten und übers Ohr zu hauen. Da in einer Diktatur der Zweck die Mittel heiligt, empfand niemand in der SED-Spitze Scheu oder gar Abscheu, die kapitalistische Marktwirtschaft zur Stabilisierung der allzeit kränkelnden Planwirtschaft auszunutzen. Schalck und sein Stasifreund Heinz Volpert hatten diese Philosophie in ihrer geheimen Doktorarbeit zwanzig Jahre vor dem Untergang der DDR nachhaltig begründet. Ihren «Klassenauftrag» faßten sie dahin zusammen: «Dem Feind mit allen uns zur Verfügung stehenden Mitteln und Möglichkeiten, durch Anwendung seiner eigenen Methoden und Moralbegriffe, Schaden zuzufügen sowie die sich bietenden Möglichkeiten des feindlichen Wirtschaftspotentials zur allseitigen Stärkung der DDR voll zu nutzen. Bei der Realisierung dieses Klassenauftrages kommt uns die Absicht des Feindes entgegen, die Wirtschaftsbeziehungen zur DDR auszubauen mit dem Ziel, ökonomische Abhängigkeitsverhältnisse der DDR von Westdeutschland und Westberlin zu schaffen.»[37]

Schalck war sich des Risikos, das der Sprung ins Experimentierfeld der kapitalistischen Wirtschaft für die DDR bedeutete, weit früher bewußt als sein Doktorvater Erich Mielke. Der hatte in einem Geheimbefehl zwar festgeschrieben, die 190 Seiten umfassende Dissertation dürfe «nur mit Zustimmung des Genossen Minister an andere ausgehändigt werden»[38]. Doch die Sorge des Stasichefs damals galt noch nicht im geringsten dem Schicksal der DDR, sondern ausschließlich der Bewahrung jener Geheimwaffe gegen das bundesdeutsche Kapital, die Schalck und Volpert entdeckt zu haben schienen.

Der Millionenbeschaffer

Als Schalck 1967 sein Amt als KoKo-Chef antrat, war er auf dem Parkett westlicher Geschäftemacherei alles andere als ein fertiger Manager. Im Anfang mußte er manchen Tip bei dem Genossen Steidl einholen, der im Zentralkomitee für die Anleitung und Kontrolle der sogenannten Parteibetriebe im Westen zuständig war und dessen Truppe sich zur Tarnung «Abteilung Verkehr» nannte. Steidl, wegen seiner Physiognomie «Schweinekopf» genannt, kannte die Tricks der bürgerlichen Geschäftswelt besser als die meisten Leute aus dem Außenhandelsministerium. Er hatte das von Eisenhower erlassene Militärregierungsgesetz schon unzählige Male unterlaufen, nach welchem der DDR dauerhaft verboten war, in der Bundesrepublik oder im westlichen Teil Berlins wirtschaftliche Tätigkeiten, einschließlich Devisengeschäften, zu entfalten oder auch Eigentum an Grund und Boden zu erwerben.

Schalck arbeitete sich schnell in seinen neuen Job ein. Das gelang ihm um so besser, als sein Verantwortungsbereich zu Beginn kleiner war als ein durchschnittliches Kombinat in der DDR. Im Jahre 1967 war Schalck vorerst für die handelspolitische Aufsicht der vom MfS gesteuerten «Privatfirmen» F. C. Gerlach und G. Simon sowie als Kopf von fünf staatlichen Handels- bzw. Außenhandelsunternehmen zuständig. Erst zehn Jahre später fiel auch die Leitung und Koordinierung der von der SED gesteuerten Betriebe in der Bundesrepublik und in Portugal in seine Kompetenz. Zum Zeitpunkt der Wende waren Schalck schließlich 12 volkseigene Außenhandelsbetriebe direkt unterstellt sowie zwei private Vertreterfirmen zugeordnet. Hinzu kamen diverse Beteiligungen an Auslandsfirmen in westlichen Ländern. Die Sonderkommission zur Untersuchung von Amtsmißbrauch und Korruption im Schalck-Bereich, die Regierungschef Modrow Ende 1989 eingesetzt hatte, fand heraus, daß KoKo «Anteile an 25 Firmen und 6 Gemischten Gesellschaften im Ausland (hat)»[39].

Personell war KoKo nicht so üppig ausgestattet, wie man es sich gemeinhin vorstellt. Mit Stichtag vom 1. April 1989 waren in Schalcks Unternehmen insgesamt 3097 DDR-Bürger angestellt. «Davon waren», so vermerkte Kaderchef Karl Meier im Februar 1990, «neben Schalck, Alexander, Schalck, Sigrid und Seidel, Manfred weitere 18, d. h. insgesamt 21 Mitarbeiter des MfS im besonderen Einsatz... Der Einsatz dieser Kräfte erfolgte, um dem angenommenen hohen Sicherheitsbedürfnis und der notwendigen Geheimhaltung zu entsprechen.»[40]

Gründe für die Geheimhaltung der Ziele und Praktiken von KoKo hatte es genügend gegeben. Die Fragwürdigkeit des Unternehmens war vom Boden der DDR her gesehen größer als vom Standpunkt westlicher Länder. Schließlich sollte KoKo vor allem und zuerst soviel Devisen wie möglich außerhalb und neben der rundum gerühmten sozialistischen Planwirtschaft einspielen. Aber darin lag ja schon der amtliche Zweifel am eigenen Wirtschaftssystem, das dem kapitalistischen doch eigentlich um eine historische Etappe voraus sein sollte.

Allerdings erschöpfte sich der Zweck des Schalck-Unternehmens nicht in nichtsystemkonformer Devisenbeschaffung. War der Außenhandel generell schon eine wichtige Operationsbasis der Staatssicherheit, so war es KoKo in geradezu idealer Weise. Bestimmte Transaktionen, wie etwa das Beschaffen von Embargogütern, wären ohne die Verzahnung mit der geheimdienstlichen Organisation der Hauptverwaltung Aufklärung kaum zu bewerkstelligen gewesen. Hier trafen sich der wirtschaftliche Auftrag von KoKo mit den operativen, geheimdienstlichen Bedürfnissen des MfS im Ausland.

Zudem hatte Schalck die weltrevolutionäre Leidenschaft der SED-Spitze, namentlich die Erich Honeckers, zu befriedigen. Teile, wenngleich nur Bruchteile, der vereinnahmten Devisen hatte er in die Parteikasse zu leiten, von wo aus diese zum Vorstand der DKP nach Düsseldorf oder zu den Spitzenfunktionären kommunistischer Parteien der Entwicklungsländer wanderten. Nie hätte sich

Schalck träumen lassen, daß ausgerechnet dieser Part seiner Aktivität in einen strafrechtlichen Vorwurf münden könnte. Seltsam ist es schon, daß der finanzielle Export der Revolution das einzige ist, was die Berliner Staatsanwaltschaft Schalck anlastet. Sie wirft ihm vor, «in den Jahren 1985 bis 1989 mindestens 55 Mio DM unberechtigt, ohne haushaltsrechtliche Genehmigung aus staatlichen Mitteln des Bereichs Kommerzielle Koordinierung an die SED bar ausgezahlt zu haben, mit denen teilweise die Deutsche Kommunistische Partei finanziert wurde»[41].

Die Preisfrage, die es hier zu beantworten gilt, lautet dahin, ob und inwieweit die von Schalck gesteuerten Unternehmen im westlichen Ausland im Eigentum des Staates standen oder nicht doch zum Mammutvermögen der SED gehörten. Fakt ist, daß die meisten Unternehmen im westlichen Ausland, in denen Kapital aus der DDR steckte, bis März 1977 von der von Steidl geleiteten ZK-Abteilung Verkehr dirigiert wurden, bevor man sie KoKo einverleibte. Anzunehmen ist jedoch, daß die Gelder, mit denen bestimmte Auslandsunternehmen mit Hilfe von Strohmännern gegründet bzw. ganz oder zu Teilen erworben worden waren, ursprünglich aus dem Fiskus stammten.

Wie Schalcks Brief an Matern vom Dezember 1965 beweist, sind Westmark schon damals vom staatlichen Außenhandel zur Partei herübergeflossen.

Die DDR-Regierungskommission zur Untersuchung von Amtsmißbrauch und Korruption im Bereich KoKo war zu dem Ergebnis gelangt: «Bei diesen Firmen bzw. Firmenanteilen, die in westlichen Medien vielfach als ‹Parteifirmen› bezeichnet wurden, liegen die Eigentumsrechte eindeutig beim Bereich Kommerzielle Koordinierung. Es handelt sich mithin um Staatseigentum.»[42] Schalck selbst ging hingegen offenbar davon aus, daß es sich bei den betreffenden Firmen um Parteieigentum handelt. So berichtete er beispielsweise in einem an Honecker gerichteten Schreiben vom Dezember 1988 über die «einheitliche Leitung und Kontrolle der Tätigkeit der Firmen in der BRD und anderen kapitalistischen Ländern, die sich im Eigentum der SED befinden»[43]. Möglicherweise hat Schalck hier Eigentum mit Besitz verwechselt. Tatsächlich gingen die Gewinne, die mit Hilfe der Auslandsfirmen erzielt wurden, in den sogenannten disponiblen Fonds der SED ein, der auf dem KoKo-Konto 0584 geführt und verwaltet wurde. Als die Staatliche Finanzrevision um die Jahreswende 1989/1990 erstmals hinter die Kulissen von KoKo schauen durfte, konstatierte sie: «Die Finanzbeziehungen zu diesen Firmen wurden in den sogenannten disponiblen Parteifonds eingeordnet, der von der Abt. Firmen verwaltet wird und aus dem der Partei (ZK der SED) auf Anforderung bzw. Weisung Mittel bereitgestellt wurden (1989 rd. 16 Mio VM). Da vom Bereich Kommerzielle Koordinierung seit Jahren die Valutamittel des sogenannten disponiblen Parteifonds verwaltet und zur Erwirtschaftung von Gewinnen angelegt wurden, kann nicht nachgewiesen werden, welche Mittel der Partei gehören.»[44] Treuhand und die Unabhängige Kommission zur Überführung des Vermögens von DDR-Parteien beauftragten schließlich die renommierte Wirtschaftsprüfungsgesellschaft Arthur Andersen & Co, die Eigentumsform der KoKo-Auslandsfirmen zu prüfen. Deren Experten fanden heraus: «Die im Eigentum der SED stehenden Firmen waren nach den vorhandenen Unterlagen genau definiert und sind von uns in den vorhandenen Übersichten dargestellt worden. Die vorgenommenen Gewinnabführungen sind logische Folge des wirtschaftlichen Eigentums an den Firmen...»[45]

Auf dem Hintergrund des Einigungsvertrages hätte dieses Resultat bedeutet, daß von den ca. 350 Millionen, die Schalcks Westfirmen wert sind, keine einzige Mark in Waigels Staatssäckel geflossen wäre, sondern der Erlös gemeinnützigen Zwecken in den neuen Bundesländern zugute gekommen wäre. Aber ebendies lag nicht im Sinn der Bonner Staatsdoktrin. Deshalb bekam Andersen & Co den Wink, die letzte Fassung ihres Berichtes noch einmal zu «überarbeiten». Im Ergebnis dessen tendierten die Prüfer «nunmehr dazu, die Fragen offenzuhalten»[46], was bis heute der Fall ist.

Auch PDS-Vorsitzender Gregor Gysi bestätigte, «daß es ‹Parteifirmen› der SED gab, die vom Bereich Kommerzielle Koordinierung verwaltet wurden»[47].

Allerdings irrte der PDS-Vorstand gründlich, was den Fluß der Gewinne aus den sogenannten Parteifirmen anbetraf. Als die PDS im Juli 1990 der Kommission Parteivermögen die Gesamtaufstellung ihres Vermögens übergab, erklärte sie: «Alle finanziellen Mittel, welche aus diesem Bereich dem ehemaligen ZK der SED zur Verfügung gestellt wurden, sind nicht in den Haushalt der SED übernommen worden, sondern wurden sofort, vollständig und ausschließlich zur Finanzierung ausländischer kommunistischer Parteien, insbesondere der DKP, verwendet. Bestände wurden daraus nicht angelegt.»[48]

Tatsächlich sind von KoKo jährlich Millionenbeträge in harter Währung in die Kasse der von Heinz Wildenhain geleiteten ZK-Abteilung für Finanzen geflossen, und zwar mindestens bis zur Wende. In jenem Schalck-Brief vom 9. Dezember 1988, in dem der KoKo-Chef Honecker über die sogenannten Parteifirmen sowie die Verwendung des disponiblen Fonds der SED ins Bild setzte, berichtete er u. a.: «Zu Lasten des disponiblen Fonds wurden auf der Grundlage des bestätigten Plans 1988 folgende Hauptpositionen finanziert: ...Abführungen an die Abt. Finanzen im ZK der SED 4,0 Mio DM.»[49] Honecker entschied höchstpersönlich über die Verwendung der heißbegehrten Westmark. Dasselbe traf bekanntlich auf die Gelder des sogenannten Generalsekretärkontos 628 zu, dem 1988 vom disponiblen Parteifonds beispielsweise 11 Millionen DM zugegangen waren.

Wie die Eigentumsverhältnisse an den sogenannten Parteifirmen im einzelnen auch gewesen sein mögen, man wird Schalck zugute halten müssen, daß er davon überzeugt war, es handele sich um Vermögen der SED. Nur wenn man ihm dies widerlegen könnte, würde der Vorwurf der Untreue und des Vermögensmißbrauchs nach DDR-Strafrecht greifen.

Politisch makaber bleibt der Tatbestand dennoch, daß selbst noch 1988 und 1989, als die DDR-Wirtschaft jede harte Mark bitter nötig hatte, je 12 Millionen DM allein für die DKP-Zeitung «UZ» verpulvert wurden. Der Valutafonds der Partei lag Honecker auch weit mehr am Herzen als der Fiskus. Das wußte Schalck nur zu gut, weshalb er dem SED-Chef in den Jahresberichten jedesmal eine Aufstockung in Aussicht stellte. «Es wird eingeschätzt», so Schalck im Dezember 1988 hoffnungsvoll gegenüber Honecker, «daß der disponible Fonds (der Partei – d. Verf.) unter Berücksichtigung der Valutaein- und -ausgaben per 31. 12. 1989 einschließlich der Kreditvergaben eine Höhe von 129,0 Mio DM erreichen wird.»[50]

Noch am 15. Oktober 1989, zwei Tage vor seiner Entmachtung im Politbüro, glaubte Honecker an die Unterschütterlichkeit von Schalck und KoKo. An jenem Tage bestätigte er noch den Finanzplan der KPD für das Jahr 1990, der ihm von Steidl-Nachfolger Josef Cebulla vorgelegt worden war. Cebulla an Honecker: «Aus dem Fonds II – Staatssekretariat für kommerzielle Koordinierung – müßten folgende Mittel bereitgestellt werden: ... 15 250 000,- DM.»[51]

Wie stets war Honecker mit der millionenschweren Finanzspritze für die westdeutsche Bruderpartei einverstanden. Dabei machte der Betrag, den Schalck der KPD zuzuschanzen hatte, nur einen Bruchteil jener 67,9 Millionen DM aus, die 1990 in die Parteizentrale nach Düsseldorf fließen sollten. Der Löwenanteil, nämlich 52,6 Millionen DM, sollte aus der Hauptkasse des ZK der SED gespeist werden. Allerdings warteten die Spitzengenossen der DKP im folgenden Jahr vergeblich auf den Goldregen aus Ostberlin. In den Fonds des ehemaligen ZK hatte der neue Parteivorstand zwar noch 75,3 Millionen Valutamark vorgefunden. Doch die wurden zur Deckung von Altlasten der SED sowie zur Gewährleistung der Arbeit der PDS eingesetzt. An einen möglichen Export der Revolution in die inzwischen triumphierende Bundesrepublik glaubte selbst der stalinistische Bodensatz der PDS nicht mehr.

Übrigens waren die Gewinne, die Schalck aus der Beteiligung an ausländischen Firmen herausholte, der geringste Posten in der Bilanz seiner Einnahmen. Sie machten 1989 26,8 Millionen von insgesamt 7,25 Milliarden aus. Aber gerade an diesem Geld scheint besonderer Schmutz gehaftet zu haben. Erst im Juni 1992 verurteilte beispielsweise das Bochumer Landgericht den Geschäftsführer der früheren KoKo-Firma Noha GmbH, Heinz Altenhoff, wegen Hinterziehung von 5 Millionen DM Steuern. Auf Drängen von Traudl Lisowski, Schalcks Instrukteurin für die sogenannten Parteibetriebe, hatte Altenhoff Scheinprovisionen an die DDR-Firma Simpex gezahlt, wodurch sich die Steuerlast seiner GmbH bedeutend verminderte. Inzwischen stehen auch noch andere von

Schalcks Abteilungsleiterin Lisowski kontrollierte Firmen im Verdacht finanzieller Manipulationen.

Dennoch, den Löwenanteil der Gewinne spielten die Außenhandelsbetriebe ein, die an Schalcks Strippe hingen, voran Intrac, Forum, BJEG und Transinter. Die Einnahmen aller «nachgeordneten Betriebe» von KoKo machten 1989 laut Bilanz 2,36 Milliarden Valutamark aus.

Gleichwohl wäre es falsch und ungerecht, auch die Aktivitäten der genannten Außenhandelsbetriebe schlechthin als unseriös oder gar kriminell abzustempeln. Der Wirtschaftsexperte Professor Gerstenberger, der nach Schalcks Flucht in den Westen kommissarischer Leiter von KoKo wurde, befand im März 1990: «Die Außenhandelsbetriebe des Bereiches leisteten eine gute, effektive kommerzielle Arbeit... Sie unterlagen regelmäßigen Revisionen und Rechenschaftslegungen.»[52] Trotz der vielen Negativurteile, mit denen die Medien KoKo seit der Wende pauschal überhäuften, hat sich das differenzierte Urteil der Experten erhalten. So konstatierte vor dem Schalck-Ausschuß des Bundestages selbst Heinrich Strekker, Leiter des Sonderbereiches Außenhandelsbetriebe der Treuhandanstalt, daß KoKo keine «Verbrecherorganisation» und auch nicht «das Reich des Bösen» gewesen sei.[53]

Tatsächlich konzentrierte sich Schalcks KoKo auf Spekulationsgeschäfte mit Wertpapieren und Waren, den Handel mit Rohstoffen und Textilien, den Import von Gütern des gehobenen Bedarfs sowie auf den Import westlicher Hochtechnologie (Technologietransfer). Hinzu kam der Export von Waffen sowie der hemmungslose Schacher mit Kunstgegenständen und Antiquitäten, die Verschleuderung nationalen Kulturgutes eingeschlossen. Heute interessiert die kommerzielle Seite von KoKo kaum noch jemanden. Weit mehr bewegt die Öffentlichkeit inzwischen die Frage, inwieweit Schalck in das Spionagesystem der DDR integriert war, seine westdeutschen Partner darum gewußt und sich dennoch mit ihm arrangiert haben. Hierin wohl liegt der Kardinalpunkt des Falles Schalck, aus dem sich die zwiespältige, passive Haltung der Justiz erklärt. Als Seiffert und Treutwein im Spätsommer 1991 die sogenannten Schalck-Papiere, durchaus gewichtige Beweismittel, auf den Büchermarkt warfen, schrieben sie: «Es scheint, als halte irgendwer die schützende Hand über Schalck... Es wäre grotesk, wenn diese Akten Herrn Schalck nicht umgehend vor ein Gericht brächten.»[54] Inzwischen ist ein Jahr vergangen, ohne daß der einstige KoKo-Chef ein Gericht auch nur aus der Nähe gesehen hätte. Das einzige, was sich in der Justizhochburg Karlsruhe seitdem bewegte, war am 29. August 1991 die Einleitung eines Vorermittlungsverfahrens gegen Schalck wegen «geheimdienstlicher Agententätigkeit» gemäß § 99 des Strafgesetzbuches. Es scheint, so könnte man die Editoren der Schalck-Papiere ergänzen, als wolle man es in Karlsruhe beim Geplänkel mit dem staatsanwaltschaftlichen Ermittlungsverfahren bewenden lassen.

Schalck und die HVA

Klaus Bölling hat Schalck einen «Fanatiker der Geheimhaltung» genannt. Als solcher hat sich der geflüchtete KoKo-Chef selbst dann noch erwiesen, als er den Leuten des Bundesnachrichtendienstes Auge in Auge gegenübersaß. So hatte er in seiner Vernehmung vom 3. Mai 1990 die Stirn zu behaupten, nie seien «die nachrichtendienstlichen Interessen» des MfS «Gegenstand der Arbeit des Bereichs» gewesen.[55] Den BND muß Schalcks Geschichte so beeindruckt haben, daß er noch ein Jahr später in einem zusammenfassenden Geheimbericht über die Befragung des Stasiobristen vermerkte: «Dem MfS war der Bereich KoKo nie angegliedert, wenngleich Minister Mielke persönlich starken Einfluß ausübte.»[56]

Dabei wäre die Mission, die Schalck für das sozialistische Vaterland zu erfüllen hatte, ohne direkte Verzahnung und Arbeitsteilung mit Mielkes Truppe ein frommer Wunsch geblieben. Denn der Mann hatte nicht nur Devisen, Bananen oder Apfelsinen zu beschaffen, sondern auch Güter verschiedenster Art, die die Hochburgen des Kapitals, allen voran die USA, auf die sogenannte Cocom-Liste gesetzt hatten. Im Sinne dieses Embargos galt alles mögliche als «strategisch wichtig», vom elektronischen Kinderspielzeug bis zum Mikrochip.

Wer aber wie Schalck nicht nur elektronische Bauelemente, sondern selbst Produktionsanlagen für Mikroelektronik, IBM-Computer und Abhörwanzen, Zielsuchgeräte für Kampf-Jets und Mikroprozessoren zu beschaffen hatte, der mußte konspirativ vorgehen. Er mußte Partner gewinnen, die bereit waren, solche Anlagen unter Bruch der Gesetze des Heimatlandes an die ostdeutsche Republik zu verschachern. Dazu wäre der Arm eines gewöhnlichen Außenhändlers zu kurz gewesen, dessen Mittel zum Einkauf fest eingeplant und darüber hinaus sehr begrenzt waren. Wer Embargogüter erstehen wollte, mußte jederzeit liquide sein und für das Risiko, das der Lieferant einging, oft das Doppelte und Mehrfache des Wertes zahlen. Derartiges ließ sich am besten im Zusammenspiel mit den Genossen an der unsichtbaren Front, den Männern der Hauptverwaltung Aufklärung, bewältigen. Als Mielke jenen KoKo-Befehl vom 1. September 1983 erließ, hatte er zwar den gesamten MfS-Apparat angewiesen, Schalck alle relevanten Informationen zu übermitteln, «einschließlich... operativ bedeutsamer Informationen über Verbindungen bzw. Partner des Bereiches». Doch in erster Linie war die Instruktion an die Adresse von Markus Wolf und seiner Spionagetruppe gerichtet. Es ist ein fataler Irrtum, daß die Hauptabteilung XVIII (Sicherung der Volkswirtschaft) «immer mehr zum Schlüsselressort des MfS (wurde)»[57] und sie der DDR 1988 zum Einmegabit-Chip verholfen habe.

Die Bildung der Arbeitsgruppe «Bereich Kommerzielle Koordinierung» (BKK) im MfS war im Gegenteil eine Konsequenz des «Versagens» der Hauptabteilung XVIII. Aber selbst die BKK spielte mit Blick auf die Außenbeziehungen von Schalck keine nennenswerte Rolle. In seinem späteren KoKo-Befehl vom Juni 1988 hatte der Stasichef die dominierende Rolle der HVA bei der Absicherung der KoKo-Operationen im Ausland, einschließlich der Beschaffung von Embargogütern, noch deutlicher unterstrichen. Mielke: «Die Durchsetzung der Maßnahmen des MfS im Zusammenhang mit der Beschaffung von Embargogütern aus nichtsozialistischen Staaten und Westberlin hat gemäß meinem Befehl Nr. 2/87 zu erfolgen.» Ausdrücklich machte Mielke seinen «Stellvertreter und Leiter der HVA», den Wolf-Nachfolger Generalleutnant Werner Großmann, verantwortlich für die rechtzeitige «Aufklärung und Verhinderung gegen den Bereich und seine Betriebe gerichteter feindlicher Pläne, Absichten und Maßnahmen». Daß der Spionagechef dabei «eine enge Zusammenarbeit» mit der Arbeitsgruppe BKK gewährleisten sollte, war mehr der Kompetenzeifersüchtelei innerhalb der Stasibürokratie als den Gegebenheiten geschuldet.

Tatsächlich hat sich die HVA mit der BKK oder auch mit der Hauptabteilung II (Spionageabwehr) in Sachen KoKo nur äußerst selten und nur dann kurzgeschlossen, wenn sie einem feindlichen Horchposten in Schalcks Imperium nicht selbst beizukommen vermochte. Vor allem aber war und blieb die von Mielke angewiesene «zielgerichtete Überprüfung und Aufklärung der NSW-Kontrahenten des Bereichs und seiner Betriebe»[58] ein Monopol der Hauptverwaltung Aufklärung.

Das lag in der Natur der Sache, da diese Aufgabe überwiegend im westlichen Ausland zu lösen war, wo sich niemand besser auskannte als die Agenten der HVA. Freilich wurde es im Lauf der Jahre immer schwieriger, den Auftrag, Embargogüter für die DDR auszukundschaften und verfügbar zu machen, zu erfüllen. Die Geheimdienste der westlichen Länder wachten sehr wohl über die Embargolisten, die das Koordinierungskomitee für den West-Ost-Handel (COCOM) in Paris jeweils festlegte. Namentlich die Japaner hatten sich dem Embargodiktat der USA nur widerwillig gebeugt, weil ihnen das Geschäft mit dem Ostblock wichtiger war als die strategischen Winkelzüge der Amerikaner. Aber auch sie mußten ab und an Flagge zeigen, wenn der illegal florierende Handel, vor allem mit Mikroelektronik, ruchbar wurde.

In einem Arbeitspapier ohne Datum, das sehr wahrscheinlich 1989 in der Koko-Zentrale formuliert worden war, wurde die wachsende Schwierigkeit, das westliche Embargo zu unterlaufen, ungeschminkt dargestellt: «Verstöße seitens westlicher Partner gegen die bestehenden COCOM-Bestimmungen wurden in zunehmendem Maße als kriminelle Delikte und als geheimdienstliche Tätigkeiten eingeordnet und strafrechtlich geahndet. Das beweisen zahlreiche Vorkommnisse, wie z. B. die Maßnahmen gegen den japanischen Konzern Toshiba oder gegen die japanische Firma Prometron.

Zur Realisierung des unbedingt notwendigen Bedarfs der DDR an Know-how zu gesperrten Verfahren, Ersatzteilen, Geräten für die Forschung und für die Produktion waren im zunehmenden Maße nachrichtendienstliche Methoden erforderlich.

Diese Vorgehensweise gebietet auch maßgeblich die Sicherheit von Bürgern anderer Länder, die mit unterschiedlichsten Motiven bereit sind, die DDR trotz strafrechtlicher Verfolgungen durch ihre Regierung zu unterstützen.»

Eine besonders peinliche Panne war im Sommer 1989 bei den heimlichen Geschäften mit der japanischen Firma Prometron passiert. Über deren Strohfirma Seong Ju Machinery in Südkorea hatten Schalcks Leute ein Aggregat zur Produktion von Halbleitern an Land gezogen, das aus dem Sortiment der Firma Canon stammte. Der Außenhandelsbetrieb Elektrotechnik / Elektronik hatte für das begehrte Stück 330 Millionen Yen bezahlt, was fast das Dreifache ihres Wertes ausmachte. Das Elektronikwunder war in Tokio nach Seoul geflogen und von dort per Schiff über Shanghai in die DDR transportiert worden. Die japanischen Sicherheitsbehörden stiegen hinter den Coup, verhafteten den Präsidenten von Prometron, Matsuda, und erwirkten zugleich die Auflösung der Seong Ju Machinery in Seoul. Im Zusammenhang mit der Affäre schrieb die japanische «SANKEI» am 18. Juli 1989: «Das Amt für Sicherheit plant, auch die anderen fünf Beteiligten der Firma Prometron unter Anklage zu stellen... Außerdem geht das Sicherheitsamt der Tatsache des mengenmäßig großen Exports in die DDR von Radargeräten, Werkzeugmaschinen etc. über die firmeneigene Filiale in Singapur bzw. eine Scheinfirma in Hongkong nach und führt Durchsuchungen im Hauptbüro von Prometron, im Produktionsbetrieb der Firma sowie zwei weiteren Orten durch.»

Obgleich das geplatzte Geschäft mit Prometron auf die Kappe von Schalck und seinen Leuten ging, war er nicht geneigt, den fälligen Bericht an Wirtschaftssekretär Günter Mittag zu geben. KoKo galt in den Augen der Parteiführung als Markenzeichen für Erfolg, und an diesem Nimbus gedachte Schalck nicht rütteln zu lassen.

Dabei hatte die Abteilung 4 des Außenhandelsbetriebes Elektrotechnik/Elektronik, in der ausschließlich Leute von Schalck etabliert waren, die Panne zu verantworten. Formell und als Ganzes war der Außenhandelsbetrieb jedoch Außenhandelsminister Gerhard Beil nachgeordnet. So mußte schließlich er es übernehmen, Mittag die Hiobsbotschaft zu übermitteln. Am 26. Juli 1989 schrieb Beil dem Wirtschaftssekretär:

«Am 18. und 19. Juli 1989 sind in Japan in allen englischsprachigen und japanischen Tageszeitungen Veröffentlichungen vom sogenannten illegalen Export der Fa. Prometron in die DDR erschienen. Dabei wurde erstmals die Lieferung von Canon-MPA-600-Ausrüstungen genannt.

Für den Bereich Elektrotechnik/Elektronik der DDR hat sich die Zusammenarbeit mit japanischen Kunden bereits spürbar erschwert, indem Mitarbeiter der DDR-Absatzorgane entweder auf unterster Ebene empfangen werden oder häufig keine Gesprächstermine unter Angabe ausweichender Gründe erhalten.»[59]

Trotz der Pleite mit Prometron sind Schalcks Verdienste um die Beschaffung von Hightech, speziell von Mikroelektronik, für die DDR-Wirtschaft nicht zu übersehen. Ohne ihn wären die Halbleiterbetriebe in Frankfurt/Oder, Erfurt und Dresden nicht mit Testermeßtechnik für Schaltkreise ausgerüstet worden, hätten die Mikroelektronik-Forschungseinrichtungen keine Schaltkreisentwurfstechnik erhalten, wären die Produktionsausrüstungen für Schaltkreis-, Chipkondensatoren und Chipwiderstandsproduktion nicht beschafft worden, hätte die DDR 1987 keinen 16-Bit-Mikroprozessor oder ein Jahr später keinen Einmegabit-Chip produzieren können. Als Schalck im November 1989 dem neuen Regierungschef Modrow Rechenschaft über die Aktivitäten von KoKo ablegte, übertrieb er nicht: «In diesem Bereich liegen Firmen, die ausschließlich für die Sicherung dringend benötigter Embargopositionen für die gesamte Volkswirtschaft, besonders der Mikroelektronik, notwendig sind. Sie unterliegen im Interesse der Sicherheit der Firmen und der Personen im Ausland wie in der DDR der strengsten Geheimhaltung. Durch die außergewöhnlichen Anstrengungen aller Beteiligten bei der Beschaffung solcher Ausrüstungen wurden überhaupt erst Voraussetzungen geschaffen, z. B. die Mikroelektronik in der DDR zu entwickeln.»[60]

Was Schalck dem neuen Premier lieber verschwieg, war der Fakt, daß zu den «Beteiligten» vor allem die Genossen der Hauptverwaltung Aufklärung gehörten. Die Mitarbeiter des Sektors Wissenschaft und Technik (SWT) beispielsweise, die unter Leitung von Stasigeneral Vogel Ausschau nach Hightech hielten, haben gerade in puncto Elektronik manches Projekt auf die Schiene gebracht. Ihnen hatte es beispielsweise Verkehrsminister Otto Arndt zu danken, daß sein Traum in Erfüllung ging, die Eisenbahnknotenpunkte Halle, Erfurt und Berlin mit rechnergestützten Dispatcherzentralen aus den USA auszurüsten, mit denen das Reichsbahnverkehrsnetz weitgehend gesteuert werden konnte. Die 8 Millionen DM, die dafür vonnöten waren, mußten außerhalb des Planes lockergemacht werden. Das wiederum besorgten jene HVA-Leute und Schalck-Beauftragte, die, als Mitarbeiter getarnt, im Ministerium für Wissenschaft und Technik saßen. Sie schossen das Geld aus dem Fonds des von Herbert Waiz geleiteten Ministeriums vor, das Arndt sonst nie erhalten hätte, weil die elektronische Steuerung von Eisenbahnzügen nicht gerade zu den Prioritäten der DDR-Wirtschaft zählte.

Immer und überall hat Schalck die Beschaffung westlicher Hightech mit der HVA der Staatssicherheit synchronisiert. Natürlich will das namentlich Markus Wolf aus vielerlei Gründen heute nicht mehr wahrhaben. Man kann dem einstigen Spionagechef der DDR so manches anlasten, in die eigene Tasche hat er nie gewirtschaftet. Daß ihm die dienstliche Partnerschaft mit Schalck im nachhinein als Fluch erscheint, Schalck für ihn das «Raschidow-Syndrom»[61] (sowjetisches Symbol für Korruption – d. Verf.) der DDR verkörpert, ist nachvollziehbar.

Gleichwohl ist es abwegig, wie Seiffert und Treutwein, die Herausgeber der Schalck-Papiere, meinen, Schalck habe «seinen eigenen Geheimdienst» bekommen. «Sozusagen einen Neben-Stasi. Für weltliche Wirtschaftsspionage. Und zur Vorbereitung auf einen etwaigen Krisen- bzw. Verteidigungsfall.»[62] Sie beziehen sich bei dieser Behauptung auf ein streng geheimes Schreiben, das Schalck am 12. April 1985 an Mielke sandte, in dem er ihn über spezielle

Auslandsverbindungen von KoKo «zu Firmen und Einrichtungen sowie Personen im nichtsozialistischen Wirtschaftsgebiet auch unter komplizierten Lagebedingungen bzw. in besonderen Spannungssituationen»[63] informierte. Die Initiative, mehr standhafte Partner, möglichst inoffizielle Mitarbeiter, auch im Bereich der Wirtschaft westlicher Länder, zu werben, war dem Stabschef selbst ausgegangen. Mielke hatte durchaus seine Gründe, die Wirtschaftskontakte zum Westen auch für den Fall extremer Situationen abzusichern. Besser als andere im Politbüro wußte er um den desolaten Zustand der DDR-Wirtschaft. Deshalb rechnete er auch stärker als andere mit wachsender Unzufriedenheit und politischer Zuspitzung im Lande und schloß selbst den militärischen Schlagabtausch mit dem westlichen Nachbarn nicht aus. So wie Schalck, ganz im Sinne Lenins, den Kapitalisten möglichst noch den Strick verkaufen wollte, mit dem man sie später zu hängen gedachte, glaubte Mielke daran, den denkbaren Krieg gegen die Bundesrepublik mit deren Waffen zu führen. Deshalb hatte Schalck in seiner «Führungsanweisung» für den Verteidigungszustand seinem Bereich als eine der Aufgaben einschärfen müssen: «Beschaffung/Import strategischer und militärisch wichtiger Materialien/Rohstoffe und Ausrüstungen/Waffen»[64].

Ausbau und Regie der nachrichtendienstlich gesteuerten «speziellen Auslandsverbindungen» waren von Schalck nicht zufällig in die Hand seines Stellvertreters Manfred Seidel gelegt worden. Der hatte sich, im Gegensatz zu Schalck, im Stasiministerium hochgedient und das Handwerk des Geheimagenten von der Pike auf erlernt. Aber auch der OibE Seidel konnte und sollte keinen KoKo-eigenen Geheimdienst installieren. «Er koordiniert», so Schalck in seiner Weisung, «im Rahmen der ihm lt. Führungsanweisung übertragenen Vollmachten die notwendigen Maßnahmen *mit den verschiedensten Diensteinheiten des MfS* (Hervorhebung von mir – d. Verf.)...»[65]

Niemand hätte Schalck gestattet, seinen eigenen Geheimdienst neben und außerhalb der «Firma» von Erich Mielke zu etablieren. Es gab ohnehin schon genügend Reibungspunkte und Rivalitäten zwischen der HVA des MfS und der Aufklärung der Nationalen

Volksarmee, die sich beide im «Operationsgebiet» des Klassenfeindes tummelten. Zudem hätten weder die Zahl noch die Möglichkeiten der OibE und IM des Schalck-Bereiches ausgereicht, um die Feinarbeit zu leisten, die nötig war, um den technischen Fortschritt im Westen unter das nachrichtendienstliche Stethoskop zu nehmen, Quellen für sensible Embargogüter auszuspähen oder auch ihren heimlichen Transport zu garantieren. Schon 1979 hatte Mielke in einer geheimen Richtlinie als eine Hauptaufgabe der HVA festschreiben lassen, «Überraschungen auf... wirtschaftlichem und wissenschaftlich-technischem Gebiet zu verhindern»[66]. Dem Stasichef sollte und konnte gar nichts entgehen, was Schalck, Seidel sowie OibE Karl Meier, der Kaderchef von KoKo, in puncto «spezielle Auslandsverbindungen» unternahmen. Wer im Spannungsfall als Instrukteur oder Kurier für die speziellen westlichen Partner vorgesehen war, wurde zuvor von der MfS-Zentrale abgeklopft.

«Entsprechend der politisch-operativen Aufgabenstellung zur Führung der speziellen Auslandsverbindungen», so wies daher Schalck auch seinen Personalchef an, «sind im engen Zusammenwirken mit dem Leiter der Arbeitsgruppe BKK alle notwendigen Maßnahmen zur Absicherung und Aufklärung einzuleiten, unter Einbeziehung der uns zur Verfügung stehenden Möglichkeiten.»[67]

Die Methoden, deren sich Schalck und die erste Garde seiner Mitstreiter für den Ausbau ihrer Auslandsverbindungen bedienten, waren dann auch unverkennbar vom Geiste der Stasi geprägt. Für jene Firmen, die ganz oder zu Teilen KoKo gehörten und meist über Holdings in der Schweiz und Liechtenstein kontrolliert wurden, hatte Schalck ein ganz besonderes Konzept: «...durch weitere Kapitalbeteiligungen und finanzielle Zuwendungen die materielle Abhängigkeit ausgewählter Personen weiter auszubauen»[68]. Der erwähnte Geschäftsführer der Bochumer KoKo-Firma Noha GmbH, Altenhoff, bekam beispielsweise 114 920 DM «als Tantieme für das Jahr 1986»[69] cash auf die Hand.

«Das Ziel ist», so schrieb Schalck unter Berufung auf Mielke am 4. April 1985 dem Kaderchef des MfS, Günter Möller, «abgedeckt und unter Nutzung aller legalen Möglichkeiten, IM-Verbindungen aufzubauen.»[70]

Diese Verbindungen sollten bereits «in normalen Lagebedingungen» erprobt werden. «Die bestehenden bzw. angenommenen Vertrauenspersonen in diesen Firmen», so Schalcks Führungsanweisung, «sind zu beauftragen, unter Nutzung ihrer legalen Möglichkeiten... einen konkreten abrechenbaren Beitrag zur Aufklärung des Vorgehens kapitalistischer Behörden, Einrichtungen, Konzerne und Firmen gegenüber der DDR und anderen sozialistischen Staaten zu erarbeiten.»[71]

Von der Liste der 83 westlichen Kontaktpersonen, die Schalck am 12. April 1985 dem lieben Genossen Minister schickte, war Mielke gewiß beeindruckt. Dies um so mehr, als eine ganze Reihe von ihnen Firmen vertraten, die in neutralen Ländern wie in der Schweiz, Österreich, Schweden und Finnland saßen, in Ländern also, die im Konfliktfall für keine Seite Partei ergreifen würden. Schalcks Talent, andere zu blenden, reichte durchaus hin, selbst dem Stasichef etwas vorzuspiegeln. Denn tatsächlich hatte er fast sämtliche Schlüsselfiguren aufgezählt, mit denen KoKo seine Geschäfte abzuwickeln pflegte. Vorsichtshalber hatte Schalck von «bestehenden bzw. angenommenen Vertrauenspersonen» gesprochen. Bei vielen von ihnen konnte er nur hoffen oder mutmaßen, daß sie die Kontakte zur DDR unter keinen Umständen abreißen lassen würden. Mit den meisten von ihnen war er nicht einmal persönlich bekannt und mußte sich auf das Urteil seiner Kollegen verlassen.

Mit Schalcks Liste der Vertrauenspersonen konfrontiert, erklärte beispielsweise Hermann von Bruck, Vorstandsmitglied der Stinnes AG, im September 1991: «Ich bin seit 17 Jahren dabei und habe die besten Erfahrungen gemacht, gemeinsam haben wir Preisexplosionen und Markteinbrüche überstanden... Wenn Schalck mich als ‹Vertrauensperson› bezeichnet, bestätigt mich das.» Ähnlich äußerte sich Volker Quoos, Geschäftsführer der Essener Stahl- und Metallhandelsgesellschaft: «Warum Schalck mich als ‹Vertrauensperson› an Mielke meldet, kann ich mir nicht erklären. Es sei denn, durch meinen Ruf als ‹Geschäfts›-Partner und das ist kein Makel... Schalck selbst oder Beil habe ich nie gesehen.»

Die Masse der 83 Leute jedoch, die auf Schalcks Liste der Vertrauenspersonen standen, waren weder von ihrem sozialen Status noch von ihrer politischen Grundhaltung her durch Mittel und Methoden anfechtbar, deren sich Schalck und seine Stasiagenten bedienten. Für den KoKo-Chef war das Ganze auch mehr ein Sandkastenspiel, durch das er in Mielkes Augen seinen politischen Stellenwert hochtrieb.

Vier Jahre zuvor, nach dem X. Parteitag der SED, hatte sich Schalck in dieser Hinsicht auch schon Mittag gegenüber in Szene zu setzen gewußt. Damals hatte er dem Wirtschaftssekretär der Partei vorgeschlagen, die Aufgaben von KoKo zu erweitern und höher zu gewichten, «entsprechend sich verändernden internationalen Lagebedingungen».

Schon damals machte Schalck Günter Mittag die Mission von KoKo «zur beschleunigten Entwicklung und Einführung moderner Technologien» schmackhaft, «insbesondere der Mikroelektronik und Robotertechnik, in die Volkswirtschaft der DDR (Finanzierung und Beschaffung spezieller Ausrüstungen und Technologien, darunter Embargoerzeugnisse) unter *Nutzung und Ausbau geeigneter Linien und Auslandsverbindungen des Bereiches* (Hervorhebung von mir – d. Verf.)»[72].

Schalcks Vorstoß war bei Mittag ebenso auf fruchtbaren Boden gefallen wie sein Vorschlag für die «Vorbereitung des Bereiches Kommerzielle Koordinierung auf den Verteidigungszustand». Hinter den Kulissen wurde damals ein Verteidigungsgesetz erörtert, wonach im Ernstfall das gesamte Valutavermögen von KoKo in die Verfügungsgewalt der Staatsbank übergegangen wäre, die dann Politbüromitglied Alfred Neumann unterstehen sollte. Dagegen lief Schalck Sturm, weil es seinen Stellenwert ausgerechnet im Kriegsfalle gemindert hätte. Er beharrte darauf, daß «das Valutavermögen des Bereiches von dem vorbereiteten Gesetz nicht erfaßt wird... Die Deutsche Handelsbank (bei der der Löwenanteil der KoKo-Gelder deponiert war – d. Verf.) wird im Verteidigungszustand dem Leiter des Bereiches Kommerzielle Koordinierung unterstellt.»[73] Man müsse dabei «Umfang» und die Struktur der Führung des Bereiches berücksichtigen. Schalck: «Zum Bereich gehören gegenwärtig vier Außenhandelsbetriebe und 6 Firmen mit insgesamt über 2000 Beschäftigten. Im Bereich arbeiten 16 attestierte Mitarbeiter der verschiedenen Diensteinheiten des Ministeriums für Staatssicherheit. 3 attestierte Mitarbeiter existieren im Außenhandelsbetrieb Transinter / Internationales Handelszentrum. Die Sicherungskräfte des Bereiches und des Internationalen Handelszentrums sind ebenfalls Mitarbeiter des Ministeriums für Staatssicherheit.»[74]

Schalck schaffte es, seine extraordinäre Rolle selbst für den militärischen Spannungsfall zu behaupten. Das war nicht nur für eine imaginäre Zukunft von Belang, sondern auch schon für die Gegenwart. Wenn der Ernstfall, was regelmäßig stattfand, simuliert wurde, durfte er in unmittelbarer Nähe des mächtigen Wirtschaftssekretärs Günter Mittag operieren, während Minister Beil den Befehlen von Planungschef Gerhard Schürer zu gehorchen hatte, der im Kriegsfall als Kommissar für das Ministerium für Außenhandel vorgesehen war.

Auffallend ist, daß Schalck im Hinblick auf die Exklusivität seines Imperiums Mittag gegenüber nie mit der besonderen Rolle der Stasifirmen operierte. Dabei hatte Schalck die Unternehmen F. C. Gerlach und G. Simon, die sich des Etikettenschwindels «Private Außenhandelsfirma» bedienen durften, von Anbeginn an unter seine Fittiche nehmen dürfen. Sie hatten schon Embargogüter der höchsten Sperrstufe speziell für das MfS besorgt, bevor Schalck mit KoKo überhaupt auf den Plan trat. So war es kein Zufall, daß namentlich Michael Wischnewski, der Geschäftsführer der F. C. Gerlach, zu einem der besten Ratgeber und Freunde des KoKo-Chefs wurde. Wischnewski alias Horst Libermann konnte auf «Erfahrungen» aufbauen, die ihn zu einer der gerissensten Figuren des Ost-West-Geschäftes gemacht hatten. Im Osten wie im Westen war der Mann mit Polizei und Justiz zusammengeprallt, aber immer wieder auf die Beine gekommen. Im Berlin der Nachkriegszeit, so bescheinigte eine Ermittlungsakte Horst Libermann, habe er «Zugang zu Unterweltkreisen in praktisch jedem Land der Welt» besessen.[75] Der sicherste Abschnitt seiner Karriere brach an, als er sich in den fünfziger Jahren der Stasi als Agent anbot, die dem in Polen geborenen Schieber eine neue Identität sowie die Staatsbürgerschaft der DDR schenkte und ihn schließlich zum Geschäftsführer der

F. C. Gerlach kürte. Fortan profitierte die HVA des MfS nicht nur nachrichtendienstlich von dem exzellenten Kenner der Ost-West-Szene, sondern auch finanziell von dessen glänzenden Geschäften.

Die Bavaria-Connection

Hatte Wischnewski schon unter seinem wichtigsten Führungsoffizier Hans Fruck beträchtliche Freiräume besessen, so genoß er später unter Schalcks Schirmherrschaft geradezu Narrenfreiheit. Einem Profi wie Wischnewski schaute Schalck weniger genau auf die Finger als anderen Firmenchefs. Der durfte seine Millionengewinne in bar abliefern, gegen formlose Quittungen. Der entscheidende Gewinn, den Schalck dem gewieften Wandler zwischen den Welten abverlangte, bestand in dessen Beziehungen zur anderen Seite. Wie so oft, erwies sich Wischnewski auch in jedem bedrohlichen Frühjahr 1983 als Rettungsengel. Die Zahlungsnot der DDR war größer denn je, und die Geldleiher in Japan, Österreich, Frankreich und Kuwait hatten gepaßt. Just in dieser Situation war es Wischnewski gelungen, über seinen bewährten Geschäftskumpan Simon Goldenberg die Tür zu Franz Josef Strauß aufzustoßen.

Auch Goldenbergs Firmen hatten vorübergehend zu Schalcks Sonderunternehmen gehört. Die Stasifirma «G. Simon – Industrievertretungen» war bis zum Frühjahr 1976 von keinem anderen als diesem Simon Goldenberg geführt worden. Während Wischnewski die Creme der westdeutschen Schwerindustrie wie Mannesmann, Fa. Thyssen und Klöckner vertrat, nahm Goldenberg die Interessen von Daimler-Benz, IBM oder British Petrol in der DDR wahr.

Goldenberg hatte schon Anfang der sechziger Jahre auch Kontakte zu den Gebrüdern Josef und Willi März im bayerischen Rosenheim geknüpft und mit deren Firma «Marox» schließlich den Fleischexport in die Bundesrepublik angeschoben. Inzwischen war Goldenberg in die Bundesrepublik übergesiedelt und saß im Haus der März KG, wo er ein lukratives Ex- und Importunternehmen betrieb. Daran erinnerte sich Wischnewski im Frühjahr 1983, vor allem aber daran, daß Josef März, zeitweilig Schatzmeister der CSU, zu den Intimfreunden von Franz Josef Strauß zählte. Auf Wischnewskis Anstoß hin inspirierte Goldenberg März, mit Strauß zu sprechen, und der signalisierte Schalck Empfangsbereitschaft. Für Schalck bahnte sich damit die erregendste Etappe seiner Karriere an, die zum Milliardenkredit und zu vielem mehr führte.

Figuren wie Wischnewski und Goldenberg sind in Schalcks Werdegang nicht zu übersehen, weil sie seinen Einstieg in die Grauzone zwischen Geheimdienst, Politik und Unterwelt rapide beschleunigt haben. Als Goldenberg in Schalcks KoKo eingekettet wurde, hatte er weit mehr noch auf dem Kerbholz als Wischnewski. In den Nachkriegsjahren hatte er beispielsweise eine Schmugglerbande angeführt, die gigantische Mengen Rohalkohol aus der DDR in die Bundesrepublik und nach Österreich geschmuggelt hatte. 1951 mußte er unter Verlust der Staatsbürgerschaft aus Frankreich fliehen, weil er wegen Unterschlagung und Scheckbetrügereien gesucht wurde. In Ostberlin untergetaucht, begab er sich unter die Fittiche der Stasi, wurde Inhaber der scheinprivaten Außenhandelsfirma G. Simon, ergatterte als Vertreter insbesondere schwedischer, britischer und westdeutscher Firmen Reiseprovisionen für die DDR und schleppte High-Tech aller Varianten in die Stasizentrale.

Als es Goldenberg im Mai 1976, angeblich aus gesundheitlichen Gründen, wieder in den Westen zog, interessierten sich bald die Verfassungsschützer für den Staatenlosen mit der wechselvollen Vergangenheit. 1977 schrieb Landesamtchef Hans Ziegler dem bayerischen Innenminister Alfred Seidl: «Simon GOLDENBERG wurde in seinem Büro in Ostberlin und teilweise auch privat von einem MfS-Führungsoffizier und privat von einem Angehörigen des sowjetischen Nachrichtendienstes besucht. Die Intensität dieser Verbindungen – gekoppelt mit kommerziellen Interessen – ist schon daraus ersichtlich, daß Simon GOLDENBERG seit 1957 in acht Ermittlungsverfahren des GBA (Generalbundesanwalts – d. Verf.) wegen Verdachts verräterischer Beziehungen als ‹Geschäftspartner› und Kontaktperson genannt worden ist. Darüber hinaus lief gegen ihn 1952 über Interpol ein Fahndungsersuchen wegen Beihilfe zur Gefangenenbefreiung von Untersuchungshäftlingen aus einem

Westberliner Gefängnis... Simon GOLDENBERG genoß das volle Vertrauen der Behörden in Ostberlin... Im Hinblick auf die Beziehungen des Vorsitzenden der CSU, Herrn Dr. Franz-Josef Strauß, zu den Gebr. März, darf ich Sie, sehr verehrter Herr Staatsminister, um Entscheidung bitten, ob und gegebenenfalls welche weiteren Klärungsmaßnahmen durchgeführt werden können.»[76]

Aus Straußens Büro kam der Wink, Goldenberg in Frieden zu lassen. Strauß hatte nicht vergessen, daß der Goldfinger aus Ostberlin über Josef März auch Geld in die Parteikasse der CSU gezaubert hatte. Die DDR-Geschäfte, die Goldenberg mit «Marox» in Schwung gebracht hatte, waren so üppig ausgefallen, daß es den März-Brüdern nicht schwerfiel, der Strauß-Partei vom Gewinn etwas zuzuschanzen. Noch im Oktober 1988 bestätigte Schalck in einer Information an Stasichef Mielke: «Die Stellung des Unternehmens März als gedeckte Finanzquelle der CSU bleibt unverändert.»[77]

Im bayrischen Verfassungsschutzamt war man damals jedoch verärgert, daß Goldenberg wieder aus dem Visier heraus durfte. Auch die Medien gaben keine Ruhe, verdächtigten Goldenberg u. a. des Heroinschmuggels und sprachen spektakulär von einer Strauß-März-Goldenberg-Connection. Strauß rastete aus, vermutete gar Schalck und die Stasi als Urheber der Anwürfe, was absolut ungerecht war, weil für Schalck und seine Hintermannschaft längst das Geschäft und nicht die Politik das Maß aller Dinge war. Gegenüber März stellte Schalck klar, «daß das nicht unser Arbeitsstil ist und wir die aufgenommenen informellen Kontakte von unserer Seite aus korrekt führen, so daß er (Strauß – d. Verf.) die DDR oder Personen aus der DDR ausschließen kann.»[78]

Die west-östliche Kontroverse um Goldenberg hatte sich Anfang Februar 1983 abgespielt. Im Herbst des folgenden Jahres konnte Schalck endlich unter Beweis stellen, wie sehr auch ihm das Schicksal von Simon Goldenberg am Herzen lag. Am 12. Oktober 1984 tauchte urplötzlich Josef März bei ihm auf und wartete schließlich mit einer delikaten Geschichte auf: Goldenberg sei von Rosenheim nach München verzogen und habe dort Schwierigkeiten mit seinen Papieren, weil er seine Staatsbürgerschaft nicht nachweisen könne. Noch am selben Tag berichtete der KoKo-Chef Stasichef Mielke:

«Um Recherchen durch Münchner Behörden zu vermeiden, empfiehlt März, Möglichkeiten zu finden, Goldenberg ein entsprechendes Dokument zuzuspielen, aus dem seine Einbürgerung als Bürger der DDR 1959 ersichtlich ist. Bitte um Entscheidung.»[79]

Schalck brauchte Mielkes Entschluß nicht zu beeinflussen. Er durfte sicher sein, daß auch der Genosse Minister gegenüber Goldenberg Dankbarkeit empfinden mußte, denn selten hatte ein Kundschafter für das MfS so viel getan wie der inzwischen siebzigjährige Goldenberg.

Wie Schalck gehört auch Goldenberg zu jenen Personen, um die Ermittler und Justiz lieber einen Bogen machen. Der Mann weiß einfach zuviel von beiden Seiten, ohne Risiko wird man ihn nicht auf die Anklagebank setzen können. Mit weniger hochkarätigen Partnern von KoKo ist man anders verfahren. Zum Beispiel mit dem westdeutschen Ingenieur Hans Jochbein, den das Oberlandesgericht Celle 1986 zu drei Jahren und vier Monaten Haft verurteilte. Jochbein hatte Embargogut, elektronisches Gerät, für nachweisbar 2,8 Millionen Mark in die DDR verfrachtet, was in den Fundus des Stasiministeriums einging. Die Richter werteten Jochbeins Aktivität als «geheimdienstliche Agententätigkeit» nach § 99 des Strafgesetzbuches. Der Sektor Wissenschaft und Technik (SWT) der HVA von Markus Wolf und KoKo, so die Celler Richter, hätten «eng zusammen» gehangen. KoKo sei imstande gewesen, «legal nicht zu erlangende Güter in größerer Menge» zu beschaffen, «die der SWT auf direktem Wege nicht» habe organisieren können.[80]

Was der Ingenieur Jochbein im bescheidenen Maßstab bewirkte, das hatten Schalck, Goldenberg, Wischnewski und andere Topleute von KoKo im Milliardenumfang betrieben. Man wird darüber streiten können, ob und inwieweit das westliche Embargo überhaupt juristisch legitim und moralisch vertretbar war, weil davon vor allem die Wirtschaft und damit auch die Menschen in den realsozialistischen Ländern negativ betroffen waren. Daß man seine Verletzung kriminalisierte, hatte mit der Verketzerung des Gegners zu tun. Aber sie war anscheinend nicht so ernst gemeint, wie es der Wortlaut der Gesetze zu verheißen schien. Sobald man, wie durch die Tuchfühlung mit Schalck, Politik und Geschäft zum beiderseitigen Nutzen verknüpfen konnte, galten plötzlich andere Maßstäbe. Im Fall Schalck, so meditierte Verfassungsschutzpräsident Eckart Werthebach vor dem Untersuchungsausschuß des Bundestages, sei es «ungeheuer schwierig», dem KoKo-Chef einen «persönlichen Tatbeitrag» bei den Embargogeschäften «nachzuweisen».[81]

Zweierlei Maß galt mit Blick auf das Embargo ebenso wie in puncto Landesverrat. Längst schon wußte man in Pullach wie auch im Bundeskanzleramt, daß Schalck ein Mann der Staatssicherheit gewesen ist. Schalck selbst hat es Kanzleramtsminister Schäuble mitgeteilt, daß er Mitarbeiter der Stasi war. Schäuble unlängst: «Sollte ich deshalb das Gespräch mit ihm abbrechen?»[82] Natürlich sollte er nicht. Das Unerträgliche liegt in der geheuchelten Entrüstung, die viele, übrigens im Gegensatz zu Schäuble, angesichts von Schalcks Berichten an die Stasizentrale heute zur Schau tragen. Wenn man wußte, daß Schalck nicht nur Honeckers Sonderbotschafter und Händler, sondern auch Stasimann war, mußte man darauf gefaßt sein, daß jedes gesprochene Wort nicht nur beim SED-Chef oder bei Günter Mittag, sondern auch bei Mielke ankam. Aber gerade das haben Schalcks Topinformanten Franz-Josef Strauß und Josef März offenbar ganz bewußt in Kauf genommen, wenn sie nur hoffen durften, daß ihre Botschaft den von ihnen durchaus respektierten SED-Generalsekretär erreichte. Für das, was Strauß und häufig in seinem Auftrag Josef März dem Stasioffizier Alexander Schalck anvertrauten, wäre jeder Ministerialbeamte und erst recht jede Sekretärin schnurstracks ins Kittchen gewandert. So unrecht hatte der SPD-Obmann im Schalck-Untersuchungsausschuß, Andreas von Bülow, nicht, als er meinte, daß Strauß «zum wichtigsten Spion der DDR geworden» sei und das Ausgeplauderte «schwerer (wiegt) als die Spionage des Brandt-Spions Günther Guillaume».[83]

Wer wie Strauß den Ehrgeiz hatte, doch noch einmal den Höhenflug nach Bonn anzutreten, kam nicht drum herum, sich gegenüber den Regierenden möglichst zu profilieren. Als ein Mann, der in der Wahl seiner Mittel noch nie wählerisch gewesen war, tat Strauß alles, um seinen Einfluß auf die Deutschlandpolitik zu demonstrieren. Aber auch sonst machte er Schalck gegenüber kein Hehl daraus, daß man in ihm die zuverlässigere Stütze habe. Wie sonst sollte man Josef Märzens Mitteilung an Schalck im Sommer 1984 bewerten, «daß F. J. Strauß kein Mann ist, der, nachdem für ihn eine positive Bilanz in den Beziehungen zur DDR gezogen wird, diese Entwicklung durch schwankende Haltung des Bundeskanzlers und durch unabgestimmtes und politisch stümperhaftes Auftreten anderer Politiker, u. a. Dregger, stören lassen wird»[84].

Solche Fingerzeige brachten einander näher und machten auch Schalck geneigt, ein paar Details zum besten zu geben, die die Politbüroetage am Berliner Marx-Engels-Platz, vor allem aber die prekäre Wirtschaftssituation der DDR betrafen. Freilich hielt sich das Mitteilungsbedürfnis des geschulten Stasioffiziers weit mehr in Grenzen als das von Strauß oder März. Gleichwohl genügte es, daß die MfS-Zentrale seit 1987 auch Schalck «bearbeitete».

Was Honeckers West-«Außenminister» mehr als entgegenkam, war die plumpe Vertraulichkeit, die März angesichts der Größe der Geschäfte schon bald gegenüber Schalck anschlug, nicht selten unter dem Einfluß von Alkohol stehend. Und selbst wenn man gemeinsam becherte, hatte der schmächtige Josef März gegenüber dem 230-Pfund-Mann Schalck schnell die doppelte Promillezahl, unter der die Zunge sich selbständig machte. So wußte Schalck beispielsweise im Mai 1987 zu berichten, daß März, «der unter Alkoholeinfluß stand... in seinen Darlegungen offener (war), als das in vorangegangenen Gesprächen der Fall war». Damals hatte März Schalck zum ersten Mal offenbart, «daß er über viele Jahre enge persönliche freundschaftliche Kontakte zu Kohl unterhält». Bei einem geheimen Treffen in Märzens Gästehaus Spöck am 1. Mai, so hatte der Fleischgroßhändler Schalck weiter anvertraut, habe Kohl festgestellt, «daß es doch für die Beteiligten leichter wäre, wenn die Verbindung Strauß zu uns auch ihn einbezieht und März als Verbindungsmann fungiert». Solche Offenbarung hatte selbst den ausgebufften Schalck schockiert, der sehr wohl wußte, daß sein Spielraum bemessen war. Schalck am 6. Mai 1987 an Mielke: «Ich habe dazu festgestellt, daß mein Mandat in der Verbindung zu Strauß besteht und alles andere danach Sache der BRD-Seite ist, vorausgesetzt, daß diese Verbindung geheim bleibt.»

Noch wichtiger für Mielke war zu erfahren, daß nach einem geheimen Bericht der CIA Gorbatschow schon in zwei Monaten stürzen könnte. Bei dem Treffen zwischen Kohl, Strauß und März im Gästehaus Spöck war daher nach Mitteilung von März die Hauptfrage: «Wird Gorbatschow der erste Mann in der UdSSR auf lange Sicht bleiben...» Da hatte sich Schalck doch herausgefordert gefühlt. Da er wußte, daß sein Minister, zwar mehr aus Tradition denn aus innerer Überzeugung, allem, was aus Moskau kam, notfalls auch der Perestroika, weit aufgeschlossener gegenüberstand als Honecker, schrieb er in die Stasiinformation über das Gespräch: «Ich habe März in meinem persönlichen Standpunkt zum Ausdruck gebracht, daß er davon ausgehen kann, daß der Generalsekretär des ZK der KPdSU, Gorbatschow, souverän die Verantwortung wahrnimmt und kurzfristige Veränderungen nicht vorstellbar sind.»

Nicht alle Tage hatte Schalck so ergiebige Gespräche wie an jenem Maitag. Er erfuhr, Kohl gehe davon aus, «daß seine Koalitionsregierung für die nächsten 15 Jahre existieren wird», «daß ein Besuch von Gorbatschow (in Bonn – d. Verf.) vor Honecker zweckmäßig wäre», «daß März als Beauftragter von Strauß in Kürze Kairo besuchen wird, um die speziellen Wünsche der ägyptischen Seite für Strauß und Kohl entgegenzunehmen» und manches mehr.[85]

Bei anderer Gelegenheit hatte Josef März auch ungeniert über das Privatleben des bayerischen Regierungschefs geplauscht. So beispielsweise im November 1985, woraufhin Schalck an Stasichef Mielke berichten konnte: «Zum persönlichen Einflußbereich von Strauß ließ März durchblicken, daß er wahrscheinlich doch die Absicht hat, sich wieder mit einer Frau zu liieren.

Es ist seiner Tochter für die Perspektive nicht zumutbar, die Funktion der Landesmutter weiter wahrzunehmen. Diese Lebensgefährtin ist offensichtlich schon in seiner Nähe, aber noch nicht im Haushalt.»[86]

Ein gutes Jahr später schürfte März noch tiefer in der Intimsphäre des CSU-Chefs. Schalck am 4. März 1987 nach einem Gespräch mit dem Rosenheimer Großunternehmer: «Mit der Bitte nur zur internsten Verwendung teilte März mit, daß Strauß eine neue Lebensgefährtin hat, ohne daß sie zusammenleben, und daß er damit hofft, daß durch deren Einfluß der zeitweilig überhöhte Alkoholgenuß eingeschränkt wird.»[87]

März rechnete nicht nur damit, daß Schalck seine Information weitergab, er war mit der «internsten Verwendung» seiner delikaten Nachrichten auch ausdrücklich einverstanden. Mitunter verpflichtete er sich sogar im voraus, interne Informationen und Entscheidungen der Bonner Politik unverzüglich nach Ostberlin zu signalisieren. So beispielsweise, als Kohl und Bangemann Strauß Anfang 1987 animieren wollten, als Vizekanzler in die Bundesregierung einzutreten. Schalck in einem Vermerk vom 28. Januar 1987: «März wird bemüht sein, uns kurzfristig in dieser Frage über mögliche Vorentscheidungen zu informieren.» Da hätte eigentlich nur noch die Unterschrift gefehlt, als IM für das MfS zu arbeiten. Aber dessen bedurfte es nicht, März revanchierte sich freiwillig mit solchen Informationen für die guten Geschäfte mit der DDR, wohl darum wissend, wie wertvoll sie für Schalck waren. Da Geld nicht stinkt, hatte er sich sogar an der Stasifirma Camet beteiligt, die zwar zu Schalcks KoKo gehörte, deren Gewinn aber auch in die Kasse der HVA floß, aus der die Spionage gegen die Bundesrepublik finanziert wurde. Camet war übrigens der Nachfolger jener angeblichen Privatfirma «G. Simon – Industrievertretungen», die Simon Goldenberg zurückließ, als er sich 1976 ins Nest der Gebrüder März in Rosenheim absetzte.

Die Beziehung zwischen Schalck und März war nicht nur rein geschäftlicher und geheimdiplomatischer Natur. Zwischen beiden gab es eine echte Kumpanei, die auf dem gemeinsamen Wissen beruhte, daß Macht und Geld auch dort zusammenschweißen, wo die politische Sicht der Beteiligten weit auseinander liegt. Als Josef März 1988 das Zeitliche segnete, bedankte sich seine Familie geradezu pathetisch bei Schalck. Der Verstorbene war nach seinem Tode besonders wegen der Connection mit KoKo in die Schlagzeilen geraten, aber Schalck hatte weiter zu ihm gehalten. Am 9. Dezember 1988 schrieb Bruder Willi März an Schalck: «Die vielseitigen offenen und verdeckten Attacken nach dem Tode von Josef waren oft so brutal angelegt, daß man ohne treue Freunde hätte verzweifeln können.

Ihnen, sehr geehrter Herr Dr. Schalck, möchten wir dafür in Anerkennung der Verdienste meines Bruders ein so hohes Maß an Dankbarkeit aussprechen, das wir in Worte nicht kleiden können. Wir haben wieder Mut gefaßt und unermüdlich daran gearbeitet, das Unternehmen im Sinne von Josef weiterzuführen und in ruhigere Gewässer zu geleiten.»

Die Zeiten ungebrochener Komplizenschaft zwischen Schalck und der Firma März allerdings waren vorbei. Am 3. Oktober war der Schirmherr dieser Connection, Franz Josef Strauß, verstorben. Willi Märzens «Überzeugung» gegenüber Schalck, «daß sie uns auch weiterhin Ihr Vertrauen geben», wurde vom KoKo-Chef nicht mehr geteilt. Als sich Schalck im neuen Jahr mit Strauß-Nachfolger Waigel und dem neuen Regierungschef Streibl traf, wurden die Weichen neu gestellt. Am 14. Februar 1989 schrieb Schalck in einer persönlichen Information für Mielke: «Die bisher aufrechterhaltene Verbindung über März wird von beiden Politikern nicht mehr gewünscht. Von ihrer Seite werden Personen ihres Vertrauens benannt, um den Kontakt, auch die Übermittlung von Botschaften zu gewährleisten...

Auf meine Frage, ob sich die Verbindung nicht bewährt habe, erklärten beide, daß die Verknüpfung der Freundschaft Strauß und Josef März nicht immer glücklich war und die CSU aufgrund auch finanzieller Verknüpfungen oft in eine schwierige Situation brachte. Die Interessen von Josef März u. a. in Togo, Spanien und Argentinien wurden von Strauß abgedeckt und dienten nicht nur staatlichen Interessen.»

Tatsächlich hatte sich Strauß immer dann eingeschaltet, wenn es zwischen der März-Firma und ihren Partnern geknirscht hatte. Das galt für die DDR-Firmen ebenso wie für die zahlreichen ausländischen Geschäftspartner der Rosenheimer. So berichtete Schalck am 28. Januar 1987 beispielsweise in einem – sehr wahrscheinlich ebenfalls für Mielke bestimmten – Vermerk: «Erstmalig hat sich Strauß selbst mit der Bitte an mich gewandt, daß die eingetretene Verschlechterung zwischen den Geschäftsbeziehungen der Firma März und dem Außenhandelsbetrieb Nahrung, Generaldirektor Manfred Wolf, auf Dauer zum Positiven verändert wird.»

Die Spannungen zwischen Josef März und dem DDR-Außenhändler waren entstanden, als Wolf auch die Konkurrenzfirma von März, «Moksel», mit Fleisch belieferte, was natürlich den Futterneid der Rosenheimer geweckt hatte.

Waigel und Streibl plagten indessen andere Probleme. Ihnen bereitete angesichts der angeschlagenen Gesundheit Honeckers die Frage seines möglichen Nachfolgers Kopfzerbrechen. «In diesem Zusammenhang», so berichtete Schalck an Mielke, «spielte die Bewertung der Stellung von Günter Mittag eine sehr bedeutende Rolle. Man geht davon aus, daß beide Politiker bedeutende Macht auf sich konzentrieren. Die an mich gestellte Frage, ob Günter Mittag als eventueller Nachfolger von Erich Honecker in Frage käme, habe ich aus meiner Sicht verneint.»[88]

Laut Generalbundesanwalt von Stahl prüft man derzeit, «ob der Beschuldigte Schalck sein Wissen, das er aus Gesprächen mit Politikern in der Bundesrepublik erlangt hat, für geheimdienstliche Zwecke in das MfS gesteuert hat»[89]. Das birgt in der Tat manche Schwierigkeit in sich: Denn ähnlich wie Josef März hat auch Franz Josef Strauß Wissen über geheimste Dinge der westlichen Politik, einschließlich der NATO, Schalck gegenüber ungeniert preisgegeben. Der CSU-Chef hatte offenbar kühl kalkuliert, daß man sich dadurch in den Augen Ostberlins als Partner aufwerten konnte. Charakteristisch hierfür war ein Gespräch, das Schalck und Strauß am 11. Mai 1987 führten. Damals stand der amerikanisch-sowjetische Vertrag über die Vernichtung der Mittelstreckenraketen in Europa auf der Tagesordnung. Honecker war über die zwiespältige Haltung bundesdeutscher Politiker zu den Abkommen beunruhigt und ließ Schalck bei Strauß vorfühlen. Und Strauß setzte den Vertrauten des SED-Chefs detailliert ins Bild. «Strauß bat», so schrieb Schalck einen Tag danach an Politbüromitglied Dr. Mittag, «bei der Weitergabe dieser Einschätzung seinen Namen nicht zu erwähnen.» Die Bitte war mit Blick auf die Brisanz der Informationen mehr als verständlich. Schalck: «Zu dieser Frage informierte Strauß darüber, daß in den letzten Tagen im Kreis von Kohl, Strauß, Wörner und Schäuble eine streng interne Einschätzung zur Haltung der BRD-Regierung zu den Verhandlungen zwischen den USA und der

UdSSR über den Abschluß von Abkommen, denen die ‹Nullösung› von Mittelstreckenraketen mit atomaren Sprengköpfen zugrunde liegt, erarbeitet wurde...

Im Ergebnis dieser internen Einschätzung kamen die Beteiligten zu der Schlußfolgerung, daß die Amerikaner davon ausgehen, mit dem Abschluß der Abkommen für die USA ihre Sicherheit voll zu gewährleisten, bei anderen europäischen NATO-Mitgliedstaaten eine weitgehende Sicherheit zu erreichen, während für die BRD (und dies würde auch für die DDR gelten) durch den Weiterbestand von taktisch-operativen Raketen kürzerer Reichweite 0-500 km Gefahren für den Einsatz solcher Waffensysteme in diesem Bereich bestehen bleiben...

Bei Raketen mit einer Reichweite von 125 bis 500 km beträgt das Übergewicht zugunsten der UdSSR 1540 Stück zu 120 Stück. Als Schlußfolgerung daraus wollen die USA eine massive Abrüstung in der BRD bei der Waffenart 0-500 km durchsetzen, die die Regierung der BRD nicht will...

Die BRD-Regierung ist erst bereit, über eine Nullösung bei Raketen mit einer Reichweite von 500 bis 1000 km eine positive Entscheidung zu treffen, wenn im Bereich der Raketen von 0-500 km Fakten geschaffen werden...»

Bei der Gelegenheit erfuhr Schalck zudem, daß auf bundesdeutschem Boden «gegenwärtig in der Reichweite 0-500 km nur Lance-Raketen mit einer Reichweite von 120 km stationiert sind»[90].

Dank Strauß hatte Schalck auch tiefen Einblick in Interna der Deutschlandpolitik der CDU/CSU. Neben Profilierungssucht spielte dabei auch Straußens Ambivalenz zum Honecker-Regime eine Rolle. Er gab die Hoffnung nicht auf, daß man die SED-Herrschaft durch sukzessive Öffnung wie auch zeitweilige Stabilisierung am Ende doch überwinden könne. Um so mehr glaubte er, durch gezielte Indiskretion das Vertrauen des Gegners gewinnen zu müssen. In einem Vermerk über sein Gespräch mit dem CSU-Chef am 5. Mai 1988 berichtete Schalck u. a.: «Mit der Bitte um äußerst vertrauliche Behandlung informierte mich Strauß, daß vor wenigen Monaten eine Strategiediskussion zur Politik gegenüber der DDR im sogenannten Zehnerausschuß der CDU/CSU-Fraktion stattgefunden hat. Strauß stellte dazu fest, daß zwei politische Konzeptionen zur Diskussion standen:

– Die Politik der Konfrontation mit allen ökonomischen Konsequenzen: Wegfall des Swing, keine ‹EG-Beteiligung› mehr, Korrektur der ‹römischen Verträge›, strenge Regelung über die Kreditausreichung unter Inkaufnahme aller sich daraus für die BRD und Berlin (West) ergebenden negativen Folgen.

– Die Politik des Dialogs, des Aufeinanderzugehens, Fortsetzung der positiven allseitigen Entwicklung der Zusammenarbeit in Politik, Wirtschaft, Wissenschaft und Technik, Verkehr, Kultur und ein garantierter Reise- und Besucherverkehr, Einschränkung des Niveauunterschiedes in Wirtschaft und Warenangebot, Abschluß von langfristigen Vereinbarungen über das ‹politisch Machbare›.

Das Gremium hat sich eindeutig für den zweiten Weg entschieden, weil es auch nach Auffassung von Strauß dazu keine Alternative gibt.»

Auch damals noch schien Strauß die wachsende Verschuldung der DDR Probleme zu bereiten. In diesem Kontext vermerkte Schalck: «Er war und ist nicht daran interessiert, daß durch eine Zuspitzung dieser Problematik Prozesse ins Rollen kommen, die für die weitere Entwicklung zwischen der DDR und der BRD schädlich wären.»

Auch deshalb fand sich Strauß bereit, im Sinne der DDR auf die Erhöhung der jährlichen Transitpauschale von 525 Millionen auf 899 Millionen DM hinzuwirken. Schalck: «Er stimmt mit Schäuble überein, daß man in dieser Frage eine für beide Seiten interessante und vertretbare Lösung finden sollte»[91], die alsbald dann auch zustande kam. Damals gab Strauß der DDR und dem Realsozialismus noch etwa 20 bis 30 Jahre. Und dementsprechend arrangierte er sich mit Schalck und dessen Auftraggebern durch die Preisgabe kleiner politischer Geheimnisse und Intimitäten und das Zuschanzen von harter DM. Daß zwischen ihm und Schalck dabei auch persönliche Empfindungen entstanden, war für den Bayern weit natürlicher als für Schalck, der einer durch und durch von Feindbildern bestimmten Welt entstammte.

289

Wer Schalck mit Blick auf die geheimen Begegnungen mit dem CSU-Chef oder seinem Vertrauten März heute Spionage vorwirft, der wird konsequenterweise Strauß posthum des Landesverrates anklagen müssen.

Schalcks Sondergeschäfte

Als Schalck im November 1989 dem damaligen Regierungschef Hans Modrow eine Art Rechenschaftsbericht über die Vergangenheit von KoKo vorlegen mußte, berichtete er noch voller Stolz, daß durch KoKo 27,8 Milliarden Valutamark erwirtschaftet und an den Staat abgeführt bzw. als Rücklagen für aufgenommene Kredite eingesetzt worden seien. Durch ihn, so Schalck, seien «Voraussetzungen für Einnahmen von ca. 23 Mrd. VM durch Vereinbarungen mit der Regierung der BRD und dem Senat von Berlin (West) gesichert» worden. Auch die Zahlungsgründe listete der KoKo-Chef auf, von der Transitpauschale bis zur «Fortleitung und Behandlung von Abwasser aus Westberlin»[92].

Mit welchen Mitteln er zu diesem Erfolg gekommen war, unterschlug er dabei natürlich, insbesondere das moralisch fragwürdigste all seiner Geschäfte: den Verkauf von Häftlingen, das lukrativste aller «Sondergeschäfte» von KoKo, mit dem nach der Wende allerdings nicht mehr viel Staat zu machen war. Wohl deshalb rief der KoKo-Chef den prominenten Anwalt Wolfgang Vogel an und empfahl ihm, «dem neuen Staatsratsvorsitzenden Egon Krenz und Ministerpräsidenten Hans Modrow über den Hergang und Stand des mit der Bundesregierung vereinbarten Freikaufs politischer Häftlinge zu berichten, weil beide nicht oder nur unzureichend informiert waren»[93].

Schon 1963 besaß der Anwalt ein Mandat des DDR-Regierungschefs in humanitären Fragen und signalisierte damals über die Westberliner Rechtsschutzstelle die Bereitschaft, in größerem Umfang politische Häftlinge gegen harte Mark in den Westen zu entlassen. Gleichwohl täuscht Schalck die Öffentlichkeit, wenn er heute den

Eindruck zu erwecken sucht, als sei er nur der kommerzielle Erfüllungsgehilfe des Häftlingsfreikaufs gewesen. Als Alibi führt Schalck gern das Buch «Freikauf des früheren Staatssekretärs im Bundesministerium für innerdeutsche Beziehungen, Ludwig A. Rehlinger, an, der viele Jahre mit der Sache befaßt war. Was Schalck an dem Buch so imponiert, ist der Umstand, daß seine Person darin nicht vorkommt. Aber das braucht er sich nicht zugute zu halten, denn Rehlinger hat selbst Namen ausgespart, die die Wellen zwischen Bonn und Ostberlin haben zeitweilig hochschlagen lassen. Der Exstaatssekretär zog es vor, «eine gewisse Vertraulichkeit weiter zu wahren»[94], was ihm zwar im Buch, nicht aber in der Sache gelungen ist.

Schalcks Problem beginnt schon damit, wie er die Milliardenbeträge, die das sogenannte B-Geschäft einspielte, verwaltet und verwendet hat. In der Ära Ulbricht waren die Gelder aus dem Schacher mit Menschenschicksalen wenigstens noch in den Fiskus gewandert und auch den Menschen hinter der Mauer zugute gekommen. Die erste Gutschrift über 340 000,– DM, die 1964 erfolgte, ist nach Auskunft von Vogel für Apfelsinen verwendet worden. Vogel: «Danach hießen Stange (Vogels Partner von der Rechtsschutzstelle – d. Verf.) und ich die Apfelsinenjungs.»[95] Die erste Gegenleistung war noch bar erfolgt, danach wurde hochwertige Ware geliefert, die bis 1967 ausschließlich in die Staatsreserve der DDR einging. Ab 1968 wurden die Naturalien versilbert und dem KoKo-Konto 528 gutgeschrieben.

Unter Honecker jedoch verkam KoKo sehr bald zu einem Geheimunternehmen von Parteispitze und Stasi. Im September 1972 hatte Mielke das Konto 528, auf dem die Erträge aus dem Verkauf der Häftlinge landeten, in seine Verfügung gebracht. Die Staatssicherheit produzierte die politischen Häftlinge, also zog sie auch den Gewinn aus ihrer Vermarktung. In einem KoKo-Papier aus der damaligen Zeit, das von «Geschäftsoperationen im Sonderbereich» handelte, hieß es: «*Sondergeschäft ‹B›.* Häftlinge usw. Vereinbarungen und Prinzipien legen wir fest. Beträge werden *über Warenlieferungen realisiert* und wieder zu Valuta durch Verkauf und Manipulation gemacht... Die Beträge wurden auf 528 wirksam und durch den Minister verfügt.»[96] Ironie dieser Praxis: Das Geld, dem Steuersack der Bundesbürger entstammend, wurde nicht nur für die technische Ausrüstung des Spitzelheeres der Stasi, sondern auch für «operative Maßnahmen» gegen die westdeutsche Republik eingesetzt. Schalck hat diese Gelder, wie beispielsweise auch Erträge aus dem Geschäft mit der katholischen Kirche, am DDR-Fiskus vorbeigeleitet und deren Zweckentfremdung erst ermöglicht.

Daran änderte sich kaum etwas, als Honecker im März 1974 die Einrichtung des sogenannten Generalsekretärkontos 628 verfügte, auf das nunmehr die Erlöse aus dem Häftlingsfreikauf abgeführt wurden. Als promovierter Jurist wußte Schalck natürlich, daß Honecker über den Fonds des Staatschefs hinaus keinerlei Verfügungsbefugnisse über Staatsfinanzen hatte, noch dazu in konvertierbarer Währung. Während Finanzminister und Planungschef Schürer jede harte Mark zusammenkrampfen mußte, um wenigstens die schlimmsten Löcher der Planwirtschaft zu stopfen, sammelte der SED-Chef durch seinen privaten «Treuhänder» Schalck ein Milliardenvermögen an. Und es gab keinen einzigen Fall, in dem der Kontoführer Bedenken oder gar Protest anmeldete, wenn der Generalsekretär die begehrten Devisen nach Belieben in die Welt streute: rund 80 Millionen für die polnischen Brudergenossen, mal 10 Millionen für Präsident Daniel Ortega, mal 39,5 Millionen für die Getreideversorgung Nicaraguas, und immer ohne Gegenleistung. Schalck war es gleichgültig, wofür und an wen der Partei- und Staatschef das Geld verschwendete, seine Sorge erschöpfte sich darin, daß es reichlich zur Verfügung stand und Honecker das Gefühl gab, auch ein wirtschaftlich mächtiger Mann zu sein.

Der Handel mit Menschen

Um den Nachschub für das Konto des Generalsekretärs brauchte sich Schalck übrigens keine Sorgen zu machen. Nachdem Honecker direkte Kontakte zu Herbert Wehner aufgenommen hatte, weiteten sich die Freikäufe politischer Häftlinge, aber auch die Fälle von Familienzusammenführung sichtlich aus. Von 1975 an überschritten die jährlichen Erlöse die 100-Millionen-Schwelle. Zwei Jahre später erreichten die DDR-Unterhändler einen bombastischen Durchbruch, indem sie die Pro-Kopf-Prämie von 40000 auf 95847 DM hochschrauben konnten. Erst im Wendejahr 1989 ging man von der Bezahlung des Einzelfalles ab. «Am 31. 8. 1989 ist zwischen Staatssekretär Dr. Priesnitz», so Anwalt Vogel am 30. November an Krenz und Modrow, «und mir eine Pauschalierung vereinbart worden, um von dem Vorwurf der pro Kopf Rechnung wegzukommen»[97]. Alles in allem haben die Bundesregierungen von Adenauer bis Kohl für die seit 1963 freigekauften 33755 Häftlinge sowie für die über 250000 Familienzusammenführungen mehr als 3,5 Milliarden gezahlt. Bis auf ca. 130 Millionen ist diese Summe über die Konten des Alexander Schalck gewandert. Sein Stellvertreter Manfred Seidel, Offizier im besonderen Einsatz wie er, überwachte Zugänge wie Abgänge des Kontos. Was die Verwendung des Honecker-Kontos anbetraf, beschönigte Seidel beträchtlich, als er im Februar 1990 dazu vor der Kripo aussagen mußte. Die Gelder des Kontos 628, so Seidel, seien «vorwiegend für die Versorgung der Bevölkerung, d. h. Südfrüchte, Textilien und anderes und auch für Solidaritätszwecke, z. B. Weizen an Nicaragua» ausgegeben worden.[98] Das stimmte erstens nur in Teilen und unterschlug darüber hinaus, daß Honecker immer erst dann in sein Füllhorn griff, wenn Werner Krolikowski, der regierungsseits für die Versorgung der Menschen verantwortlich war, laute Klagelieder im Politbüro anstimmte.

Im übrigen hat Schalck auch ohne Honeckers Wissen mit Geldern dieses Kontos um sich geworfen, um seine Unentbehrlichkeit für die heile Welt des Politbüros immer wieder unter Beweis zu stellen. Noch im Krisenjahr 1989 schlug er Mittag vor, für die Creme der DDR 160 Autos vom Typ Citroën BX 19 zu bestellen. Die Finanzierung, so gaukelte er angesichts der prekären Devisenlage dem Wirtschaftssekretär vor, könnte «aus Wettbewerbsverpflichtungen seines KoKo erfolgen. In Wahrheit bezahlte er die Staatskarossen vom Konto 628, also auch mit Geldern, die aus dem Häftlingsfreikauf stammten. Das Gros der Summen, die auf 628 landeten, ließ Schalck stehen oder legte es als zinsträchtiges Festgeld an, in der vagen Hoffnung, damit die Zahlungsunfähigkeit der DDR verhindern zu können. Noch am 5. Dezember 1989 lagen auf dem Generalsekretärkonto über 2,1 Milliarden DM.

Schalck war aber keineswegs nur mit der kommerziellen Seite des Freikaufs befaßt. Als man ihm im Mai 1991 auf dem «Heißen Stuhl» von RTL plus vorwarf, das Geld aus den Freikäufen sogar dazu benutzt zu haben, «Ihre Bonzen in Wandlitz zu versorgen», flüchtete er sich in die Rolle des reinen Befehlsempfängers. Schalck: «Als die politischen Entscheidungen getroffen wurden, kriegte ich die Mitteilung vom Diakonischen Werk der Bundesrepublik Deutschland, Verträge abzuschließen über die Lieferung von Waren. Das habe ich dann auch durchgeführt.»[99] Die Wirklichkeit sah anders aus. Seit sich Strauß in die informellen Kontakte zwischen Bonn und Ostberlin eingeschaltet hatte, wurde Schalck immer öfter auch in die «politischen Entscheidungen» des Menschenhandels einbezogen. Die Liste von Ausreisewilligen, an denen der Westen besonderes Interesse hatte und die ihm Josef März, mitunter auch Strauß persönlich in die Hand drückten, hat er nicht als stummer Bote hin- und hergetragen. Immer bezog Schalck eine Position zu Freikauf und Familienzusammenführung, im konkreten wie im allgemeinen, je nach der Interessenlage der Stasizentrale, wie die Entscheidungen über Genehmigung oder Ablehnung der Ausreise gefällt wurden. Natürlich auch war es ihm, nicht nur des winkenden Geldes wegen, lieber, wenn er mit positiven Bescheiden aufwarten konnte, weil es seine Verhandlungsposition in anderen Fragen erleichterte. Deshalb betonte er in seinen Berichten an Mielke den Dank der Gegenseite besonders, wie etwa in seinem Vermerk über ein Gespräch mit März vom 15. September 1986, in dem es hieß:

«Strauß übermittelte Unterlagen zu Familienzusammenführung. Speziell in dieser Frage bedankte er (März – d. Verf.) sich sehr herzlich für die bisher dazu gegebenen positiven Entscheidungen, die von Bundeskanzler Kohl hoch gewürdigt werden.»

Mitunter drängte Schalck den Stasichef auch, Entscheidungen möglichst umgehend und positiv zu fällen. Als ihm Josef März am 5. Mai 1987 eine weitere Wunschliste des CSU-Chefs zu Freikauf und Familienzusammenführung übergab, schrieb Alexander

Schalck am folgenden Tage an Mielke: «Ich bitte, mir die Möglichkeit zu geben, in einigen Fragen positive Antworten übermitteln zu können.»

Indirekt setzte sich Schalck auch Anfang 1988 für die Ausreise jener sechs DDR-Bürger ein, die Kohl während seines Besuches in der Tschechoslowakei um Hilfe bei ihrer Ausreise in den Westen angefleht hatten. In einem ausdrücklich als «Geheim» gekennzeichneten «Vermerk» vom 4. Februar 1988 schrieb er dem Stasichef: «Besonders dringlich bat März im persönlichen Auftrag des Bundeskanzlers – handgeschriebenen Brief von Helmut Kohl an März konnte ich einsehen – um die Unterstützung bei der Übersiedlung in der Anlage aufgeführter Bürger. Die Personen sind uns bekannt, da sie Kohl während seines Besuches in der ČSSR angesprochen haben. März schätzt ein, daß eine positive Reaktion auf den persönlichen Wunsch des Bundeskanzlers atmosphärisch von Vorteil wäre.»

Um der Gegenseite gefällig zu sein, war Schalck bereit, auch selbst einmal Schicksal zu spielen. So war es beispielsweise im Falle des DDR-Bürgers Reinhard P., der im Februar 1986 am Grenzübergang zur ČSSR wegen Devisenschmuggels festgenommen worden war. Devisenschmuggel galt auch für die westdeutschen Unterhändler nicht als politisches Delikt, so daß keine Aussicht bestand, den Mann in den regulären Häftlingsfreikauf einzubeziehen. Offenbar hatten sich aber die Angehörigen von P. um Hilfe an Strauß gewandt, und der hatte wiederum den KoKo-Chef damit bemüht. Jedenfalls schrieb Schalck am 17. März 1986 an Mielkes Bürochef Generalmajor Carlsohn: «Strauß und März bitten um Unterstützung in beiliegender Angelegenheit (Devisenschmuggel). Es wird um eine kurze Verurteilung und anschließende Freilassung gebeten.»

Im zynischen Rechtsverständnis von Schalck waren Staatssicherheit und Justiz offenbar identisch. In Wirklichkeit gehörten jene Richter und Staatsanwälte, die Devisenvergehen zu ahnden hatten, keineswegs zum verlängerten Arm der Staatssicherheit. Möglicherweise hatte Schalck an das Gericht in Berlin-Lichtenberg gedacht, wo es den einzigen Richter der DDR gab, der eine telefonische Direktleitung zur Stasi-Hauptabteilung IX (Untersuchung) besaß:

Jürgen Wetzenstein-Ollenschläger, jener Mann, der Erich Mielke später vor dem Berliner Landgericht verteidigte, mindestens 17 KoKo-Millionen ins Ausland verschob und im Frühjahr 1992 spurlos untertauchte. Prinzipiell hat Schalck in Sachen Menschenhandel die Position der Stasizentrale konsequent vertreten. So hatte Staatssekretär Rehlinger, der offizielle Unterhändler Bonns in humanitären Fragen, 1984 über Strauß moniert, daß, wie Schalck in einem Vermerk (ohne Datum) schrieb, «ausschließlich die DDR ihre Listen vorschlägt und seitens der BRD wenig Möglichkeiten für eine Einflußnahme auf die endgültigen Listen besteht». Schalck: «Ich habe dazu erklärt, daß wir auch auf diesem Gebiet mit Augenmaß das Machbare ermöglichen und nicht nach den Sternen greifen.»

Schalck hatte dieses Gespräch mit dem CSU-Vorsitzenden dazu benutzt, zugleich ein spezielles Anliegen von Markus Wolf an den Mann zu bringen. Schalck: «Strauß wurde mitgeteilt, daß es für die Lösung von Häftlingsproblemen für nachdenkenswert und wichtig gehalten wird, wenn auch in der BRD Häftlingen, die zwei Drittel oder mehr ihrer Strafe verbüßt haben, begnadigt werden (Beispiel Lutze). Eine derartige Praxis würde sich als bedeutsame Geste auswirken und Veranlassung sein, gleichermaßen zu verfahren.»

Lothar Lutze und seine Frau hatten zu jenen Topspionen gehört, die im Frühsommer 1976 neben 28 weiteren HVA-Agenten durch eine Computer-Rasterfahndung hochgegangen waren, die Wolfs Gegenspieler im Bundesamt für Verfassungsschutz, Hellenbroich, veranlaßt hatte. Der damals 36jährige Lutze hatte nebst Ehefrau Renate im Bonner Verteidigungsministerium gesessen und der HVA-Abteilung IV (Spionage gegen die Bundeswehr) militärische Geheimnisse erster Güteklasse, darunter einen umfassenden Bericht über den damaligen Stand der NATO, zugespielt. Kenner der Szene meinen, daß durch das Agenten-Ehepaar, gemeinsam mit ihrem Komplizen Jürgen Wiegel, «der Bundeswehr der in ihrer Geschichte bislang schwerste Schlag versetzt worden» sei.[100] Das Oberlandesgericht Düsseldorf verurteilte Lutze damals zu zwölf Jahren Haft, von denen Wolfs Kundschafter zwei Drittel verbüßt hatte, als Schalck Franz-Josef Strauß mit dem Fall konfrontierte. Der CSU-Chef aber nahm die Sache damals nur zur Kenntnis und ging zur Tagesordnung über.

Im selben Jahr spitzte sich die Situation dann aber noch einmal zu, und auch daran war Schalck nicht unbeteiligt. Streitpunkt war der dringende Wunsch der Bundesregierung, die Ostberliner Ärztin Dr. Christa-Karin Schumann in den Westen zu entlassen. Frau Schumann war die Lebensgefährtin des einstigen Konteradmirals Winfried Baumann, der in der «Verwaltung Aufklärung» des DDR-Ministeriums für Nationale Verteidigung die Abteilung Bundeswehr geleitet hatte.

Eine menschliche Schwäche zerstörte Mitte der siebziger Jahre die Geheimdienstkarriere des NVA-Offiziers. Baumann neigte dem Alkohol mehr zu, als es mit seiner Funktion vereinbar war, und flog schließlich aus dem Ministerium heraus. Danach freischaffend, verdiente er zum Sterben zuviel, zum Leben zuwenig. Er landete in den Fängen des Bundesnachrichtendienstes und ließ, gegen gute Bezahlung, mehrere Lauschposten seiner Exabteilung in der Bundesrepublik hochgehen. Als im Frühjahr 1980 der Boden für ihn zu heiß wurde, bereitete der BND die Flucht von Baumann und seiner Lebensgefährtin in den Westen vor. Baumann und Karin Schumann wurden nach Budapest bestellt, wo sie der BND-Kurier Hering mit falschen Pässen ausstatten und ihnen so die Flucht in die BRD ermöglichen sollte. Die Sache scheiterte, weil das Pärchen und der Kurier sich verfehlten. Inzwischen hatten Markus Wolfs Leute den BND-Mann nicht nur identifizieren, sondern sogar anzapfen können, was dieser Pullach jedoch offenbarte. So startete der BND einen zweiten Versuch, Winfried Baumann und seine Lebensgefährtin in den Westen zu holen. Diesmal sollte Hering mit den beiden auf der Messe in Posen (Poznań) zusammentreffen, um ihnen hier die Pässe zu übergeben. Doch der Funkspruch, über den Hering die entsprechende Order erhielt, wurde auch von der MfS-Zentrale aufgefangen. Nun stand fest, daß der BND-Mann die HVA hatte narren und den Verräter doch in Sicherheit bringen wollen. Während Winfried Baumann und Dr. Schumann in Berlin verhaftet wurden, flog Markus Wolf höchstpersönlich nach Warschau, um dort die Festnahme des BND-Kuriers zu arrangieren. Die polnische Staatssicherheit hatte sich nämlich geweigert, Hering festzunehmen, um Bonn nicht zu verärgern. Deshalb war Wolf entschlossen, den polnischen Innenminister breitzuklopfen, damit wenigstens seine Leute den BND-Mann hochnehmen konnten. Wohl nicht von ungefähr ließ sich der Warschauer Polizei- und Stasichef verleugnen, so daß Wolf zwar mit der zweiten Garnitur verhandeln mußte, sich aber dennoch durchzusetzen wußte. Als der ahnungslose BND-Kurier in Posen eintraf, schlugen Wolfs Leute zu. Die Beweise, die Hering überführten, hatte er in seinem Koffer: Bundespässe für Winfried Baumann und Dr. Christa-Karin Schumann.

Schon bald erfuhr man in Pullach, daß nicht nur Hering, sondern auch das DDR-Paar verhaftet worden war. Obgleich man damit rechnen mußte, daß zumindest Winfried Baumann die Todesstrafe drohte, hielt man angesichts der peinlichen Panne still. Jedenfalls gab es von Bonner Seite nicht den geringsten Versuch, das Leben des in BND-Diensten stehenden Häftlings zu retten.

Tatsächlich verurteilte der 1. Militärstrafsenat des Obersten Gerichts der DDR Baumann am 9. Juli 1980 zum Tode. Vieles spricht dafür, daß Mielke Baumanns Gnadengesuch verschwinden ließ, so daß alsbald auch seine Hinrichtung erfolgte, was man den Angehörigen, einschließlich Karin Schumann, lange Zeit verschwieg.

Wahrscheinlich wollte die Bundesregierung im Fall Baumann Wiedergutmachung leisten, so daß Rehlinger im Jahre 1984 plötzlich darauf bestand, Karin Schumann in die Bundesrepublik zu entlassen. Ohne Einbeziehung des Falles Schumann, so bedeutete der Bonner Staatssekretär Honeckers Bevollmächtigtem, Dr. Vogel, werde kein Austausch mehr stattfinden. Das Junktim, das Bonn an die Auslieferung von Karin Schumann knüpfte, drohte nun das deutsch-deutsche Arrangement im humanitären Bereich generell zu belasten.

Mit Mielke war über Karin Schumanns Auslieferung überhaupt nicht zu reden. In seinen Augen gab es nichts Fluchwürdigeres auf der Welt als Verrat an DDR-Kundschaftern. «Die Schumann wird nie ausgeliefert», brüllte der Stasichef die Beteiligten an, und daran wagte auch niemand zu rütteln. Aber auch der Chef der «Verwaltung Aufklärung» im Ministerium für Nationale Verteidigung, Alfred Kraus, votierte gegen die Ausreise von Dr. Schumann in die Bundesrepublik. Immerhin konnte der Generalleutnant der NVA ins Feld führen, daß Karin Schumann noch um mehrere Agentenstützpunkte in der Bundesrepublik wußte, die noch immer intakt waren, darunter ein hochkarätiger im Bonner Verteidigungsministerium. Deshalb lehnte auch das Verteidigungsministerium den Austausch der Frau ab.

Anwalt Wolfgang Vogel wiederum war über die starrsinnige Haltung der Gegenseite verschnupft, die von diesem einen Fall alles abhängig machen wollte. Nur zu gut wußte er, daß ein solches Herangehen auch im umgekehrten Falle nicht zum Erfolg führte. So hatte die DDR im Sommer 1968 darauf bestanden, Heinz Felfe freizugeben, der im BND zugunsten der Sowjets spioniert hatte und 1963 zu 14 Jahren Haft verurteilt worden war. Wohl auch eingedenk der damaligen Konfrontation schrieb Vogel am 4. September 1984 an Rehlinger: «Geschäftsgrundlage der Vereinbarung vom 12. 12. 83 war die jahrelang geübte Austauschpraxis, die Ihre Seite mit der Festlegung, daß ohne Einbeziehung des Falles Schumann kein Austausch mehr stattfinden könne, unterbrochen und damit verändert hat.

Eine derartige Stagnation hat es im Austauschverfahren noch nie gegeben, auch nicht im Falle Guillaume. Zur Zeit nicht lösbare Fälle haben in dieser Hinsicht nie zum totalen Stillstand geführt, wie er von Ihrer Seite derzeit für angebracht gehalten wird. Möge man es dabei belassen. Meine Seite wird durchhalten. Wie aber die zahlreichen wegen unbestreitbarer Spionage verurteilten Bundesbürger freikommen sollen, vermag ich mir nicht vorzustellen.»

Als Bonn dennoch hart blieb, besann man sich im Mielke-Ministerium auf die Achse Schalck–Strauß. Zwischenzeitlich hatte Rehlinger die Zusage gegeben, Karin Schumann im Falle ihrer Ausreise in die Bundesrepublik nicht zum Komplex ihrer Strafsache zu vernehmen. Darauf gab Mielke natürlich keinen Pfifferling. Als Schalck schließlich im November 1984 mit Strauß zusammentraf, schlug auch er eine härtere Tonart an. Über das Gespräch mit dem CSU-Chef notierte Schalck am 21. November 1984 «– nur für den

Genossen Minister –»: «Im Zusammenhang mit den übermittelten Entscheidungen zu Häftlingsfällen und Familienzusammenführungen, die auf Wunsch von Strauß bearbeitet wurden, teilte ich ihm mit, daß Fragen der Humanität keine Einbahnstraße sein können, wo nur die DDR Wünsche der BRD großzügig erfüllt.

So wurde im Jahre 1984 kein Gefangenenaustausch möglich, da nach unserer Kenntnis der Bundeskanzler angewiesen hat, daß nur bei Entlassung der verurteilten Schumann sich etwas ‹bewegen› würde. Strauß waren im großen und ganzen die Zusammenhänge bekannt... Strauß teilte meinen Standpunkt und wird sich dafür einsetzen, daß unter Ausklammerung des Problems Schumann wieder Bewegung in diesen komplizierten Komplex kommt.»[101]

Es kam wieder Bewegung auch in den Austausch von Spionen, und das war nicht zuletzt Schalcks forschem Auftritt gegenüber Strauß zu verdanken. Karin Schumann allerdings kam vorläufig nicht in den Genuß der deutsch-deutschen Kungelei.

Was den Freikauf an DDR-Häftlingen anbetraf, so wurde das Jahr 1984 trotz der hitzigen Kontroverse um den Fall Schumann zum Rekordjahr. Bonn zahlte für den Freikauf 387,9 Millionen Mark, mehr als in irgendeinem anderen Jahr.

Für Karin Schumann schlug die Stunde der Freiheit erst im Sommer 1987. Inzwischen empörte sich halb Europa über das Schicksal dieser Frau. Sie hatte sich ein einziges Mal als Kurier betätigt, ohne je aktive Agentin gewesen zu sein, und war dennoch zu einer unbarmherzigen Strafe verurteilt worden. Gleichwohl hielt der Stasichef an seiner Position fest. So entschloß sich Wolfgang Vogel, Honecker den Fall vorzutragen und ihn für die Freilassung der Gefangenen einzunehmen. Der SED-Chef, wohl wissend, daß in diesem Fall erst noch die Hürde Erich Mielke zu nehmen war, bat sich vierzehn Tage Bedenkzeit aus. Aber er war angesichts seines bevorstehenden Besuches in Bonn schon entschlossen, Zeichen zu setzen, die neben einer großzügigen Amnestie auch den Austausch von Karin Schumann einschlossen. Im Gegenzug kam der MfS-Spion Lothar Lutze in die DDR, derselbe Lutze, um dessen Freilassung Schalck schon drei Jahre zuvor bei Strauß vergeblich angeklopft hatte.

Im Einzelfall, wenn Prominente aus der Bundesrepublik dahintersteckten, hat sich auch Schalck ab und an für menschliche Erleichterung eingesetzt, ohne daß Geld im Kasten klimperte. Als Strauß-Sohn Max Josef Schalck im September 1989 brieflich bat, einem Ehepaar aus Erfurt den Besuch eines entfernten Verwandten in der Bundesrepublik zu ermöglichen, schaltete der KoKo-Chef prompt. Er schrieb an Mielkes Bürochef Carlsohn: «Lieber Hans! Beiliegender Brief wurde mir heute durch Willi März persönlich zugestellt. Ich wäre für eine sachliche Prüfung dankbar.»

Zwei Wochen später vermerkte Schalcks Sekretärin auf dem Durchschlag des Schreibens: «Mitteilung von Genossen Carlsohn 14.15, 10.10.1989, Ausnahmsweise Zustimmung für Besuchsreise.» Für solchen Freundschaftsdienst floß zwar kein Geld, gleichwohl hatte Max Josef Strauß in seinem Bittbrief Schalck versichert: «Wenn auch infolge des Todes meines Vaters unser Kontakt nicht mehr so oft wie früher stattfinden kann, bin ich doch gerne bereit, Ihnen zur Verfügung zu stehen.» Nach seiner Flucht in den Westen erinnerte sich Schalck an die Offerte, und auch der Sproß des prominenten Bajuwaren stand zu seinem Wort.

Im allgemeinen aber waren Freikauf und Familienzusammenführung für Schalck Instrumente, die nicht nur wichtige Devisen einspielten, sondern mit denen sich auch das Klima zwischen der Bundesrepublik und der DDR beeinflussen ließ. Skrupel fochten ihn um so weniger an, als ihm für dieses Geschäft rundum Lob gezollt wurde. Die eigene Seite würdigte an ihm, wie schnell und gewinnbringend er das Warenäquivalent, das der Westen dafür bot, in klingende Münze umsetzte. Die Gegenseite überhäufte ihn mit Komplimenten, sobald er mit genehmigten Listen aufwarten konnte. So etwa, als Strauß ihm bedeutete, daß er die Freilassung «sehr hoch» einschätze und darin auch «den guten Willen der DDR, Machbares zu leisten»[102] sähe. Oder als Theo Waigel Schalck mit Blick auf die politische Unterstützung des Freikaufs durch die CSU-Spitze erklärte: «Dies war und bleibt für beide Seiten hilfreich.»[103]

Für Schalck war die kommerzielle Verwertung von Häftlingen zur gewohnten Übung im Alltag geworden, die sein erklärtermaßen «verdammt schwieriger Job», «die DDR vor der Zahlungsunfähigkeit zu bewahren»[104], nun einmal mit sich brachte. Zugleich war er fest davon überzeugt, daß der DDR vor dem Bau der Mauer am 13. August 1961 durch Abgang und Abwertung von Spezialisten und Facharbeitern Milliardenschäden zugefügt worden waren. In seiner Doktorarbeit belegte Schalck für den Zeitraum von 1950 bis 1961 einen dadurch bedingten Produktionsausfall von 88 Milliarden Mark. Faktisch stimmte das sogar. Nur, es ließ die Ursachen für die Völkerwanderung von Ost nach West außer Betracht. Gleichwohl nährten solche ökonomischen Tatbestände das Bewußtsein, die Bezahlung vorzeitig entlassener Häftlinge und von Familienzusammenführungen seien eine Art ausgleichender Gerechtigkeit. Diese Überzeugung teilte Schalck mit vielen anderen, sie gehörte gewissermaßen zur herrschenden Auffassung.

Der Handel mit Waffen

Auch mit Blick auf den schwunghaften Waffenhandel, den die DDR viele Jahre heimlich betrieb, beruft sich Schalck auf Befehle von oben. Die Offenbarung darüber nach der Wende hat die Menschen in der DDR besonders schockiert. Bei allen Vorbehalten und Zweifeln, die sie dem Honecker-Staat gegenüber auch hatten, an der Wahrhaftigkeit seiner Friedensliebe haben die wenigsten gezweifelt. Waffenhandel galt hier zu lange als Metier kapitalistischer Staaten, als Zeichen ihrer Profitsucht und ihrer Aggressivität. Die sozialistische DDR hingegen bestätigte sich immer wieder als Kronanwalt nicht nur deutscher, sondern auch weltweiter Abrüstung. Und dann die spektakuläre Entdeckung in Kavelstorf, einem kleinen Ort in der Nähe Rostocks, wo, bislang von der Staatssicherheit hermetisch abgeschirmt, weit über 24 000 Maschinenpistolen, 1398 Maschinengewehre und Unmengen an Munition für den Export parat lagen. Die Erregung der Kavelstorfer wie auch Rostocker Bürger war damals unbeschreiblich, so daß Generaldirektor Wiechert persönlich vor Ort mußte. Als er das Geheimnis des Lagers lüftete, schlugen ihm helle Empörung und die Worte «Mörder und Verbrecher» entgegen. Wiechert blieb keine andere Wahl, als das IMES-Lager zur Besichtigung freizugeben. Als sich die empörten Menschen anschickten, die Kisten zu öffnen, fanden sie nicht nur Waffen und Munition, sondern auch arabisch beschriftete Schilder und selbst Zollkennzeichen der BRD. Dessenungeachtet bestritt der Generaldirektor auch jetzt noch jegliche Kooperation mit der Staatssicherheit, was die Entrüstung der Leute nur weiter anstachelte. Um einer Eskalation der Dinge vorzubeugen, nahm der Staatsanwalt des Kreises den Chef des IMES-Lagers, der in Kavelstorf seßhaft war, schließlich fest und leitete einen Tag nach Schalcks Flucht in den Westen auf Weisung des DDR-Generalstaatsanwalts ein Ermittlungsverfahren gegen Unbekannt wegen «Beseiteschaffen von Waffen und Sprengmitteln» ein. Noch im Januar 1990 stellte der Militäroberstaatsanwalt das Verfahren wieder ein. Inzwischen gab es keinen Zweifel mehr, daß der Waffenexport von höchster Stelle sanktioniert worden war.

Der Waffenhandel der DDR reichte bis in die Ulbricht-Zeit zurück. Bereits im Israelisch-Arabischen Sechstagekrieg im Sommer 1967 hatte die DDR auf einen Hilferuf des ägyptischen Oberkommandos an die Warschauer Paktstaaten reagiert. Ostberlin stellte der Vereinigten Arabischen Republik umgehend Jagdflugzeuge sowjetischer Herkunft, Raketen und selbst Panzer zur Verfügung. Damals stand allerdings weniger das Geschäft als die Solidarität mit dem Opfer der Aggression im Vordergrund. Schließlich aber begann der 1966 gegründete «Ingenieur-Technische Außenhandel» (ITA) das Netz des Waffenhandels immer weiter zu knüpfen, woraus vor allem nationale Befreiungsbewegungen, aber auch Länder wie Kuba, Vietnam, der Irak oder Indien Nutzen zogen.

Das Geschäft war begrenzt, weil es sich auf überschüssiges oder ausrangiertes Kriegsgut der DDR-Formationen beschränkte und Länder wie Vietnam, Kuba oder auch Nordkorea nicht in Dollar bezahlen konnten. Als sich Anfang der achtziger Jahre die Devisenlage der DDR zuspitzte, wurde rasch ein weiterer Waffenexporteur, der Außenhandelsbetrieb IMES Import-Export, aus dem Boden gestampft und Schalcks Obhut anheimgegeben.

Recht verdächtig klagte Schalck nach seiner Flucht in den Westen, daß «auch von der DDR in bedauerlicher Weise mit staatlicher Genehmigung Waffenexport durchgeführt (wurde)»[105]. Indessen spricht manches dafür, daß die Errichtung von IMES eher auf seine Initiative zurückzuführen war. Schon kurz nach dem X. Parteitag der SED im April 1981 übermittelte Schalck seinem Chef Günter Mittag ein Papier mit dem Titel: «Die Zentrale Aufgabenstellung und Unterstellung des Bereiches Kommerzielle Koordinierung», durch das er sich die «nächsten Arbeitsschritte» bestätigen ließ. Unter den Vorschlägen für die künftigen Aufgaben seines Bereiches schlug Schalck dem Wirtschaftssekretär unter Punkt 10 vor: «Wahrnehmung außenwirtschaftlicher Aufgaben im Zusammenhang mit der Sicherung und Produktion spezieller Erzeugnisse, einschließlich militärischer Ausrüstungen und Waffen und deren Export im Zusammenwirken mit den entsprechenden Ministerien und zuständigen Organen»[106].

Schon damals war Mittag jedes Mittel recht, was den Devisentopf der DDR auffüllen konnte. So griff er Schalcks Vorschlag umgehend auf und ließ ihn sich von Honecker absegnen. In einem Schreiben vom 24. April 1981 bedeutete Mittag dem Genossen Generalsekretär über die neuen Anforderungen an Schalcks KoKo: «Eine besondere Gewichtung erhalten spezielle Waren- und Finanzoperationen, die militärische Ausrüstungen und Waffen zur Unterstützung der um ihre politische und ökonomische Unabhängigkeit kämpfenden Länder betrifft. Das stellt auch höhere Anforderungen an die Beweglichkeit und die Effektivität beim Einsatz der Valutamittel des Bereiches.»[107]

In Wirklichkeit ging es um schnöden Mammon, denn Waffen für Befreiungsbewegungen lieferte seit Jahren schon der ITA, sogar nach jährlicher Planvorgabe. Als Chef des Nationalen Verteidigungsrates wußte das Honecker natürlich. Seine Weisung, lukrative Exporte von Waffen sowohl aus vorhandenen Beständen als auch aus laufender oder Neuproduktion vorzunehmen, zielte dann auch völlig in Richtung Devisenbeschaffung. Etwa acht Monate später, am 4. Januar 1982, nahm die IMES Import-Export GmbH ihre Geschäfte auf, nachdem sie in das Handelsregister des Berliner Stadtbezirks Mitte eingetragen worden war. Schalck hatte ein neues Betätigungsfeld gefunden, was reizvolle Aufgaben versprach, aber auch manches Risiko barg.

Obgleich in der DDR kein Kriegswaffenkontrollgesetz existierte und der Waffenexport im rechtlichen Vakuum stattfinden konnte, galt als oberster Grundsatz die Geheimhaltung. Was das Zusammenwirken mit den «zuständigen Organen» betraf, von denen Schalck in seinen Vorschlägen an Mittag gesprochen hatte, so waren damit ausschließlich Formationen des MfS gemeint. Weder durfte die DDR als Staat noch ihre Unternehmen als Geschäftspartei publik werden. Die Partner von IMES wurden vor dem Abschluß von Verträgen durch die HVA des MfS geröntgt und auf ihre Zuverlässigkeit abgeklopft, schriftliche Vereinbarungen reduzierten die IMES-Leute auf ein unumgängliches Minimum, die praktische Abwicklung des Geschäfts geschah unter sorgfältiger Abschottung der Öffentlichkeit. Nicht einmal die Genossen der Zollverwaltung durften mehr Einblick in die Ein- und Ausfuhren der IMES GmbH nehmen. Durch eine Verfügung von Außenhandelsminister Horst Sölle war Schalcks Waffenexporteur berechtigt, die binnenzollamtliche Abfertigung selbst vorzunehmen. Das gleiche galt für die Siegelung von Verträgen.

Wenn die ausländischen Partner die Tarnung der heißen Ware selbst bewerkstelligten, griffen Mielkes Leute ihnen hilfreich unter die Arme. In seinem Schlußbericht über das Ermittlungsverfahren im Zusammenhang mit dem geheimen Waffenlager in Kavelstorf schilderte der Militäroberstaatsanwalt der DDR ein instruktives Beispiel aus den Praktiken von IMES. Dabei ging es um einen Deal mit dem syrischen Waffenschmuggler Nicola Nicola. Dazu der oberste Militärankläger: «Die Weisung zu diesem Geschäft ging von Mielke an Schalck-Golodkowski, der sie wiederum zur Realisierung weitergab. Nicola wollte alle Transportformalitäten und Wege für die Bereitstellung von ca. 3000 bis 4000 MPi Kalaschnikow und Pistolen selbst regeln und wurde dabei im Interesse der Geschäftsrealisierung von Angehörigen des ehemaligen MfS unterstützt. Nicola ließ in Griechenland Tankfahrzeuge präparieren, in deren Tanks dann die Waffen in der DDR eingelagert und exportiert wurden. In einem Fall wurden in Kaveltorf auch Tanks, die bereits mit Waffen gefüllt waren, wieder entleert und die Waffen in Fässer eingelagert. Die wurden wiederum in Containern auf Sattelschleppern über den Seeweg nach Saudi-Arabien durch Nicola exportiert. Der Inhalt der Fässer war mit ‹Öle und Fette› deklariert. Die Tankfahrzeuge wurden in Kavelstorf demontiert.»[108]

Besonders in dem im September 1980 vom Irak angezettelten Golfkrieg blühte das DDR-Geschäft auf dem Waffenmarkt. 1982, im ersten Jahr von IMES, hatte Schalck das Glück, nur das Opfer, den Iran, beliefern zu müssen. In jenem Jahr bezog der Irak seine DDR-Waffen vom Außenhandelsbetrieb ITA. Ein Jahr später belieferte Schalck dann beide kriegführenden Parteien. Dem Iran vermachte er Schützenwaffen, Munition und Treibladungsmittel, dem Irak gepanzerte Fahrzeuge, Geschütze, Munition und Brückenleger. Zu Schalcks Abnehmern zählten zudem Ägypten, Nordjemen (JAR), Südjemen (VDJR), Jordanien, Kuba, Äthiopien, Uganda, Botswana, Peru sowie die Vereinigten Arabischen Emirate. Natürlich bezog auch Arafats PLO Waffen von Schalck, Schützenwaffen und Munition, laut Buchführung im Werte von 9,7 Millionen Valutamark. Zudem wirft man Schalck immer wieder vor, auch Kriegsgerät an den Terroristenchef Abu Nidal verschachert zu haben, der sich 1974 von der PLO getrennt hatte und der im Verdacht schwerster terroristischer Anschläge steht. 1985 soll Abu Nidal bei KoKo eine Sonderanfertigung der Kalaschnikow mit verkürztem Lauf und Schalldämpfer in Auftrag gegeben haben, die sich speziell für terroristische Zwecke besser handhaben ließ.[109] In Suhl wurde tatsächlich eine solche Maschinenpistole in Auftrag gegeben und produziert.

Als sich Schalck im April 1990 auch wegen seiner Waffengeschäfte rechtfertigte, beteuerte er: «Besonders betonen möchte ich, daß keinerlei Waffenexporte im Auftrag anderer Länder erfolgten.»[110] Auch hier hatte er die Unwahrheit gesagt. In Wirklichkeit hatte er nicht selten Waffen für Drittländer an den Mann gebracht und dabei kräftig mitverdient. So hatte er im Sommer 1987 beispielsweise dem Iran 40 000 Stück 122-mm-Werfergranaten für den Raketenwerfer BM 21 geliefert. Bald darauf hatte das Iranische Verteidigungsministerium angefragt, ob KoKo weiter 40 000 Stück liefern könne. Am 18. Juni 1987 schrieb Schalck hierzu an Günter Mittag: «Der zu erwartende Valutaerlös beträgt 10 Mio VM.

Lieferant der Erzeugnisse ist wie beim ersten Vertrag der ČSSR-Außenhandelsbetrieb ‹OMNIPOL›. Er besteht auf einer Re-exportklausel, wonach die Erzeugnisse für die DDR bestimmt sind. Der Transport ist per Eisenbahn von der ČSSR nach Rostock und von dort mit vom Iran gescharterten Schiffen unter Drittlandsflagge vorgesehen.

Die Ware muß in Anbetracht der hohen Gefahrenklasse offen deklariert werden. Es ist deshalb nicht auszuschließen, falls die Fracht in internationalen Gewässern aufgedeckt wird, daß eine direkte Lieferung ČSSR/DDR in den Iran ersichtlich wird. Die Realisierung der ersten 20 000 Granaten aus dem bestehenden Vertrag im Februar 1987 verlief ohne Aufsehen...

Vor Abschluß eines neuen Vertrages ist die Realisierung der zweiten Lieferung und die damit verbundene Rückgabe der Liedergarantie abzuwarten, um größere Sicherheit bei der Bewertung des Risikos zu erhalten.

Erbitte Zustimmung zum Vorgehen.»[111]

Mittag war nicht geneigt, dieses Risiko allein auf sich zu nehmen. Er verfügte Schalcks Schreiben auf den Tisch des Generalsekretärs mit dem Vermerk: «Gen. E. Honecker – Bitte um Zustimmung. Mittag.»

Honecker ließ sich mit der heiklen Angelegenheit ein Weilchen Zeit, konsultierte darüber wahrscheinlich den Auslandsexperten im Politbüro, Hermann Axen, und kritzelte schließlich einen Monat später, am 19. Juli, sein «Einverstanden EH» auf das Schalck-Papier.

Nachgewiesen ist zudem, daß Schalcks IMES auch für die schwedische Firma Nobel-Kemi, eine Schwesterfirma des Rüstungskonzerns Botors, Munition und Sprengstoff an beide kriegführenden Parteien des Golfkrieges geliefert hat. Als schwedische Zollfahnder 1984 die Akten der Firma durchstöberten, konnten sie zwei Dutzend Transaktionen über das Gebiet der DDR nachweisen. Es ging dabei um 343 Tonnen Sprengstoff sowie 233 Tonnen Schießpulver.[112] Als einem der Chefs der schwedischen Firma 1987 der Prozeß drohte, hat er «zu seiner Entlastung ein Schreiben auf IMES-Kopfbogen erbeten», daß Sprengstoff und Pulver «an Produzenten in der DDR geliefert und dort auch weiter verarbeitet» worden seien.[113] Das war zum Teil sogar geschehen, doch anschließend hatten DDR-Frachter im Auftrag Schwedens das Teufelszeug zum Golf befördert.

Selbst Tarnfirmen der CIA hat Schalck mit Kriegsgerät, beispielsweise mit Militärflugzeugen, beliefert, so die Techaid International Limited, die Filialen in London und Panama unterhält, aber auch die International Armament Corporation.

Ein Flugzeugmechaniker der «Interflug» schwört darauf, daß während des Golfkrieges regelmäßig Flugzeuge vom Typ Boeing 747 gelandet seien, die nächtens ohne Beleuchtung mit grünen Kisten beladen wurden. Und der «Spiegel» will wissen, daß «mindestens viermal zwischen 1982 und 1985 in Berlin-Schönefeld von der CIA-Firma St. Lucia Airways gecharterte Maschinen mit Kriegsgerät aus der DDR beladen (wurden). Die Amerikaner wollten die Qualität der Ost-Güter testen.»[114]

Eher unwahrscheinlich hingegen dürfte sein, daß über die IMES «so ziemlich jedes Kriegsgerät, über das die NVA verfügte, einschließlich moderner Raketen, die im Rahmen der Vereinbarungen des Warschauer Vertrages meldepflichtig waren, auch an Dritte (gelangte)»[115]. Solche Transaktion hätte Schalck, wie der Deal mit der Tschechoslowakei zeigt, niemals ohne Mittags und Honeckers Rückendeckung gewagt. Honeckers Zustimmung holte Schalck selbst beim Verschachern konventioneller Waffen ein, sobald es sich um größere Positionen handelte. An Raketen wäre Schalck, wenn überhaupt, nur über Verteidigungsminister Heinz Keßler gelangt, denn selbst die Stasi hatte solche nicht in ihrem Arsenal. Keßler aber wäre Sturm gelaufen, hätte der KoKo-Chef das Ansinnen an ihn gestellt, ausgerechnet sowjetische Raketen auf den Markt zu werfen. Keßler hatte Schalck 1983 schon einmal zurückgepfiffen, als der heimlich sowjetische Militärausrüstungen nach Ägypten verschachern wollte.

Was Schalck angeht, so glaubte er selbst noch nach dem Fall der Mauer an die Fortführung des nach dem Häftlingsfreikauf miesesten Geschäfts des Arbeiter-und-Bauern-Staates. Freilich wäre Schalck seinem Ruf untreu geworden, hätte er dem Zeitgeist nicht auch in dieser Beziehung Rechnung getragen. Am 30. November 1989 teilte er Ministerpräsident Modrow mit: «Auf der Grundlage einer Abstimmung mit dem ehemaligen Minister für Staatssicherheit wurde das durch den AHB IMES in Kavelstorf, Bezirk Rostock, errichtete Lager-Objekt mit legendierten Mitarbeitern des MfS besetzt.

Gegenwärtig wird, ausgehend von einer Forderung des Amtes für Nationale Sicherheit, die Übernahme von den dort tätigen Mitarbeitern durch den AHB IMES geprüft.

Zur Zeit lagern dort militärische Erzeugnisse (im wesentlichen Schützenwaffen und dazugehörige Munition) im Gesamtwert von ca. 28 Mio Valutamark...

Der AHB IMES verfügt zur Zeit über einen Bestand an zu realisierenden Auslandsverträgen für 1989/1990 in Höhe von ca. 30 Mio Valutamark und über Geschäftsanbahnungen für 1990 und später in einer Höhe von ca. 150 Mio Valutamark, aus denen in den nächsten 2 Jahren ein Valuta-Nettogewinn von ca. 20–25 Mio Valutamark als frei konvertierbare Währung erwirtschaftet werden könnte.

Während der hauptsächliche Gegenstand der bestehenden Verträge der Verkauf von freigestellter Technik der bewaffneten Organe (z. B. 16 Kampfflugzeuge MiG-21) sowie von Lagerware ist, setzt sich das genannte Anbahnungsvolumen in Verfolgung internationaler Entwicklungen schon stärker aus der Vermarktung von freigewordenen Instandsetzungskapazitäten für Militärtechnik, der Nutzung von freiwerdenden Produktionskapazitäten der Militärindustrie für zivile Produktionen und Leistungen zusammen. Zur Zeit verhandelt der AHB IMES z. B. über die Herstellung von Kooperationsbeziehungen mit der Deutschen Lufthansa, dem Messerschmitt-Bölkow-Blohm-Konzern und dem französischen Triebwerkshersteller SNECMA auf ausschließlich zivilem Gebiet.

Ich schlage Ihnen vor, zu bestätigen, daß der AHB IMES Vollmacht erhält, die bestehenden Verträge über militärische Lieferungen und Leistungen weiter zu realisieren, vorhandene Anbahnungen auf der Grundlage von bei der Regierung zu beantragenden

Geschäftsgenehmigungen in Verträge umzusetzen und zukünftig mit zunehmender Orientierung auf die Nutzung freiwerdender Produktionskapazitäten der Militärindustrie für zivile Exporte tätig zu werden.»[116]

Nach seinem Abgang rechtfertigte der KoKo-Chef seine Waffengeschäfte mit Weisungen Honeckers. Schalck: «Für mich sind Weisungen des Staatsratsvorsitzenden verbindlich gewesen. Und die wurden von uns auch dementsprechend durchgeführt.»[117]

In puncto Waffenhandel wird sich Schalck nicht nur wie viele andere auf Befehlsnotstand oder Weisungen von oben berufen, sondern auch darauf, daß es in der DDR keine Gesetze gab, die den Waffenexport unter Strafe stellten. Wenn es aber stimmt, daß er selbst die Terroristenclique des Abu Nidal beliefert hat, steht zumindest der Bruch von Völkerrecht zur Debatte.

Mutmaßungen, daß der Waffenhandel das einträglichste Geschäft des Alexander Schalck gewesen sei, sind falsch. Gewiß, die Buchführung der KoKo-Zentrale war weder sehr korrekt noch präzise, weil so manches im Partei- und Staatsinteresse vertuscht werden mußte, wie etwa die exklusive Versorgung des Wandlitzer Ghettos. Gleichwohl sind wenigstens die Summen nachgewiesen, die Schalck vom Gewinn, das das verhökerte Militärgut einbrachte, jährlich für den Staatshaushalt abzweigte. Da kamen von 1982, als IMES seine Tätigkeit aufnahm, bis zur Wende 581,2 Millionen Valutamark zusammen, die sich auf die einzelnen Jahre wie folgt aufteilen:

Jahr	Gesamtsumme in Mio VM
1982	239,8
1983	101,9
1984	49,3
1985	43,7
1986	57,3
1987	35,0
1988	41,3
1989	12,9
Gesamt:	581,2

Die Gesamteinnahmen, die Schalcks KoKo aus dem Waffengeschäft bezog, betrugen allerdings über eine Milliarde Valutamark.
Zu den Riesen des Waffengeschäfts hat die DDR allerdings nie gehört. In den einschlägigen Statistiken wie etwa der US-Rüstungs-
kontroll- und Abrüstungsbehörde (ACDA) oder des Stockholmer
Internationalen Friedensforschungsinstituts (SIPRI) war die DDR
unter den führenden Waffenexporteuren nie aufgeführt. Und das
lag nicht nur an der geschickten Konspiration von Schalck und der
Staatssicherheit.

Der Handel mit Kunst und Antiquitäten

Die Schilderung von Schalcks Sondergeschäften bliebe Fragment,
wenn man den Handel mit Antiquitäten und Kunstschätzen, aber
auch mit Kitsch und Trödel unerwähnt ließe. Schon Anfang der
siebziger Jahre machten sich Schalck und seine Devisengeier Gedanken, wie man die Nostalgiewelle im Westen fürs große Geschäft
ausnutzen könnte. Was der volkseigene Antiquitätenhandel bis dahin für den Export zusammengeklaubt hatte, war kaum der Rede
wert und wenig zukunftsträchtig. Es war Schalcks Idee, daß
schließlich Anfang 1973 eine effiziente Organisation für den Aufkauf geschaffen wurde, durch die er sich das Monopol für den
Kunst- und Antiquitätenexport sicherte.

Das Geschäft sollte gewissermaßen mit einem Paukenschlag beginnen, für den Regierungschef Willi Stoph das Zeichen gegeben
hatte. Am 18. Januar 1973 hatte der Premier verfügt, die Museen der
DDR um Kunstgüter im Werte von 55 Millionen Valutamark zu
erleichtern. Doch diese erste Rechnung war ohne die Museumsdi-
rektoren aufgemacht worden, die sich entschieden weigerten, natio-
nales Kulturgut staatlicher Plünderung preiszugeben. So mußte
Schalck auf andere Quellen zurückgreifen, nachdem er am 22. Februar 1973 die Vollmacht zur Gründung einer «Kunst und Antiquitäten GmbH» erteilt hatte. «Die Anleitung und Kontrolle der neu
gegründeten GmbH», so schrieb er seinem Bevollmächtigten, den

Transinter-Chef Schindler, «erfolgt in meinem Auftrag unmittelbar durch Genossen Seidel.»

Seidel hatte schon seit längerem seine Fäden zu einem gewissen Siegfried Kath geknüpft, der Ende 1969 ein lukratives Privatgeschäft für Antiquitäten in Pirna eröffnet hatte. Kath, ein Hansdampf in allen Gassen des Kunstgeschäfts, hatte den Bogen längst heraus, wie man ahnungslosen Zeitgenossen oder deren Erben republikweit selbst kostbarste Antiquitäten für ein paar Pfifferlinge abluchste. Bald lief Kath vom Staatlichen Antiquitätenhandel, den er zuvor beliefert hatte, zu KoKo über, kam dadurch in den Genuß völliger Steuerfreiheit seiner Provisionen und wurde umgehend zum sozialistischen Millionär. Horst Schuster, der Geschäftsführer von Schalcks Kunst und Antiquitäten GmbH (KUA), wurde zum wichtigsten Geschäftspartner von Kath, der die Mittel für den expandierenden Aufkauf zunehmend aus der KoKo-Kasse vorgestreckt bekam. Um die Abnehmerschaft von KoKo im dunkeln zu lassen, hatte Kath das wertvolle Gut «auf eigene Rechnung und Gefahr» zu erwerben. Die Geschäfte rentierten sich für beide Seiten, und so rückte man im März 1974 noch enger zusammen, indem man den Antikhandel Pirna GmbH gründete, mit den gleichberechtigten Gesellschaftern Siegfried Kath und Horst Schuster. Doch dieser Schritt sollte einer der letzten sein, den das aus Niedersachsen stammende Naturtalent auf dem Wege seiner DDR-Karriere noch gehen sollte. Angesichts seiner wachsenden Ansprüche war der Mann nicht nur lästig, sondern, nachdem KoKo das Patent seiner Aufkaufmethode längst vereinnahmt hatte, auch überflüssig geworden.

Sechs Wochen nach Gründung der Antikhandel GmbH fand sich Kath in der U-Haft der Stasibezirksverwaltung Dresden wieder. Dabei lief der Vorwurf, mit dem man ihn konfrontierte, auf ein klassisch kriminelles Delikt hinaus: Unterschlagung von 19000 Mark. Den wahren Hintergrund für die Ausschaltung von Kath benannte Schalcks Stellvertreter Seidel in einem Schreiben an die Untersuchungsabteilung der Stasibezirksverwaltung Dresden vom 28. November 1974: «Der Einsatz der Mitarbeiter wurde seinen persönlichen Interessen untergeordnet... So gelang es Kath, bis

313

Ende 1973 eine Gruppe von Vertrauten durch ein System von gegenseitiger Abhängigkeit zu bilden, mit denen er ein den sozialistischen Leitungsprinzipien widersprechendes Leitungssystem zu offensichtlich eigenem Nutzen praktizierte.

Die Zusammenarbeit der Mitarbeiter des Ministeriums und der Kunst und Antiquitäten GmbH mit Kath war deshalb sehr kompliziert, aufreibend und kulminierte in einen Machtkampf. Kath betrachtete die Firma, die Mittel, die Mitarbeiter und auch die Außenbeziehungen immer mehr als seinen Privatbesitz.»[118]

Ein Jahr nach seiner Verhaftung durfte Kath die DDR gnädigerweise verlassen und in die Bundesrepublik zurücksiedeln. Der Preis, den er dafür zahlen mußte, bestand im Verzicht auf sein idyllisches Grundstück in Döbra sowie auf alles bewegliche Inventar, seine diversen Kunstschätze eingeschlossen. Nutznießer wurde KoKo, genauer die KUA, sowie das MfS. Deren Geschäftsführer Horst Schuster bestätigte mit Schreiben vom 4. Juli 1974 der Dresdner Stasibezirksverwaltung u. a.:

«Diese Gegenstände wurden unmittelbar in die Verkaufstätigkeit überführt. Danach sollten die Geschäftsräume (des Privatladens von Kath – d. Verf.) zum Ankauf aus der Bevölkerung genutzt werden… Es wurde Übereinstimmung erzielt, daß die Pos. 2536 bis 2634 der Bezirksverwaltung Dresden zur Verfügung übergeben wurden.»

Der vom Staatsanwalt vorgetragene Einwand der Museen, daß sich im Kathschen Inventar Stücke von «unwiderruflichem Kulturbesitz» befänden, die in den Schoß öffentlicher Kunsteinrichtungen gehörten, blieb unbeachtet.

Mit Kaths brutaler Ausschaltung war das KoKo-Monopol für das Absahnen von Kunstgegenständen und Antiquitäten nunmehr auch faktisch durchgesetzt. Systematisch und flächendeckend gingen die KUA-Leute von Horst Schuster ans Werk und sorgten für einen kulturellen Kahlschlag ohnegleichen. In seinem Kriminalreport über die makabren Kunstgeschäfte von KoKo traf Günter Blutke den Nagel auf den Kopf: «…in einem ummauerten Land wie der damaligen DDR wäre der Verlust einer «Sixtinischen Madonna» womöglich leichter zu tragen gewesen als der ständige Abfluß kultureller Werte unterhalb der für hochrangige Kulturgüter gezogenen Schutzgrenze. Solche Verluste berühren die Lebensweise, die ästhetische und geistige Kultur, sie verarmen den Alltag, nehmen Menschen die Chance, sich ihre Umwelt nach den Maßen ihrer Individualität einzurichten.»[119]

In dem Maße, wie die Kunsträuber von KoKo fündig wurden, stiegen auch die Gewinne der KUA. Im Jahr 1974, dem ersten vollen Geschäftsjahr, belief sich der Ertrag von KUA noch auf schmale 11 Millionen Valutamark. In den achtziger Jahren vervielfachten sich die Gewinne. Doch schon Ende der Siebziger bereitete KUA-Chef Schuster die enger werdende Grenze des Angebots Sorgen. Am 29. November 1979 schrieb der Geschäftsführer der KUA an KoKo-Vize Seidel: «Mit der Intensivierung der Exporte unseres Betriebes seit 1973 wurde ein Volumen von 100 Mio. in das NSW geliefert. Von diesem Volumen sind schätzungsweise 50 % dem Warenmarkt der DDR entzogen, um der Devisenerwirtschaftung zu nutzen. Es wird eingeschätzt, daß eine Fortsetzung dieser Praktiken nur noch einige Jahre in der gleichen Größenordnung möglich ist, weil bereits jetzt auf Möbel und Gebrauchtwaren aus der industriellen Produktion bis in die 50er Jahre zurückgegriffen wird.

Die ideologischen und politischen Auswirkungen in der Bevölkerung sind nicht positiv, da in immer stärkerem Maße praktisch alle Bevölkerungsschichten am Erwerb der von uns exportierten Gegenstände interessiert sind.

Es ist deshalb dringend notwendig, ein angemessenes Angebot in der DDR der Bevölkerung zu sichern.»

Für diesen Zweck schlug Schuster vor, die KUA möge außerhalb des Plans einen Fonds bis zu einer Million Valutamark zum Ankauf von Kunstgegenständen u. ä. auf dem westlichen Markt bilden. «Die Markterlöse», so KUA-Chef weiter, «sollen dabei in der Relation 10:1 zu den Valutaaufwendungen liegen.»[120] Doch auf einen solchen Vorschlag sprach Seidel nicht an. Das Erwirtschaften von DDR-Mark war nicht das Metier von KoKo, die Befriedigung des Inlandsbedarfs Sache von Schürer und dem Handelsminister. Ein Jahr nach seinem Schreiben an Seidel wurde der

KUA-Chef seinen Posten los. Im Frühjahr 1983 setzte er sich via Budapest in die Bundesrepublik ab.

Wer die Disziplin oder Geheimhaltungspflicht der Firma verletzte, flog. So erging es beispielsweise dem Hauptbuchhalter des VEB Antikhandel Pirna, P., im Dezember 1980.

Der Finanzmann reagierte darauf nicht nur mit einem Ausreiseantrag in die Bundesrepublik, sondern führte noch etwas weit Schlimmeres im Schilde. Am 20. Februar 1981 teilte Joachim Farken, Schusters Nachfolger, in einer «Information an Genossen Seidel persönlich» mit:

«Nach uns vorliegenden Informationen hat P. bei der Redaktion der westdeutschen Illustrierten ‹Der Stern› einen Bericht über die Arbeitsweise und Methoden des VEB Antikhandel und der Kunst und Antiquitäten GmbH hinterlegt, der angeblich vom Stern mit 75 000 DM bei Veröffentlichung honoriert werden soll. P. selbst fürchtet, daß er inhaftiert werden könnte und droht in diesem Fall, diesen Bericht zur Veröffentlichung freizugeben. Abgesichert will er sich dadurch haben, daß er ständig Verbindung zum Rechtsanwalt Stange in Westberlin unterhält und sollte die Verbindung über 8 Tage abbrechen, hätte Rechtsanwalt Stange den Auftrag, die Veröffentlichung freizugeben.»[121]

Das war nun wirklich ein Fall für die Stasizentrale. Also verfügte Seidel Farkens delikate Nachricht dem Genossen Dr. Volpert, dem Verbindungsoffizier zu Stasichef Mielke.

Im Gegensatz zu seinem Vorgänger scherte sich Farken keineswegs um die Probleme der Bürger, sondern bemühte sich vielmehr um das Wohlwollen der Parteispitze. So schrieb er dem «lieben Genossen Dr. Mittag» am 2. April 1986, daß er und sein Kollektiv im laufenden Jahr «mit dem bisher höchsten Ergebnis seit Bestehen unseres Außenhandelsbetriebes abrechnen (wollen)... Diese Zielstellung beinhaltet eine Zusatzverpflichtung in Höhe von 1 Million Valutamark, die unser Betriebskollektiv zu Ehren des XI. Parteitages der DDR übernehmen.»[122]

Die Euphorie, mit der Farken dem Wirtschaftssekretär der Partei über die Tätigkeit seiner Firma berichtete, korrespondierte keineswegs mit dem immer schwieriger werdenden Alltag des Geschäfts. So gab es zunehmend Probleme, den Eigentümern wertvolle Kunstobjekte in aller Form abzukaufen. Inzwischen hatte sich unter Sammlern und Besitzern nämlich die Regelung des Vermögenssteuergesetzes herumgesprochen, wonach die Freigrenze für Kunstgegenstände und Sammlungen lediglich 50 000 Mark betrug. Durch die rigorose Aufkaufpolitik von KUA aber waren die Preise inzwischen drastisch gestiegen, teilweise um das Hundertfache. Wer Kostbares veräußerte, lief Gefahr, sich die Steuerfahndung auf den Hals zu ziehen, Vermögenssteuer nachzuzahlen und zusätzlich auch noch Strafe zu riskieren. Farken war in dieser Hinsicht aber durchaus großzügig. Solange die Leute zum Verkauf bereit waren, interessierte ihn deren Steuerschuld nicht. In diesem Sinne schrieb er am 29. Oktober 1986 auch an Schalcks Stellvertreter: «Gegenwärtig ist festzustellen, daß sich die Fälle häufen, wo Verkäufer von Waren unseres Sortiments nicht bereit sind, einen Ankaufsbeleg zu unterzeichnen. Hauptgrund dafür ist meist die Befürchtung, daß nachträgliche steuerrechtliche Maßnahmen erfolgen könnten. Im Interesse unserer Geschäftstätigkeit und unter Beachtung der jeweiligen Umstände, bitte ich um die Genehmigung, derartige Ankäufe ohne Beleg für den Verkäufer durchführen zu können.»[123]

Farken durfte verfahren, wie gewünscht. Was die Käufer nicht ahnten, war, daß ihre Personalien dennoch bei der KUA notiert und registriert wurden, was allerdings nur für den Fall eines Regresses geschah. Genauer nahmen es die KUA-Leute und ihre Spähtruppe, die MfS-Gruppe «Kunstfahnder», wenn es um Antiquitätenbesitzer ging, die sich beim Verkauf ihrer Objekte bockig anstellten. Wäre es nach dem Willen des Kulturministers gegangen, wären zumindest die Besitzer von registriertem Kulturgut von Vermögenssteuer befreit worden. Doch als der Entwurf des Kulturschutzgesetzes vom Juli 1980 in der Parteispitze durchgehechelt wurde, hatte Günter Mittag auf Streichung des entsprechenden Passus bestanden. Inzwischen erwies sich das für Farkens Leute als Glücksumstand. Immer wenn die Steuerfahndung dank Mielkes Kunstspäher fündig wurde, konnte die längst ins Visier genommene Sammlung «geschlachtet» werden. Sobald der Gerichtsvollzieher auf der Bildfläche erschien, standen die KUA-Leute schon vor der Tür, übernahmen die gepfändeten Artikel und überwiesen die Steuerschuld prompt ans zuständige Finanzamt. Nicht selten waren die «Experten» der KUA schon mit von der Partie, wenn die Wohnung des anvisierten Opfers durchsucht wurde. Farkens Leute schätzten vor Ort dann gleich die Preise, die sie nach Abschluß des Steuerverfahrens für die begehrten Stücke zu bezahlen gedachten. So geschah es beispielsweise im Fall von Helmuth Meissner, bei dem die Steuerfahnder Antiquitäten im Werte von 6 Millionen Mark pfändeten. Die Steuernachforderung wurde mit 6 552 598 festgesetzt. Das Strafverfahren gegen Meissner stellte der Staatsanwalt im Juli 1985 endgültig ein, weil der Mann aus gesundheitlichen Gründen nicht vor Gericht gestellt werden konnte. Sein Eigentum verschwand im Schlund der KUA, die es in Gestalt von Devisen bald schon im großen Topf von KoKo wieder ausspuckte.

Nicht immer und überall war der Trick mit der Steuerfahndung praktikabel. Deshalb dachte sich Schalck schließlich auch Tauschgeschäfte aus, weil für die Mark der DDR so vieles einfach nicht zu haben war.

Begehrte Artikel flossen KoKo beispielsweise von der Zollverwaltung zu, die namentlich bei bundesdeutschen, aber auch anderen westlichen Zollsündern jährlich Millionenwerte beschlagnahmte, was angesichts der pingeligen Gesetze ein leichtes war. Doch aus dem Asservatenlager von Chefinspekteur Stauch gelangten nur selten Artikel westlicher Herkunft, gleich ob Monopolispiele oder Videorecorder, auf den Binnenmarkt. Am 5. Dezember 1983 notierte Schalck: «Die aus dem Asservatenlager des Zolls über den Genossen Schwerdtfeger dem AHB Kunst und Antiquitäten GmbH übergebenen Gegenstände werden im AHB zur Verwertung aufbereitet, nach Positionen wertmäßig eingeschätzt und in das NSW exportiert.»

Lediglich für Pkws hatte der KoKo-Chef damals schon eine doppelte Verwendung. Schalck: «Folgende Mehtode findet gegenwärtig Anwendung

a) Export direkt in das NSW gegen Valuta

b) Tausch von Pkws gegen hochwertige Antiquitäten im Inland, die dann in den NSW-Export einfließen...

Bei der Verwertung der Pkws ist die Rentabilität Markaufwand gegenüber Valutaerlös bemerkenswert. Sie beträgt teilweise 200 %.»[124]

In späteren Jahren ließ Schalck ab und an auch Unterhaltungselektronik und andere Traumartikel westlicher Produktion springen, wenn es zum Tausch gegen Kunstartikel und Antiquitäten führte. Die Masse der Asservaten aber trat die Reise gen Westen an. Nur durften die ausländischen Abnehmer nichts über die Geschichte der Ware erfahren. Das ließ Schalck dem Genossen Generaldirektor ausdrücklich einschärfen. So schrieb Seidel am 10. Dezember 1985 an Farken: «Sie werden hiermit beauftragt, die Ihnen aus den Asservatenlägern der Schutz- und Sicherheitsorgane übergebenen Gegenstände ihrem Charakter nach entsprechend aufzubereiten und sie mit einem maximalen Valutagewinn in das NSW zu exportieren. Dabei ist zu gewährleisten, daß keine Rückschlüsse über die Herkunft der Ware gezogen werden können.»[125]

So rabiat und listig die Methoden der Kunstplünderer von KoKo auch waren, das Reservoir im Inland schrumpfte. Barock oder Biedermeier wurden auch hierzulande zur Rarität. Immer häufiger mußten Schalck und Farken auch nach anderen Objekten Ausschau halten, wenn der Devisenstrom der KUA nicht versiegen sollte. Dabei wurden nicht allein die Schutz- und Sicherheitsorgane in die Pflicht genommen. Jeder und alle, die nur irgend etwas zu bieten hatten, sollten an KoKo liefern, damit die Devisenjäger von KoKo es zu klingender Münze machen konnten. Der Minister für Verkehrswesen beispielsweise wurde von KoKo-Vize Seidel vergattert, alle «für den Zusatzexport geeigneten Materialien, wie z.B. Strapenpflastermaterial aus Basalt und Granit, Straßenpflastermaterial aus Kupferschlacke, alle Steinformate, auch Berliner Mosaik, Gaslaternen» zu benennen.[126]

In einer späteren Vereinbarung mit dem Verkehrsminister, die Schalck persönlich unterschrieb, wurde die Bereitstellung von Dampflokomotiven, Eisenbahnwagen und «weiterer Eisenbahntechnik älterer Bauart mit antiquarem Charakter» festgeschrieben.

Die Staatliche Archivverwaltung wiederum hatte der KUA Briefmarken, Dienstmarken, ZKD-Streifen, Faltbriefe, Ganzsachen, Schecks oder Wechsel, ungültige Aktien, Versicherungsdokumente, Prospekte, Firmenschriften, Warenkataloge und andere Dokumente bzw. Belege zur Verfügung zu stellen.

Farkens KUA gabelte selbst alle Wagenräder auf, die u. a. nach Belgien verkauft wurden. Nur einmal hat Schalck auf einen Vorschlag von Farken ein großes «Nein» geschrieben und auch noch unterstrichen. Im Juni 1987 informierte der KUA-Chef seinen Meister über Anfragen «nach Ausrüstungsgegenständen, speziell schwere Technik, aus der Zeit des 2. Weltkrieges». Der Interessent wolle, so Farken verheißungsvoll, «für diese Gegenstände 1,5 Mio. VM investieren». Der KUA-Chef wußte auch schon, wo man fündig werden könnte: «So soll sich z. B. im ehem. olympischen Dorf ein Panzer der faschistischen Wehrmacht befinden, sowie auf dem sowjetischen Militärflughafen Schacksdorf ein Bomber der faschistischen Luftwaffe ‹Ju 88›.» Ausgerechnet am 20. Juli wollte Farken dem Chef der Gruppe der Sowjetischen Streitkräfte in Deutschland «unsere Bezugswünsche» vortragen.[127] Das war denn selbst Alexander Schalck zu starker Tobak.

Weniger pingelig zeigte sich Schalck, wenn es um das Verhökern von Nazisymbolen und Militaria ging. Der Geschäftsbericht von KUA wies für 1989 aus: «Numismatik, Militaria 1,5 Millionen (3 Prozent)»[128]. Das war angesichts des KUA-Gesamtumsatzes von 60,8 Millionen zwar keine umwerfende Summe, aber angesichts des Anspruchs, den antifaschistischen deutschen Friedensstaat zu verkörpern, doch mehr als befremdlich. Tatsächlich waren Schalcks «Kunsthändler» jahrelang auch mit Nazisymbolen hausieren gegangen, mit Ehrenzeichen, Dolchen, Schulterstücken und sonstigen Wehrmachtsutensilien. Als die KUA-Tore in Mühlenbeck bei Oranienburg nach der Wende gesprengt wurden, kamen noch acht prall gefüllte Kisten mit Naziplunder zum Vorschein.

Zum Angebot der KUA gehörten seit Mitte der achtziger Jahre auch Briefmarken mit Hitlerkopf oder Hakenkreuz. Nach 1949 hatten Briefmarkenhändler die Naziware abliefern müssen. Sie waren ebenso wie die Restbestände der einstigen Reichsdruckerei, die in Ostberlin lagerten, in die Tresore der Staatsbank gewandert. Schalck aber brachte es zuwege, daß die Stahlfächer 1986 wieder geöffnet wurden und ihr Inhalt in die Welt der Philatelie zurückwanderte.

Das Jahr 1986 bescherte der KUA ein zusätzliches Monopol, das dazu beitrug, die Lukrativität des Unternehmens zu erhalten. Am 20. März 1985 unterbreitete Schalck Günter Mittag den Vorschlag «zur Übernahme des Exports von Postwertzeichen und postamtlichen Anfertigungen mit Wirkung vom 01.01.1986 durch den Bereich Kommerzielle Koordinierung». Mit allen Befugnissen, die damit verknüpft sind, so Schalck, werde er den Chef des Außenhandelsbetriebes KUA beauftragen. Und: «Der VEB Wermsdorf (in dem die Postwertzeichen gedruckt wurden – d. Verf.) wird dem Generaldirektor des AHB Kunst und Antiquitäten direkt unterstellt.»[129]

Die Vermarktung des DDR-Sports

Natürlich hatte Schalck seine Idee mit dem Wirtschaftssekretär vorher beredet. Mittag war davon um so mehr angetan, als Schalck für das Unternehmen längst eine progressive Gewinnkalkulation bis zum Jahr 1990 errechnet hatte. Das Präsidium des Ministerrates, in dem der Kompetenzzuwachs von KoKo formell zu bestätigen war, reagierte – wie nahezu immer – mit Kopfnicken. Farken hatte nun ein weiteres Feld, auf dem er seinen Unternehmergeist austoben durfte. Die neuen Kunden lieferten ihm genügend Ideen und Anregungen, auch wenn diese nicht immer mit der Staatsdoktrin der DDR im Einklang standen.

So wurde zwar nach wie vor propagiert, daß die Wettkampfsportler der DDR Amateure und keine Profis seien, doch entsprach das schon längst nicht mehr der Realität, und warum sollte die KUA, so dachte sich Farken, nicht auch daraus ihren Nutzen ziehen. So ließ der KUA-Chef im Frühjahr 1988 Schalcks Vize Seidel unter Berufung auf westliche Kunden wissen, «daß noch bedeutende Gewinnmöglichkeiten durch die philatelistische Vermarktung» der DDR-Sporterfolge erschlossen werden könnten. Farken: «So waren u. a. USA-Interessenten in der Vergangenheit bereit, allein für die Exklusivität zur Gestaltung philatelistischer Belege über solche Persönlichkeiten wie Katharina Witt, Karin Kania, Frank-Peter Roetsch, Heike Drechsler und Silke Möller-Gladisch interessante Preise zu zahlen.»

Da sich die Sportorganisationen in dieser Hinsicht noch sehr zurückhielten, forderte Farken mit Blick auf das philatelistische Programm zu den Olympischen Sommerspielen deshalb «ein Grundsatzgespräch mit den leitenden Genossen des DTSB und des Olympischen Komitees der DDR»[130].

Der KUA-Chef wußte, daß ein Arrangement mit dem DTSB-Chef selbst für Schalck kein leichtes Unterfangen war. Denn ZK-Mitglied Manfred Ewald, Chef des DTSB, war der SED-Spitze ebenso direkt unterstellt wie Schalck und sich seiner Rolle und Macht nicht minder bewußt. Schließlich galt der Leistungssport noch immer als eines der Prestigeprojekte des Honecker-Staates.

Es dauerte dann noch bis zum 25. Juli des folgenden Jahres, bis man mit Sportchef Ewald nach beinharten Verhandlungen einig wurde. Schalck war es gewohnt, daß seine Inlandspartner sich die Bedingungen von ihm diktieren ließen und seine Leute mit den Produkten der anderen nach Belieben verfahren durften, im Fall des DTSB jedoch war es anders. In der am 21. Juli 1988 unterzeichneten Vereinbarung hatte sich Ewald ausbedungen: «Der Außenhandelsbetrieb Kunst und Antiquitäten GmbH/VEB Philatelie Wermsdorf verpflichtet sich, grundsätzlich alle für den Export vorgesehenen sportlichen Motive auf philatelistischen und numismatischen Erzeugnissen zur Bestätigung dem DTSB der DDR vorzulegen. Nichtbestätigte Motive sind vom Export ausgeschlossen.»

Und noch eins hatte Schalck diesmal schlucken müssen. Bei der Verfügung über den mehr oder weniger geringen Anteil an konvertierbarer Währung, der dem KoKo-Partner im Wege solcher Vereinbarungen zufiel, hatte er diesmal kein Mitspracherecht. «Das

322

Valutaguthaben des DTSB der DDR», so die Vereinbarung, «kann für Importe und andere Notwendigkeiten des DTSB nach eigenem Ermessen eingesetzt werden.»[131] Daß bei Unterzeichnung des Vertrages dann beide Chefs durch Abwesenheit glänzten, dokumentierte deutlich die Spannung zwischen beiden.

Wäre es nach Schalck und Farken gegangen, wäre der DDR-Sport weit früher vermarktet worden. Schon 1985 hatte der KUA-Chef neidvoll auf die Praxis anderer sozialistischer Staaten geschaut. Damals spielten längst polnische Fußballer im Westen oder ungarische Tischtennisspieler in Österreich, und die Schachasse der Sowjetunion ließen sich von kapitalistischen Managern sponsern. Damals gab der KUA-Chef hinter dem Rücken von Ewald an der Hochschule für Körperkultur in Leipzig ein Gutachten in Auftrag «im Hinblick darauf, daß sich eventuell in den neunziger Jahren für meinen AHB dort Möglichkeiten eröffnen, neue Linien bei der Erwirtschaftung von Valutamitteln aufzubauen»[132].

Der Gutachter, der selbst im KoKo-Bereich namentlich nicht genannt werden durfte, hatte seine Schlußfolgerungen ganz im Farkenschen Sinne gezogen. Es gelte, so der Sportexperte, «neue Lösungen zu finden, um aus den Tendenzen des internationalen Sports das Bestmögliche, auch in finanzieller Hinsicht, für unseren Leistungssport zu machen... Kapitalistische Sportler sind grundsätzlich an Manager gebunden, die Fragen der Verträge, der Wettkämpfe, der Werbung, der Finanzen und kommerziellen Aktionen klären.

Führend in der kapitalistischen Welt ist die International Manage Group (IMG), deren Chef der Engländer Mark McCormack ist. McCormack vermarktet Sportler aus den verschiedensten Sportarten und hat übrigens dem DTSB-Präsidenten Manfred Ewald ein Schreiben zukommen lassen, in dem er sich bereit erklärt, DDR-Leistungssportler unter Vertrag zu nehmen. Selbstverständlich wurde dem Ansinnen von McCormack nicht nachgekommen. Es wäre aber durchaus möglich, eine eigene Institution zu gründen, die diese Fragen übernehmen könnte, sofern es mit dem Arbeitsbereich des DTSB für kommerzielle Fragen nicht schon geschehen ist.»

Zum erstenmal erfuhr Farken bei dieser Gelegenheit, daß es beim

DTSB einen Arbeitsbereich kommerzielle Fragen gab, gewisserma-ßen ein Konkurrenzunternehmen zu KoKo in der Sphäre des Sports zu entstehen schien. Aber gerade darüber war Farkens heimlicher Berichterstatter nicht auskunftsfähig. «Über die Arbeitsweise die-ses Bereiches», so der Sportexperte, «lassen sich keine Aussagen formulieren, weil in der Geheimstufe VLV (Vor dem Lesen ver-brennen) gearbeitet wird.»[133]

Offenbar hatte Sport-Ewald das winkende Geschäft auf Rech-nung des DTSB machen und nicht mit Schalck teilen wollen. Als dann aber die ersten lukrativen Angebote westlicher Firmen auf den Tisch von Spitzensportlern flatterten, machte KoKo doch das Rennen. Nach der errungenen Goldmedaille im Eiskunstlauf bei den Olympischen Winterspielen 1988 bekam beispielsweise Katha-rina Witt von der bundesdeutschen Firma FENA CREATION das Angebot, eine Porzellanfigur «Katharina Witt» anfertigen und vertreiben zu lassen. Der Geschäftsführer schrieb dem Eiskunststar am 1. März 1988: «Eine Auflage von 500 000 Stück halte ich für realistisch. Aus dem günstigen Verkaufspreis würden DM 1,50 für Sie und DM 1,-- für einen wohltätigen Zweck Ihrer Wahl entfallen. Sollte Ihrerseits Interesse bestehen, so würde ich mich über eine Rückantwort sehr freuen.»[134]

Bei solchem Angebot schlug nicht nur das Herz der berühmten Läuferin höher. Auch die Topleute in der KoKo-Zentrale, auf deren Tisch die Offerte an die Witt schließlich landete, klatschten in die Hände. Ein solches Geschäft konnte die Eiskunstdiva nicht ohne den DTSB und dieser nicht ohne die Partei in die Wege leiten. ZK-Abteilungsleiter Rudi Hellmann, eigens zuständig für Sport, schal-tete KoKo ein. Am 6. April 1988 schrieb Schalck-Vize Seidel an Hellmann: «Entsprechend der getroffenen Absprache habe ich den Generaldirektor des Außenhandelsbetriebes Kunst und Antiquitä-ten, Genossen Farken, beauftragt, sofort Kontakt mit der Fa. Fena Creation aufzunehmen, um noch in dieser Woche einen Verhand-lungstermin zu vereinbaren.»[135]

Der langgehegte Traum von Schalck und Farken, auch den sozia-listischen Sport für harte Mark zu nutzen, schien endlich wahr zu werden. Es wurde ja auch höchste Zeit, daß man Kunst und Antiquitäten mehr und mehr durch anderes ersetzte. Im Wendejahr 1989 rechnete die KUA für antike Möbel, Gemälde, Kleinkunst sowie für Antiquariat nur noch ganze 8 Millionen Valutamark ab, was lediglich 13 Prozent des Gesamtumsatzes ausmachte. Das große Geschäft mit dem Sport aber kam nicht mehr zustande. Am 22. November 1989 wurde über die KUA der Exportstop verhängt. Schalck und sein Generaldirektor Farken waren damit, im weitesten Sinne des Wortes, am Ende ihrer Kunst.

Der sozialistische Kapitalist

Außer Frage steht, daß Alexander Schalck-Golodkowski eine Schlüsselfigur des SED-Regimes darstellte. Obgleich nur Mitglied und im Range eines Abteilungsleiters des Zentralkomitees, war Schalcks informeller Einfluß größer als der manches Politbürokraten. Und doch darf er mit den Spitzenleuten des Regimes, namentlich mit Honecker, Mittag und Mielke, nicht auf eine Stufe gestellt werden. Schalcks Kompetenz war von deren absolutistischer Macht abgeleitet und ihr untergeordnet. Alles, was für seine Mission von Belang war, hat er sich von oben absegnen lassen, so wie es sich für einen Hofkämmerer von Partei und Senat gehörte.

Schalcks Auftrag bestand darin, Devisen außerhalb der Planwirtschaft zu beschaffen, mit welchen Mitteln auch immer. Die geheimdienstlich relevanten Erkenntnisse, die er dabei gewinnen und für die Stasizentrale aufbereiten konnte, fielen nebenher an. Aber selbst auf dem Feld der Wirtschaft wird seine Rolle im nachhinein beträchtlich überbewertet. Schon das Attribut des «Hauptdevisenbeschaffers», das die Medien Schalck beigegeben haben, erweckt irrige Assoziationen. Tatsächlich hat Schalck während der letzten Jahre jeweils ca. 1,5 Milliarden Valutamark in den Fiskus «eingeschossen». Für ein kleines, wirtschaftlich kränkelndes Land war das – absolut gesehen – viel, im Verhältnis zu den Valutaeinnahmen der DDR aus ihrem regulären Außenhandel aber nur ca. ein siebentel bis ein Achtel.

Schalck führte seit Bestehen von KoKo bis zum Ende ca. 27,8 Milliarden Valutamark an den Staat ab, die er «erwirtschaftet» hatte. Hinzu kamen etwa 23 Milliarden, die aus Vereinbarungen mit der Bundesregierung resultierten und die zwar auf KoKo-Konten landeten, aber keineswegs Schalcks wirtschaftlicher Aktivität zuzurechnen waren. Überhaupt wird häufig übersehen, daß die Bundesrepublik unter den außerplanmäßigen «Devisenlieferanten» hinter KoKo an zweiter Stelle rangierte.

Als Schalck dem neuen Ministerpräsidenten Hans Modrow im November 1989 eine Art Rechenschaftsbericht geben mußte, bewertete er die Rolle von KoKo bewußt über. Mit den von seinem Bereich «erwirtschafteten» 27,8 Milliarden, so Schalck, «haben die Werktätigen der unterstellten Außenhandelsbetriebe und die zuständigen Mitarbeiter des Bereiches Kommerzielle Koordinierung einen außerordentlich großen Beitrag zur ökonomischen Stärkung und der ökonomischen Unangreifbarkeit der DDR geleistet»[136].

Legt man den von KoKo «erwirtschafteten» Gewinn auf die 22 Jahre um, die der Schalck-Konzern existierte, so ergeben sich für den Jahresdurchschnitt 1,2 Milliarden Valutamark, die Schalck dem Staatshaushalt zugeschustert hat. Das war gewiß mehr als der berühmte Tropfen auf den heißen Stein. Gleichwohl werden sich die Geister noch lange scheiden, ob die DDR ihr Leben wesentlich früher ausgehaucht hätte, wenn Schalck und KoKo nicht gewesen wären.

Der zu Lebzeiten der DDR vielgerühmte Tausendsassa hat ja sein Geld nicht nur neben und außerhalb der zentral gelenkten Planwirtschaft gemacht. Er durfte sich nicht nur nach außen, sondern auch im Inland als Kapitalist aufspielen. Das geschah vor allem im Wege der sogenannten Industrievereinbarungen. Wirtschaftskombinate, deren Produkte Chancen hatten, auf kapitalistischen Märkten abgesetzt zu werden, hatten größere Aussicht, auch mit moderner Technik aus dem Westen ausgerüstet zu werden. Dafür aber reichten die Gelder aus dem Staatssäckel nicht. Also sprang Schalck ein, der längst nicht allen Gewinn an den Fiskus abführte. KoKo finanzierte die dringend benötige Hightech vor, ließ sich aber vom staatlichen oder volkseigenen Partner das Geld mit Zins und Zinseszins zurückzahlen, was vielen Betrieben und Kombinaten mehr als sauer aufstieß, weil ein gerüttelt Maß ihres Exports erst einmal für die Teilung der Schulden gegenüber KoKo eingesetzt werden mußte.

Zudem waren die Industrievereinbarungen Verträge unter un-

gleichen Partnern. Wer Dollar oder harte Mark für Technik mit
Weltniveau brauchte, mußte wohl oder übel die Bedingungen von
KoKo akzeptieren. Dies um so mehr, als Schalck «Regierungsbe-
auftragter für die Exportförderbetriebe» war und als Mitglied der
sogenannten Arbeitsgruppe zur Sicherung zentral geplanter Investitionsvorhaben berechtigt war, «Weisungen zu erlassen und deren
Realisierung zu kontrollieren»[137].

Als Schalck an Modrow Bericht erstattete, machte er auch aus
dieser Seite seiner Vergangenheit eine Tugend. Erst durch die «außergewöhnlichen Anstrengungen» seiner Firma «bei der Beschaffung solcher Ausrüstungen», so Schalck, «wurden überhaupt erst
Voraussetzungen geschaffen, z. B. die Mikroelektronik in der DDR
zu entwickeln»[138].

Die Frage, ob er mit der sporadischen Beschaffung von Hightech
nicht auch den Innovationszwang der DDR-Industrie ausschalten
half, scheint ihm nie gekommen zu sein.

Schalck war neben der maßlos hohen Investition in die Mikroelektronik auch an manch anderer Fehlentscheidung direkt beteiligt. Das betraf beispielsweise den Bau von Fünfsternehotels in
Dresden, Weimar und Berlin, durch den er sich erhöhte Einnahmen
von westlichen Touristen versprach. Die äußerst kostspieligen Bauten mußten außerhalb des Planes und auf Valutabasis hochgezogen
werden. Da die ohnehin ausbilanzierte Kapazität des Bauministers
dafür nicht langte, mußte schließlich der Handel bluten. Der Chef
des Staatlichen Büros für Investitionsbegutachtung, Heurich, kam
am 12. Februar 1990 mit Bezug auf den Bau der Devisenhotels zu
dem Ergebnis: «Das führte zur Vernachlässigung von Investitionen
auf den Gebieten des Großhandels und der Obst- und Gemüsever-
arbeitenden Industrie und gefährdete in Durchführung befindliche
Investitionsvorhaben... Das wirkte sich direkt auf die Versorgung
der Bevölkerung aus.»

Zudem warf der Experte Schalck «Manipulierung mit der Vertragswährung» vor. So mußten die 80 Millionen Valutamark, die für
das Dresdner «Belvedere» veranschlagt waren, nach dem Fall der
DM plötzlich auf Dollarbasis ausgewiesen werden. So mußte der
Auftraggeber, das Unternehmen Interhotel, plötzlich wesentlich

mehr hinblättern. Für das Interhotel «Dresdner Hof» hatte Schalck die Vertragswährung zugunsten von KoKo schließlich auf Schwedenkronen umgepolt. Bauexperte Heurich: «In beiden Fällen wurde somit Interhotel DDR zusätzlich um jeweils ca. 20 Millionen VM belastet. Wohin diese Mittel geflossen sind, ist dem Büro nicht bekannt.»[139]

Der Regierungsbeauftragte zur Untersuchung von KoKo, Willi Lindemann, hatte keineswegs übertrieben, als er am 12. März 1990 vor dem Runden Tisch feststellte: «Oberster Grundsatz der Geschäftstätigkeit war, maximal Devisen für die DDR zu erwirtschaften, unabhängig davon, ob sich daraus zusätzliche Belastungen für die Volkswirtschaft ergeben oder ob politische oder moralische Normen dadurch verletzt werden.»[140]

Wirtschaftlichen Nutzen hat Schalck seinem Land auch nicht eben durch jene Goldkäufe gebracht, die er im Oktober / November 1988 sowie im Februar 1989 getätigt hatte. Die reichlich halbe Milliarde, exakt 593,2 Millionen DM, die er dafür hatte hinblättern müssen, war totes Kapital. Mittag schwört Stein und Bein, von diesen Käufen nicht das geringste gewußt zu haben. Das ist sogar sehr wahrscheinlich. Denn anderenfalls hätte Schalck benennen müssen, was ihn zu dem kostspieligen Kauf bewegt hatte. Die Gründe lagen in nichts anderem als in dem wachsenden Bewußtsein begründet, daß sich das Ende der DDR zwar nicht aufhalten, aber vielleicht doch etwas hinausschieben ließ, was er so deutlich weder Mittag noch gar Honecker zu sagen wagte.[141]

Wenn die DDR, wie Polen schon 1981, in den Bankrott geraten und der Fall eintreten sollte, daß ihre Auslandskonten gesperrt werden, wollte er noch eine eiserne Reserve in der Hinterhand haben, um im letzten Moment vor der Parteispitze als der Retter dazustehen. Auch die reichlich 5 Milliarden DM Rücklagen, über die KoKo bei Schalcks Flucht noch verfügte, galten ihm «als letzte Einsatzreserve bei einer kurzfristig eintretenden Zahlungsunfähigkeit der DDR»[142].

Immer wieder hatte Schalck Mittel und Wege gesucht und gefunden, die Zahlungsunfähigkeit der DDR hinauszuzögern. Der Preis aber, der dafür gezahlt werden mußte, konnte durch nichts und niemanden gerechtfertigt oder gar verantwortet werden. Für die schier endlosen Kredite, die man seit Beginn der Honecker-Ära aufgenommen hatte, mußte die DDR sage und schreibe allein 58 Milliarden Valutamark Zinsen berappen. In Mark der DDR umgerechnet, entsprach das beinahe dem Nationaleinkommen eines Jahres. Leichtfertiger hätte man die Mühen, Kräfte und geistigen Potenzen des werktätigen Volkes nicht verschleißen und vergeuden können. Dieser Vorwurf trifft Schalck mehr als andere Wirtschaftsmanager der DDR, die die Effizienz der Marktwirtschaft aus eigener Anschauung gar nicht kannten. Keiner wußte besser als er, daß ein System, das die Weltmarktpreise ignorierte, unternehmerische Initiative erstickte und das Leistungsprinzip fürchtete, ökonomischen Suizid auf Raten betrieb. Und doch hat er sich niemals für Ansätze einer Reform der hoffnungslos dogmatischen Politik und der katastrophalen Planwirtschaft der SED-Führung eingesetzt. Sein Ehrgeiz begrenzte sich darauf, einer von ihm als todkrank erkannten Gesellschaft immer aufs neue Leben einzuhauchen, indem er sie, solange es eben ging, mit der wichtigsten Arznei, mit Devisen, versorgte. Nur zu gut wußte Schalck, daß dieses Dilemma die Prämisse seiner phantastischen Position im Honecker-Regime war, aber auch die Ursache ihres jähen Endes sein konnte.

Zufällig war es keineswegs, daß er ausgerechnet im Frühjahr 1988 über eine Konföderation mit der Bundesrepublik nachzudenken begann und darüber im engsten Kreise mit Schürer und mit Krenz sinnierte. Zu jener Zeit stand unumstößlich fest, daß sich der angerichtete Schuldenhaufen von 26 Milliarden Dollar aus eigener Kraft niemals wieder würde abtragen lassen.

In der Stunde wachsender Gefahr hätte man das nötige Geld, das die vermeintliche Rettung bedeutete, sogar vom schlimmsten aller Klassenfeinde angenommen. Doch sobald man über die politischen Folgen einer Konföderation nachdachte, erschrak man vor sich selbst. Ebenso wie seine heimlichen Gesprächspartner hatte auch Schalck jede politische Annäherung an die Bundesrepublik innerlich immer abgelehnt.

Überzeugt davon, daß allein der sozialistischen deutschen Nation die historische Zukunft gehörte, mußte jedes staatsrechtliche

Arrangement mit der Bundesrepublik sich als erster Schritt zur Preisgabe der Errungenschaften der DDR, als politischer Verrat darstellen.

Bis fünf Minuten vor zwölf war keiner der dominierenden Köpfe der DDR bereit gewesen, innenpolitische Konzessionen zu machen, ohne die eine Konföderation aber nicht vorstellbar war. Auch Schalck hatte zu denen gehört, die die Verfolgung jedes Andersdenkenden durch die sture Linie Honeckers und Mielkes gegenüber der westdeutschen Seite hartnäckig verteidigten. Als Schalck Mitte Februar 1989 Stasichef Mielke über ein Gespräch mit Waigel und Streibl berichtete, reflektierte er seine Haltung in dieser Frage ganz prononciert. Von den CSU-Politikern auf die zunehmende Isolierung der DDR-Innenpolitik angesprochen, hatte Schalck nach eigener Darstellung erwidert, «daß es natürlich nicht im Interesse der BRD liegen kann, Situationen in der DDR zu nutzen, durch Stärkung von feindlichen Kräften die innere Lage in der DDR negativ zu verändern. Ich machte Waigel darauf aufmerksam, daß unter solchen Lagebedingungen die Freizügigkeit im Reiseverkehr sehr eingeschränkt wird und die jetzigen großzügigen Regelungen zum Reise- und Besucherverkehr im Interesse der inneren Sicherheit der DDR eingeschränkt werden müssen.»

Offenbar hat Schalck im Winter 1989 für den Fall der Zuspitzung der Situation sogar noch an ein Eingreifen der Sowjetunion gedacht. Zu Waigels Einwurf, er könne sich nicht vorstellen, daß die Sowjetunion sich zu stark in der Frage der Sicherheit der DDR engagieren würde und neun Jahre sinnloser Krieg in Afghanistan sicherlich zu neuen Überlegungen geführt hätten, referierte Schalck seine Position so: «Ich stellte dazu fest, daß man sich nicht dem Trugschluß hingeben sollte, Afghanistan mit der DDR zu vergleichen weder was die DDR betrifft, noch die Interessenlage der Sowjetunion und die Einhaltung ihrer Bündnisverpflichtungen.»[143]

Aber selbst als Honecker gestürzt und das Volk längst auf der Straße war, um lautstark Reformen und mehr Freizügigkeit einzufordern, wurde die Idee einer Konföderation mit der Bundesrepublik strikt verworfen. In die geheime Politbürovorlage «Analyse der ökonomischen Lage der DDR mit Schlußfolgerungen» vom

30. Oktober 1989, die Schürer, Schalck und Beil federführend ausgearbeitet hatten, war mit Blick auf die Außenpolitik festgeschrieben und bestätigt worden: «Dabei schließt die DDR jede Idee von Wiedervereinigung mit der BRD oder der Schaffung einer Konföderation aus.»[144]

Statt einer Konföderation schwebte Schalck und den Mitautoren der Vorlage eine engere Zusammenarbeit «mit anderen kapitalistischen Ländern, wie Frankreich, Österreich, Japan, die an einer Stärkung der DDR als politisches Gegengewicht zur BRD interessiert sind», vor. Gleichwohl erwartete man von der Bundesrepublik eigene politische Vorschläge «zur Entspannung und zur ökonomischen Unterstützung der DDR, wobei die Tatsache zu berücksichtigen ist, daß unserem Land in der Zeit der offenen Staatsgrenze laut Einschätzung eines Wirtschaftsinstituts der BRD ein Schaden von 100 Mrd. Mark entstanden ist».

Noch zehn Tage vor dem Fall der Mauer waren Schalck, Schürer und noch mehr Krenz davon überzeugt, daß die DDR als völlig eigenständiger realsozialistischer Staat auch im nächsten Jahrtausend noch existieren werde. Man sei bereit, so der Schluß des Politbüropapiers, «1995 zu prüfen, ob sich die Hauptstadt der DDR und Berlin (West) um die gemeinsame Durchführung der Olympischen Spiele im Jahre 2004 bewerben sollten»[145].

In dieser Zukunftsmusik sah sich der neue Parteichef Krenz einen Tag nach Vorlage der «Analyse» in Moskau auch von Gorbatschow bestärkt. Der sowjetische Generalsekretär war zwar über die Höhe der Westverschuldung der ostdeutschen Republik schockiert. «So prekär», hieß es im geheimen Gesprächsprotokoll, «habe er sich die Lage nicht vorgestellt.» Andererseits aber tröstete er mit den sowjetischen Rohstofflieferungen, die «eine wichtige Sicherung für die Volkswirtschaft der DDR seien». Und auch mit Blick auf das Verhältnis der DDR zur Bundesrepublik riet der sowjetische Staatschef zur Fortführung der bisherigen Politik. Gorbatschow: «Es müsse vermieden werden, daß die BRD über die bekannten Mechanismen Druck auf die DDR ausüben könne. Natürlich müsse man stets so handeln, daß die Entscheidungen in Berlin und nicht in Bonn gefällt werden.»[146]

Krenzens Besuch in Moskau trug dazu bei, daß die Illusionen über das Schicksal des Realsozialismus bei Schalck und seinen Leuten noch ein paar Tage andauerten. Als Schalck jedoch am 7. November im Auftrag von Krenz mit Seiters und Schäuble in Bonn verhandelte, dürfte ihm klargeworden sein, daß ein politischer Erdrutsch kaum noch aufzuhalten war. Die Auffassung des Bundeskanzlers wie auch die der Öffentlichkeit der Bundesrepublik, so Schalck an Krenz, gipfele in der Forderung, «daß in der DDR, wenn man entsprechende materielle und finanzielle Unterstützung der BRD in Anspruch nehmen möchte – das bezieht sich auch auf finanzielle Regelungen zum Reiseverkehr – bereit sein sollte, öffentlich durch den Staatsratsvorsitzenden zu erklären, daß die DDR bereit ist, die Zulassung von oppositionellen Gruppen und die Zusage zu freien Wahlen in zu erklärenden Zeiträumen zu gewährleisten. Dabei ist zu beachten, daß dieser Weg nur möglich wäre, wenn die SED auf ihren absoluten Führungsanspruch verzichtet»[147].

Angesichts solcher Unerbittlichkeit wollte in Schalck keine rechte Freude aufkommen, auch wenn seine größte Stunde möglicherweise noch bevorstehen sollte. Der neue SED-Generalsekretär Egon Krenz hatte ihn nämlich als Nachfolger für den am selben Tag zurückgetretenen Regierungschef Stoph ins Auge gefaßt. Honeckers Nachfolger war schon lange vom kommerziellen Talent des KoKo-Chefs tief beeindruckt gewesen, und wenn er irgendwem zutraute, die Wirtschaft der DDR noch einmal aus der Talsohle herauszuführen, dann war es der vermeintliche Wundertäter Alexander Schalck. Allerdings gingen die Meinungen über den Staatssekretär mit dem geheimnisumwitterten Geschäftsbereich KoKo in dem neuen, am 8. November umgebildeten Politbüro auseinander. Planungschef Gerhard Schürer schlug dem neuen Politbüro eine Übergangsregierung unter Vorsitz des Karl-Marx-Städter SED-Bezirkssekretärs Siegfried Lorenz vor, der auch Vertreter der Bürgerrechtsbewegung wie Bärbel Bohley, Rainer Eppelmann u. a. angehören sollten. Doch scheiterte diese Variante schon daran, daß Lorenz abwinkte. Krenz indessen hatte zu Schürers Vorschlag geschwiegen, weil eigentlich Schalck sein Kandidat war, den er aber mit Rücksicht auf den von den meisten favorisierten Hoffnungsträger Modrow dann doch nicht ins Spiel brachte.

Als der Dresdner SED-Chef am 13. November zum neuen Regierungschef gewählt wurde, wehte für Schalck ein schärferer Wind. Modrow drängte nicht nur darauf, den Bereich KoKo in den regulären Außenhandel zu integrieren, sondern nahm Schalck auch gleich noch persönlich unter die Fittiche. Schalck, der begriff, daß die Stunde seiner Alleingänge und der Abschottung von jeder Regierungskontrolle geschlagen hatte, wurde nicht müde, sich Modrow gegenüber als treuester Diener der DDR in Szene zu setzen und zu versprechen, «Schaden von der DDR abzuwenden»[148].

Das alles hätte der clevere Außenhändler und Geheimdienstoffizier noch ertragen. Aber die folgenden Vorfälle sollten sein Selbstbewußtsein und seine Souveränität dann doch ins Wanken bringen. Stasihauptabteilungsleiter Günter Möller meldete kurzfristig seinen Besuch in der KoKo-Zentrale an und wünschte Schalck sowie seine Frau Sigrid persönlich zu sprechen. Das war in der Vergangenheit höchst selten passiert, erregte aber Schalcks Argwohn noch nicht. Doch als er dem Personalchef der Stasi Auge in Auge gegenübersaß und der Generalmajor mit der Sprache herausrückte, glaubte Schalck seinen Ohren nicht zu trauen. Die Leitung des Amtes für Nationale Sicherheit (AFNS), so Möller, habe beschlossen, Alexander und Sigrid Schalck als OibE zu entpflichten. Die Sache sei unumgänglich, um den politischen Schaden für die DDR zu begrenzen. Im übrigen hätten beide umgehend ihre Waffen in der Stasizentrale abzuliefern. Für Schalck brach eine Welt zusammen. Mit der Stasi war er groß geworden und durch dick und dünn gegangen. Kein anderer OibE hatte namentlich für die Hauptverwaltung Aufklärung so viel getan wie er. Und nun ließen sie ihn fallen wie eine heiße Kartoffel und genierten sich seiner.

Und dann überstürzten sich die Ereignisse. In Gollin, wo sein Wochenendhaus, ein Geschenk Honeckers, stand, rebellierten die Einwohner mit Blick auf sein hermetisch abgeriegeltes Anwesen. Schalck sollte vor Ort Rede und Antwort stehen, zog es aber vor, Frau Sigrid und einen Anwalt nach Gollin zu schicken, denen ein

Feuerwerk an Protest und Empörung entgegenschlug. Und dann jene Volkskammersitzung am Freitag, dem 1. Dezember, in der Schalck in den öffentlichen Verdacht geriet, heimlich im Ausland Milliarden angelegt zu haben. Schalck, der sich noch nie hatte rechtfertigen müssen, sollte dem Ausschuß zur Untersuchung von Amtsmißbrauch und Korruption Rede und Antwort stehen. Als er in derselben Nacht vor dem Politbüro erscheinen mußte, vermochte er die leitenden Genossen davon zu überzeugen, daß sein öffentlicher Auftritt mehr schaden als nutzen würde.

Am nächsten Morgen flog Schalck nach Bonn, verhandelte mit Kanzlerminister Seiters erfolgreich über den Reisekostenfonds und kehrte einigermaßen gefaßt zurück. Aber dann erreichte ihn ein Anruf von Mielke-Nachfolger Schwanitz, der ihn nach eigenen Angaben vollends aus der Bahn warf.

Schalck: «Schwanitz gab mir unmißverständlich zu verstehen, daß die Zusicherung des Politbüros, nicht vor dem Ausschuß der Volkskammer aussagen zu müssen, nur für den Teil gilt, der die Beschaffung von Embargo-Material für das MfS betrifft... Er teilte mir in diesen Nachtstunden mit, daß meine Akten beim MfS vernichtet worden seien. Ich könnte mich nicht darauf berufen, Mitarbeiter des MfS gewesen zu sein. Ich protestierte und machte deutlich, daß ich dies unbedingt zum Nachweis meiner Einkünfte benötige. Daraufhin sagte mir Schwanitz, ich solle mir das nochmals reiflich überlegen. Was das Geld, also meine Einkünfte betreffe, so könnte ich mich ja auf mögliche Provisionseinnahmen berufen. Das habe ich empört zurückgewiesen. Aber nach diesem Telefongespräch hatte ich das sichere Gefühl, daß ich in der DDR um mein Leben bangen mußte.»[149]

Schalcks Ängste waren dadurch ausgelöst worden, daß er für die allmächtige und allgegenwärtige Stasi kein besonderes Schutzobjekt mehr war. Gemeinsam mit Frau Sigrid packte er deshalb noch in derselben Nacht die brisantesten Unterlagen von KoKo zusammen, schickte diese an Rechtsanwalt Vogel und schrieb Regierungschef Modrow einen Brief, in dem er sein sozialistisches Vaterland ein letztes Mal hinters Licht führte: «Ich fahre nicht in die BRD, nach Westberlin oder NATO-Staaten... Gib mir persönlich die Chance, in geordneten Verhältnissen über fast 40 Jahre im Dienste unseres Staates nachzudenken.»[150]

Als Schalck diese Zeilen niederschrieb, war er in Gedanken längst beim Klassenfeind. Gegen 0.40 Uhr passierte sein Pkw den Grenzkontrollpunkt Invalidenstraße Richtung Westberlin.

Dokumente

Inhalt

1. Vermerk der SED-Führung über Gespräche mit Leonid
   Breschnew in Moskau vom 20. August 1970.*   340

2. Schreiben Erich Honeckers an Walter Ulbricht
   vom 17. Dezember 1970 (Auszug)   346

3. Brief Walter Ulbrichts an Hans Rodenberg
   vom 23. Oktober 1971   351

4. Notiz Werner Krolikowkis «Über das Verhältnis
   Erich Honecker und Günter Mittag»
   vom 12. November 1980   353

5. Prognose über die Bewegung und Beherrschbarkeit der
   DDR-Schulden im Zeitraum von 1989 bis 1995 gegenüber
   dem kapitalistischen Ausland   358

6. Schreiben von Egon Krenz an Erich Honecker
   vom 2. November 1988 mit dem Vorschlag, das politische
   Strafrecht weiter zu verschärfen   364

7. Brief von Politbüromitglied Günther Kleiber an
   Erich Honecker vom 4. Oktober 1989, die Ausreise von
   Botschaftsflüchtlingen in Prag betreffend   366

* Die Titel der Dokumente stammen vom Autor dieses Bandes

8. Geheimbefehl Erich Honeckers an die Bezirkseinsatzleitung und die Kreiseinsatzleitungen der Stadtbezirke
Ostberlins vom 26. September 1989   367

9. Fernschreiben Erich Honeckers an die Bezirkseinsatzleitungen vom 13. Oktober 1989   370

10. Beschluß des Politbüros vom 24. März 1981 über die
«Grundlinie der Entwicklung der Braunkohlenindustrie
im Zeitraum 1981–1985 und bis 1990» (Auszug)   371

11. Brief Günter Mittags an Erich Honecker
vom 5. April 1988   374

12. Information der Stasihauptabteilung XVIII/1 über
Differenzen zwischen ZK-Abteilungsleiter
Günter Ehrensberger und Günter Mittag hinsichtlich des
Entwurfs für den Fünfjahrplan 1986–1990
vom 26. März 1985   377

13. Schreiben Alexander Schalcks an das Mitglied des
Politbüros, Hermann Matern, vom 29. Dezember 1965   378

14. Führungsanweisung zu «speziellen Auslandsverbindungen»
des Bereiches KoKo, die Schalck am 12. April 1985
Stasiminister Erich Mielke übermittelte   382

15. Information Alexander Schalcks für Stasiminister
Erich Mielke über ein Gespräch mit Josef März
am 5. Mai 1987   386

16. Bericht von Rechtsanwalt Prof. Dr. jur. hc. Wolfgang
Vogel an SED-Parteichef Egon Krenz und
Ministerpräsident Hans Modrow über den Häftlingsfreikauf
vom 30. November 1989   389

17. A. Schalcks «zusätzlicher Vermerk – nur für den Genossen
    Minister –» über ein Gespräch mit F. J. Strauß
    vom 21. November 1984   390

18. Brief Alexander Schalcks an Günter Mittag über die
    Lieferung von Raketenwerfergranaten an den Iran
    vom 18. Juni 1987   391

19. Schreiben des Generaldirektors der Kunst- und
    Antiquitäten GmbH, J. Farken, an Schalck
    vom 16. Juni 1987   393

20. Schreiben Alexander Schalcks an den Generalsekretär
    des ZK der SED, Egon Krenz,
    vom 7. November 1989   394

1 Vermerk der SED-Führung über Gespräche mit Leonid Breschnew in Moskau vom 20. August 1970 *

1. Ich W. besucht. Vorher bei Gen. Gomulka. W. fühlt sich besser. Ich habe ihm eine «Rüge» gegeben. Er war undiszipliniert, ist in die Sauna gegangen. Jetzt ist alles gut. Arzt hat mit W. gesprochen, sehr ernst. Er hört auf ihn. Einige Wochen häuslichen Aufenthalt, dann ist wieder voll da. Das ist gut so.
2. Da gibt es eine Frage. Die Sache mit dem Überholen ohne Einzuholen. Einzuholen ist schon falsch. Sie ist nicht richtig. Diese Losung hat Chrustschow 1964 plötzlich, ohne Abstimmung, mit uns anläßlich der Eröffnung einer Ausstellung verhindert. Sie ist falsch. Wir sollen dadurch zugeben, daß wir rückständig, z.B. in bezug auf die USA. Das ist doch nicht so, das sind wir doch nicht. Wir können uns nicht mit den USA auf eine Stufe stellen. Die USA hatten keine Folgen des Krieges im eigenen Land. Im Gegenteil. Ihre Teilnahme an Kriegen machten sie reicher. Sie hat Raubzüge durchgeführt. Sollen wir etwa auch Raubzüge durchführen? Wir sind doch ein sozialistisches Land. Dort in den USA gibt es zu Millionen Diebe und Räuber. Die herrschenden Kreise der kapitalistischen Länder sind es auch. Sie leben auf Kosten des Schweißes und des Blutes seiner und anderer Völker. Also die Losung vom Überholen ist falsch. Unsere Gesellschaftsordnung ist von einem anderen, von einem höheren Typ. Bei uns werden die Prinzipien des Humanismus verwirklicht. Arbeitsplatz, Bildung für alle, soziale Sicherheit etc. In den USA leben Neger auf den Straßen, unter Brücken sind sie Freiwild, werden ermordet. Wir bauen bei uns Uni für

---

* Quelle: IfGA/ZPA, Archivzugangsnummer 41656

sie. Bei uns studieren Neger. Was sollen wir da überholen? Wir sollten doch nicht unsere Rückständigkeit popularisieren, die es doch gar nicht gibt. Gewiß, wir müssen schneller unsere Produktivkräfte entwickeln. Dafür haben wir, haben die sozialistischen Länder doch alle Voraussetzungen. Das ist meine, unsere Meinung dazu.

3. Noch eine Frage: Wir bereiten den XXIV. Parteitag vor. Wir werden dabei nicht unsere Errungenschaften unter den Scheffel stellen. Die SU, die sozialistischen Länder, die DDR haben doch Erfolge. Unsere Perspektive ist klar. Wir, die sozialistischen Länder, verfügen über die größten Erdöl- und Erdgas-Vorkommen der Welt. Wir müssen uns gemeinsam überlegen, wie wir diese und andere Schätze für den Sozialismus nutzbar machen. Wir produzieren z. B. Rohre von großem Ausmaß, wir kaufen in der ganzen Welt Rohre. Sobald die Rohrleitungen fertig sind, wenn durch die Rohre Öl und Gas kommt, dann sind wir weiter. Wir haben auch auf anderen Gebieten große Möglichkeiten. Wichtig ist, daß die DDR eine Struktur haben muß wie die SU und sozialistischen Länder, sonst bekommen wir Schwierigkeiten. Es ist notwendig, auch in Zukunft einen festen Kurs auf die Stärkung der Position des Sozialismus in der DDR zu halten. Die DDR ist für uns, die SU für die vereinigten sozialistischen Bruderländer ein wichtiger Posten. Sie ist das Ergebnis des 2. Weltkrieges, sie ist unsere Errungenschaft, die mit dem Opfer des Sowjetvolkes, mit dem Blut der Sowjetsoldaten erzielt wurde. Die DDR ist nicht nur eure, sie ist unsere gemeinsame Sache. Die DDR ist für uns etwas, das man nicht erschüttern kann und darf. Ich habe bereits gesagt, der Vertrag (SU–BRD) hat nicht nur eine positive Seite, sondern auch eine negative Seite. Besonders für die DDR. Hier tut sich durch die Brandt-Regierung eine Gefahr auf. Die Politik der Reg. Brandt ist darauf gerichtet, die DDR zu erschüttern. Weder wir noch ihr könnte euch gleichgültig gegenüber einer solchen Gefahr verhalten. Nun, bei euch ist die Lage anders als in der CSSR. PB der SED nimmt eine feste Haltung ein. Man darf die Rolle der westdeutschen Sozialdemokratie nicht unterschätzen. Gestern habe

ich dies klar gesagt. Nochmals – die Existenz der DDR entspricht unseren Interessen, den Interessen aller sozialistischen Staaten. Sie ist das Ergebnis des Sieges über Hitlerdeutschland. Deutschland gibt es nicht mehr. Das ist gut so. Es gibt die sozialistische DDR und die kapitalistische Bundesrepublik. Das ist so. Das darf man nicht übersehen. Wir müssen gemeinsam die Position der DDR festigen. Der Vertrag kann sich hier günstig auswirken. Er grenzt die DDR von der BRD weiter ab. Die Zukunft der DDR liegt in der sozialistischen Gemeinschaft. Wir haben unsere Truppen bei ihnen. Das ist gut so und wird so bleiben.

Mit dem Vertrag sind nicht alle Fragen gelöst, aber sein Abschluß ist ein Erfolg für uns, für die DDR, für die sozialistischen Länder. Die DDR wird durch den Vertrag gewinnen. Ihre internationale Autorität wird sich erhöhen. Ihre Grenzen, ihre Existenz ist vor aller Welt bestätigt worden, ihre Unverletzlichkeit. Viele Staaten werden mit der Zeit mit der DDR diplomatische Beziehungen aufnehmen. Wie gesagt, mit dem Vertrag wurde die DDR noch deutlicher von Westdeutschland abgegrenzt, ein festerer Bestandteil der sozialistischen Gemeinschaft. Das für unsere gemeinsame Sache nur von Vorteil. Gewiß, Brandt verspricht sich auch Vorteile. Er will bei ihnen eindringen, mit sozialdemokratischer Ideologie und wirtschaftlich. Das wird ihm aber mit der Zeit immer schwerer. Wichtig ist, man muß weiterhin in der DDR eine prinzipienfeste Politik machen.

4. Wir haben in bezug auf Brandt, auf die westdeutsche Sozialdemokratie keine falschen Vorstellungen. Illusionen sind da nicht am Platz, dürfen erst gar nicht zugelassen werden. Weder Brandt noch Strauß werden den Sozialismus in Westdeutschland einführen. Es gibt kein Beispiel, daß eine sozialdemokratische Partei den Sozialismus verwirklicht hätte. So etwas gibt es nicht. So was wird es auch nicht in Westdeutschland geben. Es gibt, es kann und es darf zu keinem Prozeß der Annäherung zwischen der DDR und der BRD kommen. Das will Brandt, das will Strauß, das will die westdeutsche Bourgeoisie. Soll man in WD die Lehren aus der Geschichte ziehen. Hier müssen wir

342

auch im Auge behalten die Rolle der westdeutschen Kommunisten, der KPD. Man muß auch den Standpunkt von Reimann berücksichtigen. Für uns ist wichtig die Festigung der Position der DDR, ihre weitere positive politische und ökonomische Entwicklung, die entsprechende Erhöhung der Lebensbedingungen der Arbeiterklasse, der Bauern, der Bevölkerung der DDR. Auf diese Aufgabe muß man sich weiter konzentrieren. Es wächst bei ihnen, das habe ich selbst gesehen, eine gute Jugend heran. Sie ist für die sozialistische DDR. Diese Entwicklung muß man weiter fördern. Also alles konzentrieren auf die Festigung der sozialistischen DDR. Brandt hat in bezug auf die DDR andere Ziele als wir.

5. Noch eine Frage: Wir sollten alle noch mehr voneinander lernen. Man muß aufgeschlossen sein gegenüber den Erfahrungen anderer sozialistischer Länder, ihren Methoden der Planung und Leitung, ihren Arbeitsmethoden. Man sollte seine Modelle des Sozialismus nicht so anpreisen. Man darf in den anderen Ländern nicht den Eindruck bekommen, daß man alles besser macht, als andere. Es gibt Dinge, die man beachten muß, es gibt nationale Traditionen, auch bei uns. Dies ist wichtig. Man darf keine nationale Überheblichkeit aufkommen lassen. Dies ist für uns alle von Schaden. Selbst wir, die große Sowjetunion, müssen uns taktvoll gegenüber den verschiedenen Nationen in der SU verhalten. Russen, Ukrainer, Kasaken, Weißrussen usw., das ist unsere Stärke. Wir müssen bei allen Erfolgen bescheiden bleiben. Wichtig ist, euer Verhältnis zu Polen in Ordnung zu bringen. Gewiß, auch dort gibt es Dinge. Aber wir sind beunruhigt. Ihr solltet die Dinge mit Polen in Ordnung bringen.

6. Eine große Last sind für uns die Verteidigungsausgaben. Wenn ich euch die Zahlen nennen würde, so würdet ihr umfallen, einen Herzinfarkt bekommen. Bei Gretschko wird alles teurer. Für die gleiche Summe, für mehr und besseres Material gibt es weniger Flugzeuge etc. Auf einem Gebiet geben wir 100 Milld. Rubel aus. So groß ist nicht ein Staatshaushalt. Dies auf einem Gebiet. Wir müssen aber Gretschko die Milld. geben. Das ist wichtig für unsere Zukunft, für die Zukunft des Sozialismus.

7. Wir haben jetzt Gespräche mit den USA. Es geht um strategische Waffen. Wir kennen den Standort und den Vorrat der USA auf diesem Gebiet. Wir kennen dies ganz genau mit Hilfe unserer Sputniks. Leider sehen sie auch unsere. Wir werden sehen, ob es zu bestimmten Vereinbarungen kommt.

Nixon will zu uns kommen. Will mit mir sprechen. Was soll dabei rauskommen, Propaganda für Nixon, er wird sagen, mit was er alles nicht einverstanden ist. Wir haben nicht die Absicht, für Nixon Propaganda zu machen. Also nur bei einem konkreten Verhandlungsprogramm. Ergebnisse müssen vorher festliegen. Dann können wir vor unser Volk treten, vor die Völker mit Ergebnissen. Also keine Propaganda für Nixon.

8. Noch eine Frage: Das Sowjetvolk hat ein hohes Bewußtsein, übt eine große internationale Solidarität im Geiste des proletarischen Internationalismus. Siehe Vietnam, Naher Osten, Lebensstandard in CSSR höher (78 kg Fleisch). In der DDR auch. Das wissen unsere Arbeiter und Bauern. Sie sind dafür, daß wir uns so verhalten. Das ist aber nur möglich bei einem hohen Bewußtsein. Sie wissen, daß sie auch einmal aus dem Keller in den dritten Stock ziehen werden.

9. Unsere Wirtschaftsbeziehungen zu den kapitalistischen Ländern werden komplizierter. Nach der Ratifizierung des Vertrages muß man diese Frage besprechen. Wir müssen sie koordinieren. Wir müssen festlegen, wer, was, wann kauft. Gen. Gomulka ist auch besorgt über die Entwicklung, auch in bezug der Ziele Brandts, des Eindringens in die sozialistischen Länder, in die DDR – durch Wirtschaft eindringen. Wichtig ist auf allen Gebieten unsere künftigen Schritte in bezug auf WD abstimmen. Dies ist die Grundlage weiterer Erfolge.

10. Die KPdSU geht weiterhin den leninschen Weg. Die ideologische Arbeit, die Arbeit im Geiste Lenins ist die Stärke der KPdSU. Sie wird nie schwanken. Ich habe im ZK erklärt: Wenn es in einigen sozialistischen Ländern zu Schwankungen kommt, ist dies so entscheidend für die Weltgeschichte. Wichtig ist, daß die KPdSU nicht schwankt. Wir, die KPdSU, stehen fest. Wir gehen immer von einer prinzipiellen Position, vom Klassen-

standpunkt aus. Ich habe mit Brandt gesprochen als Generalsekretär des ZK der KPdSU – zur Frage DDR, zur Frage WB. Wir waren nicht zu einer Teestunde zusammengekommen. Ich hoffe, daß er mich verstanden hat. In bezug DDR und WB ist für uns alles klar.

11. Dann noch zu einigen Fragen des Arbeiterstaates, der Kollektivität, der Erholung durch Jagd. Die Kollektivität der Führung hat sich bewährt. Zur Bedeutung politisch-organisatorischer Einheit der Partei und Führung. Notwendigkeit, daß SED auch weiterhin mit KPdSU gemeinsam den bewährten Weg geht. Gemeinsamer Weg hat sich oft bewährt, z. B. – CSSR. Gemeinsamer Weg KPdSU und SED – für KPdSU – festen Kurs. Ohne SU gibt es keine DDR.

2. Schreiben Erich Honeckers an Walter Ulbricht* (Auszug)

Lieber Genosse Ulbricht! Berlin, 17. 12. 1970

Entschuldige, wenn die Bemerkungen zu Deinem Schlußwort etwas länger ausfallen. Aber ich will versuchen, zu einigen Punkten zu argumentieren.

1. In den Referaten der 14. Tagung des Zentralkomitees wird sowohl eine Bilanz der erreichten Erfolge gegeben und es werden gleichzeitig die Schlußfolgerungen und Konsequenzen aus einer Reihe herangereifter Probleme der planmäßigen proportionalen Entwicklung der Volkswirtschaft gezogen. Es geht dabei vor allem um reale bilanzierte Pläne durch Anwendung der ökonomischen Gesetze des Sozialismus, um die Politik des VII. Parteitags weiter erfolgreich durchzuführen.

   Im Schlußwort fehlt jedoch das Eingehen auf diese grundsätzliche Analyse des Erreichten in Verbindung mit den neu herangereiften Fragen der planmäßigen proportionalen Entwicklung der Volkswirtschaft.

2. Während in den Referaten des Plenums eindeutig gesagt wird, daß der Hauptweg zur Veränderung in der planmäßig proportionalen Entwicklung der Volkswirtschaft besteht sowie in der Konzentration auf diejenigen Kombinate, Objekte und Aufgaben, die zu einem hohen Zuwachs an Nationaleinkommen beitragen, um damit die sachlichen Voraussetzungen für eine kontinuierliche, stabile ökonomische Entwicklung zu schaffen und vorhandene Disproportionen schrittweise zu beseitigen, ist die Orientierung im Schlußwort anders.

---

* Quelle: IfGA/ZPA, Archivzugangsnummer 41656

Im Schlußwort wird gesagt, daß die erfolgreiche Entwicklung unseres Staates und unserer Wirtschaft entscheidend abhängt von der Kooperation mit der Sowjetunion und von der Integration der Staaten des RGW, von der Meisterung der wissenschaftlich-technischen Revolution, ...und von einem Planungs- und Leitungssystem, das den Erfordernissen der marxistisch-leninistischen Organisationswissenschaft entspricht. Der Druckpunkt liegt, wie auch aus den folgenden Ausführungen ersichtlich wird, also auf der Veränderung des Planungs- und Leitungssystems und nicht auf der Veränderung objektiver Prozesse, wie sie durch die neu herangereiften Probleme charakterisiert sind.

3. In den Referaten der 14. Tagung wird der Kampf um hohe Effektivität und Arbeitsproduktivität in der ganzen Breite und Vielfalt seiner Möglichkeiten zur grundlegenden Orientierung der Betriebe usw. gemacht. Das geschieht bewußt, um mit der Forderung nach Effektivität auf die volkswirtschaftlichen Gesamterfordernisse zu orientieren. In dieser gesamtgesellschaftlichen Sicht wurde die Formulierung über die Effektivität insbesondere auch im Beschluß vom 6. September immer gebraucht, und sie wird auch in der Praxis so verstanden. Der nunmehr in Deinem Schlußwort angeführte Begriff der «Wirtschaftlichkeit» als Grundorientierung bedeutet jedoch faktisch eine Einengung auf den Betrieb, dessen Wirtschaftlichkeit durchaus nicht immer mit der gesamtvolkswirtschaftlichen Effektivität in Übereinstimmung sein muß. Darüber hinaus – und das bewiesen schon einige Diskussionen während des Plenums – wird durch einen wiederum neuen Begriff eine gewisse Verwirrung in die Partei hineingetragen. Auch hier steht die Frage der Übereinstimmung in Inhalt und Formulierung.

4. Was die Ausführung zum Planungs- und Leitungssystem anbetrifft, so möchte ich doch auf folgendes weitere Problem aufmerksam machen.

Die Aufgabenstellung zur Veränderung des Planungs- und Leitungssystems wird faktisch direkt aus den Erfordernissen der wissenschaftlich-technischen Revolution abgeleitet. Es ist aber eine grundsätzliche Frage des Marxismus-Leninismus, daß die

Entwicklung des Planungs- und Leitungssystems nicht direkt aus der Entwicklung der Produktivkräfte resultiert, sondern Ergebnis der Gesamtentwicklung der sozialistischen Produktionsverhältnisse darstellt. Auf dem VII. Parteitag hast Du das selbst begründet. Sonst nämlich geben wir Ansatzpunkte für die Konvergenztheorie.

In den Referaten zum Plenum wird der Zusammenhang zwischen den aus der Wirkung des Sozialismus abgeleiteten inhaltlichen Aufgaben des Planes und dem ökonomischen System des Sozialismus dargelegt. Vor allem ist auch klar gesagt, daß die Art und Weise der Gestaltung des ökonomischen Systems entscheidend von den materiellen Bedingungen der Reproduktion abhängig ist. Überhaupt scheint es mir nicht richtig zu sein, alle neu anstehenden Probleme aus der Dynamik der wissenschaftlich-technischen Revolution, wie es oftmals heißt, zu entwickeln. Eine große und zunehmende Bedeutung besitzen nach wie vor die Fragen der Naturbedingungen, insbesondere der Roh- und Brennstoffe, für das volkswirtschaftliche Wachstum. Auch bestimmte Probleme der materiell-technischen Territorialstruktur, des Transportwesens und anderer spielen eine große und bedeutende Rolle. Wir sollten auch nicht den Eindruck entstehen lassen, als ob von bestimmten Prozessen der wissenschaftlich-technischen Revolution ein unabänderlicher Zwangslauf für die Maßnahmen der Wirtschaftspolitik resultiert. (...)

Die Zusammenarbeit mit der Sowjetunion führen wir doch nicht deshalb durch, weil wir nur über geringe Mengen Rohstoffe verfügen oder weil wir ein kleines Land sind. Wir würden diese Zusammenarbeit auch durchführen, wenn wir ein großes Land wären und über ausreichende Rohstoffe verfügten.

Die Hauptfrage ist doch, der Partei und der gesamten Bevölkerung klar zu sagen, daß unsere Zusammenarbeit mit der Sowjetunion auf der Grundlage des Marxismus-Leninismus, des proletarischen Internationalismus durchgeführt wird und daß sie den Klasseninteressen aller im RGW vereinten sozialistischen Länder entspricht. Gerade deshalb beschreiten wir den Weg der sozialistischen Integration.

Wir können nur von diesem Standpunkt aus begründen, daß die Zusammenarbeit auf allen Gebieten erforderlich ist. Gleichzeitig können wir daran beweisen, wie gewaltig die Möglichkeiten sind, um den Sozialismus in der DDR weiter aufzubauen. Von dieser Position ausgehend ist es auch erforderlich, den Kampf gegen Erscheinungen des Westdralls, gegen die Auffassungen von den besonderen Beziehungen zwischen der DDR und der BRD usw. zu führen.

6. In den Ausführungen wird weiter gesagt: «Da wir außerdem einen Mangel an Arbeitskräften haben, ergibt sich, daß praktisch die Durchführung der wissenschaftlich-technischen Revolution eine systematische Rationalisierung und Automatisierung auf allen Gebieten erfordert. Dabei muß selbstverständlich planmäßig entsprechend den konkreten Bedingungen vorgegangen werden.» (Seite 3)

Es gab schon mehrmals über diese Fragen Diskussionen. Wenn das so gesagt wird, würden wir eine unreale Aufgabenstellung geben. Die Partei, die Arbeiterklasse und alle Werktätigen würden diese Aufgabenstellung – auf allen Gebieten – nicht verstehen, weil sie mit den Bedingungen in den Betrieben und Kombinaten und den konkreten Aufgaben bei der Durchführung des zentralen staatlichen Planes nicht im Einklang steht.

Im Schlußwort ist auch eine Orientierung im Hinblick auf die Verwirklichung voll automatisierter Fließverfahrenszüge in der chemischen Industrie enthalten. Über diese Fragen wird es nicht zweckmäßig sein, für die ganze Partei eine ins Detail gehende Orientierung zu geben. Hier handelt es sich doch um eine Frage, wo noch sehr viel wissenschaftlich-technische Arbeit zu leisten ist. Wenn wir jetzt diese Fragen im Schlußwort hervorheben, würde das von der auf der 14. Tagung gegebenen Orientierung für die Durchführung des Volkswirtschaftsplanes 1971 ablenken. Wir kämen in die Lage, daß viele wieder die Frage der Fließverfahrenszüge als Schlagwort gebrauchen würden. Das würde den notwendigen Kampf um die Durchführung der Parteibeschlüsse zur Lösung der Aufgaben des Planes nicht fördern.*

---

* Die Autorenschaft Erich Honeckers an diesem Brief ist umstritten.

Lieber Genosse Ulbricht!

All das zu betonen, halte ich deshalb für wichtig, weil über die bisher durchgeführte Arbeit des Politbüros, insbesondere auch über die Verwirklichung des Beschlusses des Politbüros vom 8. September 1970, Genosse Paul Verner ausführlich referiert hat. Genosse Stoph hat zusammenhängend die Aufgaben für das Jahr 1971 behandelt und dargelegt, wie es möglich ist, diese Aufgaben zu lösen. Im Referat des Genossen Honecker wurde gezeigt, wie die gesamte Partei im Zusammenhang mit dem Umtausch der Parteidokumente allseitig den Kampf führt und wie sie einheitlich und geschlossen handelt.

Die Diskussion auf dem Plenum hat in vielfältiger Weise bewiesen, daß die Beschlüsse des Plenums mit den Erfahrungen der Bezirks- und Kreisleitungen übereinstimmen.

Meines Erachtens kann das Schlußwort in der vorliegenden Fassung nicht veröffentlicht werden. Es gibt schon jetzt Diskussionen darüber, daß Du in Deinem Schlußwort auf die Beschlüsse des Politbüros vom 8. September 1970 nicht eingehst. Das war auch schon bei der Beratung mit den 1. Sekretären der Bezirksleitung der Fall, und darüber wurde auch während des 14. Plenums diskutiert.

Wenn das Schlußwort so veröffentlicht würde, wie es gegenwärtig vorliegt, käme direkt ein Gegensatz zu den von der 14. Tagung des ZK bestätigten Referaten heraus und wir würden in breitem Umfang eine Diskussion über unterschiedliche Auffassungen oder zwei Linien in der Partei bekommen.

Mit sozialistischem Gruß

3. Brief Walter Ulbrichts an
Hans Rodenberg vom 23. Oktober 1971 *

An Genossen Hans Rodenberg

Genosse Honecker behauptet mir gegenüber, ich hätte zu Dir gesagt, ich solle so aus dem politischen Leben ausgeschaltet werden wie Chruschtschow. Wer diese Lüge ausgedacht hat, das kann ich nicht wissen. Diejenigen haben jedenfalls keine Ahnung von meinem Verhältnis zu Chruschtschow. Ich kann das unmöglich behauptet haben.
Ich habe Ch. als Vertreter der Sowjetunion respektiert, wie es sich gehört.
1.) Genosse Leonid Breshnew wird sich erinnern was ich kurz vor der Absetzung Chruschtschows in Döllnsee über Ch. und seine ökonomische Politik gesagt habe.
2.) Ich hatte mit Ch. scharfe Auseinandersetzungen über die wirtschaftliche Rechnungsführung und über das ökonomische System.
3.) Als Ch. in die DDR kam, schimpfte er auf mich die ganze Strecke bis Magdeburg, weil ich nicht ein genügend gehorsamer Mais-Jünger war.
4.) Als der «Rapallopakt» nicht zustande kam und er die Westberlin-Frage in die Sackgasse geführt hatte, habe ich dem Politbüro der KPdSU vorgeschlagen, einen Beistandspakt zwischen der Sowjetunion und der DDR abzuschließen. Diesem Vorschlag stimmte das Politbüro der KPdSU zu.
5.) Als Adschubej, der Schwiegersohn von Ch., Journalisten in

---

* Quelle: IfGA / ZPA, Archivzugangsnummer 41 656

München und anderen Städten Westdeutschlands gesagt hatte, Ulbricht spiele sowieso keine Rolle mehr, da er an Krebs leide, hat das meine Beziehungen zu Ch. nicht verbessert.

6.) Das letzte Mal sah ich Ch., als er in Pizunda in Urlaub war und er mit dem Motorboot zur Datsche des Genossen Kuusinen kam, wo ich mich aufhielt. Er landete am Ufer und war böse gestimmt. Ein eigentliches Gespräch kam leider nicht zustande.

Warum Genosse Chruschtschow in meinem Denken keine Rolle gespielt hat, können vielleicht die sowjetischen Genossen besser erklären.

Ich kann nicht glauben, daß Du eine solche aus den Fingern gesogene Erklärung abgegeben haben sollst. Ich ersuche Dich, die anfangs genannte Behauptung des Genossen Honecker zu berichtigen.

W. Ulbricht

4. Notiz Werner Krolikowskis «Über das Verhältnis von Erich Honecker und Günter Mittag» vom 12. November 1980

Bei voller Betonung seiner Führungsrolle als dem unbestrittenen ersten Mann in Partei und Staat hat EH in einem jahrelangen Prozeß GM als seinen engsten Mitarbeiter und persönlichen Willenvollstrecker an seine Seite gestellt. GM ist aufgrund seines skrupellosen Charakters der einzige, der dazu taugt und alle «Ansprüche» von EH erfüllt. GM denkt und lebt nicht nach den Prinzipien eines echten, ehrlichen Kommunisten, eines Marxisten-Leninisten; sonst wäre er nicht in der Lage, EH im gewünschten Sinne zu dienen. Die Prinzipien eines Kommunisten verwendet GM nur als Etikett, als äußeren Schutz, hinter dem sich ein Mensch verbirgt, der bereit ist, EH bei jeder Schweinerei zu Dienste zu stehen. EH hat sich ganz bewußt GM ausgewählt, als sein willfähriges Werkzeug für alle Dinge. Mit jedem anderen im PB hätte es EH viel schwerer.

Heute kann davon ausgegangen werden, daß beide voneinander abhängig sind und sich beide gegenseitig benötigen. Aufgrund ihrer Skrupellosigkeit sind beide aber auch so einzuschätzen, daß, wenn es hart auf hart kommt, sie sich gegenseitig fallen lassen.

In dem Maße, wie EH sich mit GM enger liierte, hat EH gleichzeitig sein Arbeitsverhältnis zu anderen PB-Mitgliedern abgebaut. Z. B. zu Genossen W. Stoph, der von den Entscheidungsprozessen immer mehr ausgeschaltet wird, indem GM Leiter einer Wirtschaftskommission beim PB ist, in der er mit der SPK und den Ministern zusammentrifft und praktisch wie ein Regierungschef arbeitet. Auch die Arbeitsgruppe «Zahlungsbilanz», die GM leitet, wird mit demselben Stil geführt. GM hat auch die Außenhandelsfragen an sich gerissen, d. h. W. Jarowinsky aus der Hand genommen, obwohl dieser der verantwortliche Sekretär im ZK dafür ist. GM hat in wichtigen Fragen die Außenpolitik in seine Hand genommen und H. Axen an die Wand gespielt, denn er leitet eine «Kommission für die Zusammenarbeit mit den Ländern Afrikas, Asiens und Lateinamerikas» und leitet auch die «Arbeitsgruppe für die Beziehungen zur BRD». Auch die Fragen der Zusammenarbeit mit der Sowjetunion und im RGW gehen über den Tisch von GM – P. Verner steht hier am Rande des Geschehens. Auch in die Verantwortungsbereiche von G. Grüneberg (Landwirtschaft) und K. Hager (Wissenschaft) regiert GM hinein.

EH hat GM zum Mitglied des Staatsrates gemacht und zum Mitglied des Nationalen Verteidigungsrates! Er nimmt heute also eine mit Abstand priviligierte Stellung im PB ein, obwohl er der klassische Typ eines Usurpators ist. Viele Genossen des PB (die Mehrheit) hält das für falsch, aber duldet es, sie nehmen es auf sich, gegenüber GM sogar zurückgesetzt zu werden, nur um mit EH nicht in Streit zu geraten.

EH kennt die oppurtunistische Feigheit der meisten Genossen des PB genau und spekuliert auf dieser Basis, baut darauf sein Sinnen und Trachten, seine Konzeptionen der persönlichen Machtausübung auf.

So spielt heute GM in hündischer Ergebenheit zu EH. (Das braucht keine ehrliche Ergebenheit zu sein.) die Rolle des zweiten Mannes in der Führung der DDR. EH und GM selbst haben beim Gegner verbreiten lassen, daß GM der zweite Mann in der DDR und der Honecker-Vertraute ist.

EH und GM haben die gleiche Weltanschauung, die gleiche Ideologie, die gleiche Moralauffassung. Sie dienen nicht aufopferungsvoll und treu der Sache des Kommunismus, sondern nutzen ihn nur als geeignete Basis für die Ziele ihrer persönlichen Macht! Ihr heiligstes Prinzip ist dieses Funktionieren ihrer persönlichen Macht – ansonsten sind sie prinzipienlos, d. h. ihnen ist jedes Mittel recht, das der Festigung ihrer persönlichen Macht dient.

EH verlangt rigoros nur noch Ja-Sager im PB, alle müssen ihn unterstützen; wehe einer tanzt außer der Reihe! Er bespricht wichtige Dinge meist nur noch mit GM und setzt sie dann eigenmächtig durch. Das PB wird hinterher höchstens informiert, um «Ja» sagen zu können. So geschah es mit seiner Antwort auf dem Brief von L. I. Breshnew in bezug auf den Verzicht von 600–650 kt Erdöllieferung in die DDR zugunsten der Unterstützung der PVAP. Auch beim Gespräch mit G. Gaus ist er so verfahren – alles machte er ohne PB ganz allein und danach hat er zynisch seine Pappkameraden im PB in Kenntnis gesetzt.

EH und GM haben dieselbe Haltung zur eigenen Partei, zur Arbeiterklasse und zum Volk – so machten sie gemeinsame Sache beim großen Preisbetrug im Herbst 1979 und eigentlich bis heute.

Die gleiche Haltung verbindet EH und GM auch zur Sowjetunion – große Liebes- und Freundschaftssprüche in Worten und nationalistische Aufweichung der Freundschaft und Zusammenarbeit zwischen der DDR und der Sowjetunion in der Tat!

Und auch im Zusammenspiel mit dem Klassenfeind sind sich EH und GM völlig einig. EH schickte GM nach der BRD, nach Japan, nach Frankreich, nach Österreich, nach Mexiko, um in diesen Ländern für die DDR priviligierte Beziehungen aufzubauen. Das ist ihre große Konzeption, in der die Kompensationsstrategie den zentralen Platz einnimmt (womit die DDR von der Sowjetunion und den anderen sozialistischen Ländern immer weiter weggeführt, entfernt wird und in immer größere Abhängigkeit vom Kapitalismus gerät, der sie als Ausbeutungsobjekt benutzt).

Die NSW-Schulden stehen der DDR schon bis zum Hals! EH hat die Forderung an L. I. Breshnew auf der Krim, GM aus dieser Stellung zu entfernen, dem PB unterschlagen; ja er hat GM danach und seitdem noch demonstrativer aufgebaut! Der neueste Beweis ist die Rolle von GM beim Österreich-Besuch von EH. GM ist heute der wichtigste Willensvollstrecker von EH mit großen Vollmachten. Auf die Frage, warum GM so an EH hängt, kann man nur antworten, weil er bei keinem anderen Genossen des PB echte Unterstützung hat und weil GM ohne EH im PB und im ZK sich nicht halten könnte.

Die enge Verbindung zwischen EH und GM kam in der letzten Etappe der Arbeit von W. Ulbricht als 1. Sekretär des ZK zustande, als EH mit allen Mitteln dazu überging, die Ablösung von W. Ulbricht zu betreiben und die Macht an sich zu reißen. Eine Reihe Genossen charakterisieren die Quelle der engen Verbindung von EH und GM mit den Worten: beide haben gemeinsam eine Leiche in den Keller gebracht, die W. Ulbricht heißt.

GM hatte sich bei W. Ulbricht schon eine Vorzugsstellung erobert. Er war auch schon bei W. Ulbricht der Initiator vieler ökonomischer Fehlentscheidungen. Vor und während des VIII. Parteitages wurde GMs negatives Spiel in der ganzen Partei und im Volk mit Abscheu diskutiert, noch dazu, wo er die Kader sehr unmenschlich behandelte. EH hatte ihn zuerst auf seiner Abschußliste. Und vor dem VIII. Parteitag haben viele Genossen des PB (Stoph, Verner, Axen, Lamberz, Hager, Grüneberg usw.) zu EH gesagt, daß GM nicht in das PB gehört. EH, der diesen Genossen recht gab, trieb dennoch sein besonderes Spiel, denn er wußte, daß GM sein skrupelloser Diener wird. In Anwesenheit von W. Stoph stellte EH auf seiner Jagdhütte GM zur Rede und stellte ihn vor die Alternative: entweder mit W. Ulbricht zu brechen und ihm zu dienen oder er fliege aus dem PB.

GM hatte sich danach für EH entschieden, aber noch scheinheilig in der letzten Periode, wo W. Ulbricht 1. Sekretär des ZK war, demselben weiter zur Seite gestanden. So hatte er noch auf dem damaligen 14. Plenum des ZK Ulbrichts Losung: «Überholen ohne einzuholen» vertreten.

EH hat GM zwischenzeitlich als ZK-Sekretär (für 3 Jahre) ablösen lassen und als Ersten Stellvertreter des Vorsitzenden des Ministerrates eingesetzt – aber das geschah nur zur Beruhigung der Gemüter, die die Ablösung von GM verlangten und war zugleich die erste Phase des Aufbaus von GM als zweiter Mann für Honeckers Regime.

GM hat sich auch mit vielen Geschenken bei EH beliebt gemacht und sich ins Vertrauen geschlichen. Von der Leipziger Messe wurden neue wertvolle Erzeugnisse durch GM als Geschenk zu EH gebracht (große Autos voll), GM ließ in Frankreich EH vom Citroen-Konzern ein kostbares Auto schenken. Aus Japan, Österreich, Brasilien – überall her brachte er Geschenke mit.

In jeder Woche gehen EH und GM zusammen auf Jagd – wobei sie ihr weiteres politisches Treiben besprechen und planen.

EH und GM verfügen bei Schalk über Sondervalutakonto in bedeutender Höhe – mehrere Milliarden VM – worüber sie niemandem Rechenschaft legen, auch nicht im PB. Das ist schlimmster selbstherrlicher Machtmißbrauch. Über Schalk wird ein jährlicher Warenumsatz in Höhe von 12 Mrd. VM (NSW-Export(Import) getrieben, der außerhalb des Planes stattfindet; außerhalb jeder staatlichen Kontrolle steht und wofür die Industrie aber die produzierten Fertigerzeugnisse bereitstellen muß (Buschmann, Minister für Leichtindustrie 480 Mio Mark zu Betriebspreisen).

Schalk untersteht direkt EH. Die Valuta-Ergebnisse dieser Arbeit unterliegen der Verfügung von EH bzw. GM.

Das sind kriminelle Handlungen, deren Ausmaß noch näher aufgeklärt werden müßte.

Zum IX. Parteitag stellte Genosse W. Felfe an W. Stoph die Frage «Wann kommt denn Nachmittag?», d. h. wann muß denn GM endlich gehen – doch sein Aufbau durch EH erfolgte noch beschleunigter.

An den großen Belastungen, die der DDR in den vergangenen 10 Jahren aufgebürdet wurden, sind EH und GM hauptschuldig an den schweren Belastungen, die aus der Zeit W. Ulbrichts als negatives Erbe in ökonomischer Beziehung auf die DDR zugekommen sind, ist GM außerdem hauptschuldig beteiligt, der ja W. Ulbricht in den wirtschaftspolitischen Belangen initiiert hat.

5. Prognose über die Bewegung und Beherrschbarkeit der DDR-Schulden im Zeitraum von 1989 bis 1995 gegenüber dem kapitalistischen Ausland

Gerhard Schürer
Gerhard Beil
Alexander Schalck
Herta König
Werner Polze

Geheime Kommandosache
b 5 – 1111 / 89
5. Ausf., Blatt 1–7

Berlin, 28. September 1989

Entsprechend dem erteilten Auftrag haben die Genossen Schürer, Beil, Schalck, König und Polze darüber beraten, bis zu welcher Höhe die Entwicklung des «Sockels» im Zeitraum bis 1995 als finanziell beherrschbar angesehen werden kann.

Im Ergebnis dieser Beratung kommen sie zu folgender übereinstimmender Einschätzung:

1. Die gegenwärtige Zahlungssituation der DDR im Handel mit dem NSW ist dadurch gekennzeichnet, daß wir zur Einhaltung unserer Zahlungsverpflichtungen aus Krediten und Zinsen sowie zur Durchführung jährlicher Importe bereits jetzt weitestgehend von kapitalistischen Kreditgebern abhängig sind.

   Die jährliche Kreditaufnahme der DDR liegt bei 8–10 Mrd. VM. Das ist für ein Land wie die DDR eine außerordentlich hohe Summe, die bei ca. 400 Banken jeweils mobilisiert werden muß.

   Kapitalistische Banken haben für ihre Kreditausreichung gegenüber sozialistischen Ländern – ebenso wie gegenüber Entwicklungsländern – Länderlimite festgelegt.

   Auf Grund der bereits jetzt hohen Kreditaufnahmen sind die Banken nicht bereit, diese Limite für die DDR wesentlich zu erhöhen.

Die weitere Beschaffung von Krediten in den Jahren bis 1995 ist maßgeblich abhängig von

- der Wirkung politischer Faktoren auf die Kreditvergabebereitschaft kapitalistischer Banken und der Haltung der Regierungen solcher Länder wie Japan und der BRD, die zu den wichtigsten Kreditgebern der DDR gehören;
- der wirtschaftlichen Entwicklung der DDR, insbesondere der Außenhandelsentwicklung, der Kostenentwicklung, der Akkumulationskraft, der Geldstabilität, der Arbeitskräfteentwicklung usw.;
- der Beibehaltung relativ hoher Anlagen bei ausländischen Banken, die als Guthaben der DDR in Erscheinung treten, auch wenn es sich um Depositen und bereits mobilisierte, noch nicht eingesetzte Kredite handelt.

Bei Wahrung der Geheimhaltung über den tatsächlichen Charakter dieser «Guthaben» tragen sie ganz wesentlich zum Ansehen der DDR als solider und zuverlässiger Kreditnehmer bei.

Unter Berücksichtigung aller dargestellten und zum Teil durch uns nicht beeinflußbaren Faktoren ist die Bestimmung jährlich finanzierbarer Ausgabeüberschüsse und damit jährlich beschaffbarer Kredite bis 1995 nicht mit absoluter Sicherheit und Garantie möglich.

Unter der Voraussetzung, die jährliche Kreditaufnahme von 8–10 Mrd. VM in den Jahren bis 1991 fortzusetzen – das wird aus gegenwärtiger Sicht von uns für möglich gehalten – wird eingeschätzt, daß der zu finanzierende Ausgabeüberschuß 1995 maximal 40–45 Mrd. VM betragen kann, was mit außerordentlich hohen Belastungen an Kosten und Zinsen verbunden ist.

Dabei ist jedoch unterstellt, daß alle vereinbarten und noch nicht voll in Anspruch genommenen Kredite eingesetzt, wodurch die im Ausland gegenwärtig unterhaltenen Guthaben reduziert werden.

2. Ausgehend von diesen maximalen Finanzierungsmöglichkeiten und unter Berücksichtigung des 1989 voraussichtlich eintretenden Importüberschusses von 0,2 Mrd. VM reichen die dem bisherigen Konzept zugrunde gelegten Exporte nicht aus.

Die zur Aufrechterhaltung der Zahlungsfähigkeit der DDR unabdingbar notwendigen Exporte bis 1995 betragen:

– Mrd. VM –

	1989	1990	1991	1992	1993	1994	1995
Exporte	12,2	14,1	17,0	19,5	22,0	23,0	24,0

Dabei wird ab 1991 von einem im wesentlichen gleichbleibenden Import von 12,5–12,8 Mrd. VM ausgegangen.
Trotz dieser hohen Exportüberschüsse entwickeln sich der «Sockel» und die Ausgabeüberschüsse wie folgt:

	1989	1990	1991	1992	1993	1994	1995
Ausgabe-überschuß (Zwischen-finanzie-rung)	20,7	27,0	34,9	39,8	42,9	44,7	45,2
Sockel	– 41,8	– 47,6	– 54,7	– 56,6	– 56,2	– 55,1	– 52,6

Das ist darauf zurückzuführen, daß aufgrund des hohen Standes der Verschuldung die Kosten und Zinsen für die Kredite die geplanten hohen Exportüberschüsse noch übersteigen und wie folgt anwachsen:

	1989	1990	1991	1992	1993	1994	1995
Kosten und Zinsen	5,6	7,0	8,2	7,8	8,4	8,6	8,7

Es muß ausdrücklich hervorgehoben werden, daß die geforderten Exporte unter allen Umständen materiell zu untersetzen und zu realisieren sind. Jede Nichtbereitstellung der jährlich geplanten Exporte muß unmittelbar Importkürzungen in gleicher Höhe zur Folge haben. Bei dem jetzt erreichten Niveau unserer Verschuldung würde eine Unterschreitung der geforderten Exportziele unweigerlich die Zahlungsunfähigkeit bedeuten.

3. Für die weitere Arbeit am Plan 1990 und an der Konzeption für 1991–1995 bedeutet diese Forderung, daß prinzipielle Entscheidungen zur materiellen Untersetzung und tatsächlichen Bereitstellung verkaufsfähiger Exportfonds getroffen werden müssen. Nach dem gegenwärtigen Stand der Planberatungen mit den Ministern fehlen allein gegenüber den STAG 1990 noch Exportfonds

von	1,2 Mrd. VM
und es werden mehr Importe von	1,3 Mrd. VM

gefordert.

Das bedeutet, daß für ca. 12 Mrd. M volkswirtschaftliches Endprodukt zugunsten des NSW-Exports bzw. zu Lasten des Imports in den Bilanzen entschieden werden muß.

Auch der gegenwärtige Arbeitsstand der Staatlichen Plankommission mit einem Exportüberschuß von 0,5 Mrd. VM erfüllt noch nicht die für die Sicherung der Zahlungsfähigkeit gestellten Bedingungen.

Es muß davon ausgegangen werden, daß die Beratungen mit allen Ministern mit hoher Parteilichkeit und Disziplin sowie mit großem Engagement durchgeführt wurden. Weitere Beratungen mit den Ministern – ohne vorher getroffene Entscheidungen zur Veränderung der Verteilungsproportionen zugunsten von NSW-Exporten – werden das Problem nicht lösen.

4. Die Nichtbereitstellung der geforderten NSW-Exporte würde zur Zahlungsunfähigkeit führen.

Die bedingungslose Sicherung der Zahlungsfähigkeit der Republik ist die entscheidende Voraussetzung für die politische Stabilität der DDR und die weitere wirtschaftliche Entwicklung.

Eine Nichteinhaltung eingegangener Rückzahlungsverpflichtungen aus Krediten oder eine nicht termingemäße Bezahlung von Zinsen würde zur Einstellung der gesamten Kreditgewährung kapitalistischer Banken führen. Damit würden auch keine Kredite mehr für den Import der DDR zur Verfügung stehen.

Das beweist das Beispiel von Polen. Die VR Polen hat nachweislich seit Einstellung der Zahlungen 1981 keine neuen Kredite von kapitalistischen Banken mehr erhalten. Importe können nur durchgeführt werden, wenn sie aus Exporteinnahmen oder Devisenreserven bar bezahlt werden können.

Umschuldungsabkommen, wie sie früher üblich waren, gibt es nicht mehr. Seit Jahren werden Umschuldungsabkommen durch kapitalistische Banken nur noch unter Mitwirkung des IWF abgeschlossen.

Voraussetzung für eine mögliche Umschuldung ist die Einhaltung von Auflagen, die der IWF erteilt.

Diese Auflagen basieren auf Untersuchungen des IWF in den betreffenden Ländern zu Fragen der Kostenentwicklung, der Betriebsrentabilität, der Investtätigkeit, der Geldstabilität u. ä. und beziehen sich z. B. auf

- den Verzicht des Staates, in die Wirtschaft einzugreifen (Beispiel Polen);
- die Einschränkung von Subventionen mit dem Ziel, sie abzuschaffen (Polen, Jugoslawien, Ungarn);
- die Freigabe von Importen aus westlichen Ländern, d. h. den Verzicht des Staates, die Importpolitik zu bestimmen.

Der Frage der Sicherung der Zahlungsunfähigkeit der Republik ist deshalb unter politischem und ökonomischem Aspekt oberste Priorität einzuräumen.

5. Davon ausgehend werden folgende Prämissen für die weiteren Arbeiten am Plan 1991–95 als unerläßlich angesehen:

a) Eine entscheidende materielle Basis unserer Produktion und damit auch der Produktion von NSW-Exportwaren sind die Rohstofflieferungen aus der UdSSR.

Die Sicherung dieser Importe setzt die konsequente Fortsetzung stabiler Außenwirtschaftsbeziehungen mit der UdSSR und die Bereitstellung der zur Bezahlung der Importe erforderlichen Exporte in der notwendigen Höhe und Struktur voraus.

b) Das Erreichen der zur Sicherung der Zahlungsfähigkeit der DDR notwendigen Exporte in das NSW erfordert ein wesentlich höheres Aufkommen an absatzfähiger Exportware, wozu die erforderlichen Voraussetzungen geschaffen werden müssen. In keinem Jahr darf ein Exportplan bestätigt werden, der nicht vollständig materiell untersetzt ist. Steigerungen im NSW-Export von jährlich über 2 bsi 3 Mrd. VM können nicht mit unspezifizierten Exportfonds realisiert werden und erfordern eine langfristige Bereitstellung konkreter absatzfähiger Waren.

6. Schreiben von Egon Krenz an Erich Honecker vom 2. November 1988 mit dem Vorschlag, das politische Strafrecht weiter zu verschärfen

Lieber Genosse Erich Honecker!

Wie im Gesetzgebungsplan festgelegt, wurden die Entwürfe
– des 5. Strafrechtsänderungsgesetzes,
– des Gesetzes über eine staatliche Vorauszahlung an durch Straftaten geschädigte Bürger,
– der Verordnung zur Änderung und Ergänzung der Verordnungen zur Verfolgung von Verfehlungen und zur Bekämpfung von Ordnungswidrigkeiten
ausgearbeitet.

Sie dienen im wesentlichen folgendem Anliegen:
– Mit der Aufnahme von neuen Tatbeständen zur Bestrafung von Folter und Geiselnahme wird gezeigt, daß die DDR konsequent die internationalen Abkommen einhält und die Verwirklichung der Menschenrechte in unserem Staat einen hohen Rang einnimmt.
Die Aufnahme der Strafbarkeit des Versuchs bei der Anfertigung und Verbreitung von staatsverleumderischen Schriften, Symbolen usw. erlaubt es, in einem möglichst frühen Stadium gegen die Straftäter vorzugehen. Dem flexiblen Vorgehen dient auch eine Änderung des Tatbestandes der Zusammenrottung.
Der Einsatz von Computern in der Volkswirtschaft und in anderen Bereichen macht es erforderlich, daß Bestimmungen zum Schutze dieser neuen Technik und der Daten, auch gegen ihren Mißbrauch, aufgenommen werden, wie dies international üblich ist.

364

Wie von Dir auf der letzten Staatsratssitzung gefordert, ist auch eine Ergänzung der Bestimmung über Falschmeldung vorgenommen worden.

– Neu aufgenommen wurde der Tatbestand der Spekulation. Damit soll künftig der spekulative Handel mit wertvollen Konsumgütern wie Computertechnik, mit Zahlungsmitteln, Kulturgut und Briefmarken, darunter auch der Schmuggel im grenzüberschreitenden Verkehr, wirksamer bekämpft werden.

– Das Ergänzungsgesetz enthält mehrere Bestimmungen, die eine Strafverfolgung nicht mehr von Amtswegen, sondern nur auf Antrag des Geschädigten vorsehen. Ferner kann von Maßnahmen der strafrechtlichen Verantwortlichkeit abgesehen werden, wenn kein gesellschaftliches Interesse an der Verfolgung einer Straftat besteht.

Ich bitte um Zustimmung, daß die beiliegende Vorlage dem Politbüro unterbreitet werden kann. Natürlich müssen wir in Betracht ziehen, daß westliche Medien diese Strafrechtserneuerungen böswillig gegen uns kommentieren werden.

Falls Du der Einreichung der Vorlage zustimmst, würde ihre Begründung in der Volkskammer durch den Minister der Justiz im Komplex mit der Gesetzesvorlage über die Nachprüfung von Verwaltungsentscheidungen erfolgen.

Ich bitte um Entscheidung.

Mit sozialistischem Gruß

Egon Krenz

7. Brief von Politbüromitglied Günther Kleiber an Erich Honecker vom 4. Oktober 1989, die Ausreise von Botschaftsflüchtlingen in Prag betreffend

Günther Kleiber   Berlin, 4. Okt. 1989

Lieber Genosse Erich Honecker!
Heute, 9.00 Uhr, war der tschechoslowakische Botschafter in der DDR bei mir, um eine dringende Bitte des Vorsitzenden des Ministerrates der CSSR vorzutragen. Dazu hat er heute früh 8.15 Uhr vom Genossen Adamec einen entsprechenden Auftrag erhalten.

Er teilte mit, daß es mit den DDR-Bürgern in Prag, die sich auf der Straße aufhalten (3 bis 4000), eine kritische Situation gibt. Ferner gibt es große Gefahrenmomente für die Kinder, die sich mit auf der Straße befinden.

Der Vorsitzende des Ministerrates bittet um eine schnelle Abreise aus Prag, da es Anzeichen gibt, daß sich oppositionelle Gruppen der CSSR mit DDR-Bürgern vereinigen. Genosse Adamec läßt mitteilen, wenn die DDR nicht in der Lage ist, die Bürger abzutransportieren, muß die CSSR Maßnahmen ergreifen. Die CSSR ist bereit und vorbereitet, mit ihren Zügen die DDR-Bürger direkt in die BRD zu transportieren. Er betonte nochmals, nur die Bürger, die sich auf der Straße befinden.

Ich habe diese Mitteilung zur Kenntnis genommen und ihm mitgeteilt, daß er in Kürze eine entsprechende Nachricht erhält.

Günther Kleiber

8. Geheimbefehl Erich Honeckers an die Bezirkseinsatzleitung und die Kreiseinsatzleitungen der Stadtbezirke Ostberlins vom 26. September 1989

DEUTSCHE DEMOKRATISCHE
REPUBLIK

NATIONALER
VERTEIDIGUNGSRAT
DER VORSITZENDE

BEFEHL Nr. 8 / 89

des Vorsitzenden des Nationalen Verteidigungsrates
der Deutschen Demokratischen Republik

über

Maßnahmen zur Gewährleistung der Sicherheit
und Ordnung in der Hauptstadt der DDR, BERLIN,
anläßlich des 40. Jahrestages der DDR

vom 26. 09. 1989

Am 07. 10. 1989 begehen die Bürger der Deutschen Demokratischen Republik voller Stolz und Freude den 40. Jahrestag der Gründung der Deutschen Demokratischen Republik.

Die Vorbereitung und Durchführung dieses gesellschaftlichen Höhepunktes der Bürger der Deutschen Demokratischen Republik benutzen bestimmte Kreise in der BRD und BERLIN (WEST) sowie von ihnen ausgehaltene und beeinflußte feindliche Gruppen zu einer außergewöhnlichen Hetzkampagne gegen unsere sozialisti-

367

sche Gesellschaftsordnung sowie gegen das gesamte Volk der DDR und zur Störung des Ablaufes des normalen Lebens.

Zur Gewährleistung der Sicherheit und Ordnung in der Hauptstadt der Deutschen Demokratischen Republik, BERLIN, und zur Verhinderung von Provokationen unterschiedlicher Art bei der Vorbereitung und Durchführung der Veranstaltungen anläßlich der Feierlichkeiten zum 40. Jahrestag der Deutschen Demokratischen Republik

B E F E H L E   I C H :

1. Auf der Grundlage des Status der Einsatzleitungen der Deutschen Demokratischen Republik haben
   – die Bezirkseinsatzleitung der Hauptstadt der DDR, BERLIN, und
   – die Kreiseinsatzleitungen der Stadtbezirke der Hauptstadt der DDR, BERLIN,

   mit sofortiger Wirkung

   die Führungsbereitschaft in ihren stationären Objekten herzustellen.
2. Die Arbeitsorgane der Vorsitzenden und die Führungsorgane der Mitglieder dieser Einsatzleitungen sind ständig durch leitende Kader zu besetzen.
3. Hauptaufgaben der Bezirkseinsatzleitung sind:
   – die ständige Analyse der politischen Lage und die Festlegung der erforderlichen politisch-ideologischen und politisch-operativen Maßnahmen zur Gewährleistung einer hohen Sicherheit und Ordnung auf dem Territorium der Hauptstadt der DDR, BERLIN,
   – die Organisation einer zielgerichteten politisch-ideologischen Arbeit in allen gesellschaftlichen Bereichen und des offensiven Reagierens auf provokatorische Erscheinungen und Aktionen,
   – die Aufrechterhaltung eines ununterbrochenen engen Zusammenwirkens zwischen dem Arbeitsorgan des Vorsitzenden

und den Führungsorganen der Mitglieder der Bezirkseinsatzleitung,
- die Gewährleistung einer ständigen operativen Informations-
  tätigkeit von den Kreiseinsatzleitungen der Stadtbezirke zur
  Bezirkseinsatzleitung,
- die Bereitschaft zur Organisation des Zusammenwirkens mit
  den Bezirkseinsatzleitungen FRANKFURT/ODER und
  POTSDAM in Abhängigkeit von der Lageentwicklung,
- die Gewährleistung einer straffen Führung der Kreiseinsatzleitungen der Stadtbezirke   sowie
- die Kontrolle der festgelegten Maßnahmen.
4. Der Vorsitzende der Bezirkseinsatzleitung der Hauptstadt der
   DDR, BERLIN, hat in einem Befehl
   - die Herstellung der Führungsbereitschaft der Kreiseinsatzlei-
     tungen der Stadtbezirke anzuweisen   und
   - in Abhängigkeit von den spezifischen Bedingungen der Stadt-
     bezirke den Kreiseinsatzleitungen entsprechende Aufgaben zu
     stellen.
5. Meldungen an den Generalsekretär des Zentralkomitees der SED
   und Vorsitzenden des Nationalen Verteidigungsrates der DDR:
   - Sofortmeldungen über schwerwiegende besondere Vor-
     kommnisse politisch-provokativen Charakters;
   - tägliche Meldungen 08.00 Uhr mit Stand 06.00 Uhr über die
     Gesamtlage im Verantwortungsbereich der Hauptstadt der
     DDR, BERLIN, schriftlich.
6. Dieser Befehl tritt mit sofortiger Wirkung in Kraft und hat Gültigkeit bis auf Widerruf.

Berlin, den 26.09.1989   E . H o n e c k e r
                             Generalsekretär des Zentralkomitees
                             der Sozialistischen Einheitspartei
                             Deutschlands und Vorsitzender des
                             Nationalen Verteidigungsrates der
                             Deutschen Demokratischen Republik

9. Fernschreiben Erich Honeckers an die Bezirkseinsatzleitungen vom 13. Oktober 1989

An die

Vorsitzenden der
Bezirkseinsatzleitungen

Liebe Genossen!
Nach Auswertung des taktischen Vorgehens bei Ausschreitungen muß ausdrücklich darauf hingewiesen werden, daß alle Entscheidungen, die durch den Vorsitzenden der Bezirkseinsatzleitung getroffen werden, in engster Abstimmung mit den zuständigen Schutz- und Sicherheitskräften zu erfolgen haben, damit das einheitliche Vorgehen in jeder Situation gewährleistet ist. Es ist dabei alles zu tun, die Autorität und das Ansehen der Angehörigen der bewaffneten Kräfte zu wahren und zu stärken.

Mit sozialistischem Gruß
gez. E. Honecker

Berlin, 13. Oktober 1989

10. Beschluß des Politbüros vom 24. März 1981 (Auszug)

Grundlinie
der Entwicklung der Braunkohlenindustrie im Zeitraum 1981 bis 1985 und bis 1990

Die Braunkohle ist der wichtigste Primärenergieträger und ein entscheidender Rohstoff in der DDR. Ihr Anteil am Gesamtenergieträgeraufkommen betrug 1980 60%. Aus Braunkohle werden 82% der Elektroenergie und 20% des Gasaufkommens erzeugt. Für die chemische Industrie werden Rohstoffe in Höhe eines Erdöläquivalents von 7 Mio t bereitgestellt. 92% des Energiebedarfes der Bevölkerung werden auf der Grundlage der Braunkohle abgedeckt. Die große ökonomische Bedeutung der Braunkohle im volkswirtschaftlichen Reproduktionsprozeß wird sich in den nächsten Jahren noch weiter ausprägen.

Der Zuwachs an Primärenergie ist in der DDR zum größten Teil auf der Basis von Braunkohle zu realisieren, so daß ihr Anteil im Jahre 1985 63% betragen wird. Die im volkswirtschaftlichen Interesse notwendige Reduzierung des Imports von Energieträgern, insbesondere die Heizölablösung sowie die Verringerung des Einsatzes von Steinkohle für die Wärmeversorgung, sind nur durch den verstärkten Einsatz von Braunkohle auszugleichen. Die importierten Energieträger wie Erdöl, Erdgas und Steinkohle werden künftig vor allem als Ausgangsstoff für höher veredelte Produkte oder für technologisch bedingte Hochtemperaturprozesse in der Volkswirtschaft eingesetzt.

In den achtziger Jahren wird die Bedeutung der Braunkohle als

Rohstoff anwachsen. Insbesondere wächst ihre Rolle für die Herstellung carbochemischer Produkte. An der Sicherung des dafür notwendigen wissenschaftlich-technischen Vorlaufes wird auf der Grundlage des Politbürobeschlusses vom 24.11.1980 zur Grundlinie der Weiterentwicklung der Kohleveredlung konzentriert und zielstrebig gearbeitet.

In Heizöl- oder Steinkohleäquivalent ausgedrückt, entspricht der Einsatz der Braunkohle als Energieträger und Rohstoff in der DDR 1980 insgesamt 56 Mio t Heizöl oder 78 Mio t Steinkohleeinheiten. (Für diese Heizölmenge müßte die DDR nach dem derzeitigen Grad der Spaltung etwa 110 Mio t Erdöl beschaffen). Bei einem vollen Ausbau der Braunkohleförderung auf 300 Mio t/a sind das 63 Mio t Heizöl oder 85 Mio t Steinkohleeinheiten pro Jahr.

Um den wachsenden Primärenergieträgerbedarf abzudecken, die Substitution von Importenergieträgern durchzuführen und die Braunkohle zunehmend als Rohstoff zu nutzen, ist eine kontinuierliche Erhöhung der Rohbraunkohleförderung notwendig.

Dabei ist die Braunkohleindustrie unter Beachtung der natürlichen Faktoren (Tagebautechnologie) so auszubauen, daß sie die Volkswirtschaft der DDR auch unter komplizierten Witterungsbedingungen jederzeit stabil versorgen kann. Die Braunkohlenindustrie ist vorrangig und kontinuierlich zu entwickeln, da sie als eigene Brenn- und Rohstoffbasis eine entscheidende Säule für die Erfüllung der Hauptaufgabe in ihrer Einheit von Wirtschafts- und Sozialpolitik bei der weiteren Gestaltung der entwickelten sozialistischen Gesellschaft in der DDR ist.

Ausgehend von umfangreichen Untersuchungen einer Arbeitsgruppe der Abteilung Grundstoffindustrie des ZK, des Ministeriums für Kohle und Energie, der Staatlichen Plankommission und des Ministeriums für Geologie in Zusammenarbeit mit anderen Ministerien und wissenschaftlichen Einrichtungen wird folgende Grundlinie der Entwicklung der Braunkohlenindustrie vorgeschlagen:

I. Grundlinie der Entwicklung der Rohbraunkohleförderung

Die durchgeführten Berechnungen ergaben, daß zur Erfüllung der volkswirtschaftlichen Aufgaben folgende Steigerung der Rohbraunkohleförderung erforderlich ist:

1980	258 Mio t
1985	285–290 Mio t
1987/88	300 Mio t

Die Förderhöhe von 300 Mio t muß dann für mehrere Jahrzehnte gesichert werden.

Deshalb ist es notwendig, zur Gewährleistung des Zuwachses im Primärenergieträgeraufkommen in den folgenden Jahrzehnten die forcierte Entwicklung der Kernenergie zur Elektroenergie- und Wärmeerzeugung weiter zu betreiben.

Die geologischen Erkundungen belegen, daß für diese Fördersteigerung eine ausreichende Vorratsbasis vorhanden ist. Die industriell nutzbaren Braunkohlenvorräte betragen 22 Mrd. t, die von der Staatlichen Vorratskommission bestätigten Bilanzvorräte 12,5 Mrd. t. Die Steigerung der Rohbraunkohleförderung erfordert, im Zeitraum bis 1985 8 Mrd. t weitere Bilanzvorräte zu erkunden. Im gleichen Zeitraum sind 4 Mrd. t der bestätigten Vorräte für die unmittelbare Abbauplanung weiter zu untersuchen. Damit verfügen die zum Abbau vorgesehenen Felder über gesicherte Erkundungsergebnisse.

Um die Entwicklung der Rohbraunkohleförderung zu sichern und auslaufende Tagebaukapazitäten zu ersetzen, ist im Zeitraum 1981–1990 eine Jahresförderkapazität von 140 Mio t für den Ersatz auslaufender Tagebaue und für die Erweiterung zu schaffen. Es sind über 50% der vorhandenen Tagebaukapazitäten durch Intensivierung und Neuaufschluß in den nächsten 10 Jahren neu aufzubauen. Insgesamt ist der Aufschluß von 18 neuen Tagebauen durchzuführen.

11. Brief Günter Mittags an Erich Honecker vom 5. April 1988

Lieber Genosse Erich Honecker!

Nach dem Arbeitsplan des Zentralkomitees der SED haben die Genossen Schürer und Höfner dem Politbüro im März 1988 die staatlichen Aufgaben zur Ausarbeitung des Volkswirtschaftsplanes und des Staatshaushaltsplanes für das Jahr 1989 vorzulegen. Die staatlichen Aufgaben zur Ausarbeitung des Planes stellen ein wichtiges Instrument dar, die Beschlüsse des XI. Parteitages und die dazu von Dir in der Beratung mit den 1. Sekretären der Kreisleitungen gegebenen grundlegenden Orientierungen zur Weiterführung der Einheit von Wirtschafts- und Sozialpolitik im Jahre 1989 erfolgreich weiter zu verwirklichen.

Die Genossen Schürer und Höfner haben, nachdem sie mit Ministern mehrfach beraten haben, am 4. 4. 1988 Informationen über den Stand der Arbeit an den staatlichen Aufgaben 1989 vorgelegt. Die Prüfung durch die Abteilung Planung und Finanzen ergibt, daß damit noch kein realer und bilanzierter Plansatz für 1989 vorgelegt wird. Der erreichte Arbeitsstand ist hinsichtlich der vorgesehenen Leistungsentwicklung und des vorgesehenen Einsatzes von Nationaleinkommen unterschiedlich zu bewerten.

1. Auf dem Gebiet der Leistungsentwicklung sind nach den Beratungen mit den Ministern weitgehend realistische Zielstellungen vorgesehen. Sie gehen aus von den vorhandenen materiell-technischen Möglichkeiten und weiteren Initiativen der Werktätigen zur Erschließung von Leistungs- und Effektivitätsreserven im sozialistischen Wettbewerb. Das kommt in solchen Wachstumszielen 1989 gegenüber dem Plan 1988 zum Ausdruck wie

Steigerung des produzierten Nationaleinkommens	um 4,2 %
Erhöhung der industriellen Warenproduktion der Industrie	um 4,4 %
der Nettoproduktion der Industrie	um 7,8 %
bei Steigerung der Arbeitsproduktivität der Industrie	um 8,2 %
Gesamtertrag der Pflanzenproduktion – Dezitonnen Gl je ha –	50,0
Bauproduktion im Bereich des Ministeriums für Bauwesen	um 1,8 %
Leistungen im Bereich des Ministeriums für Verkehrswesen	um 2,1 %
Warenfonds zur Versorgung der Bevölkerung	um 3,4 %
Nettogeldeinnahmen der Bevölkerung	um 3,4 %
Schaffung von Wohnungen durch Neubau und Modernisierung – Wohnungseinheiten –	213.000

Im Vergleich zum Fünfjahrplan ist beim produzierten Nationaleinkommen festzustellen, daß die für 1989 enthaltenen Ziele um 6,6 Milliarden Mark unterschritten werden.

2. Bei der Verwendung des Nationaleinkommens wird mit den staatlichen Aufgaben für das Jahr 1989 eine Verteilung von materiellen und finanziellen Fonds vorgesehen, die in einer Größenordnung von rd. 9 Milliarden Mark nicht real durch Leistungen zur Verfügung stehen und nicht bilanziert werden können. Dabei ist zu berücksichtigen, daß in den ersten drei Jahren des Fünfjahrplanes 13 Milliarden Mark Nationaleinkommen im Inland mehr eingesetzt wurden als es der Fünfjahrplan vorsah.

Als Folge wird in den Materialien der Genossen Schürer und Höfner dargestellt, daß

375

- im Staatshaushalt die Ausgaben um 6–8 Milliarden Mark höher wären als die Einnahmen
- der «Sockel» gegenüber dem NSW um weitere 4,4 Milliarden Valutamark auf 38,9 Milliarden Valutamark Ende 1989 ansteigen würde.

Ob damit künftig die Zahlungsfähigkeit der DDR gegenüber Firmen und Banken im NSW gewährleistet werden kann, bleibt unbeantwortet. Nach den Angaben der dafür vom Politbüro verantwortlich eingesetzten Genossen ist es notwendig, im Jahre 1989 unbedingt einen Exportüberschuß von 4,2 Milliarden Valutamark im NSW zu sichern, um diese Aufgabe beherrschbar zu gestalten. Die vom Genossen Schürer konzipierte Verteilung des Nationaleinkommens sieht einen NSW-Exportüberschuß von 2,1 Milliarden Valutamark vor.

3. Von den Genossen Schürer und Höfner werden in volkswirtschaftlicher Größenordnung keine Vorschläge unterbreitet, wie diese große Unbilanziertheit im Planansatz 1989 beseitigt werden kann und auf welchen Gebieten 1989 materielle und finanzielle Fonds nicht zur Verfügung gestellt und so mit den staatlichen Aufgaben nicht vorgegeben werden können.

Um die Arbeit an der weiteren Vorbereitung des Volkswirtschafts- und Staatshaushaltsplanes 1989 erfolgreich entsprechend Deinen Orientierungen auf der Beratung mit den 1. Kreissekretären gestalten zu können, halten wir es für erforderlich, daß die Genossen Schürer und Höfner beauftragt werden, dem Politbüro jetzt eine kurze Information über den erreichten Stand der Arbeit an den staatlichen Aufgaben vorzulegen.

Wenn Du einverstanden bist, sollte im Politbüro festgelegt werden, unter Leitung des Vorsitzenden des Ministerrates daran zu arbeiten, dem Politbüro bis Ende April anspruchsvolle bilanzierte Aufgaben für die Erwirtschaftung und Verwendung des Nationaleinkommens zur Ausarbeitung des Volkswirtschaftsplanes und des Staatshaushaltsplanes 1989 zur Beratung vorzulegen.

Mit kommunistischem Gruß

12. Information der Stasihauptabteilung XVIII/1 über Differenzen zwischen ZK-Abteilungsleiter Günter Ehrensperger und Günter Mittag hinsichtlich des Entwurfs für den Fünfjahrplan 1986–1990

Hauptabteilung XVIII/1   Berlin, 26.03.1985

Information

Durch eine Quelle wurde bekannt, daß der Leiter der Abteilung Planung und Finanzen im ZK der SED am 21.03.1985 einige Sektorenleiter und seine beiden Stellvertreter davon informierte, daß er gegenüber dem Gen. Dr. Mittag seinen ablehnenden Standpunkt zum Entwurf der SPK zum 5-Jahr-Plan 1986–1990 zum Ausdruck gebracht habe. Gen. Ehrensperger begründet das mit drei Argumenten:

1. Das vorgesehene Leistungswachstum sei angesichts der angespannten Rohstoff- und Energielage sowie der fehlenden Investmittel zu hoch angesetzt und könne nicht erreicht werden.

2. Die vorgesehene Entschuldung sei unreal, da ein zu hoher NSW-Export geplant wird. Nach seiner Meinung sollten sowohl der NSW-Export als auch der NSW-Import gesenkt werden, um bei realen Planzielen den konzipierten Exportüberschuß zu erhalten.

3. Der Anteil des Bereiches kommerzielle Koordinierung an den Außenwirtschaftsbeziehungen mit dem NSW sei ungerechtfertigt hoch.

Gen. Dr. Mittag habe diese Argumentation zurückgewiesen. Gen. Ehrensperger hat deshalb festgelegt, daß für das Politbüro eine glatt formulierte positive Stellungnahme erarbeitet wird, mit dem Vorschlag, dem Planentwurf zuzustimmen.

Leiter der Abteilung

Linke
Oberst

13. Schreiben A. Schalcks an das Mitglied des Politbüros, Hermann Matern, vom 29. Dezember 1965

Werter Genosse Matern!

Mit Abschluß des Jahres 1965 möchte ich Dich zu zwei Komplexen informieren:

1. Erreichter Stand der im Jahre 1965 für die Partei erwirtschafteten Gelder;
2. Einige Gedanken über die Fortführung der Arbeiten im Jahre 1966.

Zur Sicherung der von uns an die Fa. NOLTE übermittelten Gelder habe ich vorgeschlagen, daß über die von uns beim Ausbau des Hauses Kurfürstenstr. 20 investierten Mittel eine Vereinbarung zur Sicherung der Eigentumsrechte durch uns mit der Fa. NOLTE getroffen wird. Die Verfahrensweise müßte im einzelnen noch mit einem Rechtsanwalt abgestimmt werden. Ich bin der Auffassung, daß bis zum Vorliegen dieser Vereinbarung an die Fa. NOLTE keine weiteren Barzahlungen erfolgen (bis auf evtl. notwendige Gelder für die Finanzierung der drei Genossen), <u>da keine Gewähr besteht,</u> daß die über die Finanzierung der dort beschäftigten Genossen hinaus übermittelten Gelder uns zum größten Teil erhalten bleiben.

Mit Stand vom 28. Dezember 1965 befinden sich noch Barmittel im Werte von   262 170,15 DM-West in meinen Händen, die ich Dir unmittelbar am Jahresbeginn übergeben werde.

Aufgrund der getroffenen Absprache mit Genossen Steidl wurden die an der Erwirtschaftung der Mittel beteiligten Genossen anläßlich des Jahrestages der Republik und des Jahreswechsels 1965 mit Geld- und Sachprämien ausgezeichnet.

1. Insgesamt wurden im Jahre 1965
abgeführt:

An das Zentralkomitee in bar: 1 239 500,— DM-West

Darüber hinaus wurden an die
Abteilung Verkehr, Genossen Szigulla,
übergeben:

2 Pkw (fabrikneu), Type BMW 1600, mit
einem Gesamtwert von 18 400,— DM-West
und
1 Pkw (gebraucht), Type Opel-Kapitän, 5 000,— DM-West

An Genossen Steidl wurden übergeben:
2 Kopiergeräte mit einem Wert von 2 766,55 DM-West

Der Fa. NOLTE bzw. SOCOLI
wurden zur Finanzierung der gegenwärtig in diesen Betrieben arbeitenden
Funktionären (Braukamp, Judick, Olek)
sowie zur Einrichtung des Westberliner
Büros im Jahre 1965 insgesamt gegen
Quittung übergeben: 267 406,— DM-West
(In dieser Summe ist ein erheblicher Teil
Mittel enthalten für den Ausbau des
neuen Hauses in Bochum, Kurfürstenstr. 20, das am 30. 6. 1966 in das
Privateigentum von Fritz Nolte
übergeht).

2. Der bisherige Rahmen meiner Tätigkeit war relativ klein gehalten, weil auch zeitlich keine Voraussetzungen bestanden, dieses
Aufgabengebiet weiter auszudehnen.
Aufgrund der gesammelten Erfahrung bin ich der Auffassung,
daß reale Möglichkeiten bestehen, daß der Parteiführung im

Jahre 1966 3–4 Mio DM-West zur Verfügung gestellt werden können. Dazu sind folgende Voraussetzungen notwendig:

– Es muß eine klare Abgrenzung und Festlegung der Vollmachten für die auf diesem und angrenzenden Gebieten tätigen Genossen vorgenommen werden. Dabei halte ich es für zweckmäßig, daß direkt im Ministerium für Außenhandel und Innerdeutschen Handel eine einheitliche Leitung der Außenhandelsgesellschaften Zentralcommerz, Intrac und Transinter erfolgt, die bereits mehrere Jahre durch Börsengeschäfte, Schwitchgeschäfte u. a. Geld- und Warenoperationen – ohne Warenbewegungsplan – Devisen direkt für den Staatshaushalt erwirtschaften. Diese einheitliche Leitung ist bisher nicht in der notwendigen Form vorhanden und sollte durch einen stellv. Minister im MAI wahrgenommen werden, bzw. HA-Leiter des MAI.
Dieser Kreis der Geschäfte wird von unserer Tätigkeit nur indirekt berührt, indem wir mit einigen Geschäftspartnern dieser Unternehmen – nach Vorliegen eines ausgehandelten Preises mit dem Außenhandelsunternehmen – Absprachen treffen, um uns einen bestimmten Prozentsatz oder festgelegten Geldbetrag aus ihrem Gewinnanteil zu sichern. Da es sich hier mehr oder weniger um unseriöse Methoden handelt, können solche Funktionen durch den Staatsapparat oder durch die staatlichen Außenhandelsunternehmen im Prinzip nicht wahrgenommen werden.

– Die zweite Gruppe von Sondergeschäften resultiert aus Vereinbarungen mit der Kirche und einem weiteren Sonderkomplex, die von einem Bevollmächtigten des Ministers im Ministerium für Außenhandel und Innerdeutschen Handel direkt koordiniert werden. Auch bei diesen Geschäften werden unsere Interessen nicht berührt und sollten in der bisherigen Form weiter so gehandhabt werden.

– Die dritte Gruppe von Geschäftsoperationen wird durch mich, in Zusammenarbeit mit einigen wenigen Genossen, organisiert. Dabei haben uns vor allem Vertrauensfirmen des MfS, die Fa. SIMON und die Fa. GERLACH, außerordentlich große Hilfe und Unterstützung gegeben. Ich halte es für durchaus real, daß die von mir eingeschätzten 3–4 Mio DM-West für das Jahr 1966 erwirtschaftet werden können, wenn man diese Arbeit hauptamtlich durchführen könnte und wenn entsprechende Vollmachten durch den Minister für Außenhandel und Innerdeutschen Handel sowie eine enge Zusammenarbeit und Hilfe durch den zuständigen Bereich im MfS erfolgen würde. Diese Hilfe und Unterstützung ist deshalb notwendig, weil eine Reihe von Operationen, wie illegale Warentransporte, Versicherungsbetrug u. a. streng geheimzuhaltende Maßnahmen, die nur einem außerordentlich kleinen Kreis – nicht mehr als zwei bis drei Mitarbeitern – bekannt sein dürfen, und von ihnen durchgeführt werden sollten. Der Genosse, der im Staatsapparat diese Aufgabe durchführt, sollte direkt Dir oder dem zuständigen Abteilungsleiter im Zentralkomitee rechenschaftspflichtig sein.

Alle Maßnahmen, die der Unterbringung von Funktionären in legale Arbeitsverhältnisse dienen, sollten <u>direkt durch im Parteiapparat des Zentralkomitees</u> dafür verantwortlich zu machende Genossen durchgeführt werden. Ich bin der Meinung, daß eine strenge Trennung zwischen der Erwirtschaftung von Geldmitteln und der Verwendung dieser Mittel sowie des Einsatzes von Kadern in Westdeutschland erfolgen sollte. Bei einer solchen Arbeitsteilung und Zusammenarbeit würde zweifellos die Möglichkeit bestehen, die notwendige Geheimhaltung abzusichern und darüber hinaus keine Überschneidung der Arbeit einzelner Bereiche nach sich ziehen.

Alexander Schalck

Dieser Brief existiert in drei Exemplaren:
Original – Gen. Matern
1 Kopie – Gen. Steidl
1 Kopie – Gen. Schalck

14. Führungsanweisung zu «speziellen Auslandsverbindungen» des Bereiches Koko, die Schalck am 12. April 1985 Stasiminister Erich Mielke übermittelte

STRENG GEHEIM

Staatssekretär
und Leiter des Bereiches
Kommerzielle Koordinierung

Spezielle Auslandsverbindungen des Bereiches Kommerzielle Koordinierung zu Firmen und Einrichtungen im nichtsozialistischen Wirtschaftsgebiet

Zur Sicherung der dem Leiter des Bereiches Kommerzielle Koordinierung durch den Minister für Staatssicherheit übertragenen Aufgabenstellung zur Durchführung der Tätigkeit des Bereiches Kommerzielle Koordinierung auch unter komplizierten Lagebedingungen bzw. in besonderen Spannungssituationen wird festgelegt:
1. Intensivierung der Geschäftsbeziehungen zu ausgewählten Personen in Einrichtungen, Banken, Konzernen und Firmen im kapitalistischen Ausland.
   Diese speziellen Verbindungen begründen sich auf das politisch-loyale, kommerziell korrekte und persönlich disziplinierte Verhalten der Inhaber, Geschäftsführer und anderer ausgewählter Mitarbeiter dieser Institutionen bei der Durchführung der dem Bereich Kommerzielle Koordinierung übertragenen Aufgaben. (Anlage 1)

Verantwortlich: Stellvertreter des Leiters
Leiter der Abteilung staatliche Ordnung, Sicherheit, Geheimnisschutz

2. Festigung und Erhöhung der Leistungsfähigkeit der dem Bereich gehörenden speziellen Auslandsfirmen und verstärkte Einflußnahme über die Firmenbeteiligungen.
Zur Erhöhung der Wirksamkeit der Institutionen ist durch weitere Kapitalbeteiligungen und finanzielle Zuwendungen die materielle Abhängigkeit ausgewählter Personen weiter auszubauen.
Anlage 2

<u>Verantwortlich</u>: Stellvertreter des Leiters
Leiter der Abteilung Kader, staatl. Ordnung, Sicherheit, Geheimnisschutz

In der vom Leiter des Bereiches bestätigten «Weisung über die Führung des Bereiches Kommerzielle Koordinierung im Verteidigungszustand» (Führungsanweisung) ist festgelegt, daß in Vorbereitung der Mobilmachung und des Verteidigungszustandes die gesamte Tätigkeit des Bereiches auf folgende Schwerpunkte zu konzentrieren ist:
– unbedingte Sicherung, Erweiterung und effektiver Einsatz des Valutavermögens des Bereiches entsprechend besonderer Weisungen des Politbüros des ZK der SED;
– Entfaltung und Einsatz der speziellen Auslandsverbindungen zur Durchführung besonderer Finanz- / Geschäftsoperationen im NSW;
– Beschaffung / Import strategischer und militärisch wichtiger Materialien / Rohstoffe und Ausrüstungen / Waffen;
– Erfassung und volkswirtschaftlich effektive Verwertung besonderer Versorgungsfonds.

Entsprechend der in der Führungsanweisung des Leiters des Bereiches getroffenen Festlegung wird der Stellvertreter des Leiters mit der politisch-operativen Leitung, Planung und Auswertung der speziellen Auslandsverbindungen beauftragt.
Er koordiniert im Rahmen der ihm lt. Führungsanweisung übertra-

genen Vollmachten die notwendigen Maßnahmen mit den verschiedenen Diensteinheiten des MfS und den zentralen staatlichen und wirtschaftsleitenden Organen.

Der Stellvertreter des Leiters des Bereiches ist verantwortlich für
– den Einsatz zusätzlicher Kader mit Auslandserfahrung;
– die Anwendung konspirativer Mittel und Methoden zur Führung der Auslandsverbindungen;
– den Aufbau des operativen Verbindungssystems

Zur weiteren Entwicklung der speziellen Auslandsverbindungen des Bereiches unter Beachtung möglicher Lagebedingungen und des Übergangs in höhere Stufen der Einsatzbereitschaft sind folgende Maßnahmen fortzuführen:
– Die persönlichen Kontakte zu den bestehenden bzw. angenommenen Vertrauenspersonen in den Auslandsverbindungen sind weiter auszubauen und verstärkt nach politisch-operativen Grundsätzen zu führen.
  Die bestehenden bzw. angenommenen Vertrauenspersonen in diesen Firmen sind zu beauftragen, unter Nutzung ihrer legalen Möglichkeiten bereits in normalen Lagebedingungen einen konkreten abrechenbaren Beitrag zur Aufklärung des Vorgehens kapitalistischer Behörden, Einrichtungen, Konzerne und Firmen gegenüber der DDR und anderen sozialistischen Staaten zu erarbeiten.
  Die Auftragserteilung an diese Personen hat gedeckt unter Wahrung der Konspiration durch die vom Stellvertreter des Leiters festgelegten Mitarbeiter zu erfolgen.
– Zu den festgelegten Firmen und Personen sind Objektvorgänge anzulegen.

Verantwortlich: Stellvertreter des Leiters
Leiter der Abteilung Kader, staatliche Ordnung, Sicherheit, Geheimnisschutz

3. In die politisch-operative Führung ausgewählter Auslandsverbindungen des Bereiches sind schrittweise weitere Mitarbeiter des Bereiches und unterstellter Außenhandelsbetriebe einzubeziehen, die unter angenommenen Lagebedingungen ihre Aufgabe als Instrukteur bzw. Kurier gegenüber diesen Auslandsverbindungen realisieren.

<u>Verantwortlich</u>: Stellvertreter des Leiters
Leiter der Abteilung Kader, staatl. Ordnung,
Sicherheit, Geheimnisschutz

4. Entsprechend der politisch-operativen Aufgabenstellung zur Führung der speziellen Auslandsverbindungen sind im engen Zusammenwirken mit dem Leiter der Arbeitsgruppe BKK alle notwendigen Maßnahmen zur Absicherung und Aufklärung einzuleiten, unter Einbeziehung der uns zur Verfügung stehenden operativen Möglichkeiten.

<u>Verantwortlich</u>: Leiter der Abteilung Kader, staatl. Ordnung,
Sicherheit, Geheimnisschutz

15. Information Alexander Schalcks für Stasiminister Erich Mielke über ein Gespräch mit Josef März am 5. Mai 1987

Berlin, 06. 05. 1987

Information

Über März wurde ein Gesprächstermin für den 11. 05. 1987, 15 Uhr, vereinbart. Im Gespräch sollen im wesentlichen zwei Grundfragen angesprochen werden:
– die Reduzierung der Eisenbahntarife für Rentner und Reisende in dringenden Familienangelegenheiten um 66⅔ %.
Die DDR geht davon aus, daß das Inkrafttreten dieser Maßnahmen durch die Deutsche Bundesbahn mit Wirkung vom 1. 7. 1987 wirksam werden müßte, da bei ablehnenden Positionen eine Reduzierung der Reisenden für diesen Personenkreis die Konsequenz wäre.
– aktuelle Projekte, die die DDR und die BRD berühren.
März, der unter Alkoholeinfluß stand, sich dafür entschuldigte, auch die Gründe nannte, war in seinen Darlegungen offener als das in vorhergehenden Gesprächen der Fall war. Einleitend teilte er mit, daß am Freitag, dem 1. Mai 1987, ein geheimes Treffen zwischen Strauß, Kohl und ihm in ihrem Gästehaus in Spöck stattgefunden hat, in dem alle aktuellen politischen Fragen, die die Sowjetunion und die DDR berühren, behandelt wurden.

In diesem Zusammenhang offenbarte März, daß er über viele Jahre enge persönliche freundschaftliche Kontakte zu Kohl unterhält. Das veranlaßte Kohl zur Feststellung, daß es doch für alle Beteiligten leichter wäre, wenn die Verbindung Strauß zu uns auch ihn einbezieht und März als Verbindungsmann fungiert.

Ich habe dazu festgestellt, daß mein Mandat in der Verbindung zu Strauß besteht und alles andere danach Sache der BRD-Seite ist, vorausgesetzt, daß diese Verbindung geheim bleibt, sonst wäre dieser Kontakt zu März wertlos. Die Geheimhaltung wurde von März zugesagt.

Das Interesse von Kohl und Strauß orientierte sich auf eine Hauptfrage – die durch interne Berichte des CIA, die auch März zur Kenntnis gegeben wurden, untersetzt sind –: Wird Gorbatschow der erste Mann in der UdSSR auf lange Sicht bleiben, oder ist mit kurzfristigen – der CIA spricht von zwei Monaten – Veränderungen zu rechnen.

Da Kohl davon ausgeht, daß seine Koalitionsregierung für die nächsten 15 Jahre existieren wird, ist für die BRD von erstrangiger Bedeutung, welche Führungspersönlichkeiten in der UdSSR langfristig für die Politik verantwortlich zeichnen werden und damit für ihre Berechenbarkeit.

Ich habe März in meinem persönlichen Standpunkt zum Ausdruck gebracht, daß er davon ausgehen kann, daß der Generalsekretär des ZK der KPdSU, Gorbatschow, souverän die Verantwortung wahrnimmt und kurzfristige Veränderungen nicht vorstellbar sind.

Das Interesse der Regierung der CDU/CSU konzentriert sich weiter darauf, das war auch Gegenstand des Gespräches zwischen Strauß und Kohl, daß Strauß kurzfristig eine Einladung von Gorbatschow nach Moskau erhält zu politischen Gesprächen. Beide erwarten, zu den bevorstehenden Gesprächen mit Muchachowski am 8.5.1987 in München detailliertere Angaben zu erhalten. Kohl würde eine solche Einladung absegnen. Sie liegt auch in seinem Interesse. Eine kurzfristige Reaktion der sowjetischen Seite würde begrüßt werden. Dabei könnten aktuelle Fragen der Abrüstungsgespräche zwischen der UdSSR und den USA und die Haltung der Bundesrepublik zu den einzelnen Komplexen behandelt werden.

Kohl und Strauß haben großes Interesse, daß Gorbatschow noch in diesem Jahr die Bundesrepublik besucht. Trotz des bisher bekannten Terminplanes – der das nicht vorsieht – rechnen sie sich relativ große Chancen aus und hoffen darauf, von Murachowski dazu weitere Auskünfte zu erhalten. März bemerkte, daß ein Besuch von Gorbatschow vor Honecker zweckmäßig wäre.

Zurückkommend auf sein Angetrunkensein stellte er fest, daß Strauß ihm gestern den Auftrag erteilte, mit dem Beauftragten von Mubarak, der in Begleitung von Frau Mubarak offensichtlich auch mit Strauß zusammengekommen war, Gespräche zu führen und auf Drängen der Ägypter die Zusage zu geben, daß März als Beauftragter von Strauß in Kürze Kairo besuchen wird, um die speziellen Wünsche der ägyptischen Seite für Strauß und Kohl entgegenzunehmen. Diese Zusammenkunft verlief über mehrere Stunden bis in die späte Nacht, es wurde viel Alkohol getrunken und das hatte in bezug auf den Alkoholspiegel Auswirkungen bis zum heutigen Zusammentreffen.

16. Bericht von Rechtsanwalt Prof. Dr. jur. h. c. Wolfgang Vogel an SED-Parteichef E. Krenz und Ministerpräsident Hans Modrow über den Häftlingsfreikauf vom 30. November 1989

Der «Freikauf»

ist 1964 von beiden Kirchen in der BRD und auch in der DDR vorgeschlagen, organisiert und zwischen beiden Regierungen durch Vermittlung von Rechtsanwälten vereinbart worden. Er hat bis Anfang November 89 funktioniert und betraf
– Häftlinge (Wiedergutmachung von Schaden)
– Ausreisen (Ausbildungskosten)
– Botschaftsfälle (Ausbildungskosten).
  Die Kirchen waren bis zuletzt aktiv beteiligt. Kardinal Bengsch und Nachfolger sowie Konsistorialpräsident Dr. Stolpe waren alle stille Vermittler.
  Die jeweiligen Valuta-Gutschriften hat durch das Diakonische Werk in Stuttgart (EKD) der Bereich Kommerzielle Koordinierung in einem mit der Bundesregierung abgestimmten Verrechnungsverfahren erhalten. Die Hochrechnung ergibt Milliarden und läßt sich genauestens verifizieren.
  Am 31. 8. 1989 ist zwischen Staatssekretär Dr. Priesnitz, der vom Bundeskanzler für die humanitären Angelegenheiten nach wie vor ein Sondermandat hat, und mir eine Pauschalierung vereinbart worden, um von dem Vorwurf der pro Kopf Berechnung wegzukommen.

W. Vogel

17. A. Schalcks «zusätzlicher Vermerk – nur für den Genossen Minister –» über ein Gespräch mit F. J. Strauß vom 21. November 1984

Im Zusammenhang mit den übermittelten Entscheidungen zu Häftlingsfällen und Familienzusammenführungen, die auf Wunsch von Strauß bearbeitet wurden, teilte ich ihm mit, «daß Fragen der Humanität keine Einbahnstraße sein können, wo nur die DDR Wünsche der BRD großzügig erfüllt».

So wurde im Jahre 1984 kein Gefangenenaustausch möglich, da nach unserer Kenntnis der Bundeskanzler angewiesen hat, daß nur bei Entlassung der verurteilten Schumann sich etwas «bewegen» würde.

Strauß waren im großen und ganzen die Zusammenhänge bekannt. Ich habe ihm zusätzlich erklärt, daß eine Zusicherung von Vertretern des «Ministeriums für innerdeutsche Beziehungen», die Schumann bei ihrer Entlassung in die BRD nicht zu den ihren Fall betreffenden Fragen zu vernehmen, unrealistisch ist.

Strauß teilte meinen Standpunkt und wird sich dafür einsetzen, daß unter Ausklammerung des Problems Schumann wieder «Bewegung in diesen komplizierten Komplex kommt».

Strauß würde es begrüßen, wenn ein informeller Kontakt zu Jenninger aufrecht erhalten wird.

Strauß bedankte sich sehr nachdrücklich für die großzügige und schnelle Entscheidung unserer Seite zu den übermittelten Häftlingsfällen und Familienzusammenführungen.

Er schätzt diese Entscheidungen sehr hoch ein und sieht darin auch den guten Willen der DDR, Machbares zu leisten.

Auch zu diesem Komplex betonte Strauß, daß er selbstverständlich bereit ist, unsere Wünsche genau so nachdrücklich und prompt zu bearbeiten.

Strauß übergab beiliegende Unterlagen mit der Bitte um Prüfung.

18. Brief Alexander Schalcks an G. Mittag über die Lieferung von Raketenwerfergranaten an den Iran vom 18. Juni 1987

A. Schalck   Berlin, den 18.06.1987

Mitglied des Politbüros
und Sekretär des ZK der SED
Genossen Günter Mittag

Lieber Genosse Mittag!

In Fortsetzung des genehmigten Exportgeschäftes zur Lieferung von 40 000 Stück 122 mm-Werfergranaten für den Raketenwerfer BM 21 an das Verteidigungsministerium der Islamischen Republik Iran liegt eine Anfrage des Partners zur Lieferung weiterer 40 000 Granaten vor.
Der zu erwartende Valutaerlös beträgt
                                      10 Mio VM.

Lieferant der Erzeugnisse ist wie beim ersten Vertrag der CSSR-Außenhandelsbetrieb «OMNIPOL».
Er besteht auf einer Reexportklausel, wonach die Erzeugnisse für die DDR bestimmt sind.
    Der Transport ist per Eisenbahn von der CSSR nach Rostock und von dort mit von Iran gecharterten Schiffen unter Drittlandsflagge vorgesehen.

Entsprechend der Warenbereitstellung ist ein Lieferzyklus von

15 000 Stück im Januar 1988
10 000 Stück im März 1988 und
15 000 Stück am 2. Halbjahr 1988

geplant.

Die Ware muß in Anbetracht der hohen Gefahrenklasse offen deklariert werden.

Es ist deshalb nicht auszuschließen, falls die Fracht in internationalen Gewässern aufgedeckt wird, daß eine direkte Lieferung CSSR/DDR in den Iran ersichtlich wird.

Die Realisierung der ersten 20 000 Granaten aus dem bestehenden Vertrag im Februar 1987 verlief ohne Aufsehen. Die Verladung der zweiten Lieferung beginnt am 26. 06. 1987.

Vorschlag

1. Mit dem MOND werden Verhandlungen zur Lieferung von weiteren 40 000 Werfergranaten aufgenommen.
2. Es wird versucht, mit diesem Geschäft Fortschritte in den NKW-Verhandlungen zu erzielen.
3. Vor Abschluß eines neuen Vertrages ist die Realisierung der zweiten Lieferung und die damit verbundene Rückgabe der Liefergarantie abzuwarten, um größere Sicherheit bei der Bewertung des Risikos zu erhalten.

Erbitte Zustimmung zum Vorgehen.

Mit kommunistischem Gruß

Alexander Schalck

19. Schreiben des Generaldirektors der Kunst- und Antiquitäten GmbH, J. Farken, an Schalck vom 16. Juni 1987

Kunst u. Antiquitäten   Berlin, d. 16. 6. 1987

Ministerium für Außenhandel
Bereich Kommerzielle Koordinierung
Staatssekretär, Genosse Dr. Schalck

Werter Genosse Dr. Schalck!
Uns liegen Anfragen vor nach Ausrüstungsgegenständen, speziell schwere Technik, aus der Zeit des 2. Weltkrieges. Der Interessent will für diese Gegenstände insgesamt 1,5 Mio VM investieren.

Am 20. Juli 1987 bin ich Gast beim Vorsitzenden des Rates des Bezirkes Potsdam, Genosse Dr. Tschoppe, in seinem Gästehaus in Potsdam.

Dort hätte ich die Möglichkeit, dem Chef der GSSD unsere oben angeführten Bezugswünsche vorzutragen.

So soll sich z. B. im ehem. olympischen Dorf ein Panzer der faschistischen Wehrmacht befinden sowie auf dem sowj. Militärflughafen Schacksdorf ein Bomber der faschistischen Luftwaffe «JU 88».

Ich bitte um Ihre Zustimmung dem sowj. General unsere Bezugswünsche vorzutragen.

Mit sozialistischem Gruß

Farken

20. Schreiben Alexander Schalcks an den Generalsekretär des ZK der SED, Egon Krenz, vom 7. November 1989

A. Schalck   Berlin, den 07. 11. 1989

Generalsekretär des
Zentralkomitees der SED

Genossen Egon Krenz
─────────────────────

Lieber Genosse Krenz!

Bundesminister Seiters informierte mich über die Ergebnisse, die nach dem gestern geführten Gespräch mit ihm und Schäuble durch den Bundeskanzler wie folgt an den Vorsitzenden des Staatsrates der DDR beantwortet werden:

Der Verlauf der gestrigen Demonstrationen in Leipzig und die sich in den letzten Stunden entwickelnde Bewegung von spontanen Ausreisen aus der DDR in die BRD haben in der Öffentlichkeit der BRD und zunehmend besonders auch in Kreisen der SPD die Forderung hervorgerufen, daß in der DDR, wenn man entsprechende materielle und finanzielle Unterstützung der BRD in Anspruch nehmen möchte – das bezieht sich auch auf finanzielle Regelungen zum Reiseverkehr – bereit sein sollte, öffentlich durch den Staatsratsvorsitzenden zu erklären, daß die DDR bereit ist, die Zulassung von oppositionellen Gruppen und die Zusage zu freien Wahlen in zu erklärenden Zeiträumen zu gewährleisten.

Dabei ist zu beachten, daß dieser Weg nur möglich wäre, wenn die SED auf ihren absoluten Führungsanspruch verzichtet. Sie sollte bereit sein, im Konsens mit allen gesellschaftlichen Kräften, Kirchen und Religionsgemeinschaften über eine echte Erneuerung mit dem Ziel der Verwirklichung eines demokratischen Sozialismus gleichberechtigt zu beraten und sich daraus ergebende Entscheidungen einheitlich zu tragen.

Unter diesen Bedingungen hält der Bundeskanzler vieles für machbar und alles denkbar.

Bundesminister Seiters ist bevollmächtigt, zu weiteren informellen Gesprächen ständig zur Verfügung zu stehen.

Bitte um Kenntnisnahme.

Mit sozialistischem Gruß

Alexander Schalck

Abkürzungsverzeichnis

AHU	–	Außenhandelsunternehmen
BGL	–	Betriebsgewerkschaftsleitung
BKK	–	Arbeitsgruppe Bereich Kommerzielle Koordinierung des MfS
ECE	–	Economic Commission of Europe
EH	–	Erich Honecker
FDGB	–	Freier Deutscher Gewerkschaftsbund
FDJ	–	Freie Deutsche Jugend
GM	–	Günter Mittag
GSM	–	Gesellschaftlicher Mitarbeiter der Staatssicherheit
GST	–	Gesellschaft für Sport und Technik
GVS	–	Geheime Verschlußsache
HA	–	Hauptabteilung
HVA	–	Hauptverwaltung Aufklärung des MfS
IfGA	–	Institut für Geschichte der Arbeiterbewegung
ITA	–	Ingenieurtechnischer Außenhandel
IM	–	Inoffizieller Mitarbeiter der Staatssicherheit
KD	–	Konvertierbare Devisen
KoKo	–	Bereich Kommerzielle Koordinierung
KSZE	–	Konferenz für europäische Sicherheit und Zusammenarbeit
LPG	–	Landwirtschaftliche Produktionsgenossenschaft
MAH	–	Ministerium für Außenhandel
MAI	–	Ministerium für Außenhandel und Innerdeutschen Handel
MfS	–	Ministerium für Staatssicherheit
NÖS	–	Neues Ökonomisches System

NSW	– Nichtsozialistisches Wirtschaftsgebiet
NVA	– Nationale Volksarmee
OibE	– Offizier im besonderen Einsatz
ÖSS	– Ökonomisches System des Sozialismus
PB	– Politbüro
RGW	– Rat für Gegenseitige Wirtschaftshilfe
SPK	– Staatliche Plankommision
SZS	– Staatliche Zentralverwaltung für Statistik
VVB	– Vereinigung Volkseigener Betriebe
VVS	– Vertrauliche Verschlußsache
ZAIG	– Zentrale Auswertungs- und Informationsgruppe des MfS
ZKD	– Zentraler Kurierdienst
ZPA	– Zentrales Parteiarchiv

Anmerkungen

Erich Honecker –
Aufstieg und Fall

1 Wenn Mauern fallen. Wien 1990, S. 145

2 Strafsache gegen Honecker und andere, Az: 111-1-90, Bd. 01.1/2 (Im folgenden mit dem jeweiligen Band der Akte angegeben.)

3 ebenda

4 Neues Deutschland, Ausgabe B., vom 2. Oktober 1989

5 Neues Deutschland, Ausgabe B., vom 9. Oktober 1989

6 G. Schabowski, Das Politbüro. Ende eines Mythos, Reinbek 1990, S. 83

7 R. Andert/W. Herzberg, Der Sturz. Erich Honecker im Kreuzverhör, Berlin und Weimar 1990, S. 19

8 Neues Deutschland, Ausgabe B., vom 19. Oktober 1989

9 R. Andert/W. Herzberg, a.a.O., S. 22

10 P. Przybylski, Tatort Politbüro. Die Akte Honecker, Berlin 1991, S. 106 ff

11 Institut für Geschichte der Arbeiterbewegung (IfGA), Zentrales Parteiarchiv (ZPA), I/NL 2/32

12 ebenda

13 ebenda

14 R. Berger, Als Ulbricht an Breshnew vorbeiregierte, Neues Deutschland, Ausgabe B., vom 23./24. März 1991

15 siehe Anhang, Dok. Nr. 1

16 G. Naumann, E. Trümpler, Von Ulbricht zu Honecker. Berlin 1990, S. 47

17 H. Wolf, Der letzte (?) Coup eines politischen Hasardeurs. Eine Replik auf das tolldreiste «Spiegel»-Interview des G.M., Neues Deutschland, Ausgabe B., vom 19. September 1991

18 P. Przybylski: Tatort Politbüro. Die Akte Honecker, a.a.O., S. 284

19 G. Naumann/E. Trümpler, Von Honecker zu Ulbricht, a.a.O., S. 40

20 Bericht über den Umtausch der Parteidokumente. Berichterstatter: Genosse Erich Honecker. 14. Tagung des ZK der SED 9.–11. Dezember 1970, Berlin 1970, S. 5

21 ebenda, S. 29/30

22 IfGA, ZPA, I/NL 2/32

23 ebenda

24 siehe Anhang, Dokument Nr. 2

25 Bericht «Zur Korrektur der Wirtschaftspolitik Walter Ulbrichts», IfGA/ZPA, I/NL 2/32

26 P. Przybylski: Tatort Politbüro. a.a.O., Anhang, S. 308

27 Dem Wohl des Volkes gilt all un-

ser Streben. 16. Tagung des ZK
der SED. 3. Mai 1971, Berlin
1971, S. 3/4
28 ebenda, S. 4
29 ebenda, S. 13
30 Protokoll der Verhandlungen
des VIII. Parteitages der SED 15.
bis 19. Juni 1971 in der Werner-
Seelenbinder-Halle in Berlin.
Berlin 1971, Bd. 1, S. 186
31 ebenda, Bd. 2, S. 5
32 IfGA/ZPA, I/NL 2/32
33 P. Przybylski: Tatort Politbüro.
Die Akte Honecker, a. a. O., Anhang, S. 308
34 Ärztlicher Bericht über den Gesundheitszustand des Genossen
Walter Ulbricht vom 19. 7. 1971
35 siehe Anhang, Dok. Nr. 3
36 IfGA/ZPA, I/NL 2/32
37 zitiert nach: Stern, Hamburg,
1990, Nr. 52, S. 89 ff
38 IfGA/ZPA, I/NL 2/32
39 P. Przybylski: Tatort Politbüro.
Die Akte Honecker, a. a. O., Anhang, S. 311 ff
40 H. Voßke, Walter Ulbricht. Bio-
graphischer Abriß, Berlin 1983,
S. 381
41 E. Honecker, Reden und Aufsätze, Bd. 2, Berlin 1975, S. 353
42 Mitteilung G. Mittags an den
Autor vom 4. Februar 1992
43 G. Naumann/E. Trümpler. Von
Ulbricht zu Honecker. a. a. O.,
S. 53
44 siehe Anhang, Dokument Nr. 4
45 ebenda
46 Protokoll der Verhandlungen
des VIII. Parteitages der SED,
a. a. O., Bd. 1, S. 104
47 ebenda, S. 103
48 Stenographisches Protokoll der
10. Tagung des ZK der SED.
8. November 1989, S. 448

49 Protokoll der Verhandlungen
des VIII. Parteitages der SED,
a. a. O., Bd. 1, S. 62
50 Strafsache gegen Honecker und
andere, a. a. O., Bd. 08/7
51 ebenda
52 P. Przybylski: Tatort Politbüro.
Die Akte Honecker, a. a. O., Anhang, S. 324
53 Neues Deutschland, Berlin, Ausgabe B. vom 28. September 1974
54 H. Koziolek/O. Reinhold/W.
Kunz/K.-H. Stiemerling, Einige
Grundfragen der wirtschaftlichen Entwicklung der DDR
und notwendige Maßnahmen
zur weiteren Durchführung der
vom VIII. Parteitag beschlossenen Linie der Wirtschafts- und
Sozialpolitik (Berlin, 1975, un-
veröffentlicht)
55 Mitteilung von H. Koziolek an
den Autor vom 6. Februar 1992
56 E. Krenz. Wenn Mauern fallen,
a. a. O., S. 58
57 Protokoll der Verhandlungen
des IX. Parteitages der Sozialistischen Einheitspartei Deutschlands, Berlin 1976, Bd. 2, S. 212
58 Protokoll der 10. Tagung des ZK
der SED vom 8. November 1989,
S. 449
59 P. Przybylski, Tatort Politbüro.
Die Akte Honecker, a. a. O., Anhang, S. 325
60 Protokoll der 10. Tagung des ZK
der SED vom 8. November 1989,
S. 450
61 P. Przybylski, Tatort Politbüro.
Die Akte Honecker, a. a. O., Anhang, S. 345
62 ebenda, S. 348
63 Strafsache gegen Honecker,
a. a. O., Bd. 01.1/2
64 ebenda

65 Strafsache gegen Honecker, a.a.O., Bd. 01. 1/2

65a a.a.O.

66 P. Przybylski, Tatort Politbüro. Die Akte Honecker, a.a.O., Anhang, S. 341

67 P. Przybylski, Tatort Politbüro. Die Akte Honecker, a.a.O., Anhang, S. 341

68 X. Parteitag der SED, 11. bis 16. April 1981 in Berlin. Bericht des Zentralkomitees der Sozialistischen Einheitspartei Deutschlands an den X. Parteitag der SED. Berichterstatter: Genosse Erich Honecker. Berlin 1981, S. 62

69 Protokoll der 10. Tagung des ZK der SED vom 8. November 1989, S. 451

70 C.-H. Janson, Totengräber der DDR. Wie Günter Mittag den SED-Staat ruinierte. Düsseldorf–Wien–New York 1991, S. 66

71 P. Przybylski, Tatort Politbüro. Die Akte Honecker, a.a.O., Anhang, S. 351

72 ebenda, S. 350

73 ebenda, S. 351

74 F. J. Strauß, Erinnerungen, Berlin 1989, S. 524

75 Strafsache gegen Honecker, a.a.O., Bd. 08/1

76 E. Honecker, Mit dem Volk und für das Volk realisieren wir die Generallinie unserer Partei zum Wohle der Menschen, Berlin 1988, S. 19

77 Strafsache gegen Honecker, a.a.O., Bd. 08/3

78 C.-H. Janson, Totengräber der DDR, a.a.O., S. 105

79 Strafsache gegen Honecker, a.a.O., Bd. 08/3

80 ebenda, Bd. 08/1

81 ebenda, Bd. 08/7

82 Le Figaro vom 8. November 1988

83 Strafsache gegen Honecker, a.a.O., Bd. 08/7

84 Aus dem Bericht des Politbüros an das Zentralkomitee der SED. Berichterstatter: Genosse Joachim Herrmann, Berlin 1989, S. 37

85 Anhang, Dokument Nr. 5

86 Stenographische Niederschrift des Treffens der Genossen des Politbüros der SED mit dem Generalsekretär des ZK der KPdSU und Vorsitzenden des Obersten Sowjets der UdSSR, Genossen Michail Sergejewitsch Gorbatschow, am Sonnabend, dem 7. Oktober 1989 in Berlin-Niederschönhausen, in: G. Mittag, Um jeden Preis. Im Spannungsfeld zweier Systeme, Berlin und Weimar 1991, S. 359 ff (377)

87 Protokoll der Verhandlungen des VIII. Parteitages der Sozialistischen Einheitspartei Deutschlands, a.a.O., Bd. 2, S. 311

88 Strafsache gegen Honecker, a.a.O., Bd. 01.1/2

89 Junge Welt, Berlin, vom 27. September 1989

90 Strafsache gegen Honecker, a.a.O., Bd. 01.1/2

91 Strafsache gegen Honecker, a.a.O., Bd. 01.1/2

92 Strafsache gegen Honecker, a.a.O., Bd. 01.1/2

93 ebenda

94 Mitteilung G. Mittags an den Autor vom 4. Februar 1992

95 P. Przybylski, Tatort Politbüro. Die Akte Honecker, a.a.O., Anhang, S. 346/347

96 Strafsache gegen Honecker, a.a.O., Bd. 01.1/2

97 ebenda, Bd. 08/3

98 ebenda, Bd. 08/6
99 P. Przybylski, Tatort Politbüro. Die Akte Honecker, a. a. O., Anhang, S. 352
100 Alles zum Wohle des Volkes der Deutschen Demokratischen Republik, für seine friedliche Zukunft. Aus dem Schlußwort des Genossen Erich Honecker. 5. Tagung des ZK der SED, 16. Dezember 1987, Berlin 1987, S. 104
101 ebenda, S. 106
102 Neues Deutschland, Ausgabe B., vom 9. Oktober 1989
103 R. v. Weizsäcker, Kirchen machten Opposition in der DDR möglich und wirksam, Die Welt vom 7. Februar 1992
104 E. Eppler, Die Geschichte im Rückspiegel, Die Zeit, Hamburg, vom 28. Februar 1992
105 Strafsache gegen Honecker, a. a. O., Bd. 04/15
106 Neues Deutschland, Ausgabe B. vom 28. Januar 1988
107 Privatarchiv des Autors
108 ebenda
109 Privatarchiv des Autors
110 Strafsache gegen Honecker, a. a. O., Bd. 04/15
111 ebenda
112 ADN-Information. Interne Dienstmeldung vom 8. März 1988
113 Strafsache gegen Honecker, a. a. O., Bd. 04/15
114 Anhang, Dok. Nr. 6
115 Strafsache gegen Honecker, a. a. O., Bd. 04/15
116 Aus dem Bericht des Politbüros an die 6. Tagung des ZK der SED. Berichterstatter: Genosse Kurt Hager. Berlin 1988, S. 66
117 Ich liebe Euch doch alle! Befehle und Lageberichte des MfS Janu-

ar–November 1989, hg. von A. Mitter und S. Wolle, Berlin 1990, S. 11/12
118 Information des 1. Sekretärs der SED-Bezirksleitung Leipzig, Horst Schumann, über ein Vorkommnis am 13.03.1989 in Leipzig, Bd. 04/15
119 Strafsache gegen Honecker, a. a. O., Bd. 1
120 ebenda
121 ebenda
122 Neues Deutschland, Ausgabe B., vom 8./9. Februar 1992
123 Strafsache gegen Honecker, a. a. O., Bd. 04/15
124 ebenda, Bd. 1
125 P. Przybylski, Tatort Politbüro. Die Akte Honecker, a. a. O., Anhang, S. 387
126 Strafsache gegen Honecker, a. a. O., Bd. 1
127 Ich liebe Euch doch alle! Befehle und Lageberichte des MfS Januar–November 1989, a. a. O., S. 97 ff
128 Strafsache gegen Honecker, a. a. O., Bd. 6
129 ebenda
130 ebenda
131 ebenda
132 Strafsache gegen Honecker, a. a. O., Bd. 04/15
133 ebenda
134 ebenda
135 Brief von Bundeskanzler Helmut Kohl an Erich Honecker, übermittelt am 14. August 1989
136 Brief von Partei- und Staatschef Erich Honecker an Bundeskanzler Helmut Kohl vom 30. August 1989
137 Neues Deutschland, Ausgabe B., vom 2. Oktober 1989
138 ebenda

139 Strafsache gegen Honecker,
a. a. O., Bd. 04 / 15
140 ebenda
141 ebenda
142 Anhang, Dokument Nr. 7
143 Strafsache gegen Honecker,
a. a. O., Bd. 04 / 15
144 ebenda
145 ebenda
146 ebenda
147 E. Krenz, Wenn Mauern fallen,
Wien 1990, S. 89
148 «Wir sind das Volk!» Eine Chro-
nik in Dokumenten und Bildern,
München 1990, S. 28 / 29
149 Strafsache gegen Honecker,
a. a. O., Bd. 04 / 15
150 ebenda
150a Anhang, Dokument Nr. 8
151 E. Honecker, Zuverlässiger
Schutz des Sozialismus. Ausgew.
Reden und Schriften zur Militär-
politik der SED, Berlin 1972, S. 32
152 Strafsache gegen Honecker,
a. a. O., Bd. 04 / 15
153 ebenda
154 ebenda
155 ebenda
156 Der schwere Weg der Erneuerung. Von der SED zur PDS.
Eine Dokumentation. Berlin
1991, S. 115 / 116
157 ebenda, S. 117
158 ebenda, S. 118
159 ebenda, S. 119
160 ebenda, S. 119 / 120
161 E. Krenz, Wenn Mauern fallen,
a. a. O., S. 37
162 Junge Welt vom 9. Oktober 1989
163 Strafsache gegen Honecker,
a. a. O., Bd. 04 / 15
164 «Wir sind das Volk!» Die DDR
im Aufbruch, a. a. O., S. 66
165 Vier dringende Bitten. Flugblatt
vom 9. Oktober 1989

166 Neues Deutschland, Ausgabe B.,
vom 21. November 1989
167 Neues Deutschland, Ausgabe B.,
vom 12. Oktober 1989
168 Strafsache gegen Honecker,
a. a. O., Bd. 04 / 4
169 Ich liebe Euch doch alle! Befehle
und Lageberichte des MfS Januar
–November 1989, a. a. O., S. 208
170 E. Krenz. Wenn Mauern fallen,
a. a. O., S. 37 / 38
171 Strafsache gegen Honecker,
a. a. O., Bd. 04 / 15
172 Anhang, Dok. Nr. 9
173 E. Krenz. Wenn Mauern fallen,
a. a. O., S. 139
174 Strafsache gegen Honecker,
a. a. O., Bd. 04 / 15
175 ebenda
176 Krenz. Wenn Mauern fallen,
a. a. O., S. 140
177 Mitteilung von E. Krenz an den
Autor am 31. März 1992
178 Strafsache gegen Honecker,
a. a. O., Bd. 04 / 4
179 Strafsache gegen Honecker,
a. a. O., Bd. 04 / 4
180 Ich liebe Euch doch alle! Befehle
und Lageberichte des MfS Januar–November 1989, a. a. O.,
S. 225 / 226
181 E. Krenz, Wenn Mauern fallen,
a. a. O., S. 140
182 Strafsache gegen Honecker,
a. a. O., Bd. 04 / 4
183 ebenda
184 Ich liebe Euch doch alle! Befehle
und Lageberichte des MfS Januar
–November 1989, a. a. O., S. 226
185 G. Schabowski, Das Politbüro.
Ende eines Mythos. Reinbek
1990, S. 105
186 Diskussionsbeitrag des Genossen
G. Schürer auf der Sitzung des
Politbüros am 17. Oktober 1989

Günter Mittag –
der Stratege des Untergangs

1 C.-H. Janson, Totengräber der DDR. Wie Günter Mittag den SED-Staat ruinierte, Düsseldorf –Wien–New York 1991

2 M. Gerlach, Mitverantwortlich. Als Liberaler im SED-Staat. Berlin 1991, S. 294

3 U. Hedtke, Zur Innovationsunfähigkeit der stalinistischen Wirtschaftsführung, in: Initial, Zeitschrift für Politik und Gesellschaft, Berlin 1990, Nr. 3, S. 276

4 G. Schabowski, Das Politbüro, Ende eines Mythos. Reinbek 1990, S. 90

5 E. Krenz, Wenn Mauern fallen, Wien 1990, S. 78

6 M. Gerlach, Mitverantwortlich, a. a. O., S. 294

7 Neues Deutschland, Ausgabe B., vom 1. November 1990

8 Strafsache gegen Honecker, a. a. O., Bd. 01.3/2

9 ebenda, Lebenslauf des Gewerkschaftssekretärs Günter Mittag vom 12. April 1950

10 ebenda

11 ebenda

12 Strafsache gegen Honecker, a. a. O., Bd. 01.372

13 P. Przybylski, Tatort Politbüro. Die Akte Honecker, S. 83 ff

14 Strafsache gegen Honecker, a. a. O., Bd. 01.3/2

15 C.-H. Janson, Totengräber der DDR, a. a. O., S. 28

16 ebenda, S. 27

17 H. Wolf, Der letzte (?) Coup eines politischen Hasardeurs, Neues Deutschland, Ausgabe B., vom 19. September 1991

18 C.-H. Janson, Totengräber der DDR, a. a. O., S. 23

19 H. Wolf, Hatte die DDR je eine Chance? Der ehemalige Wirtschaftssekretär Günter Mittag «enthüllt» die ökonomischen Probleme der Vergangenheit, Hamburg 1991, S. 26

20 G. Mittag, Um jeden Preis. Im Spannungsfeld zweier Systeme. Berlin 1991, S. 43.

21 Mitteilung von G. Mittag an den Autor vom 1. April 1992

22 P. Przybylski, Tatort Politbüro. Die Akte Honecker, a. a. O., S. 107

23 H. Wolf, Hatte die DDR je eine Chance?, a. a. O., S. 24

24 Bericht des Politbüros an die 11. Tagung des Zentralkomitees der Sozialistischen Einheitspartei Deutschlands, 15.–18. Dezember 1965. Berichterstatter: Genosse Erich Honecker, Berlin 1966, S. 6/7

25 ebenda, S. 17

26 ebenda, S. 16

27 ebenda, S. 17

28 ebenda, S. 26

29 Geschichte der deutschen Arbeiterbewegung. Biographisches Lexikon. Berlin 1970, S. 11

30 W. Berger, Als Ulbricht an Breshnew vorbeiregierte, Neues Deutschland, Ausgabe B., vom 23./24. März 1991

31 Mitteilung von H. Koziolek an den Autor vom 14. Februar 1992

32 Strafsache gegen Honecker, a. a. O., Bd. 01.3/2

33 Mitteilung von Günter Mittag an den Autor vom 1. April 1992

34 Mitteilung von Gerhard Schürer an den Autor vom 8. April 1992

35 W. Berger, Als Ulbricht an Breshnew vorbeiregierte, a. a. O.

36 H. Wolf, Der letzte (?) Coup eines politischen Hasardeurs, a. a. O.

37 J. Roesler, Die Phraseologen mußten den Technologen weichen. Neues Deutschland, Ausgabe B., vom 16. / 17. Februar 1991

38 Bericht des Politbüros an die 11. Tagung des Zentralkomitees der Sozialistischen Einheitspartei Deutschlands. 15.–18. Dezember 1965. Berichterstatter: Genosse Erich Honecker, a. a. O., S. 58

39 ebenda, S. 63

40 J. Roesler, Die Phraseologen mußten den Technologen weichen, a. a. O.

41 W. Ulbricht, Probleme des Perspektivplanes bis 1970. Referat auf der 11. Tagung des ZK der SED 15.–18. Dezember 1965, Berlin 1966

42 Aufbau des Kommunismus – wichtigster Beitrag für Frieden und Fortschritt in der Welt. Bericht des Genossen Erich Honecker über den XIII. Parteitag der KPdSU auf der 12. Tagung des ZK der SED 27. / 18. April 1966. Materialien des ZK der SED zum XIII. Parteitag der KPdSU, Berlin 1966, S. 64

43 ebenda, S. 62

44 ebenda, S. 19

45 Aus dem Bericht des Politbüros an die 13. Tagung des Zentralkomitees der Sozialistischen Einheitspartei Deutschlands. 15.–17. September 1966. Be-

richterstatter: Genosse Günter Mittag, Berlin 1966, S. 20

46 W. Ulbricht, Das neue ökonomische System und der Perspektivplan. Schlußwort auf der 14. Tagung des ZK der SED. 15.–17. Dezember 1966. Berlin 1967, S. 45.

47 ebenda, S. 52

48 G. Mittag, Um jeden Preis, a. a. O., S. 147

49 ebenda, S. 147 / 148

50 ebenda, S. 191

51 H. Wolf, Hatte die DDR je eine Chance, a. a. O., S. 32 / 33

52 Protokoll der Verhandlungen des VII. Parteitages der Sozialistischen Einheitspartei Deutschlands. 17.–22. April 1967 in der Werner-Seelenbinder-Halle zu Berlin, Berlin 1967, Bd. I, S. 155

53 ebenda, S. 154

54 ebenda, S. 155

55 G. Mittag, Um jeden Preis, a. a. O., S. 193

56 G. Naumann / E. Trümpler, Von Ulbricht zu Honecker, 1970 – ein Krisenjahr der DDR, Berlin 1990, S. 42

57 P. Przybylski, Tatort Politbüro. Die Akte Honecker, Anhang, S. 284 f

58 Der Spiegel vom 9. September 1991, S. 96

59 Mitteilung von G. Schürer an den Autor vom 8. April 1992

60 G. Naumann / E. Trümpler, Von Ulbricht zu Honecker, a. a. O., S. 34

61 Wortlaut des Politbürobeschlusses vom 8. September 1970, a. a. O., S. 96 ff

62 Mitteilung von G. Mittag an den Autor vom 1. April 1992

63 Mitteilung von G. Mittag an den Autor vom 14. April 1992

64 Diskussionsreden auf der 14. Tagung des Zentralkomitees der SED 9.–11. Dezember 1970, Berlin 1970, S. 22

65 ebenda, S. 23

66 ebenda, S. 26

67 Vollständiger Wortlaut dieses Dokuments in: P. Przybylski, Tatort Politbüro. Die Akte Honecker, Anhang, S. 297 ff

68 Mitteilung von G. Mittag an den Autor vom 14. April 1992

69 So insbesondere H. Wolf, in: Hatte die DDR jemals eine Chance?, a. a. O., z. B. S. 44

70 G. Mittag, Konsequent auf dem Kurs der Hauptaufgabe. Ausgewählte Reden und Aufsätze. Berlin 1986, S. 16

71 Strafsache gegen Honecker, a. a. O., Bd. 08 / 1

72 G. Mittag, Um jeden Preis, a. a. O., S. 148

73 Mitteilung von G. Mittag an den Autor vom 14. April 1992

74 P. Przybylski, Tatort Politbüro. Die Akte Honecker, a. a. O., Anhang, S. 323

75 ebenda, S. 325

76 Strafsache gegen Honecker, a. a. O., Bd. 08 / 3

77 Strafsache gegen Honecker, a. a. O., Bd. 08 / 1

78 ebenda, Bd. 08 / 9

79 ebenda, Bd. 08 / 2

80 ebenda, Bd. 08 / 5

81 ebenda

82 ebenda

83 ebenda

84 ebenda

85 ebenda

86 ebenda

87 Strafsache gegen Honecker, a. a. O., Bd. 08 / 2

88 ebenda, Bd. 08 / 5

89 ebenda

90 ebenda

91 ebenda

92 ebenda

93 Mitteilung G. Mittags an den Autor vom 28. April 1992

94 Strafsache gegen Honecker, a. a. O., Bd. 08 / 2

95 ebenda, Bd. 08 / 4

96 ebenda, Bd. 08 / 5

97 ebenda

98 ebenda

99 ebenda

100 ebenda, Bd. 08 / 2

101 Mitteilung von Gerhard Schürer an den Autor vom 20. April 1992

102 Strafsache gegen Honecker, a. a. O., Bd. 08 / 3

103 Strafsache gegen Honecker, a. a. O., Bd. 08 / 6

104 Mitteilung G. Mittags an den Autor vom 5. März 1992

105 Privatarchiv des Autors

106 G. Mittag, Um jeden Preis, a. a. O., S. 15

107 Strafsache gegen Honecker, a. a. O., Bd. 08 / 9

108 ebenda

109 G. Mittag, Um jeden Preis, a. a. O., S. 105

110 Strafsache gegen Honecker, a. a. O., Bd. 08 / 9

111 ebenda

112 ebenda

113 ebenda

114 G. Schabowski, Das Politbüro, a. a. O., S. 88

115 ebenda

116 S. Welzk, Das blaue Wirtschaftswunder, in: Kursbuch, Berlin 1990, Heft 101, S. 11 / 12

117 Strafsache gegen Honecker, a. a. O., Bd. 08 / 2

118 M. Schneider, Das Ende eines Jahrhundert-Mythos. Eine Bi-

lanz des Sozialismus. Köln 1992,
S. 276

119 Strafsache gegen Honecker,
a. a. O., Bd. 08 / 9

120 K. Marx / F. Engels, Werke, Berlin 1970, Bd. 24, S. 179

121 Strafsache gegen Honecker,
a. a. O., Bd. 03.3

122 Strafsache gegen Honecker,
a. a. O., Bd. 08 / 10

123 Anhang, Dokument Nr. 10

124 So Exminister Dr. Hans Reichelt
in seiner Zeugenaussage vom
6. Februar 1990, in: Bd. 08 / 10

125 ebenda

126 ebenda

127 ebenda

128 ebenda

129 ebenda

130 ebenda

131 ebenda

132 G. Mittag, Um jeden Preis,
a. a. O., S. 83

132a Strafsache gegen Honecker,
a. a. O., Bd. 08 / 3

133 Mitteilung von G. Schürer an
den Autor vom 11. März 1992

134 Anschreiben Honeckers an das
Politbüro vom 4. Mai 1988

135 Mitteilung von G. Schürer,
a. a. O.

136 Mitteilung G. Mittags an den
Autor vom 14. April 1992

137 Streng vertrauliche Notizen von
Staatssekretär H. Klopfer vom
22. November 1988

138 Beschuldigungsvernehmung
G. Mittag vom 28. Februar 1990,
in: Strafsache gegen Honecker,
a. a. O., Bd. 03.3

139 G. Mittag, Um jeden Preis,
a. a. O., S. 131 / 132

140 Streng vertrauliche Notizen von
Staatssekretär H. Klopfer vom
22. November 1988

141 ebenda

142 ebenda

143 Privatarchiv des Autors

144 G. Mittag, Um jeden Preis,
a. a. O., S. 66

145 Zitiert nach: H.-H. Hertle, Der
Weg in den Bankrott der DDR-Wirtschaft. Das Scheitern der
«Einheit von Wirtschafts- und
Sozialpolitik» am Beispiel der
Schürer / Mittag-Kontroverse im
Politbüro 1988. Deutschland-Archiv, Köln, 1992, Nr. 2, S. 130

146 Standpunkt zur Sicherung der
Zahlungsfähigkeit bis 1995 / 96
(Stand: 18. 09. 1989)

147 Zitiert nach: H. Wolf, Hatte die
DDR je eine Chance?, a. a. O.,
S. 16

148 G. Schabowski, Der Absturz,
Berlin 1991, S. 268

149 ebenda

150 G. Schabowski, Das Politbüro,
a. a. O., S. 105

151 Neues Deutschland, Ausgabe B.,
vom 11. / 12. November 1989

152 Mitteilung G. Mittags an den
Autor vom 14. April 1992

153 siehe Anhang, Dokument Nr. 11

154 G. Mittag, Um jeden Preis,
a. a. O., S. 66

155 Mitteilung G. Mittags an den
Autor vom 5. März 1992

156 Der Spiegel, Nr. 37, 1991,
S. 101

157 Streng vertrauliche Notizen von
Staatssekretär H. Klopfer vom
22. November 1988

158 Mitteilung G. Mittags an den
Autor vom 28. April 1992

159 Strafsache gegen Honecker,
a. a. O., Bd. 01.3 / 1

160 Mitteilung G. Mittags an den
Autor vom 14. April 1992

161 P. Przybylski, Tatort Politbüro.

Die Akte Honecker, a.a.O., Anhang, S. 345
162 Mitteilung G. Mittags an den Autor vom 14. April 1992
163 Mitteilung G. Schürers an den Autor vom 30. April 1992
164 Strafsache gegen Honecker, a.a.O., Bd. 01.3/2
165 P. Przybylski, Tatort Politbüro. Die Akte Honecker, a.a.O., Anhang, S. 348
166 Anhang, Dokument Nr. 12
167 Strafsache gegen Honecker, a.a.O., Bd. 08/4
168 Der Spiegel, Nr. 37, 1991, S. 104

Alexander Schalck-Golodkowski – Geschäftsmann und Geheimagent

1 W. Seifert/N. Treutwein, Die Schalck-Papiere. DDR-Mafia zwischen Ost und West. Die Beweise. Rastatt/München 1991, S. 8
2 P.-F. Koch, Das Schalck-Imperium lebt. Deutschland wird gekauft. München 1992, S. 35
3 ebenda, S. 36/37
4 ebenda, S. 69
5 ebenda, S. 70
6 Az.: 111-950-89 (Ermittlungsverfahren des Generalstaatsanwalts der DDR gegen Alexander Schalck-Golodkowski; im folgenden nur als Aktenzeichen zitiert)
7 ebenda
8 ebenda
9 ebenda
10 ebenda
11 ebenda
12 ebenda
13 ebenda
14 P.-F. Koch, Das Schalck-Imperium lebt, a.a.O., S. 52
15 Az.: 111-950-89
16 ebenda
17 ebenda
18 Der Spiegel, Nr. 51, 1991, S. 24
19 Anhang, Dokument Nr. 13
20 FAZ vom 16. Dez. 1991
21 ebenda
22 Az.: 111-950-89
23 ebenda
24 ebenda
25 ebenda
26 ebenda
27 Mitteilung G. Mittags an den Autor vom 1. April 1992
28 Az.: 111-950-89
29 ebenda
30 G. Mittag, Um jeden Preis, a.a.O., S. 92
31 P.-F. Koch, Das Schalck-Imperium lebt, a.a.O., S. 172 ff
32 H. Bahrmann/P.-M. Fritsch, Sumpf. Privilegien, Amtsmißbrauch, Schiebergeschäfte, Berlin 1990, S. 30
33 ebenda, S. 31/32
34 ebenda, S. 34/35
35 FAZ vom 16. Dezember 1991
36 W. Seiffert/N. Treutwein, Die Schalck-Papiere, a.a.O., S. 50
37 ebenda, S. 104/105
38 Die Welt, vom 2. Juli 1991
39 Az.: 111-950-89
40 ebenda
41 S. beispielsweise Amtsgericht Tiergarten – Az.: 352 GS 2075/92

42 Az.: 111-950-89

43 ebenda

44 ebenda

45 Die Zeit vom 23. August 1991

46 Der Spiegel vom 27. Januar 1992, S. 30

47 Super vom 19. Dezember 1991

48 Neues Deutschland, Ausgabe B., vom 25. Juli 1990

49 Az.: 111-950-89

50 ebenda

51 ebenda

52 ebenda

53 Die Welt vom 10. Oktober 1991

54 W. Seiffert / N. Treutwein, Die Schalck-Papiere, a..a.O., S. 11 und 16

55 Der Spiegel vom 16. Dezember 1991, S. 25

56 W. Seiffert / N. Treutwein, Die Schalck-Papiere, a.a.O., S. 14

57 H. Bahrmann / P.-M. Fritsch, Sumpf, a.a.O., S. 31

58 Mielke-Befehl Nr. 12/88 zur operativen Sicherung des Bereiches Kommerzielle Koordinierung im Ministerium für Außenhandel und der ihm direkt unterstellten Außenhandelsbetriebe und Vertretergesellschaften vom 21. Juni 1988

59 Strafsache gegen Honecker, a.a.O., Bd. 01.3/2

60 ebenda, Bd. 03.1

61 M. Wolf, Im eigenen Auftrag, a.a.O., S. 218

62 W. Seiffert / N. Treutwein, Die Schalck-Papiere, a.a.O., S. 183

63 Anhang, Dokument Nr. 14

64 ebenda

65 ebenda

66 M. Schell / W. Kalinke, Stasi und kein Ende. Die Personen und Fakten. Frankfurt/M., Berlin 1991, S. 177

67 Anhang, Dokument Nr. 14

68 ebenda

69 Der Spiegel vom 15. Juni 1992, S. 98

70 W. Seiffert / N. Treutwein, Die Schalck-Papiere, a.a.O., S. 188

71 Anhang, Dokument Nr. 14

72 Az.: 111-950-89

73 A. Schalck, Vorbereitung des Bereiches Kommerzielle Koordinierung auf den Verteidigungszustand, verfaßt etwa Januar 1981

74 ebenda

75 Der Spiegel vom 8. Juli 1991, S. 31

76 H. Bahrmann / P.-M. Fritsch, Sumpf, a.a.O., S. 39/40

77 Mitteilung A. Schalcks an Stasiminister E. Mielke vom 27. Oktober 1988

78 W. Seiffert / N. Treutwein, Die Schalck-Papiere, a.a.O., S. 353

79 Mitteilung A. Schalcks an Stasiminister E. Mielke vom 12. Oktober 1984

80 Der Spiegel vom 25. Februar 1991, S. 33

81 Die Welt vom 20. September 1991

82 W. Schäuble in einer ARD-Sendung vom 30. April 1992

83 Die Welt vom 2. und 5. September 1991

84 Vermerk A. Schalcks vom 24. August 1984 über ein Gespräch mit März am 23. August 1984

85 Anhang, Dokument Nr. 15

86 Schreiben A. Schalcks an Stasiminister E. Mielke vom 18. November 1985

87 Gesprächsnotiz A. Schalcks für Stasiminister E. Mielke vom 4. März 1987

88 A. Schalcks «Information für Genossen Minister nur persönlich» vom 14. Februar 1989
89 Die Welt vom 19. September 1991
90 Information A. Schalcks für G. Mittag «über das Gespräch zwischen dem Ministerpräsidenten des Freistaates Bayern und dem Vorsitzenden der CSU, F. J. Strauß, und Genossen Schalck am 11. Mai 1987»
91 Information über ein Gespräch zwischen dem Ministerpräsidenten von Bayern und Vorsitzenden der CSU, F. J. Strauß, und Genossen Schalck vom 5. 5. 1988
92 Strafsache gegen Honecker, a. a. O., Bd. 03.1
93 Gegendarstellung von W. Vogel vom 7. Juni 1991 zu einer Veröffentlichung von «extra Magazin» am 6. Juni 1991
94 L. A. Rehlinger, Freikauf. Die Geschäfte der DDR mit politisch Verfolgten 1963–1989. Berlin–Frankfurt a. M., 1991, S. 7
95 Der Spiegel vom 9. April 1990, S. 64
96 Strafsache gegen Honecker, a. a. O., Bd. 03.1
97 siehe Anhang, Dokument Nr. 15
98 ebenda, Bd. 03.1
99 W. Seiffert / N. Treutwein, Die Schalck-Papiere, a. a. O., S. 61
100 K. W. Fricke, Die DDR-Staatssicherheit, Köln 1989, S. 164
101 siehe Anhang, Dokument Nr. 17
102 ebenda
103 A. Schalcks «Information für Genossen Minister nur persönlich» über ein Treffen mit T. Waigel und M. Streibl vom 14. Februar 1989
104 Die Welt vom 4. April 1990

105 ebenda
106 Az.: 111-950-89
107 P. Przybylski, Tatort Politbüro. Die Akte Honecker, a. a. O., Anhang, S. 358
108 Az.: Militär-Oberstaatsanwalt Str. 11-04/89
109 H. Bahrmann / P.-M. Fritsch, Sumpf, a. a. O., S. 86
110 Die Welt vom 4. April 1990
111 siehe Anhang, Dokument Nr. 18
112 H. Bahrmann / P.-M. Fritsch, Sumpf, a. a. O., S. 78
113 Der Spiegel vom 4. Mai 1992, S. 78
114 Der Spiegel vom 4. Mai 1992, S. 74
115 H. Bahrmann / P.-M. Fritsch, Sumpf, a. a. O., S. 85
116 W. Seiffert / N. Treutwein, Die Schalck-Papiere, a. a. O., S. 208 / 209
117 ebenda, S. 178
118 Stellungnahme von Generaldirektor M. Seidel vom 28. November 1974 auf ein Auskunftsersuchen der Bezirksverwaltung Dresden des MfS vom 22. November 1974
119 G. Blutke, Obskure Geschäfte mit Kunst und Antiquitäten. Ein Kriminalreport, Berlin 1990, S. 12
120 Mitteilung von Gen. Schuster an MAH, Gen. Seidel, Betreff: Import von Antiquitäten und Kunstgegenständen für den Bevölkerungsbedarf der DDR vom 29. November 1979
121 J. Farken, «Information an Genossen Seidel persönlich» vom 20. Februar 1981
122 Schreiben des Parteisekretärs, Generaldirektors, FDJ-Sekretärs und BGL-Vorsitzenden der

Kunst und Antiquitäten GmbH vom 2. April 1986

123 Hausmitteilung Farken an Bereich Kommerzielle Koordinierung, Genossen Seidel, vom 29. Oktober 1986

124 Vermerk A. Schalcks vom 5. Dezember 1983

125 Schreiben von M. Seidel an Generaldirektor Farken vom 10. Dezember 1985

126 Vereinbarung zwischen dem Ministerium für Verkehrswesen und dem Ministerium für Außenhandel von 1986

127 siehe Anhang, Dokument Nr. 19

128 Blutke, Obskure Geschäfte mit Kunst und Antiquitäten, a. a. O., S. 156

129 Brief A. Schalcks an G. Mittag vom 20. März 1985 (Anlage)

130 Schreiben von J. Farken an M. Seidel vom 13. März 1988

131 Vereinbarung zwischen dem Ministerium für Außenhandel, Bereich Kommerzielle Koordinierung und dem Deutschen Turn- und Sportbund der DDR vom 21. Juli 1988

132 Schreiben von J. Farken an K.-D. Neubert vom 30. Juni 1988

133 Anlage zum Schreiben von J. Farken an K.-D. Neubert vom 30. Juni 1988

134 Schreiben der FENA CREATION GMBH vom 1. März 1988 an Katharina Witt

135 Schreiben von M. Seidel an den Leiter der ZK-Abteilung Sport, Rudi Hellmann, vom 6. April 1988

136 Az.: 111-950-89

137 Verfügung des Vorsitzenden des

Ministerrates Nr. 15 / 75 vom 28. April 1975

138 Az.: 111-950-89

139 Strafsache gegen Honecker, a. a. O., Bd. 08 / 9

140 P. Przybylski, Tatort Politbüro, Die Akte Honecker, a. a. O., S. 147

141 In Tatort Politbüro. Die Akte Honecker, a. a. O., S. 140, war ich noch von der Wahrscheinlichkeit ausgegangen, daß Honecker und Mittag von den Goldkäufen gewußt hätten

142 Die Welt vom 4. April 1990

143 A. Schalcks «Information für Genossen Minister nur persönlich» vom 14. Februar 1989 über ein Gespräch mit T. Waigel und M. Streibl

144 Analyse der ökonomischen Lage der DDR mit Schlußfolgerungen, Berlin, 30. Oktober 1989 – Geheime Verschlußsache b 5 – 1155 / 89

145 Niederschrift des Gesprächs zwischen Egon Krenz, Generalsekretär des ZK der SED und Vorsitzender des Staatsrates der DDR, mit Genossen Michail Gorbatschow, Generalsekretär des ZK der KPdSU und Vorsitzender des Obersten Sowjets der UdSSR, am 1. 11. 1989 in Moskau

146 ebenda

147 siehe Anhang, Dokument Nr. 20

148 Mitteilung von H. Modrow an den Autor vom 31. August 1990

149 Die Welt vom 4. April 1990

150 P. Przybylski, Tatort Politbüro. Die Akte Honecker, a. a. O., S. 15 / 16

Namenregister

Abrassimow, Pjotr 217, 219f
Adamec, Ladislav 112ff, 366
Adenauer, Konrad 145, 294
Adschubej 351
Ahrendt, Lothar 107
Altenhoff, Heinz 265, 274
Andersen, Arthur 263
Andropow, Juri Wladimiro-
    witsch 66
Apel, Erich 22, 45, 144, 146f, 149ff,
    153ff, 160f, 164f, 168, 216
Ardenne, Manfred von 141
Arndt, Otto 224, 272
Asbeck, Günter 251f
Aurich, Eberhard 121f
Axen, Hermann 46, 112f, 202, 308,
    354, 356

Bangemann, Martin 141, 285
Baumann, Prof. Dr. 34ff, 39
Baumann, Winfried 298f
Bausch, Karl 107
Becker, Margareta 237
Behrens, Fritz 239
Beil, Gerhard 74, 76, 192, 246, 271,
    275, 277, 332, 358
Bellmann, Rudi 95
Benary, Arne 239
Bengsch, Alfred 389
Berger, Wolfgang 21f, 29, 147, 155,
    159
Berghofer, Wolfgang 104
Blecha, Kurt 180
Böhm, Siegfried 157, 247

Bölling, Klaus 267
Bohley, Bärbel 90, 92ff, 117, 333
Borchert, Karl-Heinrich 107
Brandt, Willy 20ff, 25, 88, 341f
Braun, Edgar 225, 257
Braun, Wernher von 155
Breschnew, Leonid Iljitsch 20f,
    23ff, 30f, 43, 46f, 59ff, 62, 65,
    148ff, 151ff, 166, 169, 217ff, 221,
    351, 354
Bruck, Hermann von 275
Bülow, Andreas von 282
Buschmann, Werner 357
Bush, George 74

Carlsohn, Hans 296, 302
Cebulla, Josef 265
Chemnitzer, Johannes 127
Chruschtschow, Nikita Sergeje-
    witsch 22, 35, 37f, 149, 340, 351f

Dickel, Friedrich 120f, 123, 127f,
    132f, 209
Diederich, Dr. 198
Dohlus, Horst 103
Donda, Arno 175ff, 182ff, 199
Drechsler, Heike 322
Dregger, Alfred 283

Egemann, Hubert 144
Ehrensperger, Günter 52, 72, 81, 83,
    173, 175f, 178, 180f, 190, 207, 209,
    222f, 225, 377
Engels, Friedrich 133, 196

Eppelmann, Rainer 106, 108, 333
Ermlich, Manfred 175, 180
Ewald, Manfred 323 f

Farken, Joachim 316 f, 320 f, 393
Felfe, Heinz 300
Felfe, Werner 357
Fichtner, Lothar 105
Fischer, Oskar 98, 111, 113
Fischer, Werner 90, 92
Forck, Gottfried 93, 97, 123
Ford, Gerald 56
Fruck, Hans 231, 241, 278
Fuchs, Jürgen 90

Gast, Gabriele 257
Gaus, Günter 59, 61, 355
Gerlach, F. C. 141, 241, 260, 277
Gerstenberger, Karl-Heinz 266
Goldenberg, Simon 278 ff
Golodkowski, Peter 233
Gomulka, Wladislaw 340
Gorbatschow, Michail Sergeje-
    witsch 16, 77, 92, 94, 284, 332,
    387
Greß, Wolfgang 195
Gretschko, Andrej Antono-
    witsch 343
Groß, Wolfgang 182
Großmann, Karl 252
Großmann, Werner 258
Grotewohl, Otto 175
Grüneberg, Gerhard 46, 354, 356
Guillaume, Günther 282
Gysi, Gregor 93, 263
Gysi, Klaus 95 f

Hackenberg 129, 131, 133
Haffner, Sebastian 48
Hager, Kurt 27, 46, 100, 354, 356
Halbritter, Walter 22, 81, 147, 212
Halfar, Gerd 104
Hartig, Günter Dr. 83, 185 f
Hedtke, Ullrich 139
Held, Karl 158

Hellmann, Rudi 324
Hennig, Werner 257
Herbrich, Karl-Heinz 256 f
Herger, Wolfgang 91, 128
Hering 298 f
Herrmann, Joachim 16, 73 f, 96, 125,
    133 f, 213
Heurich 329
Hillebrand, Hellmut 253
Hirsch, Ralf 90, 92, 94
Hitler, Adolf 142, 155
Höfner, Ernst 214
Hörnig, Johannes 141
Hoffmann, Heinz 60
Honecker, Erich 15 ff, 23, 25 ff, 29 ff,
    34 ff, 38 ff. 41, 44 ff, 51, 59 ff, 66,
    72 ff, 79 ff, 83, 86 ff, 93 ff, 96, 98,
    105 ff, 108, 113, 121 ff, 126, 130,
    134, 139, 144, 147, 149 f, 152 f,
    160 ff, 166 ff, 169 ff, 177 ff, 181 ff,
    190, 192, 194 f, 199, 201 ff, 206 ff,
    215 ff, 222, 224 f, 230, 243, 245,
    248 ff, 254, 257, 261 f, 264 f, 282 ff,
    287 f, 292 f, 301, 305, 308 f, 311,
    326, 329, 331, 333, 334, 350 ff, 364,
    366 f, 369 f, 374, 387
Honecker, Margot 57
Horn, Gyula 111

Irmler, Werner 107

Jahn, Günther 127
Jahn, Roland 90
Jakes, Milos 113
Janson, Carl-Heinz 64, 145, 225
Jarowinsky, Werner 36, 38, 79, 81,
    95 f, 354
Jenninger, Philipp 390
Jewstafjew 89
Jochbein, Hans 281
John, Friedmar 52
Junker, Wolfgang 83, 178, 197 f

Kania, Karin 322
Kant, Hermann 123

Kaschlew, Juri 88
Kath, Siegfried 313 f
Keßler, Heinz 73, 209, 216, 309
Kleiber, Günter 76, 81, 113 f, 179,
   185, 188, 194, 366
Kleine, Alfred 252 f
Klier, Freya 90, 92
Klopfer, Heinz 208
Koch, Peter-Ferdinand 231 f, 237
König, Herta 76, 212, 358
Kohl, Helmut 88, 110 f, 283 ff, 287,
   294, 296, 386 f
Kossygin, Alexej Nikolajewitsch 21,
   58
Kotschemassow, Wjatscheslaw Iwa-
   nowitsch 74
Koziolek, Helmut 22, 53 ff, 56, 147
Kratsch, Günter 253 f, 256 ff
Kraus, Alfred 300
Krause 233
Krawczyk, Stefan 90 ff
Krenz, Egon 17 ff, 56, 73 f, 91, 98 ff,
   102 ff, 107 ff, 117, 122, 124 f, 127 ff,
   132, 141, 209, 213, 291, 294, 330,
   332 f, 364 f, 389, 394
Krömke, Claus 180
Krolikowski, Werner 40 2, 46, 51 ff,
   55, 57 ff, 65 f, 79, 84, 113, 171,
   173 f, 182, 184, 217 f, 353
Kuczynski, Jürgen 56
Küchenmeister, Wera 16
Kunz, Willi 55
Kuusinen 352

Lamberz, Werner 46 f, 356
Lambsdorff, Otto Graf 141
Lange, Bernd-Lutz 124
Lauck, Hans-Joachim 191
Leich, Werner 96, 126
Lenart 113
Lenin, Wladimir Iljitsch 148, 344
Lerche, Ruth 251
Libermann, Horst 277
Liebknecht, Karl 90 f, 95, 101
Lindemann, Willi 329

Linke, Wilfried 34, 36, 223, 377
Lisowski, Traudl 265 f
Lorenz, Werner 114, 333
Luther, Horst 95
Lutze, Lothar 297, 301
Luxemburg, Rosa 90 f, 95, 101

März, Josef 66 f, 278 ff, 282 ff, 285 ff,
   295, 386 f
März, Willi 278, 285 f, 302
Mahkorn, Richard 230
Maizière, Lothar de 93
Marx, Karl 56, 133, 196, 199
Masur, Kurt 124
Matern, Hermann 147, 166, 242 f,
   378, 381
McCormack, Mark 323
Mecklinger, Ludwig 204
Meier, Karl 261, 274
Meier, Kurt 124
Meinel, Wolfgang 256 ff
Meissner, Helmuth 318
Meyer, Wolfgang 112
Mielke, Erich 31, 59 f, 73, 80, 90, 94,
   96 ff, 101, 104 ff, 115, 119 f, 123 f,
   127, 132 f, 139, 202, 209, 216 ff,
   221 ff, 229 f, 239 f, 242, 244, 246 ff,
   251 ff, 257, 259, 267 ff, 272 ff,
   280 ff, 286 f, 292, 296 f, 299 f, 302,
   306, 326, 331, 386
Mittag, Günter 18, 22, 26, 39 f, 45 ff,
   52, 55, 57 ff, 61 ff, 67 f, 70, 72 f, 76,
   79 ff, 83, 125, 133 f, 137, 140 ff,
   148 ff, 156 ff, 161 ff, 170 ff, 176,
   180, 182, 187 f, 193, 195, 198 f,
   200 ff, 206 f, 213, 218, 221 f, 226,
   229 f, 248 ff, 254, 257, 270 f,
   276 f, 282, 287, 294, 305, 308 f,
   316 f, 321, 326, 329, 353 ff, 374,
   377, 391
Mittig, Rudi 128, 225, 256 f
Modrow, Hans 114, 127, 261, 291,
   294, 310, 327 f, 334 f
Möller, Günter 274, 334
Möller-Gladisch, Silke 322

413

Mubarak, Muhammad Husni 387
Mückenberger, Erich 170
Müller, Heiner 81
Murachowski 387

Neiber, Gerhard 254
Neumann, Alfred 23, 40, 46, 134,
    145, 147, 151, 154, 156, 276
Nicola, Nicola 306
Nidal, Abu 307, 311
Niebling, Gerhard 255
Nixon, Richard 343 f

Oelßner, Fred 144
Ortega, Daniel 293
Otto, Siegfried 78

Patolitschew, Nikolai 154
Polze, Werner 74 ff, 184, 358
Pommert, Jochen 124 f
Poßner, Wilfried 121 f
Priesnitz, Walter 389
Przybylski, Peter 91

Quoos, Volker 275

Rau, Heinrich 232, 238
Reh, Helmut 221
Rehlinger, Ludwig A. 292, 297, 300
Reich, Jens 117
Reichelt, Hans 199, 201 ff
Reinhardt, Max 35
Reinhold, Otto 53 ff, 147
Reuter, Lothar 198
Rodenberg, Hans 35 f, 37 ff, 351
Roetsch, Frank-Peter 322
Rumpf, Willi 156

Schabowski, Günter 17, 92, 134.
    141, 193 f, 213
Schäuble, Wolfgang 282, 287, 289,
    333, 394
Schalck, Anne 233
Schalck, Fritz 233
Schalck, Sigrid 261, 334

Schalck-Golodkowski, Alexander
    63 f, 66 f, 76, 82, 181, 184, 189 f,
    193, 212, 223, 225, 226, 227, 229 ff,
    232 f, 237 f, 240 f, 255, 261, 269 ff,
    282, 294, 300 ff, 306, 311, 318 ff,
    323 ff, 334, 336, 358, 378, 381 f,
    390 ff, 393 f
Schalk, 356
Schalk, Richard 231
Schemme, Hans 142
Schirdewan, Karl 144
Schirmer, Lothar 107
Schmidt, Helmut 56, 61, 88, 141
Schnur, Wolfgang 93
Scholwin, Christian 188, 191 f
Schulz, Gerd 121 f
Schumann, Christa-Karin 298 ff, 390
Schumann, Horst 102
Schürer, Gerhard 17, 49, 51 f, 57 f,
    62, 68 ff, 74, 76, 81 ff, 134, 158 f,
    165 ff, 171, 173, 176 ff, 182, 184 ff,
    194 f, 201, 206 ff, 210 ff, 214,
    221, 229, 277, 315, 330, 332 f,
    358
Schuster, Horst 252, 313 f, 315 f
Schwanitz, Wolfgang 335
Schwerdtner, Edwin 79, 118
Seidel, Manfred 191, 245, 247, 249,
    257, 261, 273 f, 294, 313 ff, 319,
    322, 324
Seidl, Alfred 279
Seidl, Anni 95
Seiffert, Wolfgang 266, 272
Seiters, Rudolf 333, 335, 394
Sindermann, Horst 40, 48, 57, 78,
    171, 200, 246 ff
Söder, Günter 95
Sölle, Horst 49 f, 240 f, 243, 246
Sorgenicht, Klaus 91
Stahl, Alexander von 287
Stalin, Jossif Wissarionowitsch 235
Stange, Jürgen 316
Steidl, Josef 242, 260, 378, 381
Stiemerling, Karl-Heinz 55
Stolpe, Manfred 108, 123, 389

Stoph, Willi 15, 21, 23, 40, 46, 48,
56, 58 ff, 62, 64, 72, 76, 80 ff, 112 ff,
134, 147, 153, 166, 168, 171 f, 175,
177, 184 ff, 192, 201 f, 207 f, 213,
217 f, 243, 312, 333, 350, 353, 356 f
Strauß, Franz Josef 66 ff, 254, 278 ff,
282 ff, 286 f, 295 ff, 300 ff, 342,
386 ff, 390
Strauß, Max Josef 302
Strecker, Heinrich 266
Streibl, Max 286 f, 331
Streletz, Fritz 128, 129, 132

Templin, Regine 90, 94
Templin, Wolfgang 90, 92
Tichonow, Nikolai Alexandro-
witsch 149 f
Treutwein, Norbert 266, 272
Trölitzsch, Gerhard 156 ff
Tschoppe, Dr. 393

Ulbricht, Lotte 35, 37
Ulbricht, Walter 18, 19 ff, 24 f, 30 f,
34 ff, 42, 46, 59, 78 f, 144 ff, 147,
149, 151, 153, 155 f, 159, 161 ff,
165 f, 168 ff, 181, 187, 235, 243,
245, 346, 350 ff, 355

Verner, Paul 36 ff, 46, 55, 168, 350,
354, 356
Vogel, Wolfgang 255, 272, 291 f,
299 ff, 389
Volpert, Heinz 241 f, 244, 255 f,
259 f, 316

Wagner, Karl-Heinz 128
Waigel, Theo 286 f, 302, 331
Waiz, Herbert 272
Wambutt, Horst 204 f
Wehner, Herbert 293
Wendland, Günter 91 f
Wenzel, Siegfried 223 f
Werthebach, Eckart 282
Wetzenstein-Ollenschläger, Jür-
gen 94, 98, 297
Wiechert, Generaldirektor 303 f
Wildenhain, Heinz 264
Wischnewski, Michael 277 ff, 281
Witt, Katharina 322, 324
Wittbrodt, Helga 34 f
Wittkowski, Grete 49 ff, 52 f
Wörner, Manfred 287
Wöstenfeld, Dieter 225
Wötzel, Roland 124, 131
Wolf, Herbert 29, 147, 151, 160, 164
Wolf, Manfred 286, 287
Wolf, Markus 141, 193, 231, 241,
251, 254, 257, 268, 281, 297 f
Wollenberger, Knud 90, 93
Wollenberger, Vera 90, 93 f, 98 f
Wollweber, Ernst 144
Wonneberger, Christoph 101
Wurm, Major 221

Zaisser, Wilhelm 232
Ziebarth, Botschafter 112 f
Ziegler, Hans 279
Ziller, Gerhart 144
Zimmermann, Peter 124